문제풀이로 완성하는
알고리즘+자료구조

문제풀이로 완성하는

알고리즘+자료구조
프로그래밍 경진대회 & 코딩 테스트 대비를 위한
77가지 핵심 기법

지은이 요네다 마사타카
옮긴이 김모세
펴낸이 박찬규 엮은이 전이주 디자인 북누리 표지디자인 Arowa & Arowana

펴낸곳 위키북스 전화 031-955-3658, 3659 팩스 031-955-3660
주소 경기도 파주시 문발로 115, 311호 (파주출판도시, 세종출판벤처타운)

가격 42,000 페이지 728 책규격 188 x 240mm

초판 발행 2024년 10월 15일
ISBN 979-11-5839-459-2 (93000)

등록번호 제406-2006-000036호 등록일자 2006년 05월 19일
홈페이지 wikibook.co.kr 전자우편 wikibook@wikibook.co.kr

KYOGI PROGRAMMING NO TESSOKU
© 2022 Masataka Yoneda
Korean translation rights arranged with Mynavi Publishing Corporation
through Japan UNI Agency, Inc., Tokyo and Botong Agency, Gyeonggi-do

문제풀이로 완성하는

알고리즘 + 자료구조

프로그래밍 경진대회 & 코딩 테스트 대비를 위한
77가지 핵심 기법

요네다 마사타카 지음 / 김모세 옮김

위키북스

이 책을 구입해 주셔서 감사합니다. 알고리즘을 학습하고 싶다, 자신의 기술력을 높이고 싶다, AtCoder나 정보 올림피아드 등의 콘테스트에서 이기고 싶다, 프로그래밍 경진대회란 뭔가 재미있어 보인다! 이 책을 구입한 이유는 모두 다를 것입니다. 그러나 프로그래밍 경진대회에 도전하고자 하는 여러분의 의지는 마음 깊은 곳에서부터 응원합니다.

여러분 중 많은 분이 '프로그래밍 경진대회는 어렵다'거나 '일부 똑똑한 사람들만 참가하는 것이다'라고 생각하고 있지는 않습니까? 확실히 프로그래밍 경진대회 세계는 무척 심오하고, 경험을 쌓은 상급자들도 어려워하는 문제가 출제되기도 합니다.

하지만 여러분이 생각하는 것만큼 그 장벽이 높지는 않습니다. 많은 콘테스트에서 초급자들이 풀 수 있는 문제도 출제되어 다양한 실력을 가진 사람이 즐길 수 있습니다. 또한 실제로 콘테스트에 참가함으로써 알고리즘 능력이나 사고력 등을 실전을 통해 몸에 익힐 수 있으며, 그것을 계기로 자신의 기술력을 높일 수도 있습니다.

이런 이유에서 최근 프로그래밍 경진대회의 인기가 급격하게 높아지고 있습니다. 인기의 상승과 함께 프로그래밍 경진대회 실력을 올리기 위해 필요한 알고리즘이나 사고 테크닉에 관해 설명하는 책도 많이 출간되었습니다. 그중에서도 이 책의 특징은 다음 두 가지입니다.

첫 번째, '알기 쉽게 설명했습니다'. 이 책에서는 풀컬러 이미지를 300개 이상 사용해서 초급자도 이해하기 쉽게 쓰려고 노력했습니다.

두 번째, '프로그래밍 경진대회에 쉽게 적응할 수 있습니다'. 이 책은 총 153개의 연습 문제를 통해 확실하게 지식을 익힐 수 있게 구성했습니다. 또한, 모든 연습 문제는 자기 채점 시스템을 통해 프로그램이 올바른지 자동으로 확인할 수 있습니다. 그래서 자신이 제대로 이해한 것인지 확인하면서 학습할 수 있습니다.

마지막으로 《문제풀이로 완성하는 알고리즘+자료구조》에서 소개한 77개의 주제가 여러분에게 조금이나마 도움이 되기를 바랍니다. 그리고 이 책이 여러분의 가능성을 넓히는 데 도움이 된다면 더 없이 기쁠 것입니다.

그럼, 시작해 볼까요?

요네다 마사타카

들어가기

프로그래밍 경진대회
입문

프로그래밍 경진대회^{Competitive Programming}는 프로그래밍 문제를 푸는 것을 경진대회화한 것입니다.

일본에서는 약 15년 전부터 본격적으로 시작된 비교적 새로운 경기입니다. 하지만 현재 경진대회에 참가하는 인구는 일본에서만 3만 명[1]을 넘어섰으며, 중고등학생부터 프로그래머까지 폭넓은 연령층의 사람들이 즐기고 있습니다. 또한, 코딩 스킬 향상이나 교육 등의 목적으로도 널리 이용되고 있습니다.

콘테스트의 흐름

프로그래밍 경진대회 콘테스트는 일반적으로 다음 흐름으로 진행됩니다. 많은 콘테스트에서 상급자를 위한 문제뿐만 아니라 초급자도 즐길 수 있는 문제가 준비돼 있으므로 이 책으로 프로그래밍 경진대회를 처음 시작하는 분도 안심하고 준비할 수 있습니다.

1 참가자에게 여러 문제가 주어진다	**2** 문제를 푸는 프로그램을 시험 시간 안에 구현	**3** 정답을 구한 문제 수나 득점에 따라 순위를 결정한다

---

1 2022년 8월을 기준으로 AtCoder 일본 활성 사용자 수는 약 37,300명입니다.

콘테스트의 종류

다음으로 프로그래밍 경진대회의 종류에 관해 알아봅시다. 이번 절에서는 대표적인 몇 가지 예를 소개합니다(모두 2022년 8월 기준의 정보입니다).

AtCoder

일본 최대 규모의 프로그래밍 콘테스트입니다. 매주 주말 밤 9시부터 온라인으로 콘테스트가 개최되며, 전 세계에서 5,000명 이상이 동시에 참가합니다. 참가비는 무료이며, 초등학생부터 직장인까지 누구나 참가할 수 있습니다.

AtCoder의 가장 큰 특징은 콘테스트 성적에 따라 **등급**rating이 부여된다는 점입니다(아래 그림 참조). 이 등급은 실력을 증명하는 것이므로 기술 관련 아르바이트나 취직 활동 등에 활용되기도 합니다. 또한, 등급이 2,800 이상인 숙련된 참가자는 '레드 코더'라 불리며, 많은 참가자에게 동경의 대상이 됩니다.

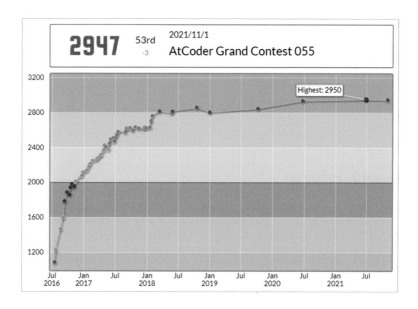

일본 정보 올림피아드(JOI)

일본 정보 올림피아드는 고등학생 이하를 대상으로 하는 콘테스트입니다. 매년 약 1,500명이 참가하며, 몇 차례 선발을 거쳐 상위 4명에 포함되면, 일본 대표 선수로 세계 대회(국제 정보 올림피아드: IOI)에 출전할 수 있습니다. 필자는 이 대회를 계기로 프로그래밍 경진대회를 시작했습니다. 참가비는 무료이며, 최초 1차 예선은 기본적인 프로그램을 작성할 수 있는지를 묻는 수준이므로, 이제 막 프로그래밍을 시작한 분들도 가벼운 마음으로 참여할 수 있습니다.

국제 대학생 프로그래밍 대회(ICPC)

ICPC 재단이 주최하는 대학생 대상의 콘테스트입니다. AtCoder 등과 달리 3명이 팀으로 참가하므로 전략과 팀워크가 중요합니다. 일본에서 진행되는 일본 내 예선과 그다음 아시아 지역 예선을 통과한 상위 몇 개 팀이 세계 대회에 초대됩니다. 참가비는 무료입니다.

구글 코드 잼(Google Code Jam)[2]

구글이 매년 개최하는 프로그래밍 경진대회입니다(참가비 무료). 전 세계에서 매년 2만 명 이상이 예선에 참가합니다. 예선은 2시간 30분 동안 3~4개의 문제를 푸는 형식으로 진행되며, 3차례 예선을 통과한 상위 25명은 현지에서 진행되는 결승전에 참가할 수 있습니다. 단, 2020년부터는 신종 코로나 바이러스의 영향으로 온라인에서 결승전을 진행했습니다.

알고리즘 실기 검정(PAST)

일본 최초의 알고리즘 구현 능력을 측정하는 검정 시험입니다. 프로그래밍 경진대회 콘테스트 운영을 책임지고 있는 AtCoder가 주최하고 있습니다. 검정료가 8만 원 정도 들기는 하지만, 기준 점수를 달성하면 '알고리즘을 사용할 수 있는 인재'임을 증명할 수 있기 때문에 자신의 시장 가치를 높일 수 있습니다.

한국 정보 올림피아드(KOI)

한국 정보 올림피아드는 대학 교육을 받지 않은 청소년이 참가하는 대한민국의 컴퓨터 프로그래밍 대회입니다. 알고리즘 설계 능력을 평가하는 경시 부문과 학생이 개발한 소프트웨어의 창의성을 평가하는 공모 부문으로 나닙니다. 부문별 우승자는 각각 국제 정보 올림피아드(IOI)와 국제 과학 기술 경진대회(ISEF)에 참가할 자격을 얻습니다.

---

2   (옮긴이) 2023년 7월 1일 이후 이 대회는 더 이상 개최되지 않습니다. 그러나 과거 문제들을 풀어볼 수 있으므로 실력을 기르는 데 도움이 될 것입니다 (https://github.com/google/coding-competitions-archive/tree/main/codejam).

프로그래밍 경진대회에서 승리하려면 어떤 스킬이 필요할까요? 필자는 프로그래밍 능력, 알고리즘 지식, 사고력 이 세 가지가 중요하다고 생각합니다.

프로그래밍 능력

프로그래밍 경진대회 문제를 해결하려면 실제로 프로그램을 작성해야 합니다. 따라서 어느 한 프로그래밍 언어에 대해 표준 입출력, 조건 분기, 반복 처리와 같은 기본 문법을 익혀야 합니다.

그리고 학교 시험과 마찬가지로 프로그래밍 경진대회 콘테스트에는 '시험 시간'이 정해져 있으므로 빠르게 코딩을 하는 능력도 요구됩니다.

알고리즘 지식

프로그래밍 경진대회에서는 제출한 프로그램이 올바른 답을 내는 것만으로는 충분하지 않습니다. 자세한 내용은 1장에서 설명하겠지만, 일반적으로는 몇 초 이내에 실행이 완료되지 않으면 오답으로 간주합니다.

따라서 좀 더 효율적으로 답을 이끌어 내기 위한 전형적인 알고리즘(계산 순서)을 익혀 두는 것이 매우 중요합니다. 알고리즘에 관해서는 1.0절에서 설명합니다.

사고력/창의력

프로그래밍 경진대회에서 출제되는 문제는 알고리즘 지식만으로는 해결할 수 없습니다. 문제를 잘 분석하거나, 규칙성에 착안하거나, 한 수 앞을 생각하는 등의 창의력이나 영감이 요구되기도 합니다. 또한, 복잡한 문제를 정리하고 해결하는 데 필요한 논리적 사고력도 빼놓을 수 없는 요소입니다.

이 책에서는 주로 '알고리즘 지식'과 '사고력/창의력'을 중심으로 설명합니다. 모쪼록 재미있게 즐기기 바랍니다.

책의 진행 방식

이번에는 이 책의 1장 이후에 살펴볼 내용에 대해 간략히 설명하고, 이 책의 지원 페이지나 책을 읽는 방법 등에 관해 설명합니다.

책의 구성

이 책은 총 10개의 장으로 구성되어 있습니다. 먼저 1장에서는 프로그래밍 경진대회에 참가하기 위한 기초가 되는 '알고리즘'과 '계산량'이라는 키워드에 관해 살펴봅니다. 동시에 총 5개의 예제를 통해 프로그래밍 경진대회의 문제 형식에 익숙해지는 것을 목표로 합니다.

다음으로 2장부터 9장까지는 프로그래밍 경진대회에서 자주 출제되는 '전형적인 알고리즘'과 '사고 테크닉'을 다룹니다. 예를 들어, 누적 합, 바이너리 서치, 동적 계획 알고리즘 등에 관해 설명합니다. 가장 마지막 장인 10장에서는 프로그래밍 경진대회에서 '해법의 힌트를 찾는 방법'에 관해 간략히 설명한 뒤, 이제까지 학습한 지식을 모두 활용해서 실전 수준의 문제를 풀어 봅니다.

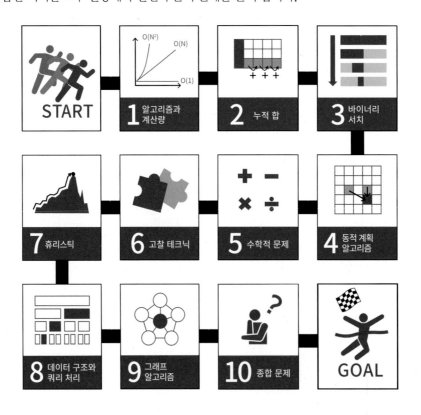

사전 지식

먼저, 수학적 지식에 관해 설명하겠습니다. 이 책은 독자 여러분이 고등학교 1~2년 정도 수준의 수학 지식을 갖고 있다고 가정하고 집필했습니다. 수학 지식이 부족하다고 생각된다면, 《문제 해결을 위한 알고리즘 with 수학》(위키북스, 2023)[3]을 먼저 읽어보기를 권합니다.

또한, 이 책에서는 몇 가지 소스 코드를 게재하고 있기 때문에 하나 이상의 프로그래밍 언어를 다루어 본 경험이 있고, 기본적인 문법을 어느 정도 습득하고 있는 것이 좋습니다. 구체적으로는 다음 내용을 이해하고 있다면 충분합니다.

- 표준 입출력
- 기본적인 타입(정수, 소수, 문자열 등)
- 기본적인 연산(사칙 연산, 나머지 연산 등)
- 조건 분기(if문)

- 반복 처리(for문)
- 배열/2차원 배열(C++의 경우 vector 타입을 포함)
- 함수
- 클래스나 구조체식

프로그래밍의 기본 문법을 모르는 분들은 다음 자료 중 하나를 미리 학습할 것을 권장합니다(모두 무료로 등록할 수 있습니다).

APG4b(https://atcoder.jp/contests/APG4b)

일본 최대 규모의 프로그래밍 콘테스트 사이트 AtCoder가 제공하는 C++ 입문 교재입니다. 파이썬 등 다른 언어는 지원하지 않지만, 매우 알기 쉬운 해설을 제공합니다. 이 콘텐츠로 학습할 경우 1장, 2.01절, 2.02절, 2.03절, 3.04절까지 진행하면 충분한 지식을 습득할 수 있습니다.

ITP1(https://onlinejudge.u-aizu.ac.jp/courses/lesson/2/ITP1/all)

아이즈 대학교의 AIZU ONLINE JUDGE가 제공하는 프로그래밍 입문 교재입니다. 4개 프로그래밍 언어(C++, 파이썬, 자바, C)를 사용해 해설을 제공합니다. 이 콘텐츠로 학습할 경우 11장까지 진행하면 충분한 지식을 습득할 수 있습니다.

---

3 https://wikibook.co.kr/algorithm-math/

예제/응용 문제/실력 문제

이 책의 대부분의 절에서는 가장 먼저 예제를 제공합니다. 그리고 이 책의 절반 정도의 절에서는 가장 마지막에 힌트를 포함한 응용 문제를 제공합니다. 또한, 10장에서는 이 책에서 학습한 내용을 활용할 수 있는 20개의 '실력 문제'를 제공합니다.

연습 문제의 난이도는 다양하지만, 예제마다 다음 6단계의 난이도 평가(1~6)가 기재되어 있으므로 활용하기 바랍니다.[4] 또한, 응용 문제나 실력 문제의 해설은 다음 지원 페이지를 참조하기 바랍니다.

https://github.com/wikibook/77algo

별의 수	난이도 기준	비율
★1	기초적인 프로그래밍 지식만으로 해결할 수 있는 문제입니다.	약 4%
★2	각 장의 주제에 관한 기본적인 문제입니다.	약 21%
★3	일반적인 난이도입니다.	약 25%
★4	초급자에게는 이 단계부터 급격하게 어려워집니다.	약 24%
★5	고도의 알고리즘 지식이나 풍부한 경험이 요구됩니다.	약 19%
★6	5보다 훨씬 더 어렵습니다.	약 7%

이 책의 학습 순서

2~9장의 내용은 거의 독립돼 있으므로 반드시 앞에서부터 순서대로 읽을 필요는 없습니다. 단, 1장 '알고리즘과 계산량'은 이후 모든 장과 관련된 중요 사항이므로 반드시 먼저 읽어보기를 권합니다.

---

4   응용 문제는 힌트가 함께 제공되므로 난이도 ★평가를 하지 않았습니다. 하지만 힌트가 있어도 어려운 문제도 있으므로 풀이 방법을 모를 때는 설명을 보는 것도 효과적입니다.

또한, 이 책은 주제별로 장을 구분하고 있으므로 **전반부에 있는 장이라 하더라도 몇 가지 예제는 그 난이도가 높습니다**(예: 4.9절). 따라서 첫 번째로 책을 읽을 때는 ★5 이상은 건너 뛰고, 두 번째로 책을 읽을 때는 ★5 이상에 도전하는 방법을 권장합니다.

소스 코드에 관해

이 책에서는 지면 사정상 C++ 코드만 게재했습니다. 하지만 C++ 이외의 언어로 학습하고 싶은 분들도 있을 것이므로, 필자의 지원 페이지에 3개 프로그래밍 언어(C++, 파이썬, 자바)로 구현한 예제를 제공하고 있습니다.

```
https://github.com/wikibook/77algo
```

또한, 이 책에서 다루는 프로그램 대부분은 기본적인 기능만 사용하므로 일반적인 C++, 파이썬, 자바 이외의 언어를 사용하는 분들도 어려움 없이 읽을 수 있을 것입니다. 표준 라이브러리 등의 고급 기능을 사용하는 부분에 관해서는 각주 등을 사용해 설명합니다.

자동 채점 시스템 소개

이 책의 예제/응용 문제/실력 문제는 자신이 작성한 프로그램이 올바른지를 기계적으로 판단하는 **자동 채점 시스템**으로 채점할 수 있습니다(https://atcoder.jp/contests/tessoku-book).[5] 구체적인 구조는 다음 그림과 같으며, 자동 채점 시스템을 사용하려면 사전에 AtCoder에 등록해야 합니다(누구나 무료로 등록할 수 있습니다). AtCoder 등록 방법에 관해 알고 싶은 분은 필자가 2020년 2월에 작성한 『레드 코더가 알려주는 프로그래밍 경진대회 가이드라인(초급편: 프로그래밍 경진대회를 시작하자)[6]』의 1.3절을 참고하기 바랍니다.

	제출 일시	문제	결과
	9/16 8:00	A01	채점 중

	제출 일시	문제	결과
	9/16 8:00	A01	AC

문제를 해결하는 프로그램을 구현해서 제출한다 → 서버상에서 자동으로 채점된다 → 수십 초 뒤에 결과를 알 수 있다. 정답일 경우 'AC'라고 표시된다.

5　(옮긴이) 자동 채점 시스템은 브라우저의 번역 기능을 사용해 한글 환경에서 사용할 수 있습니다. 자세한 사용 방법은 부록을 참조하기 바랍니다.

6　レッドコーダーが教える, 競プロ上達ガイドライン(初級編 : 競プロを始めよう), https://qiita.com/e869120/items/f1c6f98364d1443148b3

코딩 테스트 소개

프로그래밍 경진대회 문제를 해결하기 위한 편집기는 로컬 환경에 설치된 편집기(editor)를 이용해도 관계없습니다. 하지만 AtCoder 자동 채점 시스템과 함께 제공되는 '코드 테스트'를 사용하면 웹상에서 간단하게 코드를 구현할 수 있습니다.

https://atcoder.jp/contests/tessoku-book/custom_test?lang=en

코드 테스트에서는 C++, 파이썬, 자바를 시작으로 50개 이상의 프로그래밍 언어를 지원합니다. 또한, 다음 그림과 같이 실행 시간 등도 표시되므로 매우 편리합니다. 필요에 따라 적절하게 활용하기 바랍니다.

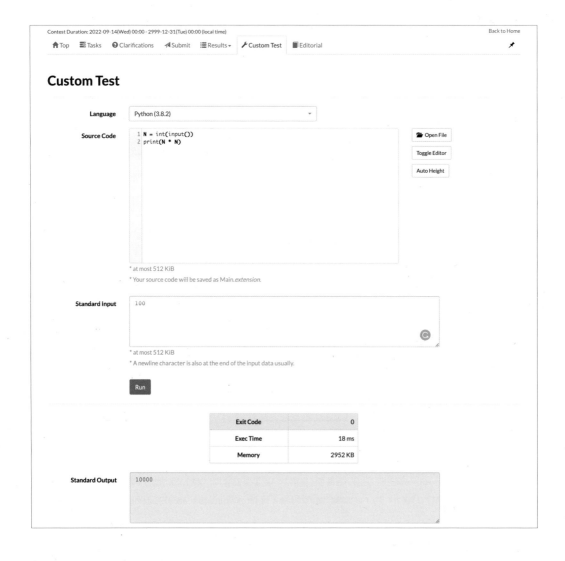

1장

알고리즘과 계산량

1.0 | 알고리즘과 계산량

알고리즘은 문제를 해결하기 위한 '계산 순서'를 말합니다. 같은 문제를 여러 알고리즘을 사용해 해결할 수 있으며, 각 알고리즘의 효율도 제각각입니다. 먼저 구체적인 예로 1부터 50까지의 합계를 계산하는 문제를 생각해 봅시다.

예(1): 1+2+⋯+50 계산하기

가장 먼저 생각할 수 있는 해법은 다음 그림과 같이 '1+2=3', '3+3=6', '6+4=10'과 같이 하나씩 더하는 방법입니다. 물론 최종적으로는 올바른 답인 1275를 구할 수 있습니다. 하지만 이 알고리즘은 모두 49번의 덧셈을 계산해야 하므로 매우 어렵습니다.

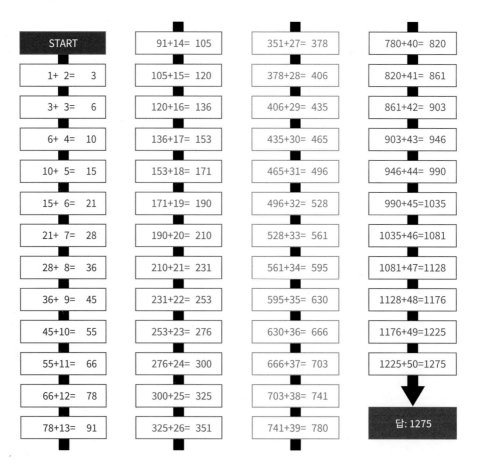

좀 더 나은 해법을 생각해 봅시다. 1부터 50까지의 정수를 '1과 50', '2와 49', '3과 48'과 같은 규칙으로 짝을 이루면, '합계가 51인 짝'이 모두 25개가 됩니다. 따라서 답은 25×51=1275가 되는 것을 알 수 있습니다.

앞의 알고리즘에서는 49번의 계산이 필요했지만, 이 알고리즘에서는 1번만 계산하면 되므로 후자의 방법이 더 효율적이라고 할 수 있습니다.[1]

예(2): 미로의 최단 거리 구하기

또 한 가지 예로, 다음 그림의 미로를 푸는 방법을 생각해 봅시다. 시작부터 목표까지 최단 거리로 이동하려면 어떻게 하면 좋을까요? 단, 검은색 칸은 지나갈 수 없으며, 한 번에 상하좌우로 인접한 칸으로만 이동할 수 있습니다.

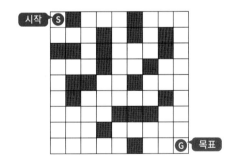

가장 먼저 생각할 수 있는 해법은 시작 지점부터 출발하는 모든 경로를 조사하는 것입니다. 이런 알고리즘을 **완전 탐색**Full search이라고 합니다. 하지만 총 15만 개 이상의 경로[2]를 조사해야 하므로, 컴퓨터의 힘을 빌리지 않으면 날이 저물고 말 것입니다.

---

1 엄밀히 말하면 25나 51이라는 값을 구하는 데도 계산이 필요하지만, 그래도 하나씩 더하는 것보다 효율적입니다.

2 목표에 도달하지 않는 경로도 포함한 값입니다.

보다 좋은 해법을 생각해 봅시다. 먼저 시작 지점에 '0'이라는 정수를 써넣습니다. 다음으로 0의 주변에 1을 쓰고, 1 주변에 2를 씁니다(쓰인 정수는 **시작 지점부터 최단 거리**를 의미합니다[3]).

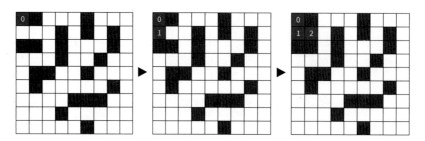

계속해서 '2 주변에 3을 쓰고', '3 주변에 4를 쓰고', '4 주변에 5를 쓰고'와 같은 작업을 반복합니다. 그러면 칸이 아래 그림과 같이 됩니다. 목표 지점에 20이라는 정수가 적혀 있으므로 이 미로의 최단 경로는 20이 됩니다.

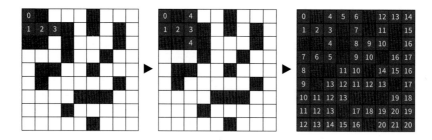

또한, 구체적인 최단 경로는 목표에서부터 생각해보면 구할 수 있습니다. 목표 지점인 '20'에서 출발해 $20 \rightarrow 19 \rightarrow 18 \rightarrow 17 \rightarrow 16 \rightarrow 15 \rightarrow \cdots \rightarrow 1$과 같이 하나씩 줄어드는 방향으로 진행하면, 다음 그림과 같이 20까지의 경로를 얻을 수 있습니다. 참고로 이 알고리즘을 **너비 우선 탐색**breadth-first-search이라고 합니다(9장에서 다룹니다).

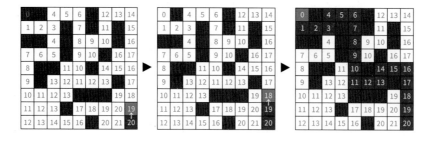

---

3   예를 들어, 다음 그림에서 '2'라고 적힌 칸의 경우, 시작 지점부터 최단 거리 2칸으로 이동할 수 있습니다.

지금까지 같은 문제를 푸는 경우에도 여러 알고리즘을 생각할 수 있으며 알고리즘에 따라 효율이 크게 달라지는 것을 확인했습니다.

그럼 알고리즘의 효율은 어떻게 평가할 수 있을까요? 물론 프로그램의 실행 시간으로 비교할 수도 있지만, 프로그래밍 언어나 사용하는 컴퓨터에 따라 실행 시간이 달라지므로 조금 불편합니다. 그래서 중요한 역할을 담당하는 것이 이제부터 설명할 **계산량**이라는 개념입니다.

계산량

계산량은 알고리즘의 효율을 평가하는 지표의 하나입니다. 일반적으로 O 표기법(빅오 표기법)을 사용해서 $O(N)$, $O(N^2)$, $O(2^N)$ 같은 형식으로 나타내며[4], 그 의미는 각각 다음과 같습니다.

$O(N)$	계산 횟수가 대략 N에 비례한다
$O(N^2)$	계산 횟수가 대략 N^2에 비례한다
$O(2^N)$	계산 횟수가 대략 2^N에 비례한다

계산량의 예(1)

이번 절의 앞부분에서 설명한 것처럼 $1+2+3+\cdots+N$의 값을 '하나씩 더하는 방법'으로 계산하는 것을 생각해 봅시다. 총 $N-1$번의 덧셈을 수행하므로 알고리즘의 계산량은 $O(N)$입니다.

계산량의 예(2)

다음으로 $1+2+3+\cdots+N$의 값을 '개선한 방법'으로 계산한 것을 생각해 봅시다. N이 어떤 수인지에 관계없이 몇 차례의 사칙연산만 수행하므로 알고리즘의 계산량은 $O(1)$입니다.[5] 이렇게 O 표기법은 '대략적인 계산 횟수'를 나타냅니다.

계산량의 기준

마지막으로 '입력 데이터의 크기 N'과 '계산 횟수 기준'의 관계는 다음과 같습니다. $\log N$이나 $N!$ 등은 완만하게 증가하지만, 2^N이나 $N!$ 등은 급격하게 증가하는 것을 볼 수 있습니다.

---

4 엄밀히 말해 O 표기법의 정의는 다음과 같습니다. 어떤 상수 c가 존재하고, 입력 데이터의 크기 N에 대한 계산 횟수 $T(N)$이 모든 N에 대해 $T(N) \leq c \times P(N)$을 만족했을 때, 알고리즘의 계산량을 $O(P(N))$으로 나타낼 수 있습니다. 따라서 계산 횟수가 N 번인 알고리즘의 계산량을 $O(N^2)$이라고 나타내도 틀리지 않습니다. 하지만 실제 사용에서는 '대략적인 계산 횟수를 나타내는 것'이라는 정도로 이해해도 큰 문제가 없습니다.

5 계산 횟수가 N의 값에 의존하지 않는 경우 계산량은 $O(1)$로 나타냅니다. 예를 들어, 어떤 N에 대해서도 계산 횟수가 항상 5번 이하라면 계산량은 $O(1)$입니다.

또한, **가정용 PC의 계산 속도는 초당 10억 회 정도**[6]이므로, 10억$(=10^9)$을 넘는 셀은 빨간색으로 나타냈습니다. 빨간색으로 칠해진 부분은 프로그래밍 경진대회에서 정답이 될 가능성이 낮다고 생각해도 좋습니다.

N의 값	$\log_2 N$	$\sqrt{N}$	$N\log_2 N$	N^2	2^N	$N!$
5	3	3	15	25	32	120
7	3	3	21	49	128	5,040
10	4	4	40	100	1,024	3,628,800
20	5	5	100	400	1,048,576	약10^{18}
30	5	6	150	900	약10^9	약10^{32}
50	6	8	300	2,500	약10^{15}	약10^{64}
100	7	10	700	10,000	약10^{30}	약10^{158}
250	8	16	2,000	62,500	약10^{75}	약10^{493}
1,000	10	32	10,000	1,000,000	약10^{301}	약10^{2568}
2,500	12	50	30,000	6,250,000	약10^{753}	약10^{7411}
10,000	14	100	140,000	100,000,000	약10^{3010}	—
25,000	15	159	375,000	625,000,000	약10^{7526}	—
100,000	17	317	1,700,000	10^{10}	—	—
250,000	18	500	4,500,000	약10^{11}	—	—
1,000,000	20	1,000	20,000,000	10^{12}	—	—
10^9	30	31,623	약10^{10}	10^{18}	—	—
10^{12}	40	1,000,000	약10^{14}	10^{24}	—	—
10^{18}	60	10^9	약10^{20}	10^{36}	—	—

1장의 목표

여기까지의 내용은 잘 이해했습니까? 1장에서는 총 5문제를 통해 알고리즘과 계산량에 대한 이해를 높이는 것을 목표로 합니다. 동시에, 프로그래밍 경진대회의 문제 형식도 익혀 봅니다.

대부분 예제는 완전 탐색으로 해결하고 있지만, 1.5절의 도전 문제 등 알고리즘을 고려해야만 하는 문제도 있으므로 즐겁게 풀기 바랍니다.

---

6 실행 환경이나 프로그래밍 언어에 따라 몇 배~수십 배까지 달라질 수 있습니다. 예를 들어, 이 책의 자동 채점 시스템에서 C++를 사용한 경우, 초당 10억 회 정도입니다.

1.1 도입 문제

The First Problem (실행 시간 제한 1초, 난이도 ★1)

정수 N이 주어졌을 때 한 변의 길이가 N인 정사각형의 넓이를 출력하는 프로그램을 작성하십시오.

입력 형식

| N

출력 형식

정사각형의 넓이를 정수로 출력하십시오.

제약

- N은 1 이상 100 이하의 정수다. 즉, N에 101 또는 2.5 같은 값은 입력되지 않는다.

입력 예 1	출력 예 1
2	4

한 변이 2인 정사각형의 넓이는 2×2=4입니다.

입력 예 1	출력 예 1
8	64

한 변이 8인 정사각형의 넓이는 8×8=64입니다.

입력 예 1	출력 예 1
100	10000

도입: 이 책의 문제 형식

프로그래밍 경진대회의 여정에 참여한 것을 환영합니다. 이번이 첫 번째 문제이므로 먼저 이 책의 문제 형식을 확인해 봅시다.

문제 ID/실행 시간 제한

먼저, 문제의 앞부분에는 'A01'과 같은 문제 ID가 붙어 있습니다. 이것은 이 책의 자동 채점 시스템(→ 0.4절)에서의 문제 번호를 나타냅니다. 또한, 실행 제한 시간은 프로그램 실행이 몇 초 안에 끝나야 하는 지를 의미합니다. 예를 들어 실행 시간 제한이 1초인 경우, 계산에 1초 이상이 소요되면 오답이 됩니다.

입력 형식/출력 형식

어떤 형식으로 데이터가 입력되는지, 어떤 포맷으로 답을 출력해야 하는지가 기재돼 있습니다. 입출력 형식이 잘못되면 답이 맞더라도 오답이 될 수 있으므로 주의합니다.

제약/입력 예/출력 예

제약에는 '입력되는 데이터의 크기가 어느 정도인가'와 같이 입력 데이터가 만족해야 하는 조건이 기재돼 있습니다.[7] 또한, 입출력 예에는 제약을 만족한 입력 데이터와 그에 대응하는 출력 데이터의 조합이 기재돼 있습니다.[8]

문제를 풀어 보자

그럼 문제를 풀어 봅시다. 한 변의 길이가 N인 정사각형의 넓이는 $N \times N$이므로, 이 값을 출력하는 **해답 예**와 같은 프로그램을 작성하면 정답(AC)이 됩니다.

해답 예(C++)

```cpp
01  #include <iostream>
02  using namespace std;
03
04  int main() {
05      int N;
06      cin >> N; // 입력
07      cout << N * N << endl; // 출력
08      return 0;
09  }
```

---

7 2장 이후의 예제나 응용 문제에서는 제약 조건으로 데이터의 범위만 쓰여 있는 경우도 있습니다. 하지만 특별히 지정하지 않은 경우 **입력되는 값은 모두 정수**입니다.

8 지면 관계상 이 책에서는 모든 입출력 예나 설명문을 게재하지는 않습니다. 보다 많은 입출력 예나 정확한 판정 사양 등을 확인하고 싶다면 자동 채점 시스템의 웹 사이트(→ 0.4절)를 참조하십시오.

보충: 자동 채점 시스템의 사양

원래는 $N \times N$을 출력해야 하는데, 잘못해서 $N+N$으로 출력한 코드 1.1과 같은 프로그램을 제출하면 오답이 됩니다. 왜냐하면 입력 예 2에서는 답이 64인데, 16으로 출력하기 때문입니다.

자동 채점 시스템에서는 입력 예뿐만 아니라 준비된 모든 테스트 케이스[9]에 대해 정답을 맞혀야 합니다. 작은 코딩 실수로도 오답이 될 수 있습니다. 엄격하게 판정하는 것에 익숙해져야 합니다.

코드 1.1 잘못된 프로그램의 예

```
01  #include <iostream>
02  using namespace std;
03
04  int main() {
05      int N;
06      cin >> N; // 입력
07      cout << N + N << endl; // 출력
08      return 0;
09  }
```

문제 B01	응용 문제

정수 A와 B가 주어졌을 때 $A+B$의 값을 출력하는 프로그램을 작성하십시오. 단, 제약은 $1 \le A \le 100$, $1 \le B \le 100$으로 합니다.

힌트 지면 관계상 응용 문제에서는 입력 형식/출력 형식 등을 생략합니다. 이 항목들을 확인하고 싶다면 자동 채점 시스템 웹 사이트(→ 0.4절)를 참조하십시오.

---

9   예를 들어, 이 예제에서는 $N = 1$부터 $N = 100$까지의 모든 케이스가 제공됩니다.

1.2 완전 탐색 (1)

Linear Search (실행 시간 제한 1초, 난이도 ★1)

N 개의 정수 $A_1, A_2, \cdots, A_N$ 안에 정수 X가 포함되어 있는지 판정하는 프로그램을 작성하십시오.

입력 형식

$$N \quad X$$
$$A_1 \quad A_2 \quad \cdots \quad A_N$$

출력 형식

정수 X가 포함돼되어 있으면 Yes, 그렇지 않으면 No를 출력하십시오.

제약

- N은 1 이상 100 이하의 정수다.
- X는 1 이상 100 이하의 정수다.
- $A_1, A_2, \cdots, A_N$은 1 이상 100 이하의 정수다.

입력 예 1	출력 예 1
5 40	YES
10 20 30 40 50	

이 입력 예에서는 $N=5$, $X=40$, $(A_1, A_2, A_3, A_4, A_5)=(10, 20, 30, 40, 50)$으로 되어 있습니다. A_4의 값이 X와 일치하므로 Yes라고 출력하면 정답입니다.

입력 예 2	출력 예 2
6 28	No
30 10 40 10 50 90	

준비: 완전 탐색이란

완전 탐색이란 '가능한 모든 패턴을 조사한다'는 방침으로 문제를 해결하는 방법입니다. 예를 들어, 스마트폰에 설정된 4자리 비밀번호(PIN)[10]를 입력해서 잠금을 해제하는 것을 생각해 봅시다. 물론 암호를 알고 있다면 재미가 없으므로 완전히 모른다고 가정합니다. 이때, 시간은 걸리겠지만, 원리상 0000부터 9999까지 모든 번호를 시도하면 잠금을 해제할 수 있습니다. 이것이 완전 탐색입니다.

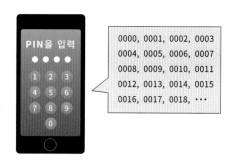

한 가지 예를 더 소개합니다. 다음 지도에서 집부터 역까지 최단 경로를 찾는 것을 생각해 봅시다. 이것도 손으로 계산할 때는 시간이 걸리지만, 가능한 6가지 경로를 모두 조사하면 해답을 알 수 있습니다. 최단 경로는 '집 → 지점 B → 지점 E → 역'이며, 이동 거리는 500미터입니다. 이처럼 세상의 많은 문제는 원칙적으로는 완전 탐색을 활용해 해결할 수 있습니다.

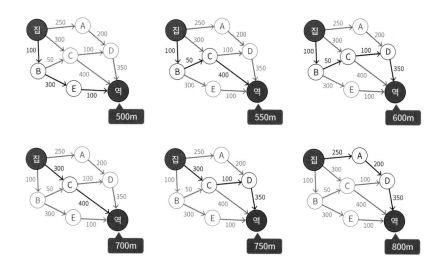

---

10 실제로는 PIN을 30번 연속으로 잘못 입력하면 단말기가 초기화되는 등의 처리가 수행되기도 합니다.

문제 해설

그럼, 정수 A_1, A_2, $\cdots$, A_N 중에 X가 포함돼 있는지 판정하려면 어떻게 해야 할까요? 간단한 해답으로 '$A_1 = X$인가?', '$A_2 = X$인가?'라고 하나씩 조사하는 방법이 있습니다. 이를 구현한 코드는 **해답 예**와 같으며, 계산량은 $O(N)$입니다. 참고로 이런 알고리즘을 **선형 탐색법**이라고 하며, 완전 탐색의 하나입니다.

해답 예(C++)

```
01  #include <iostream>
02  using namespace std;
03
04  int N, X, A[109];
05  bool Answer = false;
06
07  int main() {
08      // 입력
09      cin >> N >> X;
10      for (int i = 1; i <= N; i++) cin >> A[i];
11
12      // 완전 탐색(변수 Answer는 '기존에 x를 발견했는가'를 나타냄)
13      for (int i = 1; i <= N; i++) {
14          if (A[i] == X) Answer = true;
15      }
16
17      // 출력
18      if (Answer == true) cout << "Yes" << endl;
19      else cout << "No" << endl;
20      return 0;
21  }
```

문제 B02 | 응용 문제

A 이상 B 이하의 정수 중에서 100의 약수인 정수가 존재합니까? 해답을 Yes/No로 출력하는 프로그램을 작성하십시오.

힌트 반복 처리(for문)를 사용해 완전 탐색을 합니다!

1.3 완전 탐색 (2)

Two Cards (실행 시간 제한 1초, 난이도 ★1)

빨간 카드가 N장 있고, 각 카드에는 정수 $P_1, P_2, \cdots, P_N$이 적혀 있습니다. 또한, 파란 카드가 N장 있고, 각 카드에는 $Q_1, Q_2, \cdots, Q_N$이 적혀 있습니다.

경진 씨는 빨간 카드 중에서 1장, 파란 카드 중에서 1장, 총 2장의 카드를 선택합니다. 선택한 2장의 카드에 적힌 정수의 합계가 K가 되도록 하는 방법이 존재합니까? 해답을 출력하는 프로그램을 작성하십시오.

입력 형식

$$N\ K$$
$$P_1\ P_2\ \cdots\ P_N$$
$$Q_1\ Q_2\ \cdots\ Q_N$$

출력 형식

합계를 K로 만드는 방법이 존재하면 Yes, 그렇지 않으면 No를 출력하십시오.

제약

- N은 1 이상 100 이하의 정수다.
- K는 1 이상 100 이하의 정수다.
- $P_1, P_2, \cdots, P_N$은 1 이상 100 이하의 정수다.
- $Q_1, Q_2, \cdots, Q_N$은 1 이상 100 이하의 정수다.

입력 예 1	출력 예 1
3 100	No
17 57 99	
10 36 53	

이 입력 예에서는 3장의 빨간 카드와 3장의 파란 카드가 있습니다. 빨간 카드에는 각각 17, 57, 99가 적혀 있고, 파란 카드에는 각각 10, 36, 53이 적혀 있습니다. 합계를 $K(=100)$로 하는 방법은 존재하지 않으므로 No가 정답입니다.

문제 해설

이 문제는 가능한 모든 카드의 선택 방법을 완전 탐색(→ 1.2절)해서 해결할 수 있습니다. 예를 들어, 입력 예의 경우 다음 그림과 같이 $3^2 = 9$가지의 카드를 선택하는 방법이 있으며, 어떤 경우에도 합이 100이 되지 않으므로 해답은 No임을 알 수 있습니다.

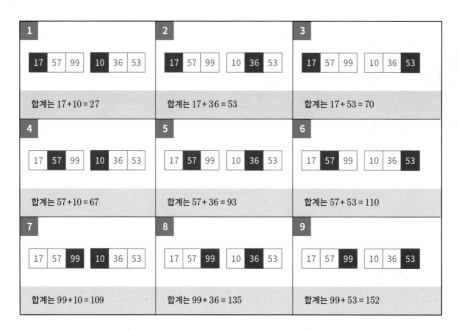

완전 탐색 구현

완전 탐색은 해답 예와 같이 이중 for문을 사용해 구현할 수 있습니다. 6번째 행의 변수 Answer에는 합계가 K가 되는 선택 방법을 찾았는지 여부를 기록합니다. 또한, 반복문에서 사용하는 변수 x 및 y의 의미는 다음과 같습니다.

- **변수 x**: 몇 번째의 빨간 카드를 선택했는가?
- **변수 y**: 몇 번째의 파란 카드를 선택했는가?

마지막으로 이 해답은 실행 시간 제한을 만족할까요? 카드의 수를 N이라고 했을 때 완전 탐색에서는 N^2개를 조사해야 합니다. 따라서 프로그램의 계산량은 $O(N^2)$입니다. 그리고 이 문제의 제약은 $N \leq 100$이므로 계산 횟수는 $100^2 = 10000$번 정도입니다. 가정용 PC의 계산 속도는 초당 10억 회 정도이므로 충분히 여유롭게 실행 시간 제한을 만족합니다.

해답 예(C++)

```cpp
01 #include <iostream>
02 using namespace std;
03
04 int N, K;
05 int P[109], Q[109];
06 bool Answer = false;
07
08 int main() {
09     // 입력
10     cin >> N >> K;
11     for (int i = 1; i <= N; i++) cin >> P[i];
12     for (int i = 1; i <= N; i++) cin >> Q[i];
13
14     // 완전 탐색(Answer는 '합계가 K가 되는 선택 방법을 발견했는가'를 나타냄)
15     for (int x = 1; x <= N; x++) {
16         for (int y = 1; y <= N; y++) {
17             if (P[x] + Q[y] == K) Answer = true;
18         }
19     }
20
21     // 출력
22     if (Answer == true) cout << "Yes" << endl;
23     else cout << "No" << endl;
24     return 0;
25 }
```

문제 B03	응용 문제

N개의 상품이 있고, 상품 $i(1 \leq i \leq N)$의 가격은 A_i원입니다. 서로 다른 3개의 상품을 선택해 총 합계 금액을 정확하게 1000원으로 만드는 방법이 존재합니까? 존재하면 Yes, 그렇지 않으면 No를 출력하는 프로그램을 작성하십시오. 단, 제약은 $3 \leq N \leq 100$이라고 가정합니다.

힌트 3중 for문을 사용합니다!

정수 N이 10진수 표기로 주어져 있습니다. N을 2진법으로 변환한 값을 출력하는 프로그램을 작성하십시오. 2진법에 대해 잘 모른다면 다음 페이지를 참조하십시오.

입력 형식

| N

출력 형식

N을 2진법으로 변환한 값을 10자리로 출력하십시오. 자릿수가 부족한 경우에는 왼쪽을 0으로 채우십시오(입력 예 1, 입력 예 2 참조).

제약

- N은 1 이상 1000 이하의 정수다.

입력 예 1	출력 예 1
13	0000001101

13을 2진법으로 변환한 값은 1101이므로, 왼쪽에 0을 붙여서 10자리로 만든 0000001101을 출력하면 정답이 됩니다.

입력 예 2	출력 예 2
37	0000100101

37을 2진법으로 변환한 값은 100101입니다.

입력 예 3	출력 예 3
1000	1111101000

준비: 2진법에 관하여

여러분은 평소 0~9를 사용해서 숫자를 나타내는 **10진법**을 사용합니다. 10진법에서는 '9'의 상태에서 숫자를 더할 때 자리 올림이 발생합니다. 예를 들어, 49에 1을 더하면 50이 됩니다.

한편, 프로그래밍 경진대회에서는 0과 1만으로 숫자를 나타내는 **2진법**을 사용해 문제를 해결하는 경우가 있습니다. 2진법에서는 '1'의 상태에서 숫자를 더할 때 자리 올림이 발생합니다. 예를 들어,

- 1001에 1을 더하면 맨 아랫 자리에서 자리 올림이 발생하여 1010

- 1011에 1을 더하면 아래 두 자리에서 자리 올림이 발생하여 1100

이 됩니다. 또한, 2진법에서 0부터 99까지의 수를 세보면 다음 표와 같습니다.

10 진법	2 진법	10 진법	2 진법	10 진법	2 진법	10 진법	2 진법
0	0000000	25	0011001	50	0110010	75	1001011
1	0000001	26	0011010	51	0110011	76	1001100
2	0000010	27	0011011	52	0110100	77	1001101
3	0000011	28	0011100	53	0110101	78	1001110
4	0000100	29	0011101	54	0110110	79	1001111
5	0000101	30	0011110	55	0110111	80	1010000
6	0000110	31	0011111	56	0111000	81	1010001
7	0000111	32	0100000	57	0111001	82	1010010
8	0001000	33	0100001	58	0111010	83	1010011
9	0001001	34	0100010	59	0111011	84	1010100
10	0001010	35	0100011	60	0111100	85	1010101
11	0001011	36	0100100	61	0111101	86	1010110
12	0001100	37	0100101	62	0111110	87	1010111
13	0001101	38	0100110	63	0111111	88	1011000
14	0001110	39	0100111	64	1000000	89	1011001
15	0001111	40	0101000	65	1000001	90	1011010
16	0010000	41	0101001	66	1000010	91	1011011
17	0010001	42	0101010	67	1000011	92	1011100
18	0010010	43	0101011	68	1000100	93	1011101
19	0010011	44	0101100	69	1000101	94	1011110
20	0010100	45	0101101	70	1000110	95	1011111
21	0010101	46	0101110	71	1000111	96	1100000
22	0010110	47	0101111	72	1001000	97	1100001
23	0010111	48	0110000	73	1001001	98	1100010
24	0011000	49	0110001	74	1001010	99	1100011

그럼 10진법으로 1의 자리, 10의 자리, 100의 자리가 있는 것처럼 2진법에서도 각 자릿수에 이름을 붙일 수 있습니다. 1을 2배씩 늘리면 $1 \rightarrow 2 \rightarrow 4 \rightarrow 8 \rightarrow \cdots$이 되므로, 맨 아랫자리부터 순서대로 1의 자리, 2의 자리, 4의 자리, 8의 자리, …라고 부릅니다.

이때, 2진법을 10진법으로 변환한 값은 '숫자 × 자릿수'의 합이 됩니다. 예를 들어, 1011010을 10진법으로 변환하면 $(1 \times 64) + (0 \times 32) + (1 \times 16) + (1 \times 8) + (0 \times 4) + (1 \times 2) + (0 \times 1) = 90$이 됩니다. 이를 그림으로 나타내면 다음과 같습니다.

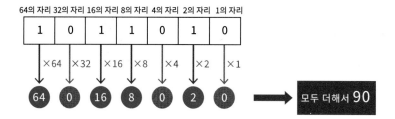

문제 해설

그럼 반대로 10진법으로 나타낸 정수 N을 2진법으로 변환[11]하려면 어떻게 해야 할까요? 사실 각 자리의 숫자는 다음과 같이 계산할 수 있습니다(이유는 뒤에서 설명합니다).

- **1의 자리**: $N \div 1$의 몫(정수 부분)을 2로 나눈 나머지
- **2의 자리**: $N \div 2$의 몫(정수 부분)을 2로 나눈 나머지
- **4의 자리**: $N \div 4$의 몫(정수 부분)을 2로 나눈 나머지
- **8의 자리**: $N \div 8$의 몫(정수 부분)을 2로 나눈 나머지
- **16의 자리** 이후도 동일하게 계산

예를 들어, 90이라는 정수를 2진법으로 변환한 값은 다음 그림과 같이 1011010으로 계산됩니다.

---

11 10진법을 2진법으로 변환하는 방법은 다양합니다. 예를 들어, '숫자가 0이 될 때까지 2로 나눈 나머지를 적은 뒤 거꾸로 읽는 방법'이 유명합니다. 이 방법으로 13을 2진법으로 변환하면 13÷2=6이고 나머지는 1, 6÷2=3이고 나머지는 0, 3÷2=1이고 나머지는 1, 1÷2=0이고 나머지는 1로 계산됩니다. 나머지 부분을 거꾸로 읽으면 1101이 됩니다.

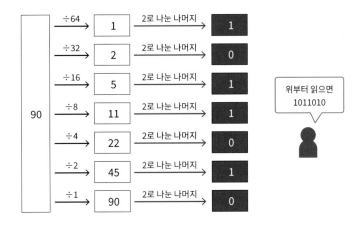

조금 어렵지만, 이 방법으로 올바르게 계산할 수 있는 이유는 다음과 같이 설명할 수 있습니다.

- $N \div 1$의 몫은 N을 2진법으로 표기한 수의 마지막 0번째 자리를 지운 것이다.

- $N \div 2$의 몫은 N을 2진법으로 표기한 수의 마지막 1번째 자리를 지운 것이다.

- $N \div 4$의 몫은 N을 2진법으로 표기한 수의 마지막 2번째 자리를 지운 것이다.

- $N \div 8$의 몫은 N을 2진법으로 표기한 수의 마지막 3번째 자리를 지운 것이다.

- $N \div 16$ 이후도 동일하다고 말할 수 있다.

$N = 90$일 때를 나타낸 그림은 다음과 같습니다. 이 그림에서는 각 자리의 숫자(16의 자리의 경우에는 $N \div 16$의 몫을 2로 나눈 나머지)를 빨간색으로 표시했습니다.

따라서 10진법을 2진법으로 변환하는 프로그램은 **해답 예**와 같습니다. 그리고 해답 예의 11번째 행의 $(1 \ll x)$는 2^x를 의미합니다.

해답 예(C++)

```cpp
01  #include <iostream>
02  using namespace std;
03
04  int main() {
05      // 입력
06      int N;
07      cin >> N;
08
09      // 윗자리부터 순서대로 '2진법으로 변환한 값'을 구한다
10      for (int x = 9; x >= 0; x--) {
11          int wari = (1 << x); // 2의 x제곱
12          cout << (N / wari) % 2; // 나눗셈의 결과에 따라 0 또는 1을 출력
13      }
14      cout << endl; // 마지막에 줄바꿈한다
15      return 0;
16  }
```

문제 B04	응용 문제

정수 N(8자리 이내)이 2진법 표기로 주어졌습니다. N을 10진법으로 변환한 값을 출력하는 프로그램을 작성하십시오.

힌트 변환 방법에 관해서는 28페이지를 확인합니다.

문제 A05	Three Cards	(실행 시간 제한 1초, 난이도 ★2)

빨간색, 파란색, 흰색 3장의 카드가 있습니다. 경진 씨는 각 카드에 1 이상 N 이하의 정수를 적어야 합니다. 3장의 카드에 적힌 숫자의 합계가 K가 되는 방법은 몇 가지입니까?

입력 형식

N K

출력 형식

답을 정수로 출력하십시오.

제약

- N은 1 이상 3000 이하의 정수다.
- K는 3 이상 9000 이하의 정수다.

입력 예 1	출력 예 1
3 6	7

합계가 6이 되는 작성 방법은 다음과 같이 7가지를 생각할 수 있습니다.

입력 예 2	출력 예 2
3000 4000	6498498

문제 해설

이 문제를 푸는 방법으로 먼저 '**3장의 카드에 숫자를 적는 방법을 완전 탐색하는 것**'을 생각할 수 있습니다. 이것을 구현하면 코드 1.2와 같으며, 각 변수의 의미는 다음과 같습니다.

- x: 빨간색 카드에 적은 정수

- y: 파란색 카드에 적은 정수

- z: 흰색 카드에 적은 정수

이 프로그램은 올바른 답을 출력하지만, 치명적인 단점이 하나 있습니다. 바로 계산량이 $O(N^3)$이라는 점입니다. 제약 조건의 상한인 $N=3000$인 경우, 무려 3000의 3제곱인 270억 번이나 조사해야 합니다. 가정용 PC의 계산 속도는 초당 10억 회 정도(→ 1.0절)이므로 1초 이내에 실행을 완료할 수 없습니다.

코드 1.2 숫자를 적는 방법을 완전 탐색하는 프로그램

```cpp
01  #include <iostream>
02  using namespace std;
03
04  int main() {
05      // 입력
06      int N, K, Answer = 0;
07      cin >> N >> K;
08
09      // 완전 탐색
10      for (int x = 1; x <= N; x++) {
11          for (int y = 1; y <= N; y++) {
12              for (int z = 1; z <= N; z++) {
13                  if (x + y + z == K) Answer += 1;
14              }
15          }
16      }
17
18      // 출력
19      cout << Answer << endl;
20      return 0;
21  }
```

그럼 계산량을 줄이려면 어떻게 해야 할까요? '**2장의 카드를 결정하면 남은 1장의 카드도 결정된다**'는 특성이 힌트가 됩니다. 구체적으로는 다음과 같습니다.

- 빨간색 카드에 적힌 정수를 x라고 한다.
- 파란색 카드에 적인 정수를 y라고 한다.
- 이때, 흰색 카드에는 $K-x-y$가 적힐 수밖에 없다.

따라서 '3장의 카드 전부가 아니라, 2장의 카드(**빨간색, 파란색**)에 숫자를 적는 방법만 완전 탐색한다'는 방법을 사용할 수 있습니다. 계산량은 $O(N^2)$이며, 프로그램 실행은 1초 이내에 완료됩니다. 다음은 입력 예 1의 계산 과정을 나타낸 그림으로, 정확하게 올바른 해답 7개를 구하는 것을 알 수 있습니다.

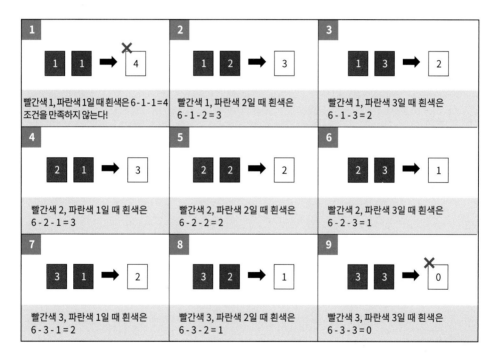

해답 예(C++)

```cpp
01  #include <iostream>
02  using namespace std;
03
04  int main() {
05      // 입력
06      int N, K, Answer = 0;
07      cin >> N >> K;
08
09      // 완전 탐색
10      for (int x = 1; x <= N; x++) {
11          for (int y = 1; y <= N; y++) {
12              int z = K - x - y; // 흰 카드에 적혀야 하는 정수
13              if (z >= 1 && z <= N) Answer += 1;
14          }
15      }
16
17      // 출력
18      cout << Answer << endl;
19      return 0;
20  }
```

칼럼 1 비트 연산

여러분 대부분은 초등학교에서 곱셈과 덧셈, 뺄셈과 같은 사칙 연산을 배웠을 것입니다. 하지만 프로그래밍에서는 그 외의 연산을 사용할 기회가 많은데, 그중에서도 AND, OR, XOR 등의 **비트 연산**이 유명합니다. 이번 칼럼에서는 이에 관해 설명합니다.

비트 연산의 기초: 논리 연산

먼저 **논리 연산**은 0 또는 1이라는 값(비트라 부릅니다) 사이에서 수행되는 연산입니다. 논리 연산으로는 AND, OR, XOR 세 종류가 널리 알려져 있으며, 각각의 계산 결과는 다음 그림과 같습니다. 예를 들어, 1 AND 0 = 0, 1 OR 0 = 1, 1 XOR 0 = 1입니다.

대응표를 암기하는 것은 어려울 수 있지만, AND는 양쪽, OR는 한쪽, XOR도 한쪽이라고 이해하면 기억하기 쉬울 것입니다.

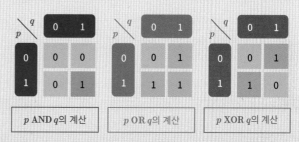

비트 연산(AND, OR, XOR)

다음으로 비트 연산은 2진법으로 표현된 값에 대해 수행하는 연산입니다. 그중에서도 AND 연산, OR 연산, XOR 연산은 **정수를 2진법으로 표시했을 때 각 자리별로 논리 연산을 수행하는 것**입니다. 구체적인 예시는 다음과 같습니다.[12]

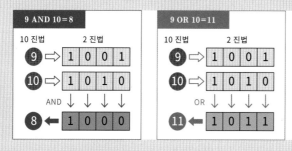

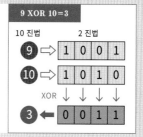

---

12 여기에서 논리 연산의 AND와 비트 연산의 AND가 다르다는 것에 주의합니다(OR, XOR도 동일함). 논리 연산은 0 또는 1을 갖는 값 사이에서 수행하는 연산이지만, 비트 연산은 두 개의 2진수 정수 사이에서 수행하는 연산입니다.

비트 연산 구현

C++이나 파이썬 같은 프로그래밍 언어에서는 비트 연산을 하기 위해 굳이 정수를 2진법으로 변환할 필요가 없습니다. 대신 다음과 같은 연산 기호를 사용합니다.

a AND b의 계산	a OR b의 계산	a XOR b의 계산
a & b	a ǀ b	a ^ b

코드 1.3은 비트 연산을 사용한 프로그램의 예입니다. a AND b, a OR b, a XOR b의 값을 순서대로 출력합니다.

코드 1.3 비트 연산 수행 프로그램

```cpp
01  #include <iostream>
02  using namespace std;
03
04  int main() {
05      // 입력 부분
06      int a, b;
07      cin >> a >> b;
08
09      // 출력 부분
10      cout << (a & b) << endl; // a AND b의 값을 출력
11      cout << (a ǀ b) << endl; // a OR b의 값을 출력
12      cout << (a ^ b) << endl; // a XOR b의 값을 출력
13      return 0;
14  }
```

3개 이상의 수에 대한 AND, OR, XOR

AND, OR, XOR 연산은 3개 이상의 수에 대해서도 수행할 수 있습니다. N개의 정수 A_1, A_2, ⋯, A_N의 AND, OR, XOR에 대해 2진수에 해당하는 각 자리별로 다음과 같이 계산합니다.

종류	계산 결과	예
AND	모든 수가 1이면, 계산 결과는 1	1 AND 1 AND 0 = 0
OR	1인 수가 하나 이상이면, 계산 결과는 1	1 OR 1 OR 0 = 1
XOR	1인 수가 홀수 개이면, 계산 결과는 1	1 XOR 1 XOR 0 = 0

3개 이상인 AND, OR, XOR은 예를 들면 $(((A_1 \text{ OR } A_2) \text{ OR } A_3) \cdots) \text{ OR } A_N$과 같이 순서대로 비트 연산을 적용해서 계산할 수 있습니다.

칼 럼 ② **비트 완전 탐색**

본격적인 완전 탐색 문제로 다음 **부분합 문제**를 생각해 봅시다.

> 1부터 N까지의 번호가 매겨져 있는 N장의 카드가 있습니다. 카드 i에는 정수 A_i가 쓰여 있습니다. 합계가
> S가 되도록 카드를 선택할 수 있습니까?

물론 N이 20과 같이 작은 숫자라면 완전 탐색으로 해결할 수 있습니다. 하지만 단순하게 구현하면
N개의 for 문을 사용해야 하므로 문제가 됩니다. 어떻게 해결할 수 있을까요?

단계 1: 선택 방법의 정수 표현

2진법을 사용하면 카드의 선택 방법을 0 이상 $2^N - 1$ 이하의 정수 값에 대응시킬 수 있습니다. 구체
적으로 카드 i를 선택하면 $c_i = 1$, 선택하지 않으면 $c_i = 0$이라 했을 때,

- 2진법의 $c_N \cdots c_2 c_1$을 10진법으로 변환한 값

에 대응시키면 됩니다. $N = 3$일 때의 대응 관계는 다음과 같이 나타낼 수 있습니다. 또한, 정수 표
현으로부터 카드 선택 방법을 복원하고 싶을 때는 반대의 조작(10진법으로부터 2진법으로의 변환)
을 수행해야 하는 점에 주의합니다(→ 1.4절).

선택 방법	카드 1	카드 2	카드 3		2진법 표기	정수 표현
-	선택하지 않음	선택하지 않음	선택하지 않음	⟶	000	0
1	선택함	선택하지 않음	선택하지 않음	⟶	001	1
2	선택하지 않음	선택함	선택하지 않음	⟶	010	2
1, 2	선택함	선택함	선택하지 않음	⟶	011	3
3	선택하지 않음	선택하지 않음	선택함	⟶	100	4
1, 3	선택함	선택하지 않음	선택함	⟶	101	5
2, 3	선택하지 않음	선택함	선택함	⟶	110	6
1, 2, 3	선택함	선택함	선택햄	⟶	111	7

단계 2: 프로그램 구현 방법

선택 방법의 정수 표현을 사용하면 부분합 문제를 해결하는 프로그램을 간단하게 구현할 수 있습니
다. $i = 0$부터 $i = 2^N - 1$까지의 범위로 반복문을 돌리고, 각각에 대해 '선택 방법의 정수 표현이 i일
때, 쓰여진 정수의 합계가 K인지' 확인하면 됩니다.

예를 들어, $N=3$, $K=20$, $(A_1, A_2, A_3)=(5, 8, 9)$일 때 계산 과정은 다음과 같습니다. 합계가 20이 되는 선택 방법은 존재하지 않으므로 대답은 No입니다.

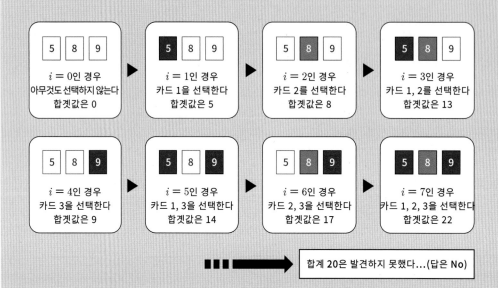

구현 예는 코드 1.4와 같으며, 계산량은 $O(2^N \times N)$입니다. 참고로 프로그래밍 경진대회에서는 이번과 같이 2진법을 사용해서 완전 탐색을 구현하는 기법을 **비트 완전 탐색**이라고 부릅니다.

코드 1.4 비트 완전 탐색 구현

```
01  #include <iostream>
02  using namespace std;
03
04  int main() {
05      // 입력
06      int N, K, A[22];
07      cin >> N >> K;
08      for (int i = 1; i <= N; i++) cin >> A[i];
09
10      // 완전 탐색(sum은 적혀있는 정수의 합계/ Answer는 현 시점에서의 답)
11      bool Answer = false;
12      for (int i = 0; i < (1 << N); i++) {
13          int sum = 0;
14          for (int j = 1; j <= N; j++) {
```

```
15            int wari = (1 << (j - 1));
16            if ((i / wari) % 2 == 1) sum += A[j];
17        }
18        if (sum == K) Answer = true;
19    }
20
21    // 출력
22    if (Answer == true) cout << "Yes" << endl;
23    else cout << "No" << endl;
24    return 0;
25 }
```

1장 정리

1.0 　알고리즘과 계산량

알고리즘이란

문제를 해결하기 위한 '계산 순서'

같은 문제라도 여러 알고리즘을 생각할 수 있으며, 효율의 좋고 나쁨이 다를 수 있다

계산량이란

알고리즘의 효율을 평가하는 지표의 하나

일반적으로 $O(1)$, $O(N)$, $O(N^2)$ 등으로 표현한다

실행 시간 측정

1초 동안 10억 회의 계산이 가능하다면

- 계산량 $O(N^2) \rightarrow N \leq 10000$이면 순식간에 계산 가능
- 계산량 $O(2^N) \rightarrow N \leq 20$이면 순식간에 계산 가능

1.1 　도입 문제

이 책의 문제 형식

- 실행 시간 제한: 수 초 이내에 계산을 완료해야 하는가
- 제약: 입력된 데이터의 크기가 어느 정도인가

자동 채점 시스템 사양

제약을 만족하는 다양한 케이스에 대해 검증을 수행하며, 모든 경우에 정답을 내야 함

1.2 　완전 탐색

완전 탐색이란

존재할 수 있는 모든 패턴을 빠지지 않고 조사하는 것

1.4 　2진법

2진법이란

0과 1만을 사용해서 숫자를 표현하는 방법

$0 \rightarrow 1 \rightarrow 10 \rightarrow 11 \rightarrow 100 \rightarrow 101 \rightarrow \cdots$으로 계속됨

10진법을 2진법으로 변환하는 방법

2^a의 자리의 값은 '$N \div 2^a$의 몫을 2로 나눈 나머지'

1.5 　완전 탐색과 계산량

완전 탐색 시 주의점

조사하는 패턴 수가 많아지면 실행 시간 제한을 맞추지 못할 수 있음

대처법

알고리즘의 효율성을 개선한다

2장

/

누적 합

2.0 누적 합이란?

먼저 다음의 계산 문제를 풀어봅시다. 여러분이라면 어떻게 해결하겠습니까?

> 어떤 유원지에서 1월 상반기의 방문자 수가 다음과 같았습니다. 1월 4일부터 13일까지의 총 방문자 수, 1월 3일부터 10일까지의 총 방문자 수, 1월 2일부터 15일까지의 총 방문자 수를 각각 계산하십시오.
>
> | | 1/1 | 1/2 | 1/3 | 1/4 | 1/5 | 1/6 | 1/7 | 1/8 | 1/9 | 1/10 | 1/11 | 1/12 | 1/13 | 1/14 | 1/15 |
> |---|---|---|---|---|---|---|---|---|---|---|---|---|---|---|---|
> | 방문자 수 | 62 | 65 | 41 | 13 | 20 | 11 | 18 | 44 | 53 | 12 | 18 | 17 | 14 | 10 | 39 |

우선 생각할 수 있는 방법은 직접 계산하는 것입니다. 예를 들어, 1월 4일부터 13일까지의 총 방문자 수의 경우 13 + 20 + 11 + 18 + 44 + 53 + 12 + 18 + 17 + 14의 값을 끈기 있게 계산하면 올바른 답을 구할 수 있습니다. 하지만 계산이 매우 귀찮습니다.

	1/1	1/2	1/3	1/4	1/5	1/6	1/7	1/8	1/9	1/10	1/11	1/12	1/13	1/14	1/15
방문자 수	62	65	41	13	20	11	18	44	53	12	18	17	14	10	39

13+20+11+18+44+53+12+18+17+14=220

게다가 이 문제에서는 1월 4일부터 13일까지의 총 방문자 수뿐만 아니라, 다른 두 기간에 대한 방문자 수까지 더 구해야 합니다. 이 계산 방법으로는 머릿속이 아득해집니다.

알고리즘 효율화

다음 표와 같이 1월 1일부터의 누적 방문자 수를 미리 계산합니다. 예를 들어 1월 3일 칸에는 62 + 65 + 41 = 168을 적습니다.

	1/1	1/2	1/3	1/4	1/5	1/6	1/7	1/8	1/9	1/10	1/11	1/12	1/13	1/14	1/15
방문자 수	62	65	41	13	20	11	18	44	53	12	18	17	14	10	39
누적 방문자 수	62	127	168	181	201	212	230	274	327	339	357	374	388	398	437

+65 +41 +13 +20 +11 +18 +44 +53 +12 +18 +17 +14 +10 +39

그러면 단 한 번의 뺄셈만으로 문제의 답을 구할 수 있습니다. 예를 들어 **1월 4일부터 13일까지의 총 방문자 수**는 '1월 13일까지의 누적 방문자 수'에서 '1월 3일까지의 누적 방문자 수'를 뺀 값이므로 388 − 168 = 220으로 계산할 수 있습니다.

	1/1	1/2	1/3	1/4	1/5	1/6	1/7	1/8	1/9	1/10	1/11	1/12	1/13	1/14	1/15
방문자 수	62	65	41	13	20	11	18	44	53	12	18	17	14	10	39
누적 방문자 수	62	127	168	181	201	212	230	274	327	339	357	374	388	398	437

388−168=220

또한, **1월 3일부터 10일까지의 총 방문자 수**는 '1월 10일까지의 누적 방문자 수'에서 '1월 2일까지의 누적 방문자 수'를 뺀 값이므로 339 − 127 = 212로 계산할 수 있습니다.

	1/1	1/2	1/3	1/4	1/5	1/6	1/7	1/8	1/9	1/10	1/11	1/12	1/13	1/14	1/15
방문자 수	62	65	41	13	20	11	18	44	53	12	18	17	14	10	39
누적 방문자 수	62	127	168	181	201	212	230	274	327	339	357	374	388	398	437

339−127=212

그리고 **1월 2일부터 15일까지의 총 방문자 수**는 '1월 15일까지의 누적 방문자 수'에서 '1월 1일까지의 누적 방문자 수'를 뺀 값이므로 437 − 62 = 375로 계산할 수 있습니다.

	1/1	1/2	1/3	1/4	1/5	1/6	1/7	1/8	1/9	1/10	1/11	1/12	1/13	1/14	1/15
방문자 수	62	65	41	13	20	11	18	44	53	12	18	17	14	10	39
누적 방문자 수	62	127	168	181	201	212	230	274	327	339	357	374	388	398	437

437−62=375

이렇게 누적 방문자 수를 미리 계산해 두면 효율적으로 답을 구할 수 있습니다. 그리고 일반적으로 배열의 맨 앞부터 누적 합계를 기록한 **누적 합**을 미리 계산해 두면 배열의 특정한 범위의 합계를 곧바로 구할 수 있습니다. 다음 절에서는 구체적인 문제에 대한 누적 합을 구현해 봅시다.

| 문제 A06 | **How Many Guests?** | (실행 시간 제한 1초, 난이도 ★2) |

어떤 유원지에서 N일에 걸쳐서 이벤트를 개최했고, i 일차에는 A_i명이 방문했습니다. 다음 Q개의 질문에 답하는 프로그램을 작성하십시오.

- 질문 1: L_1일차부터 R_1일차까지의 총 방문자 수는?

  ⋮

- 질문 Q: L_Q일차부터 R_Q일차까지의 총 방문자 수는?

입력 형식

$$N\ Q$$
$$A_1\ A_2\ \cdots\ A_N$$
$$L_1\ R_1$$
$$\vdots$$
$$L_Q\ R_Q$$

출력 형식

Q행으로 출력하십시오. j번째 행에는 질문 j의 답을 출력하십시오.

제약

- $1 \leq N \leq 100000$

- $1 \leq Q \leq 100000$

- $1 \leq A_i \leq 10000$

- $1 \leq L_j \leq R_j \leq N$

입력 예 1	출력 예 1
15 3	220
62 65 41 13 20 11 18 44 53 12 18 17 14 10 39	212
4 13	375
3 10	
2 15	

문제 해설

먼저 2.0절에서 다뤘던 문제에서는 1일차부터의 누적 방문자 수를 미리 계산했습니다. 그리고 1월 4일부터 13일까지의 총 방문자 수를 구하기 위해 다음을 계산했습니다.

(1월 13일까지의 누적 방문자 수) − (1월 3일까지의 누적 방문자 수)

2.0절의 문제를 일반화한 예제 'How Many Guests?'에서도 다음과 같은 기법을 사용할 수 있습니다. L일차부터 R일차까지의 총 방문자 수는 다음 식으로 표현할 수 있습니다.

(R일차까지의 누적 방문자 수) − (L일차까지의 누적 방문자 수)

그러므로 1일차부터 i일차까지의 누적 방문자 수(누적 합)를 S_i라 하면, 질문 j의 답은 $S_{Rj} - S_{Lj-1}$로 표현할 수 있습니다. 그럼, 누적 합 S_i는 어떻게 계산해야 할까요?

날짜	1	2	3	$\cdots$	$L-1$	L	$L+1$	$\cdots$	$R-1$	R	$R+1$	$\cdots$	N
방문자 수	A_1	A_2	A_3	$\cdots$	A_{L-1}	A_L	A_{L+1}	$\cdots$	A_{R-1}	A_R	A_{R+1}	$\cdots$	A_N
누적 방문자 수	S_1	S_2	S_3	$\cdots$	S_{L-1}	S_L	S_{L+1}	$\cdots$	S_{R-1}	S_R	S_{R+1}	$\cdots$	S_N

L일차부터 R일차까지의 방문자 수는 $S_R - S_{L-1}$명

누적 합 계산 방법 (1): 직접 계산하기

우선 직접 계산하는 방법을 생각할 수 있습니다. 예를 들어 $A = [11, 46, 47, 77, 80]$인 경우, 누적 합 S의 값은 다음과 같이 계산할 수 있습니다.

- $S_1 = 11$
- $S_2 = 11 + 46 = 57$
- $S_3 = 11 + 46 + 47 = 104$
- $S_4 = 11 + 46 + 47 + 77 = 181$
- $S_5 = 11 + 46 + 47 + 77 + 80 = 261$

이 정도 크기의 배열이라면 손으로도 쉽게 계산할 수 있습니다. 하지만 배열의 길이를 N이라고 했을 때, S_1을 구할 때는 숫자 1개의 덧셈, S_2를 구할 때는 숫자 2개의 덧셈, $\cdots$, S_N을 구할 때는 숫자 N개의 덧셈을 해야 합니다.

합계 계산 횟수는 $0+1+2+\cdots+(N-1)=N(N-1)/2$번이 되며[1], $N=100000$일 때는 약 50억 번이 됩니다. 이 상태에서는 실행 시간 제한에 맞출 수 없습니다.

누적 합 계산 방법 (2): 개선하여 계산하기

계산 방법을 조금 더 개선해 봅시다. 다음 순서를 따르면 누적 합 S의 값을 계산량 $O(N)$으로 구할 수 있습니다.

- $S_0=0$으로 한다[2].
- $i=1, 2, 3, \cdots, N$순으로 $S_i=S_{i-1}+A_i$로 한다.

예를 들어 $A=[11, 46, 47, 77, 80]$인 경우, 누적 합은 다음과 같이 계산됩니다.

- $S_0=0$
- $S_1=0+11=11$
- $S_2=11+46=57$
- $S_3=57+47=104$
- $S_4=104+77=181$
- $S_5=181+80=261$

이 내용을 정리하면, 예제를 해결하는 프로그램은 **해답 예**와 같이 구현할 수 있습니다. 누적 합을 미리 계산하는 처리에 $O(N)$, 질문에 답하는 처리에 $O(Q)$가 걸리므로 프로그램 전체의 계산량은 $O(N+Q)$ 입니다.

날짜	0	1	2	3	4	5
방문자 수 A		11	46	47	77	80
누적 방문자 수	0	11	57	104	181	261

+11 +46 +47 +77 +80

---

1 여기에서는 2개 숫자의 덧셈을 할 때 1번의 계산이 필요하다고 생각합니다(이때, 개의 숫자를 덧셈하기 위해서는 $N-1$번의 계산이 필요합니다).

2 S_0를 준비하는 이유는 $L_j=1$인 질문에 대해 올바르게 대답하기 위해서입니다.

해답 예

```
01  #include <iostream>
02  using namespace std;
03
04  int N, A[100009], S[100009];
05  int Q, L[100009], R[100009];
06
07  int main() {
08      // 입력
09      cin >> N >> Q;
10      for (int i = 1; i <= N; i++) cin >> A[i];
11      for (int j = 1; j <= Q; j++) cin >> L[j] >> R[j];
12
13      // 누적 합 계산
14      S[0] = 0;
15      for (int i = 1; i <= N; i++) S[i] = S[i - 1] + A[i];
16
17      // 질문에 답한다
18      for (int j = 1; j <= Q; j++) {
19          cout << S[R[j]] - S[L[j] - 1] << endl;
20      }
21      return 0;
22  }
```

문제 B06	응용 문제

경진 씨는 뽑기를 N번 뽑아서 i번째의 결과를 A_i로 했습니다. $A_i=1$이면 당첨, $A_i=0$이면 꽝을 의미합니다. 'L 번째부터 R번째까지 중에서 당첨과 꽝 중 어느 것이 많은가?'라는 형식의 질문이 Q번 주어졌을 때 각 질문에 답하는 프로그램을 작성하십시오. 계산량은 $O(N+Q)$를 만족해야 합니다.

힌트 당첨의 수, 꽝의 수 각각에 관해 누적 합을 계산해 봅시다.

Event Attendance (실행 시간 제한 1초, 난이도 3)

어떤 회사에서는 D일에 걸쳐 이벤트를 개최했으며, N명이 출석했습니다. 참가자 $i(i=1, 2, \cdots, N)$는 L_i일차부터 R_i일차까지 출석할 예정입니다. 날짜별 출석자 수를 출력하는 프로그램을 작성하십시오.

입력 형식

D
N
$L_1\ R_1$
$\vdots$
$L_N\ R_N$

출력 형식

D행으로 출력하십시오. d번째 행에는 d일차의 출석자 수를 출력하십시오.

제약

- $1 \leq D \leq 100000$
- $1 \leq N \leq 100000$
- $1 \leq L_i \leq R_i \leq D$

입력 예1	출력 예1
8	1
5	2
2 3	4
3 6	3
5 7	4
3 7	3
1 5	2
	0

구체적인 예시를 통해 생각하자

먼저 구체적인 예시를 살펴봅시다. 이벤트 기간이 15일이고, 출석자 수가 3명인 경우를 생각해 봅시다. 참가자 1은 2~10일차까지 출석, 참가자 2는 3~6일차까지 출석, 참가자 3은 9~14일차까지 출석합니다. 이때, 날짜별 출석자 수는 몇 명입니까?

이 문제를 푸는 가장 단순한 방법은 각 날짜에 대해 '어떤 참가자가 출석하는가?'를 조사하는 것입니다. 1~3일차에 관해 조사하면 그 결과는 다음과 같습니다.

- **1일차**: 아무도 출석하지 않으므로 답은 0명
- **2일차**: 참가자 1만 출석하므로 답은 1명
- **3일차**: 참가자 1, 2만 출석하므로 답은 2명

하지만 15일차까지 조사하기는 번거롭습니다. 더 효율적인 방법은 없을까요?

효율적인 방법

다음 표와 같이 **전일 대비 출석자 수**를 기록하는 방법을 생각해 봅시다. 먼저 참가자 1은 2~10일차에 출석하므로 2일차의 전일 비를 1 증가시키고 11일차의 전일 비를 1 감소시킵니다(파란색).

또한, 참가자 2는 3~6일차에 출석하므로 3일차의 전일 비를 1증가시키고, 7일차의 전일 비를 1 감소시킵니다(노란색). 그리고 참가자 3은 9~14일차에 출석하므로 9일차의 전일 비를 1 증가시키고, 15일차의 전일 비를 1 감소시킵니다(빨간색).

날짜	1	2	3	4	5	6	7	8	9	10	11	12	13	14	15
전일 비	0	+1	+1	0	0	0	-1	0	+1	0	-1	0	0	0	-1

그러면 **전일 비로 누적 합을 계산해서 각 날짜의 출석자 수를 구할 수 있습니다.** 다음과 같이 출석자 수는 1일차부터 순서대로 0, 1, 2, 2, 2, 2, 1, 1, 2, 2, 1, 1, 1, 1, 0이 됩니다.

또한, 누적 합으로 출석자 수를 구할 수 있는 이유는 1일차의 출석자 수가 '1일차의 전일 비'와 일치하고, $d(\geq 2)$일차의 출석자 수가 '$d-1$일차의 출석자 수와 d일차의 전일 비를 더한 값'과 일치하기 때문입니다.

날짜	1	2	3	4	5	6	7	8	9	10	11	12	13	14	15
방문자 수	0	+1	+1	0	0	0	−1	0	+1	0	−1	0	0	0	−1
누적 방문자 수	0	1	2	2	2	2	1	1	2	2	1	1	1	1	0

누적 합을 계산해 간다

문제 해설

앞의 구체적인 예시를 일반화 한 예제 'Event Attendance'에서도 같은 방법을 사용할 수 있습니다. 먼저 출석자 수의 전일 비를 기록한 배열 B를 정의합니다. 이 배열 B는 다음과 같은 순서로 계산할 수 있습니다.

- 참가자 1을 생각한다. B_{L_1}의 값을 1 증가시키고, B_{R_1+1}의 값을 1 감소시킨다.

- 참가자 2를 생각한다. B_{L_2}의 값을 1 증가시키고, B_{R_2+1}의 값을 1 감소시킨다.

- 참가자 3을 생각한다. B_{L_3}의 값을 1 증가시키고, B_{R_3+1}의 값을 1 감소시킨다.

- 참가자 4, 5, …, N에 대해 같은 작업을 수행한다.

그러면 배열 B의 누적 합이 답이 되므로 **해답 예**와 같은 구현으로 정답을 구할 수 있습니다[3]. 전일 비 계산에 $O(N)$, 누적 합 계산에 $O(D)$가 걸리므로 프로그램 전체의 계산량은 $O(N+D)$입니다.

---

3   이번 예제와 같이 차이(전일 비 등)를 계산한 뒤 누적 합을 구하는 기법을 프로그래밍 경진대회에서는 **자벌레 알고리즘**(inchworm algorithm)이라고 부릅니다.

해답 예(C++)

```cpp
01 #include <iostream>
02 using namespace std;
03
04 int N, L[100009], R[100009];
05 int D, B[100009];
06 int Answer[100009];
07
08 int main() {
09     // 입력
10     cin >> D >> N;
11     for (int i = 1; i <= N; i++) cin >> L[i] >> R[i];
12
13     // 전일 비에 더한다
14     for (int i = 1; i <= N; i++) {
15         B[L[i]] += 1;
16         B[R[i] + 1] -= 1;
17     }
18
19     // 누적 합을 구한다 → 출력
20     Answer[0] = 0;
21     for (int d = 1; d <= D; d++) Answer[d] = Answer[d - 1] + B[d];
22     for (int d = 1; d <= D; d++) cout << Answer[d] << endl;
23     return 0;
24 }
```

문제 B07 응용 문제

0시에 개점하여 T시에 폐점하는 편의점이 있습니다. 이 편의점에서는 N명의 종업원이 일하고 있으며, i번째 종업원의 출근 시각은 L_i, 퇴근 시간은 R_i입니다(L_i, R_i는 정수).

$t = 0, 1, \cdots, T-1$에 대해 시각 $t + 0.5$에는 몇 명의 종업원이 일하고 있는지 출력하는 프로그램을 작성하십시오. 계산량은 $O(N + T)$이어야 합니다.

힌트 전일 비 대신 '이전 시각보다 종업원이 얼마나 증가했는가'를 기록해 봅시다.

Two Dimensional Sum （실행 시간 제한 5초, 난이도 ★4）

$H \times W$의 칸이 있습니다. 위부터 i번째 행, 왼쪽부터 j번째 열에 있는 칸 (i, j)에는 정수 $X_{i,j}$가 쓰여 있습니다. 입력 예(뒤에서 설명)에 대한 각 칸의 상태는 다음과 같습니다.

(1,1) 2	(1,2) 0	(1,3) 0	(1,4) 5	(1,5) 1
(2,1) 1	(2,2) 0	(2,3) 3	(2,4) 0	(2,5) 0
(3,1) 0	(3,2) 8	(3,3) 5	(3,4) 0	(3,5) 2
(4,1) 4	(4,2) 1	(4,3) 0	(4,4) 0	(4,5) 6
(5,1) 0	(5,2) 9	(5,3) 2	(5,4) 7	(5,5) 0

이에 대해 다음 Q개의 질문에 답하는 프로그램을 작성하십시오.

- **질문 1**: 왼쪽 위 (A_1, B_1), 오른쪽 아래 (C_1, D_1)로 이뤄진 사각형 영역에 쓰인 정수의 총합은?

- **질문 2**: 왼쪽 위 (A_2, B_2), 오른쪽 아래 (C_2, D_2)로 이뤄진 사각형 영역에 쓰인 정수의 총합은?

  ⋮

- **질문 Q**: 왼쪽 위 (A_Q, B_Q), 오른쪽 아래 (C_Q, D_Q) 오른쪽 아래 로 이뤄진 사각형 영역에 쓰인 정수의 총합은?

입력 형식

$H\ W$
$X_{1,1}\ X_{1,2} \cdots X_{1,W}$
⋮
$X_{H,1}\ X_{H,2} \cdots X_{H,W}$
Q
$A_1\ B_1\ C_1\ D_1$
⋮
$A_Q\ B_Q\ C_Q\ D_Q$

출력 형식

Q행으로 출력하십시오. i번째 행에는 질문 i의 답을 출력하십시오.

제약

- $1 \leq H \leq 1500$
- $1 \leq W \leq 1500$
- $1 \leq Q \leq 100000$
- $0 \leq X_{i,j} \leq 9$
- $1 \leq A_i \leq C_i \leq H$
- $1 \leq B_i \leq D_i \leq W$

입력 예 1	출력 예 1
5 5	25
2 0 0 5 1	56
1 0 3 0 0	
0 8 5 0 2	
4 1 0 0 6	
0 9 2 7 0	
2	
2 2 4 5	
1 1 5 5	

2차원 누적 합이란

누적 합은 1차원 배열뿐만 아니라 2차원 매트릭스에 대해서도 생각할 수 있습니다. 2차원의 누적 합 $Z_{i,j}$는 칸 $(1, 1)$을 왼쪽 위로 하고, 칸 (i, j)를 오른쪽 아래로 하는 사각형 영역의 총합입니다.

예를 들어, 다음 그림 왼쪽의 매트릭스에 대해서 $Z_{3,3}$의 값을 계산한다고 생각해 봅니다. 칸 $(1, 1)$을 왼쪽 위로 하고, 칸 $(3, 3)$을 오른쪽 아래로 하는 사각형 영역에는 정수 2, 0, 0, 1, 0, 3, 0, 8, 5가 쓰여 있으며, 이들을 모두 더하면 19가 되므로 $Z_{3,3}=19$입니다.

2	0	0	5	1
1	0	3	0	0
0	8	5	0	2
4	1	0	0	6
0	9	2	7	0

원래의 매트릭스 X

2	2	2	7	8
3	3	6	11	12
3	11	19	24	27
7	16	24	29	38
7	25	35	47	56

2차원 누적 합 Z

이처럼 2차원의 누적 합은 직접 계산해도 문제없습니다. 하지만 '가로 방향의 누적 합을 구한 뒤, 세로 방향의 누적 합을 구하는' 알고리즘을 사용하면 보다 효율적으로 계산할 수 있습니다.

예를 들어, 입력 예의 매트릭스(흰색)에 대해 2차원 누적 합을 계산한다고 가정합시다. 먼저 가로 방향의 누적 합을 구하면 노란색 매트릭스와 같이 됩니다.

2	0	0	5	1
1	0	3	0	0
0	8	5	0	2
4	1	0	0	6
0	9	2	7	0

→

2	2	2	7	8
1	1	4	4	4
0	8	13	13	15
4	5	5	5	11
0	9	11	18	18

다음으로 세로 방향의 누적 합을 구하면 빨간색 매트릭스와 같이 됩니다(이것이 2차원 누적 합입니다). 칸 $(3, 3)$의 값은 19이며, 확실히 앞에서 구했던 $Z_{3, 3} = 19$와 일치합니다[4].

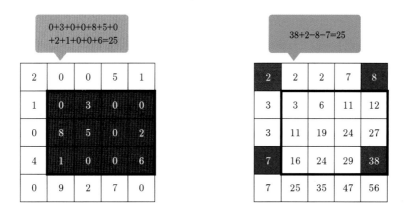

문제 해설: 구체적인 예

이제 2차원 누적 합을 사용해서 사각형 영역의 합곗값을 구해 봅시다. 먼저 구체적인 예로 칸 $(2, 2)$를 왼쪽 위, 칸 $(4, 5)$를 오른쪽 아래로 하는 사각형 영역의 총합을 계산하는 예를 생각해 봅시다(그림에서 굵은 테두리로 둘러싼 영역입니다).

다소 충격적일지도 모르지만, 그림의 빨간색 부분에 해당하는 $Z_{4, 5}$와 $Z_{1, 1}$을 더하고, 파란색 부분에 해당하는 $Z_{1, 5}$와 $Z_{4, 1}$을 빼면 정답인 $38 + 2 - 8 - 7 = 25$를 얻을 수 있습니다.

---

4   이 알고리즘으로 2차원 누적 합을 올바르게 계산할 수 있는 이유는 가로 방향만의 누적 합을 얻은 상태를 생각해보면 이해하기 쉽습니다. 예를 들어 $Z_{3, 3}$의 값은 가로 방향의 누적 합을 얻은 시점에서 칸 $(1, 3)$, $(2, 3)$, $(3, 3)$의 값을 더한 것입니다. 또한, 해당 시점에서 칸 $(1, 3)$의 값은 $X_{1, 1} + X_{1, 2} + X_{1, 3}$, 칸 $(2, 3)$의 값은 $X_{2, 1} + X_{2, 2} + X_{2, 3}$, 칸 $(3, 3)$의 값은 $X_{3, 1} + X_{3, 2} + X_{3, 3}$입니다. 이들을 모두 더하면 $X_{1, 1}$부터 $X_{3, 3}$까지의 총합이 되어 누적 합의 정의와 일치합니다.

어떻게 이렇게 계산할 수 있을까요? $Z_{4,5}+Z_{1,1}-Z_{1,4}-Z_{4,1}$이 가리키는 누적 합의 범위는 다음 그림의 ①~④와 같습니다. 이를 보면 계산할 범위의 칸(굵은 테두리)은 1번씩 더해지고, 그 이외의 칸은 더한 횟수와 뺀 횟수가 같아집니다.

예를 들어, 굵은 테두리 부분 외의 칸 (1, 3)의 경우 ①에서는 더해지고, ③에서는 빠지고, ②와 ④에서는 더해지지도 빠지지도 않으므로 서로 상쇄됩니다. 따라서 올바르게 계산됩니다

| ① $Z_{4,5}$의 값 | ② $Z_{1,1}$의 값 | ③ $Z_{1,5}$의 값 | ④ $Z_{4,1}$의 값 |

문제 해설: 일반적인 경우

다음으로 일반적인 경우에도 같은 방법으로 생각해 봅니다. 칸 (a, b)를 왼쪽 위로 하고, 칸 (c, d)를 오른쪽 아래로 하는 사각형 영역에 쓰인 정수의 총합은 다음과 같이 계산할 수 있습니다.

$$Z_{c,d}+Z_{a-1,b-1}-Z_{a-1,d}-Z_{c,b-1}$$

따라서 예제 'Two Dimensional Sum'을 푸는 프로그램은 **해답 예**와 같이 구현할 수 있습니다. 참고로 2차원 누적 합을 계산하는 데 $O(HW)$가 걸리고 질문에 답하는 데 $O(Q)$가 걸리므로 프로그램 전체 계산량은 $O(HW+Q)$입니다.

해답 예(C++)

```
01  #include <iostream>
02  using namespace std;
03
04  int H, W, Q;
05  int X[1509][1509], Z[1509][1509];
06  int A[100009], B[100009], C[100009], D[100009];
07
08  int main() {
09      // 입력
10      cin >> H >> W;
```

```
11      for (int i = 1; i <= H; i++) {
12          for (int j = 1; j <= W; j++) cin >> X[i][j];
13      }
14      cin >> Q;
15      for (int i = 1; i <= Q; i++) cin >> A[i] >> B[i] >> C[i] >> D[i];
16
17      // 배열 Z 초기화
18      for (int i = 0; i <= H; i++) {
19          for (int j = 0; j <= W; j++) Z[i][j] = 0;
20      }
21
22      // 가로 방향으로 누적 합을 구한다
23      for (int i = 1; i <= H; i++) {
24          for (int j = 1; j <= W; j++) Z[i][j] = Z[i][j - 1] + X[i][j];
25      }
26
27      // 세로 방향으로 누적 합을 구한다
28      for (int j = 1; j <= W; j++) {
29          for (int i = 1; i <= H; i++) Z[i][j] = Z[i - 1][j] + Z[i][j];
30      }
31
32      // 답을 구한다
33      for (int i = 1; i <= Q; i++) {
34          cout << Z[C[i]][D[i]] + Z[A[i] - 1][B[i] - 1] - Z[A[i] - 1][D[i]] - Z[C[i]][B[i] - 1] << endl;
35      }
36      return 0;
37  }
```

문제 B08 　 응용 문제

2차원 평면에 N개의 점이 있습니다. i번째 점의 좌표는 (X_i, Y_i)입니다. 'x 좌표가 a 이상 c 이하이고, y 좌표가 b 이상 d 이하인 점은 몇 개 있는가?'라는 형식의 질문이 Q개 있을 때, 각 질문에 답하는 프로그램을 구현하십시오. $N \leq 100000$, $Q \leq 100000$, $1 \leq X_i, Y_i \leq 1500$을 만족하는 경우, 1초 이내에 실행이 완료돼야 합니다. 또한 입력되는 수는 모두 정수입니다.

힌트 각 좌표에 몇 개의 점이 있는지 2차원 배열을 사용해 기록합니다.

Winter in ALGO Kingdom (실행 시간 제한 5초, 난이도 ★4)

ALGO 왕국은 $H \times W$의 매트릭스로 표시됩니다. 처음에는 어떤 칸에도 눈이 쌓이지 않았지만, 이제부터 N일 동안 계속해서 눈이 내릴 것입니다.

위부터 i번째 행, 왼쪽부터 j번째 열에 있는 칸을 (i, j)라 했을 때, t일차에는 '칸 (A_t, B_t)를 왼쪽 위로 하고, 칸 C_t, D_t를 오른쪽 아래로 하는 사각형 영역'에 적설량이 1cm 증가할 것으로 예상됩니다. 최종적인 각 칸의 적설량을 출력하는 프로그램을 작성하십시오.

입력 형식

$$H \ W \ N$$
$$A_1 \ B_1 \ C_1 \ D_1$$
$$\vdots$$
$$A_N \ B_N \ C_N \ D_N$$

출력 형식

칸 (i, j)에 최종적으로 쌓인 눈의 양을 $Z_{i,j}$라 할 때, 다음 형식으로 출력하십시오.

$$Z_{1,1} \ Z_{1,2} \cdots Z_{1,W}$$
$$\vdots$$
$$Z_{H,1} \ Z_{H,2} \cdots Z_{H,W}$$

제약

- $1 \le H, \ W \le 1500$
- $1 \le N \le 100000$
- $1 \le A_t \le C_t \le H$
- $1 \le B_t \le D_t \le W$

입력 예 1	출력 예 1
5 5 2	1 1 1 0 0
1 1 3 3	1 2 2 1 0
2 2 4 4	1 2 2 1 0
	0 1 1 1 0
	0 0 0 0 0

이 입력 예에서는 다음과 같이 적설량이 변화합니다.

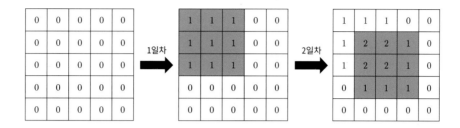

문제 해설

2.2절에서는 1차원 배열에 대해 이전 요소와의 차이(전일 비 등)를 계산한 뒤, 그 누적 합을 구하는 기법을 소개했습니다. 사실, 2차원의 매트릭스에 대해서도 같은 기법을 적용할 수 있습니다.

N = 1인 경우를 생각하자: 구체적인 예

먼저, 구체적인 예로 칸 (2, 2)를 왼쪽 위로 하고 칸 (4, 4)를 오른쪽 아래로 하는 사각형 영역의 적설량을 1cm 늘리는 것을 생각해 봅니다.

다음 그림과 같이 칸 (2, 2) 및 칸 (5, 5)의 값을 +1로 하고, 칸 (2, 5) 및 칸 (5, 2)의 값을 −1로 하면 2차원 누적 합을 얻은 후의 사각형 영역 안의 적설량은 1(cm)이 됩니다.

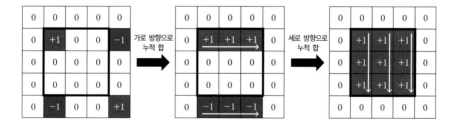

머릿속에 잘 그려지지 않는다면 +1이 엑셀레이터의 역할, −1이 브레이크의 역할을 한다고 생각해 봅시다. 예를 들어, 2번째 행에서 가로 방향의 누적 합을 얻을 때는 칸 (2, 2)가 엑셀레이터가 되고, 그 뒤에 +1이 이어집니다. 하지만 칸 (2, 5)가 브레이크가 되기 때문에 +1인 부분은 칸 (2, 4)에서 끝납니다.

등호가 반대일 때도 마찬가지로 −1이 엑셀레이터 역할을 하고, +1이 브레이크의 역할을 담당한다고 생각할 수 있습니다.

또한, 일반적으로 칸 (a, b)를 왼쪽 위로 하고, 칸 (c, d)를 오른쪽 아래로 하는 사각형 영역의 적설량을 1cm 증가시키는 경우에도 지금까지 설명한 방법을 사용할 수 있습니다.

- 칸 (a, b) 및 칸 $(c+1, d+1)$을 +1 한다.
- 칸 $(a, d+1)$ 및 칸 $(c+1, b)$를 −1 한다.

위 처리를 수행한 뒤, 2차원 누적 합을 얻으면 됩니다.

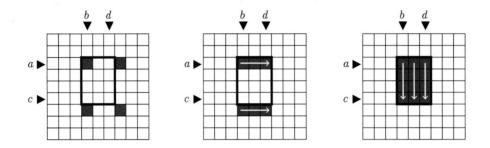

N이 2 이상인 경우를 생각하자

그럼 N이 2 이상일 때도 앞서 설명한 방법이 잘 적용될까요? 답은 Yes입니다. 예를 들어, 다음과 같은 경우를 생각할 수 있습니다(입력 예와 같은 경우입니다).

- **1일차:** 왼쪽 위 $(1, 1)$, 오른쪽 아래 $(3, 3)$인 사각형 영역의 적설량을 1cm 늘린다.
- **2일차:** 왼쪽 위 $(2, 2)$, 오른쪽 아래 $(4, 4)$의 사격형 영역의 적설량을 1cm 늘린다.

먼저 1일차에는 칸 $(1, 1)$ 및 칸 $(4, 4)$의 값을 +1로 하고, 칸 $(1, 4)$ 및 칸 $(4, 1)$의 값을 −1로 합니다. 또한, 2일차에는 칸 $(2, 2)$ 및 칸 $(5, 5)$의 값을 +1로 하고, 칸 $(2, 5)$ 및 칸 $(5, 2)$의 값을 −1로 합니다. 이 시점에서의 매트릭스는 다음 그림과 같이 됩니다.

0	0	0	0	0
0	0	0	0	0
0	0	0	0	0
0	0	0	0	0
0	0	0	0	0

1일차 →

+1	0	0	−1	0
0	0	0	0	0
0	0	0	0	0
−1	0	0	+1	0
0	0	0	0	0

2일차 →

+1	0	0	−1	0
0	+1	0	0	−1
0	0	0	0	0
−1	0	0	+1	0
0	−1	0	0	+1

이때, 2차원 누적 합을 구한 뒤 매트릭스의 상태는 다음 그림과 같이 되며, 확실히 올바른 답이 됨을 알수 있습니다. 또한, 입력 예의 경우뿐만 아니라, 일반적인 경우에도 이 방법은 잘 동작합니다. 자세한 증명은 생략합니다. 흥미가 있는 분들은 꼭 생각해 보기 바랍니다.

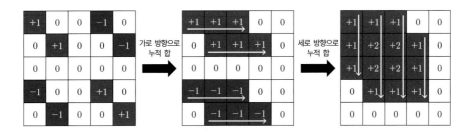

위 알고리즘을 구현하면 **해답 예**가 됩니다. 이 프로그램에서는 먼저 '사각형 영역의 네 모서리에 +1과 −1을 더한다'라는 사전 계산을 수행한 뒤, 2차원 누적 합을 구합니다.

마지막으로 계산량을 평가합니다. 사전 계산에 $O(N)$, 2차원 누적 합 계산에 $O(HW)$가 걸리므로 프로그램 전체의 계산량은 $O(HW+N)$입니다.

해답 예(C++)

```
01  #include <iostream>
02  using namespace std;
03
04  int H, W, N;
05  int A[100009], B[100009], C[100009], D[100009];
06  int X[1509][1509], Z[1509][1509];
07
08  int main() {
09      // 입력
10      cin >> H >> W >> N;
11      for (int t = 1; t <= N; t++) cin >> A[t] >> B[t] >> C[t] >> D[t];
12
13      // 각 날짜에 대해 더한다
14      for (int t = 1; t <= N; t++) {
15          X[A[t]][B[t]] += 1;
16          X[A[t]][D[t] + 1] -= 1;
17          X[C[t] + 1][B[t]] -= 1;
18          X[C[t] + 1][D[t] + 1] += 1;
```

```
19        }
20
21    // 2차원 누적 합을 구한다
22    for (int i = 0; i <= H; i++) {
23        for (int j = 0; j <= W; j++) Z[i][j] = 0;
24    }
25    for (int i = 1; i <= H; i++) {
26        for (int j = 1; j <= W; j++) Z[i][j] = Z[i][j - 1] + X[i][j];
27    }
28    for (int j = 1; j <= W; j++) {
29        for (int i = 1; i <= H; i++) Z[i][j] = Z[i - 1][j] + Z[i][j];
30    }
31
32    // 출력
33    for (int i = 1; i <= H; i++) {
34        for (int j = 1; j <= W; j++) {
35            if (j >= 2) cout << " ";
36            cout << Z[i][j];
37        }
38        cout << endl;
39    }
40    return 0;
41 }
```

문제 B09	응용 문제

2차원 평면 위에 N장의 종이가 있습니다. 각 종이에는 각 변이 x축 또는 y축에 평행한 사각형이 있습니다. 또한, i번째 종이의 왼쪽 아래 좌표는 (A_i, B_i)이며, 오른쪽 아래 좌표는 (C_i, D_i)입니다. 1장 이상의 종이가 놓여 있는 부분의 넓이를 구하십시오.

$N \leq 100000$, $0 \leq A_i < C_i \leq 1500$, $0 \leq B_i < D_i \leq 1500$을 만족하는 경우, 1초 이내에 실행이 완료돼야 합니다. 그리고 입력된 값은 모두 정수입니다.

힌트 '각 좌표에 몇 장의 종이가 놓여 있는가?'를 이차원 누적 합으로 계산합니다!

문제 A10 | Resort Hotel (실행 시간 제한 1초, 난이도 ★4)

한 리조트 호텔에는 1호실부터 N호실까지 N개의 방이 있습니다. i 호실은 A_i인용입니다. 이 호텔에서는 D일 동안 공사가 진행되며, d일차에는 L_d호실부터 R_d호실까지를 사용할 수 없습니다.

$d=1, 2, \cdots, D$에 대해, d일차에 사용할 수 있는 방 중에서 가장 큰 방은 몇 인용인지 출력하는 프로그램을 작성하십시오.

입력 형식

N
$A_1 A_2 \cdots A_N$
D
$L_1 R_1$
$\vdots$
$L_D R_D$

출력 형식

D행으로 출력하십시오. d번째 행에는 d일차에 사용할 수 있는 방 중에 가장 큰 방이 몇 인용인지 출력하십시오.

제약

- $3 \leq N \leq 100000$
- $1 \leq D \leq 100000$
- $1 \leq A_i \leq 100$
- $2 \leq L_d \leq R_d \leq N-1$

입력 예 1	출력 예 1
7	3
1 2 5 5 2 3 1	5
2	
3 5	
4 6	

단순한 해법

먼저 for문을 사용해서 사람 수의 최댓값을 직접 계산하는 방법을 생각할 수 있습니다. 이를 구현한 코드는 코드 2.1과 같으며, 확실하게 정답을 출력합니다. 하지만 계산량은 $O(ND)$로 느리며, 안타깝게도 실행 시간 제한을 만족시킬 수 없습니다.

코드 2.1 답을 직접 계산하는 프로그램

```
01  for (int d = 1; d <= D; d++) {
02      int Answer = 0;
03
04      // for 문으로 최댓값을 계산한다(변수 i는 방 번호를 나타낸다)
05      for (int i = 1; i <= N; i++) {
06          if (L[d] <= i && i <= R[d]) continue;
07          Answer = max(Answer, A[i]);
08      }
09      cout << Answer << endl;
10  }
```

개선한 해법: 1단계

계산 방법을 개선해 봅니다. 먼저 L호실부터 R호실까지를 제외한 나머지 방을 사용할 수 있을 때, '가장 큰 방은 몇 인용인가'는 다음 식으로 계산할 수 있습니다.

$$\max(1\sim(L-1)호실의\ 최대\ 인원\ 수,\ (R+1)\sim N호실의\ 최대\ 인원\ 수)$$

예를 들어, N = 7이며 3호실부터 5호실까지를 제외한 나머지 방을 사용할 수 있을 때, '가장 큰 방은 몇 인용 방인가'는 다음 수식에 따라 계산할 수 있습니다.

$$\max(1\sim2호실의\ 최대\ 인원\ 수,\ 6\sim7호실의\ 최대\ 인원\ 수)$$

따라서 1호실부터 i호실까지의 최대 인원 수 P_i와 i호실부터 N호실까지의 최대 인원 수 Q_i를 구했을 때, d일차의 답은 $\max(P_{L_d-1},\ Q_{R_d+1})$로 계산됩니다.

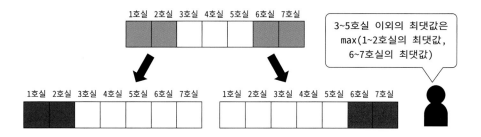

개선한 해법: 2단계

마지막으로 P_i, Q_i를 구하려면 어떻게 해야 할까요? 2.1절에서 누적 합을 구했을 때는 첫 번째 요소부터 누적 합을 구했는데, 이와 비슷한 방법을 사용할 수 있습니다.

P_i에 관해서는 첫 번째 요소 A_1부터 누적으로 최댓값을 계산하고, Q_i에 관해서는 마지막 요소 A_N부터 누적으로 최댓값을 계산하면 계산량 $O(N)$으로 각 값을 구할 수 있습니다.

$A = [1, 2, 5, 5, 2, 3, 1]$일 때의 예는 다음과 같습니다. 이제까지 누적 합이었던 것이 누적 최댓값(max)이 되었다고 생각하면 이해하기 쉬울 것입니다.

왼쪽부터 순서대로 누적 합 최댓값을 계산
예: $P_3 = \max(P_2, A_3) = \max(2,5) = 5$

오른쪽부터 순서대로 누적 합 최댓값을 계산
예: $Q_6 = \max(Q_7, A_6) = \max(1,3) = 3$

해답 예(C++)

```
01  #include <iostream>
02  #include <algorithm>
03  using namespace std;
04
05  int N, A[100009], P[100009], Q[100009];
06  int D, L[100009], R[100009];
07
08  int main() {
```

```
09      // 입력
10      cin >> N;
11      for (int i = 1; i <= N; i++) cin >> A[i];
12      cin >> D;
13      for (int d = 1; d <= D; d++) cin >> L[d] >> R[d];
14
15      // P[i]를 구한다
16      P[1] = A[1];
17      for (int i = 2; i <= N; i++) P[i] = max(P[i - 1], A[i]);
18
19      // Q[i]를 구한다
20      Q[N] = A[N];
21      for (int i = N - 1; i >= 1; i--) Q[i] = max(Q[i + 1], A[i]);
22
23      // 각 날짜에 대해 답을 구한다
24      for (int d = 1; d <= D; d++) {
25          cout << max(P[L[d] - 1], Q[R[d] + 1]) << endl;
26      }
27      return 0;
28  }
```

칼럼 ③ 알고리즘에서 사용하는 수학

3장 이후에 학습할 알고리즘을 이해하려면 어느 정도의 수학 지식이 필요합니다. 이번 칼럼에서는 알고리즘을 다룰 때 중요한 수학 지식에 관해 고등학교 수학 수준의 내용을 간추려 간략하게 설명합니다. 수학에 자신 있는 분은 건너 뛰어도 관계없습니다.

제곱

a를 b번 곱한 값을 'a의 b제곱'이라고 부르며 a^b로 쓸 수 있습니다. 예를 들어 $5^3 = 5 \times 5 \times 5 = 125$ 입니다. 반복 제곱에 관해서는 다음 3개의 공식이 항상 성립합니다.

법칙	예(지수 표기)	예(정수 표시)
$a^N \times a^m = a^{N+m}$	$10^3 \times 10^2 = 10^5$	$1000 \times 100 = 100000$
$a^N \div a^m = a^{N-m}$	$10^3 \div 10^2 = 10^1$	$1000 \div 100 = 10$
$(a^N)^m = a^{Nm}$	$(10^3)^2 = 10^6$	$1000^2 = 1000000$

또한, 반복 제곱은 b가 음의 정수인 경우에도 $a^{-b} = \dfrac{1}{a^b}$이라는 공식에 따라 계산할 수 있습니다. 예를 들어, $10^{-3} = 0.001$, $10^{-2} = 0.01$, $10^{-1} = 0.1$이 됩니다.

b의 값이 1 증가하면 '10을 곱하는 것'이고, b의 값이 1 감소하면 '10으로 나눈 것'이라고 생각하면 쉽게 이해할 수 있습니다. 또한 이 책에서는 다루지 않지만, 반복 제곱은 b의 값이 정수가 아니어도 계산할 수 있습니다.

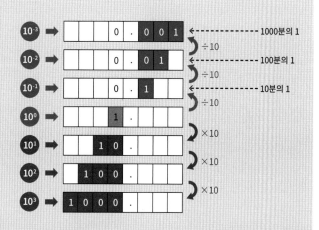

지수 함수

$y = a^x$로 표현되는 함수를 **지수 함수**라 부르며, a를 **지수 함수의 밑**, x를 **지수**라고 부릅니다. 지수의 그래프는 a가 1보다 크면 **단조 증가**, 즉 x가 증가하면 y도 증가하는 특성이 있습니다. 예를 들어, $y = 2^x$의 그래프는 다음과 같습니다.

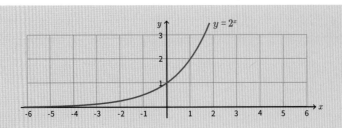

대수 함수(로그 함수)

먼저, **대수** $\log_a b$는 'a를 몇 제곱하면 b가 되는가'를 나타냅니다. 특히 $a=10$인 경우 $\log_a b$는 b의 10진법의 대략적인 자릿수가 됩니다. 구체적인 예는 다음과 같습니다.

- $\log_{10}10=1$ ($10^1=10$이므로)

- $\log_{10}100=2$ ($10^2=100$이므로)

- $\log_{10}1000=3$ ($10^3=1000$이므로)

대수에 관해서는 다음 4개의 공식(대수 법칙)이 항상 성립합니다.

법칙	예(대수 표기)	예(정수 표기)
$\log_a MN=\log_a M+\log_a N$	$\log_{10}1000=\log_{10}100+\log_{10}10$	$3=2+1$
$\log_a \dfrac{M}{N}=\log_a M-\log_a N$	$\log_{10}10=\log_{10}100-\log_{10}10$	$1=2-1$
$\log_a M^r=r\log_a M$	$\log_{10}100^3=3\log_{10}100$	$6=3\times2$
$\log_a b=\dfrac{\log_c b}{\log_c a}$	$\log_9 729=\dfrac{\log_3 729}{\log_3 9}$	$3=\dfrac{6}{2}$

또한, $y=\log_a x$의 형태로 나타나는 함수를 **대수 함수**라 부릅니다. 대수 함수의 그래프도 단조 증가이지만, 지수 함수에 비해 증가 속도가 늦다는 특징이 있습니다. 예를 들어, $y=\log_{10}x$의 그래프는 다음과 같습니다.

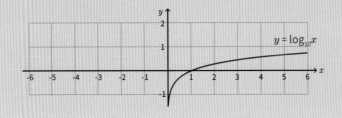

집합의 기본

몇 가지 요소의 모음을 **집합**이라 부릅니다. 집합은 보통, 포함된 요소를 중괄호에 넣는 형태로 기술합니다. 예를 들어 5 이하의 양의 정수의 집합을 S라고 할 때, $S=\{1, 2, 3, 4, 5\}$로 표기합니다. 또한, 10 이하의 소수의 집합을 T라고 하면, $T=\{2, 3, 5, 7\}$로 표기합니다. 또한 1 이상 80 이하의 100의 배수의 집합을 U라고 하면, $U=\{\}$로 표기합니다.

집합 관련 용어

다음으로, 집합에 관한 중요한 용어를 소개합니다. 예를 들어 $S=\{1, 2, 3, 4, 5\}$, $T=\{2, 3, 5, 7\}$인 경우, 합집합 및 교집합은 다음과 같습니다.

용어	표기	의미
공집합	$\{\}$[5]	아무것도 포함되지 않은 집합
A와 B의 합집합	$A \cup B$	적어도 A, B 한 쪽에 포함되는 요소의 집합
A와 B의 교집합	$A \cap B$	A, B 양쪽에 포함되는 요소의 집합
집합 A의 요소 수	$|A|$	A에 포함되어 있는 요소의 개수

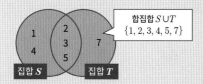

합집합 $S \cup T$
$\{1, 2, 3, 4, 5, 7\}$

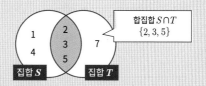

합집합 $S \cap T$
$\{2, 3, 5\}$

덧셈 공식

알고리즘을 다룰 때는 다음 덧셈 공식을 자주 사용합니다. 꼭 기억해 두기 바랍니다. 또한, e는 **자연로그의 밑**이며, 그 값은 약 2.718입니다.

공식	예
$1 + 2 + \cdots + N = \dfrac{N(N+1)}{2}$	$1 + 2 + \cdots + 100 = \dfrac{100 \times 101}{2} = 5050$
$a^0 + a^1 + a^2 + \cdots = \dfrac{1}{1-a}(0 < a < 1)$	$1 + 0.5 + 0.25 + 0.125 + \cdots = 2$
$\dfrac{1}{1} + \dfrac{1}{2} + \cdots + \dfrac{1}{N}$의 값은 약 $\log_e N$	$\dfrac{1}{1} + \dfrac{1}{2} + \cdots + \dfrac{1}{10000} = 9.78\cdots$

---

5   공집합은 ∅으로 표기하기도 합니다.

팩토리얼

1부터 N까지의 정수의 곱을 'N 팩토리얼'이라고 하며, $N!$으로 표기합니다. $4! = 1 \times 2 \times 3 \times 4 = 24$입니다. 1.0절에서도 본 것처럼 $N!$의 값은 N이 늘어날수록 기하급수적으로 증가합니다.

경우의 수에 관한 공식

먼저, N개의 물건을 배열하는 방법의 수는 $N!$과 일치합니다. 예를 들어, 문자 A/B/C를 배열하는 방법의 수는 $3! = 1 \times 2 \times 3 = 6$입니다(아래 그림 왼쪽).

또한, N개의 물건 중에서 r개를 선택하는 방법의 수 $_nC_r$은 $\dfrac{n!}{r!(n-r)!}$과 일치합니다. 예를 들어, 학생 5명 중에서 2명을 대표로 뽑는 방법의 수는 $\dfrac{5!}{2! \times 3!} = 10$입니다(아래 그림 오른쪽).

그리고 N개의 물건 중에서 r개를 선택하고, 정렬 순서까지 결정하는 방법의 수 $_nP_r$은 $n \times (n-1) \times \cdots \times (n-r+1) = \dfrac{n!}{(n-r)!}$과 일치합니다. 예를 들어, 학생 5명 중에서 대표와 부대표를 선정하는 방법의 수는 $5 \times 4 = 20$입니다. 여기에서 $_nP_r$은 $_nC_r$의 $r!$배가 됩니다.

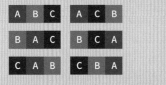 

2장 정리

2.1 1차원 누적 합(1)

누적 합이란

길이 N인 배열 $[A_1, A_2, \cdots, A_N]$에 대해 누적 합
$S_i = A_1 + A_2 + \cdots + A_i$

누적 합 계산 방법

$S_0 = 0$, $i \geq 1$에 대해 $S_i = S_{i+1} + A_i$로 계산한다

2.2 1차원 누적 합(2)

누적 합의 응용 예

'L부터 R까지의 범위에 1을 더한다'는 조작을 여러 차례 수행해야 하는 경우

알고리즘의 흐름

B_L에 +1, B_{R+1}에 −1을 더한다. 그 뒤, 누적 합을 구한다

2.3 2차원 누적 합(1)

2차원 누적 합이란

왼쪽 위 칸 $(1, 1)$, 오른쪽 아래칸 (i, j)로 이루어지는 사각형 영역의 총합

2차원 누적 합을 구하는 순서

1. 가로 방향으로 누적 합을 구한다
2. 세로 방향으로 누적 합을 구한다

2.4 2차원 누적 합(2)

2차원 누적 합의 응용 예

$A \leq x \leq C$, $B \leq y \leq D$를 만족하는 칸 (x, y)에 1을 더하고 싶은 경우…

- (A, B)에 +1을 더한다
- $(A, D+1)$에 −1을 더한다
- $(C+1, B)$에 −1을 더한다
- $(C+1, D+1)$에 +1을 더한다

그 뒤, 2차원 누적 합을 얻는다

2.5 누적으로 생각하는 기법

누적 합의 확장

누적 합의 아이디어는 '총합' 이외에도 누적으로 max/min을 구현함으로써 잘 풀리는 문제도 있다.

3장

바이너리 서치

3.0 | 바이너리 서치란

먼저 다음 문제를 풀어봅니다. 여러분이라면 어떻게 풀겠습니까?

> 경진 씨는 1 이상 64 이하의 숫자를 떠올립니다. 여러분은 Yes/No로 답할 수 있는 질문을 6번까지 할 수 있습니다. 경진 씨가 생각하고 있는 정수를 맞춰보세요.

먼저 생각할 수 있는 전략은 '1입니까?', '2입니까?', '3입니까?', '4입니까?'라고 하나하나 질문하는 것입니다. 이 전략에서는 만약 경진 씨가 생각한 숫자가 64인 경우, 64번의 질문을 해야 하므로 게임에 지게 됩니다.

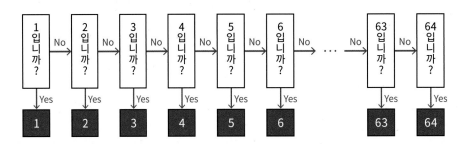

하지만 후보 숫자 범위의 가운데를 기준으로 나눠가며 질문을 반복하면, 확실하게 여섯 번만에 맞출 수 있습니다. 최초 시점에는 1부터 64까지의 모든 정수를 후보로 생각할 수 있으므로, 그 중간값인 '32 이하입니까?'라고 질문합니다.

대답이 Yes이면 1~32, 대답이 No이면 33~64로 후보가 좁혀집니다. 어떤 경우든 이제 64개였던 후보가 절반인 32개로 좁혀집니다.

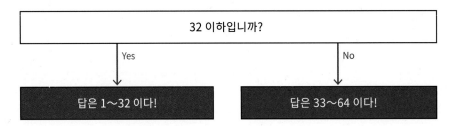

다음으로 2번째 질문을 생각해 봅니다. 만약 1번째의 질문에 대한 답이 Yes이면, 범위는 1~32로 좁혀지므로, 그 중앙인 '16 이하입니까?'라고 질문합니다.

답변이 Yes이면 1~16, 대답이 No이면 17~32로 후보가 좁혀집니다. 어떤 경우든 이제까지 32개였던 후보가 절반인 16개로 줄어듭니다.

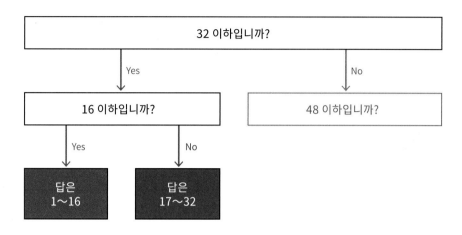

3번째 이후에도 같은 방식의 질문을 계속하면, 다음과 같이 6번만에 답을 맞힐 수 있습니다. 다음 그림에서는 경진 씨가 23을 생각했을 때의 예를 보여줍니다.

마지막으로 6번째에 대응하는 것은 요행수일까요? 아니면, 23이 아닌 수라도 확실하게 6번에 맞출 수 있을까요? 대답은 후자입니다. 왜냐하면 이 전략에서는 1번째 질문으로 후보 수가 절반으로 줄어들고, 이후 64 → 32 → 16 → 8 → 4 → 2 → 1로 줄어들기 때문입니다. 그리고 후보의 수가 1이 되면 답을 특정할 수 있습니다.

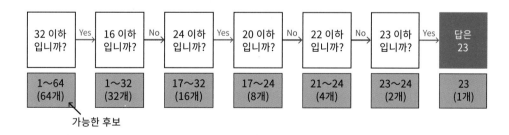

이렇게 중앙을 나누어 탐색 범위를 반씩 줄여 나가는 알고리즘을 **바이너리 서치**라고 부릅니다. 다음 절에서는 구체적인 문제를 대상으로 바이너리 서치를 구현합니다.

3.1 배열의 바이너리 서치

작은 값부터 순서대로 배열되어 있는, 요소 수가 A개인 배열 $A = [A_1, A_2, \cdots, A_N]$이 있습니다. 요소 X는 배열 A의 몇 번째에 위치하는지 출력하십시오.

이 문제는 단순한 완전 탐색(→ 1.2절)으로도 풀 수 있지만, 여기서는 바이너리 서치를 사용해서 구현하십시오.

입력 형식

> N X
> A_1 A_2 $\cdots$ A_N

출력 형식

요소 X는 배열 A의 몇 번째 존재하는지 출력하십시오.

제약

- $1 \le N \le 100000$
- $1 \le A_1 < A_2 < \cdots < A_N \le 10^9$
- 정수 X는 $A_1, A_2, \cdots, A_N$ 중의 하나다.

입력 예 1	출력 예 1
15 47	11
11 13 17 19 23 29 31 37 41 43 47 53 59 61 67	

A_{11}의 값은 47입니다.

입력 예 2	출력 예 2
10 80	8
10 20 30 40 50 60 70 80 90 100	

문제 해설

탐색 범위를 반으로 줄여 나가는 바이너리 서치는 배열 안에서 요소를 찾는 문제에도 적용할 수 있습니다. 먼저 다음 배열 안에서 $X=47$을 찾는 경우를 생각해 봅시다.

1	2	3	4	5	6	7	8	9	10	11	12	13	14	15
11	13	17	19	23	29	31	37	41	43	47	53	59	61	67

먼저, 배열의 중앙에 있는 8번째 요소 '37'과 비교합니다. X는 37보다 크므로 배열의 오른쪽 절반에 해당하는 9~15번째에 해당하는 것을 알 수 있습니다.

1	2	3	4	5	6	7	8	9	10	11	12	13	14	15
11	13	17	19	23	29	31	37	41	43	47	53	59	61	67

다음으로, 새로운 탐색 범위의 중앙에 있는 12번째 요소 '53'과 비교합니다. X는 53보다 작으므로 탐색 범위의 왼쪽 절반인 9~11번째에 있는 것을 알 수 있습니다.

1	2	3	4	5	6	7	8	9	10	11	12	13	14	15
11	13	17	19	23	29	31	37	41	43	47	53	59	61	67

마지막으로, 탐색 범위의 중앙에 있는 10번째 요소 '43'과 비교합니다. X는 43보다 크므로 탐색 범위의 오른쪽 절반, 즉 11번째에 있는 것을 알 수 있습니다. 이렇게 바이너리 서치를 사용하면, 3번의 비교로 X의 값을 찾을 수 있습니다.

1	2	3	4	5	6	7	8	9	10	11	12	13	14	15
11	13	17	19	23	29	31	37	41	43	47	53	59	61	67

이제 바이너리 서치를 구현해 봅시다. 먼저, 현 탐색 범위의 왼쪽 끝을 L번째, 오른쪽 끝을 R번째라고 하면, 다음과 같은 처리에 따라 탐색 범위를 절반으로 줄일 수 있습니다.

- $M=(L+R)/2$로 설정한다(나누어떨어지지 않는 경우에는 버린다).
- $X<A_M$인 경우: 탐색 범위를 왼쪽 절반으로 설정한다(R의 값을 M-1로 설정한다).
- $X=A_M$인 경우: M이 답이다.
- $X>A_M$인 경우: 탐색 범위를 오른쪽 절반으로 설정한다(L의 값을 $M+1$로 설정한다).

따라서 바이너리 서치를 구현하면 **해답 예**와 같이 됩니다. 또한, 바이너리 서치에서는 1번에 탐색 범위가 절반이 되므로, 배열의 길이를 N으로 했을 때 대략 $\log_2 N$번의 비교를 수행합니다. 그렇기 때문에, 입력 부분을 제외한 계산량은 $O(\log N)$입니다. 대수 $\log$에 관해서는 **칼럼 3**을 참조하기 바랍니다.

해답 예(C++)

```cpp
01  #include <iostream>
02  using namespace std;
03
04  int N, X, A[100009];
05
06  // 정수 x가 몇 번째에 위치하는지 반환한다
07  int search(int x) {
08      int L = 1, R = N;
09      while (L <= R) { // 탐색 범위가 없어질 때까지 계속 비교한다
10          int M = (L + R) / 2;
11          if (x < A[M]) R = M - 1;
12          if (x == A[M]) return M;
13          if (x > A[M]) L = M + 1;
14      }
15      return -1; // 정수 x가 존재하지 않는다(주: 이 문제의 조건에서 -1이 반환되는 일은 없다)
16  }
17
18  int main() {
19      // 입력
20      cin >> N >> X;
21      for (int i = 1; i <= N; i++) cin >> A[i];
22
23      // 바이너리 서치를 수행한다
24      int Answer = search(X);
25      cout << Answer << endl;
26      return 0;
27  }
```

보충: 바이너리 서치의 조건과 정렬

이 문제에서는 배열 안의 수가 작은 수부터 순서대로 배치됐다는 제약이 있었습니다. 그렇지 않은 경우라면 바이너리 서치가 효과적이라고 단정할 수 없습니다. 예를 들어, 다음의 경우에 $X=90$을 찾는다고 생각해 봅시다.

1	2	3	4	5	6	7	8	9	10	11	12	13	14	15
12	35	24	23	49	36	68	93	55	72	71	40	90	85	95

가장 먼저 비교되는 것은 8번째 요소 '93'이며, X는 93보다 작으므로, 탐색 범위는 왼쪽 절반으로 줄어듭니다. 하지만 X의 값은 배열의 오른쪽 절반(13번째)에 존재하기 때문에 안타깝지만 바이너리 서치는 실패하게 됩니다.

1	2	3	4	5	6	7	8	9	10	11	12	13	14	15
12	35	24	23	49	36	68	93	55	72	71	40	90	85	95

그에 따라 오름차순으로 정렬되어 있다고 단정할 수 없는 배열에 대해 바이너리 서치를 수행할 때는 먼저 배열을 오름차순으로 **정렬**해야 합니다.

배열을 정렬하는 방법은 다양하지만, C++의 경우에는 sort 함수를 사용하면 간단하게 구현할 수 있습니다. 계산량은 $O(N\log N)$이며, N의 값이 수십만 정도라도 1초 이내에 정렬이 완료됩니다. 응용 문제에서는 정렬을 사용해야 하므로 이번 기회에 꼭 익숙해집시다.

코드 3.1 $A[1], A[2], ..., A[N]$을 작은 수부터 순서대로 출력하는 프로그램

```
01  #include <iostream>
02  #include <algorithm>
03  using namespace std;
04
05  int main() {
06      // 입력
07      int N, A[100009];
08      cin >> N;
09      for (int i = 1; i <= N; i++) cin >> A[i];
10
11      // 배열 정렬
12      // 여기에서 함수 sort(A+L, A+R)에서는 A[L]부터 A[R-1]까지의 부분을 정렬한다
13      sort(A + 1, A + N + 1);
14
15      // 출력
16      for (int i = 1; i <= N; i++) cout << A[i] << endl;
17      return 0;
18  }
```

보충: 바이너리 서치와 표준 라이브러리

해답 예에서는 바이너리 서치를 직접 구현했지만, C++나 Python 등에서 제공되는 표준 라이브러리를 사용하면 더 간단하게 구현할 수 있습니다.

예를 들어, C++의 경우에는 lower_bound 함수가 유명합니다. 배열 A가 오름차순으로 정렬되어 있는 경우, int pos = lower_bound(A+L, A+R, X) − A를 쓰면, 변수 pos에 $A_i \geq X(L \leq i < R)$를 만족하는 가장 작은 정수 i가 기록됩니다. 단, X의 값이 보다 큰 경우에는 R이 기록됩니다.

따라서 해답 예 6~16번째 행의 search 함수는 코드 3.2와 같이 바꿔 쓸 수 있습니다.

코드 3.2 lower_bound를 사용한 바이너리 서치 구현

```
01  // 정수 x가 몇 번째에 존재하는지를 반환한다
02  int search(int x) {
03      int pos = lower_bound(A + 1, A + N + 1, x) - A;
04      if (pos <= N && A[pos] == x) return pos;
05      return -1;
06  }
```

Python의 경우에는 bisect 모듈을 사용하면 같은 처리를 수행할 수 있습니다. 이 책에서는 자세한 내용을 다루지 않지만, 흥미가 있는 분들은 꼭 확인해 보기 바랍니다.

> ### 문제 B11 │ 응용 문제
>
> 오름차순으로 정렬되어 있다고 단정할 수 없는, 요소 수가 N인 배열 $A = [A_1, A_2, \cdots, A_N]$이 있습니다. 이 배열에 대해, 다음 Q개의 질문에 답하는 프로그램을 작성하십시오.
>
> - **1번째 질문**: 배열 A에는 X_1보다 작은 요소가 몇 개 있는가?
> - **2번째 질문**: 배열 A에는 X_2보다 작은 요소가 몇 개 있는가?
>   ...
> - **Q번째 질문**: 배열 A에는 X_Q보다 작은 요소가 몇 개 있는가?
>
> $N, Q \leq 100000$을 만족하는 경우, 1초 이내에 실행이 완료돼야 합니다.
>
> **힌트** 배열을 정렬하고 lower_bound 함수를 사용합시다.

3.2 답에서 바이너리 서치

문제 A12 | Printer | (실행 시간 제한 1초, 난이도 ★3)

1부터 N까지의 번호가 붙어있는 N대의 프린터가 있습니다. 프린터 i는 A_i초마다 전단지를 1장 인쇄합니다. 즉, 스위치를 켠 뒤 A_i초 후, $2A_i$초 후, $3A_i$초 후…에 인쇄합니다. 모든 프린터의 스위치를 동시에 켰을 때, K번째 장의 전단지가 인쇄되는 것은 몇 초 뒤입니까?

입력 형식

N K
A_1 A_2 $\cdots$ A_N

출력 형식

K번째 장의 전단지가 인쇄될 때까지의 시간을 초 단위로 출력하십시오.

제약

- $1 \leq N \leq 100000$
- $1 \leq K \leq 10^9$
- $1 \leq A_i \leq 10^9$
- 답은 10^9 이하다.

	입력 예 1	출력 예 1
4 10		6
1 2 3 4		

다음 표는 전단지가 인쇄되는 시각에 동그라미 표시를 한 것입니다.

경과 시간(초)	1	2	3	4	5	6	7	8	9	10	11	12
프린터1	○	○	○	○	○	○	○	○	○	○	○	○
프린터2		○		○		○		○		○		○
프린터3			○			○			○			○
프린터4				○				○				○

문제 해설

3.1절에서는 배열에 대해 바이너리 서치를 수행하는 방법을 소개했습니다. 거기서는 한 번의 질문으로 탐색 범위를 절반으로 줄였습니다. 한편, 이번 문제에서는 배열이 아니라 **답에 대해 바이너리 서치를 수행하는 기법**이 도움이 됩니다. 예를 들어, 입력 예에서 대답이 1초 후부터 8초 사이의 어느 시점에 있다는 사실을 아는 경우를 생각해 봅니다.

입력 예에서 생각해 보자

먼저, 답 후보의 중앙은 4초 후이므로 '답이 4초 이하인가?'라는 질문을 생각할 수 있습니다. 4초 후까지 인쇄된 전단지의 수는 8장이며, $K = 10$장 미만이므로 질문의 답은 No입니다. 이 시점에서 답의 후보가 5초 후부터 8초까지의 범위로 줄어듭니다. 또한, 다음 그림의 [x]는 x 이하의 최대 정수를 의미합니다 (**바닥 함수**라 부릅니다).

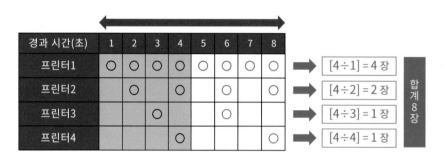

다음으로, 현재 답 후보의 중앙은 6초 후이므로 '답은 6초 이하인가?'라는 질문을 생각해 봅니다. 6초 후까지 인쇄된 전단지의 수는 12장이 되어 $K = 10$장 이상이므로 질문의 답은 Yes입니다. 이제 답의 후보가 5초 후에서 6초 후까지의 범위로 좁혀집니다.

마지막으로, 현재 답 후보의 중앙은 5초 후이므로 '답은 5초 이하인가?'라는 질문을 생각해 봅니다. 5초 후까지 인쇄된 전단지는 9장이며, $K=10$장 미만이므로 질문의 답은 No입니다. 이렇게 입력 예에 대한 답이 '6초 후'임을 알 수 있습니다.

경과 시간(초)	1	2	3	4	5	6	7	8		
프린터1	○	○	○	○	○	○	○	○	⟹	$[5 \div 1] = 5$ 장
프린터2		○		○		○		○	⟹	$[5 \div 2] = 2$ 장
프린터3			○			○			⟹	$[5 \div 3] = 1$ 장
프린터4				○				○	⟹	$[5 \div 4] = 1$ 장

합계 9장

구현과 설계 횟수

이상의 알고리즘을 구현하면 **해답 예**가 됩니다. 이 프로그램은 답이 x 이하인지 아닌지를 판정하는 함수 check(x)가 기초가 됩니다.

그렇다면 어느 정도의 계산 횟수가 필요할까요? 먼저, 함수 check(x)는 계산량 $O(N)$으로 동작합니다. 또한, 제약에 '답은 10^9이하다'라고 쓰여 있으므로, 함수 check(x)는 대략 $\log_2(10^9) \div 30$번 실행됩니다. 따라서 프로그램의 계산 횟수는 어림잡아 $30N$번 정도 됩니다.

바이너리 서치를 사용할 수 있는 조건

마지막으로 답에서 바이너리 서치를 하는 기법은 '답이 x 이상인가?'라는 질문에 답하는 경우에 사용할 수 있습니다. 대표적인 예로 단조 증가 또는 단조 감소하는 함수 $f(x)$가 있을 때, $f(x)=N$이 되는 값 x를 구하는 문제를 들 수 있습니다. 자세한 내용은 응용 문제를 참조하기 바랍니다.

해답 예(C++)

```cpp
01  #include <iostream>
02  using namespace std;
03
04  long long N, K;
05  long long A[100009];
06
07  // 답이 x 이하인지 판정하고 Yes라면 true, No라면 false를 반환한다
```

```
08  bool check(long long x) {
09      long long sum = 0;
10      for (int i = 1; i <= N; i++) sum += x / A[i]; // 'x ÷ A[i]'의 소수점 이하를 버린다
11      if (sum >= K) return true;
12      return false;
13  }
14
15  int main() {
16      // 입력
17      cin >> N >> K;
18      for (int i = 1; i <= N; i++) cin >> A[i];
19
20      // 바이너리 서치
21      // Left는 탐색 범위의 왼쪽 끝, Right는 탐색 범위의 오른쪽 끝을 나타낸다
22      long long Left = 1, Right = 1'000'000'000;
23      while (Left < Right) {
24          long long Mid = (Left + Right) / 2;
25          bool Answer = check(Mid);
26          if (Answer == false) Left = Mid + 1; // 답이 Mid+1 이상임을 알 수 있다
27          if (Answer == true) Right = Mid;      // 답이 Mid 이하임을 알 수 있다
28      }
29
30      // 출력(이때, Left=Right가 된다)
31      cout << Left << endl;
32      return 0;
33  }
```

문제 B12 | 응용 문제

양의 정수 N이 있습니다. $x^3+x=N$을 만족하는 양의 정수 x를 출력하십시오. 단, 절대 오차가 0.001 이하라면 정답으로 합니다.

힌트 $f(x)=x^3+x$는 단조 증가 함수입니다. x가 증가하면 $f(x)$도 증가합니다.

문제 A13	Close Pairs	(실행 시간 제한 1초, 난이도 ★4)

칠판에 N개의 정수가 적혀 있습니다. 적혀 있는 정수는 오름차순으로 A_1, A_2, $\cdots$, A_N입니다. 다른 2개의 정수 쌍을 선택하는 방법은 모두 $N(N-1)/2$가지입니다. 그중에서 차이가 K 이하인 것을 선택하는 방법은 몇 가지입니까?

입력 형식

$N\ K$
$A_1\ A_2\ \cdots\ A_N$

출력 형식

차이가 K 이하인 선택 방법의 개수를 출력하십시오.

제약

- $1 \leq N \leq 100000$
- $1 \leq K \leq 10^9$
- $1 \leq A_1 < A_2 < \cdots < A_N \leq 10^9$

입력 예 1	출력 예 1
7 10	11
11 12 16 22 27 28 31	

차가 10 이하인 정수의 쌍을 선택하는 방법은 다음 11가지입니다.

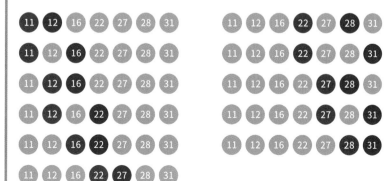

단순한 해법

먼저, 완전 탐색 방법을 생각할 수 있습니다. 모든 쌍에 대해 차이를 계산하면 물론 올바른 답을 구할 수 있습니다. 예를 들어, $A = [11, 12, 16, 22, 27, 28, 31]$, $K = 10$인 경우, 다음 표와 같이 답이 11인 것을 알 수 있습니다. 하지만 계산량은 $O(N^2)$으로 느립니다.

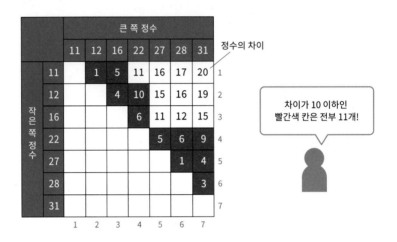

해법(1): 바이너리 서치

그럼 어떻게 하면 효율적으로 답을 계산할 수 있을까요? 먼저, $A_t \le A_i + K$를 만족하는 최대의 t를 R_i로 설정합니다. 이 값은 표의 i번째 행에 대해, 몇 번째 열까지 빨간색으로 표시되는가에 대응합니다. 예를 들어, R_2의 값은 4입니다.

이때, 작은 쪽 정수로 A_i를 선택하는 쌍의 개수는 $(R_i - i)$개입니다. 예를 들어, 작은 쪽 정수로서 $A_2 = 12$를 선택하는 방법은 $4 - 2 = 2$개입니다. 따라서 이 문제의 답은 다음 식으로 표현할 수 있습니다.

$$(R_1 - 1) + (R_2 - 2) + \cdots + (R_{N-1} - (N-1))$$

그래서 R_i의 값은 배열의 바이너리 서치(→ **3.1절**)에 따라 계산량 $O(\log N)$으로 구할 수 있습니다. 이 해법을 사용하는 경우, 알고리즘 전체의 계산량은 $O(N \log N)$이 되며, 실행 시간 제한에도 맞습니다.

해법(2): 자벌레 알고리즘

하지만 R_1, R_2, $\cdots$, R_{N-1}의 값을 더 효율적으로 구할 수 있습니다. 다음 알고리즘으로 R_i의 값을 계산하는 것을 생각해 봅니다.

> 순서 1 $i = 1$이면 $R_i = 1$부터, 그렇지 않으면 $R_i = R_{i-1}$부터 시작한다.[2]
> 순서 2 차이 $A_{R_i} = A_i$가 K를 거의 넘지 않을 때까지 R_i를 1씩 반복해서 증가시킨다.

예를 들어 $A = [11, 12, 16, 22, 27, 28, 31]$, $K = 10$인 경우에는 알고리즘이 다음 그림과 같이 동작합니다. 파란 원은 현재 R_i의 값을 나타냅니다.

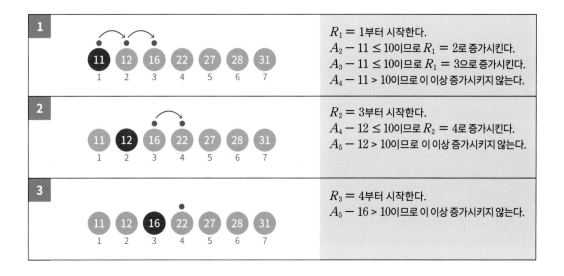

---

1 여기에서 $R_i = R_{i-1}$부터 시작해도 되는 이유는 R_i가 R_{i-1}보다 작아질 수 없기 때문입니다.

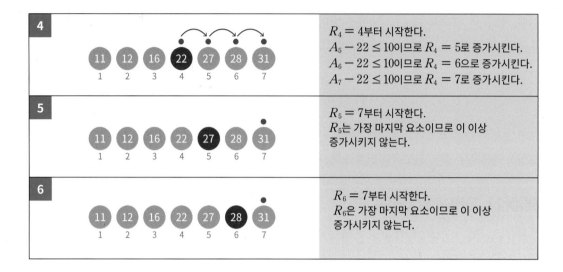

여기서 R_1, R_2, $\cdots$, R_{N-1} 모든 값을 구할 때의 계산량은 $O(N)$입니다. 왜냐하면 R_i를 증가시키는 조작은 총 $N-1$번 수행되기 때문입니다. 따라서 **해답 예**와 같이 구현하면, 바이너리 서치보다 빠른 계산량 $O(N)$으로 정답을 구할 수 있습니다 또한, 이상의 알고리즘은 자벌레의 움직임을 닮았다고 해서 **자벌레 알고리즘**(inchworm algorithm)이라고도 불립니다.

해답 예(C++)

```
01  #include <iostream>
02  using namespace std;
03
04  int N, K;
05  int A[100009], R[100009];
06
07  int main() {
08      // 입력
09      cin >> N >> K;
10      for (int i = 1; i <= N; i++) cin >> A[i];
11
12      // 자벌레 알고리즘
13      for (int i = 1; i <= N - 1; i++) {
14          // 시작 지점을 결정한다
15          if (i == 1) R[i] = 1;
16          else R[i] = R[i - 1];
17
```

```
18          // 한계까지 더해간다
19          while (R[i] < N && A[R[i] + 1] - A[i] <= K) {
20              R[i] += 1;
21          }
22      }
23
24      // 출력(답은 최대 50억 정도가 되므로 long long 타입을 사용해야 한다)
25      long long Answer = 0;
26      for (int i = 1; i <= N - 1; i++) Answer += (R[i] - i);
27      cout << Answer << endl;
28      return 0;
29  }
```

문제 B13 | 응용 문제

KYOPRO 상점에서는 N개의 상품을 판매하고 있으며, i번째 상품의 가격은 A_i원입니다. 연속한 번호의 상품을 사는 방법은 전부 $N(N+1)/2$가지입니다. 이 중에서 합계 가격이 K원 이하가 되도록 사는 방법은 몇 가지입니까? 계산량 $O(N)$으로 구하십시오.

힌트 누적 합과 자벌레 알고리즘을 조합해 봅시다.

Four Boxes

(실행 시간 제한 5초, 난이도 ★5)

4개의 상자 A, B, C, D가 있습니다. 각 상자에는 다음과 같이 N장의 카드가 들어 있습니다.

- 상자 A에는 정수 A_1, A_2, $\cdots$, A_N이 적힌 카드가 들어 있다.
- 상자 B에는 정수 B_1, B_2, $\cdots$, B_N이 적힌 카드가 들어 있다.
- 상자 C에는 정수 C_1, C_2, $\cdots$, C_N이 적힌 카드가 들어 있다.
- 상자 D에는 정수 D_1, D_2, $\cdots$, D_N이 적힌 카드가 들어 있다.

각 상자에서 카드를 1장씩 꺼냅니다. 꺼낸 4장의 카드에 적힌 정수의 합계가 K가 될 가능성이 있는지 판단하십시오.

입력 형식

$$N \ K$$
$$A_1 \ A_2 \ \cdots \ A_N$$
$$B_1 \ B_2 \ \cdots \ B_N$$
$$C_1 \ C_2 \ \cdots \ C_N$$
$$D_1 \ D_2 \ \cdots \ D_N$$

출력 형식

합계가 K가 될 가능성이 있다면 Yes, 그렇지 않다면 No를 출력하십시오.

제약

- $1 \leq N \leq 1000$
- $1 \leq K \leq 10^8$
- $1 \leq A_x, B_y, C_z, D_w \leq 10^8$

	입력 예 1	출력 예 1
	3 50	Yes
	3 9 17	
	4 7 9	
	10 20 30	
	1 2 3	

문제 해설

이 문제를 푸는 가장 단순한 방법은 4장의 카드를 선택하는 방법을 완전 탐색하는 것입니다. 하지만 카드의 선택 방법은 전부 N^4가지입니다. $N=1000$인 경우에는 10^{12}가지가 되며, 실행 시간 제한에 맞출 수 없습니다. 이때 **이분 완전 열거**라는 알고리즘을 사용하면, 문제를 효율적으로 풀 수 있습니다.

이분 완전 열거: 단계 1

먼저, 상자 A와 상자 B로부터 카드를 1장씩 꺼냈을 때 생각할 수 있는 모든 합곗값을 종이 P에 써넣습니다. 예를 들어 $A=[3, 9, 17]$, $B=[4, 7, 9]$인 경우, 다음 그림과 같이 됩니다.

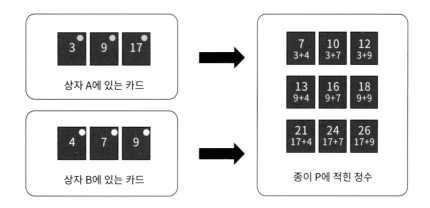

다음으로 상자 C와 상자 D로부터 카드를 1장씩 꺼냈을 때 생각할 수 있는 모든 합곗값을 종이 Q에 써넣습니다. 예를 들어 $C=[10, 20, 30]$, $D=[1, 2, 3]$인 경우, 다음 그림과 같이 됩니다.

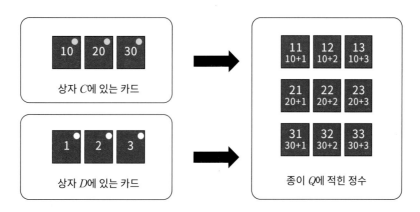

그러면 주어진 예제는 '종이 P와 종이 Q에 쓰인 정수를 하나씩 선택해서 합계가 K가 되는지 판단하는 문제'로 바꿔 말할 수 있습니다. 그럼 이 문제를 어떻게 해결할 수 있을까요?

이분 완전 열거: 단계 2

먼저, 종이 P에 쓰인 정수를 배열 $P=[P_1, P_2, \cdots, P_{N^2}]$으로 나타냅니다. 또한, 종이 Q에 쓰인 정수를 배열 $Q=[Q_1, Q_2, \cdots, Q_{N^2}]$으로 나타냅니다. 이제 이 문제는 다음과 같은 하위 문제로 해결할 수 있습니다.

- **하위 문제 1**: 배열 Q 안에 요소 $K-P_1$이 존재하는가?

- **하위 문제 2**: 배열 Q 안에 요소 $K-P_2$가 존재하는가?

- **하위 문제 3**: 배열 Q 안에 요소 $K-P_3$가 존재하는가?

- **하위 문제 4** 이하도 마찬가지로 생각할 수 있다.

하위 문제 중 하나라도 Yes가 되면 답은 **Yes**입니다. $A=[3,9,17]$, $B=[4,7,9]$, $C=[10,20,30]$, $D=[1,2,3]$일 때는 다음 그림과 같습니다.

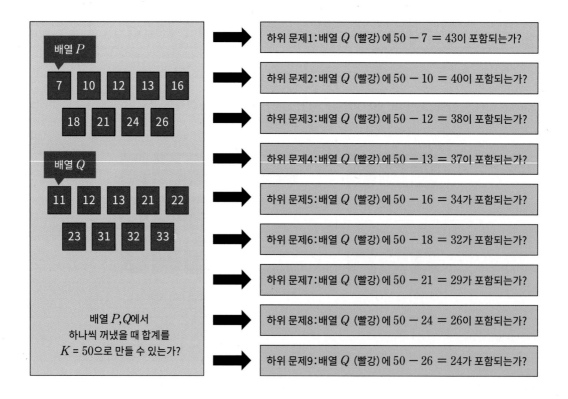

여기서 하위 문제의 답이 Yes인 것이 있는지, 즉 요소가 배열 Q 안에 존재하는지는 3.1절에서 설명한 것처럼 배열을 정렬한 뒤 바이너리 서치를 하면 빠르게 판정할 수 있습니다. 따라서 이분 완전 열거 알고리즘은 **해답 예**와 같이 구현할 수 있습니다.

계산량에 관해

마지막으로 알고리즘의 계산량을 평가합니다. 먼저, **단계 1**에서는 종이 P와 종이 Q에 각각 N^2개의 요소가 쓰이므로 계산량은 $O(N^2)$이 됩니다 또한, **단계 2**에서는 바이너리 서치를 N^2번 수행하므로 계산량은 $O(N^2\log N)$이 됩니다[2]. 따라서 알고리즘 전체의 계산량은 **단계 2**가 병목이 되어 $O(N^2\log N)$이 됩니다.

이렇게 4장의 카드를 절반(2장씩)으로 나누어 각각에 대해 완전 탐색을 수행하고, 그 결과를 조합하는 '이분 완전 열거'를 사용하면 이번 문제를 효율적으로 풀 수 있습니다.

해답 예(C++)

```
01  #include <iostream>
02  #include <algorithm>
03  using namespace std;
04
05  int N, K, A[1009], B[1009], C[1009], D[1009];
06  int P[1000009], Q[1000009];
07
08  int main() {
09      // 입력
10      cin >> N >> K;
11      for (int x = 1; x <= N; x++) cin >> A[x];
12      for (int y = 1; y <= N; y++) cin >> B[y];
13      for (int z = 1; z <= N; z++) cin >> C[z];
14      for (int w = 1; w <= N; w++) cin >> D[w];
15
16      // 배열 P를 작성
17      for (int x = 1; x <= N; x++) {
18          for (int y = 1; y <= N; y++) P[(x - 1) * N + y] = A[x] + B[y];
19      }
20
```

---

2 배열 의 요소 수는 N^2개이므로, 계산량이 $O(N^2\log N^2)$이라고 생각할 수도 있습니다. 하지만 $\log N^2 = 2\log N$이 성립하므로 계산량 $O(N^2 2\log N)$으로 쓸 수 있습니다.

```
21      // 배열 Q를 작성
22      for (int z = 1; z <= N; z++) {
23          for (int w = 1; w <= N; w++) Q[(z - 1) * N + w] = C[z] + D[w];
24      }
25      // 배열 Q를 오름차순으로 정렬
26      sort(Q + 1, Q + (N * N) + 1);
27
28      // 바이너리 서치
29      for (int i = 1; i <= N * N; i++) {
30          int pos1 = lower_bound(Q + 1, Q + (N * N) + 1, K - P[i]) - Q;
31          if (pos1 <= N * N && Q[pos1] == K - P[i]) {
32              cout << "Yes" << endl;
33              return 0;
34          }
35      }
36
37  // 발견하지 못한 경우
38  cout << "No" << endl;
39  return 0;
40 }
```

문제 B14　응용 문제

N장의 카드가 있습니다. i번째($1 \leq i \leq N$) 카드에는 정수 A_i가 쓰여 있습니다. 0장 이상의 카드를 선택하는 방법은 2^N가지입니다. 선택한 카드의 합계가 K가 되도록 하는 방법이 존재합니까? $N \leq 30$을 만족하는 입력에 대해 1초 안에 계산을 완료하십시오.

힌트 '전반 $N/2$개의 카드의 합계로 무언가 얻을 수 있습니까?', '후반 $N/2$개의 카드의 합계로 무언가 얻을 수 있습니까?'를 생각해 봅시다.

배열 $A = [A_1, A_2, \cdots, A_N]$이 주어져 있습니다. 대소 관계를 깨뜨리지 말고, 배열을 가능한 한 작게 압축하십시오[3].

여기서 압축이란 다음의 조건을 모두 만족하는 배열 $B = [B_1, B_2, \cdots, B_N]$을 구하는 조작입니다. 또한, 이런 배열 B는 한 가지로 결정됩니다.

> **조건 1** $B_1, B_2, \cdots, B_N$은 1 이상의 정수다.
>
> **조건 2** $A_1 < A_j$인 쌍 (i, j)인 경우, $B_i < B_j$이다.
>
> **조건 3** $A_1 < A_j$인 쌍 (i, j)인 경우, $B_i = B_j$이다.
>
> **조건 4** $A_1 > A_j$인 쌍 (i, j)인 경우, $B_i > B_j$이다.
>
> **조건 5** 조건 1~4를 만족하면서 배열 B의 최댓값을 가능한 한 작게 한다.

입력 형식

> N
> $A_1\ A_2\ \cdots\ A_N$

출력 형식

정수 $B_1, B_2, \cdots, B_N$을 공백으로 구분해서 출력하십시오.

제약

- $1 \leq N \leq 100000$
- $1 \leq A_i \leq 10^9$

입력 예 1	출력 예 1
5	2 4 1 3 2
46 80 11 77 46	

$A = [46, 80, 11, 77, 46]$을 대소 관계를 깨뜨리지 않고 압축하면 $B = [2, 4, 1, 3, 2]$가 됩니다.

---

3 이런 조작을 **좌표 압축**이라 부릅니다.

배열 B는 어떻게 되는가?

배열 $A = [46, 80, 11, 77, 46]$을 압축해 봅니다. 대소 관계를 유지한 채로 배열 B의 최댓값을 가능한 한 작게 하려면 어떻게 해야 합니까? 먼저, 가장 작은 요소 $A_3 = 11$에 대응하는 값 B_3는 명확하게 1로 하는 것이 최적입니다. 그 뒤에도 작은 요소부터 순서대로 생각해 나가면 다음 그림과 같이 $B = [2, 4, 1, 3, 2]$를 얻을 수 있습니다.

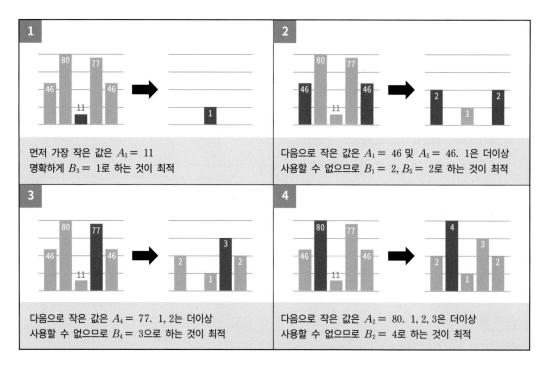

다음 경우에도 마찬가지로 생각하면 B_i의 값은 'A_1, A_2, ···, A_N 안에서 A_i 이하인 정수의 가지 수'가 되는 것을 알 수 있습니다. 그 예시는 다음과 같습니다.

- A = [13,28,28,13,28,13,28]일 때, B = [1,2,2,1,2,1,2]
- A = [13,28,28,13,28,13,28]일 때, B = [7,5,3,1,2,4,6]

배열 B는 어떻게 계산하는가?

그럼 배열 B는 어떻게 효율적으로 계산할 수 있을까요? 먼저, 배열 A를 오름차순으로 정렬하고, 중복을 제거한 배열 X를 만듭니다.

이때, B_i의 값은 'A_i가 배열 X의 몇 번째에 존재하는가'와 같은 값이 됩니다. 예를 들어, $A=[46, 80,$ $11, 77, 46]$인 경우 B_4의 값을 구하는 것을 생각해 봅니다. 위 그림에서는 $A_4=77$이 배열 X의 3번째 에 존재하므로 $B_4=3$입니다.

또한, 'A_i가 배열 X의 몇 번째에 존재하는가'에 관해서는 바이너리 서치를 통해 계산량 $O(\log N)$으로 구할 수 있습니다(→ 3.1절). 따라서 **해답 예**와 같이 구현하면 계산량 $O(N\log N)$으로 배열을 압축할 수 있습니다.

해답 예(C++)

```
01  #include <iostream>
02  #include <vector>
03  #include <algorithm>
04  using namespace std;
05
06  int main() {
07      // 입력
08      int N, A[100009], B[100009];
09      cin >> N;
10      for (int i = 1; i <= N; i++) cin >> A[i];
11
12      // 배열 T 작성
13      vector<int> T;
14      for (int i = 1; i <= N; i++) T.push_back(A[i]);
15      sort(T.begin(), T.end());
16
17      // 배열 T의 중복을 제거한다
18      // erase 함수, unique 함수는 이 책의 범위를 벗어나지만, 꼭 확인해 두자
19      T.erase(unique(T.begin(), T.end()), T.end());
20
21      // 답을 구한다
22      for (int i = 1; i <= N; i++) {
23          // vector 타입의 lower_bound는 다음과 같은 형식으로 작성한다
24          // vector 타입의 첨자는 0번부터 시작하므로 1을 더해야 하는 점에 주의한다
```

```
25        B[i] = lower_bound(T.begin(), T.end(), A[i]) - T.begin();
26        B[i] += 1;
27    }
28
29    // 답을 공백으로 구분해서 출력
30    for (int i = 1; i <= N; i++) {
31        if (i >= 2) cout << " ";
32        cout << B[i];
33    }
34    cout << endl;
35    return 0;
36 }
```

3장 정리

3.1 배열의 바이너리 서치

바이너리 서치란
'얻을 수 있는 범위의 중앙'과의 비교를 반복해 범위를 절반씩 줄여가는 알고리즘

어떤 문제를 풀 수 있는가
정렬된 배열 $A = [A_1, A_2, \cdots, A_N]$에 대해 x가 몇 번째에 존재하는지를 계산량 $O(\log N)$으로 구할 수 있다.

3.2 답에서 바이너리 서치

바이너리 서치 확장
'답은 OO 이하입니까?'라는 판정 문제를 풀 수 있을 때 답에서 바이너리 서치가 가능하다.

응용 예
방정식의 답을 구할 때

3.3 자벌레 알고리즘

알고리즘
- 왼쪽 끝을 1, 2, $\cdots$, N 순으로 움직인다.
- 오른쪽 끝은 조건을 만족할 때까지 '1씩 증가시키는' 조작을 수행해서 움직인다.

계산량
오른쪽 끝을 1씩 늘리는 조작은 합계 $N-1$회 수행하므로 계산량은 $O(N)$이다.

3.4 이분 완전 열거

알고리즘
- 요소를 절반씩 분할
- 각각에 대해 완전 열거
- 마지막으로 2개의 결과를 조합한다.

구체적인 예
4장의 카드 선택 방법을 완전 탐색하는 경우, 2장씩 나누어 생각한다.

4장

동적 계획 알고리즘

4.0 동적 계획 알고리즘이란

동적 계획 알고리즘이란 **더 작은 문제의 결과를 이용해서 문제를 해결하는 방법**입니다. 영어로는 Dynamic Programming이라고 하며, 줄여서 DP라 부르기도 합니다. 먼저, 구체적인 예제를 통해 동적 계획 알고리즘이 무엇인지 머릿속에 그려봅니다.

어떤 던전(소굴)에 5개의 방이 있습니다. 이 던전에서는 통로를 통해 1개 또는 2개 앞의 방으로 이동할 수 있습니다. 각 통로에 대한 이동 시간은 다음 그림과 같습니다. 1번 방부터 5번 방까지 이동하는 데 걸리는 가장 짧은 시간을 구하십시오.

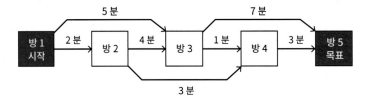

이 문제를 푸는 가장 간단한 방법은 이동 경로를 완전 탐색하는 것입니다. 방의 수가 5개로 적고, 가능한 경로는 다음의 5개뿐이므로 간단하게 답을 구할 수 있습니다.

- 방 1 → 방 2 → 방 3 → 방 4 → 방 5
- 방 1 → 방 2 → 방 3 → 방 5
- 방 1 → 방 2 → 방 4 → 방 5
- 방 1 → 방 3 → 방 4 → 방 5
- 방 1 → 방 3 → 방 5

하지만 방의 수가 증가하면 이동 경로 수는 기하 급수적으로 증가하므로[1] 효율적인 방법은 아닙니다. 여기에서 동적 계획 알고리즘을 사용해 봅니다. '방 1에서 방 5까지의 최단 시간'을 곧바로 구하기는 어려우므로 다음과 같은 순서로 생각해 봅니다.

- 방 1부터 방 1까지의 최단 시간 dp[1]은 몇 분인가?
- 방 1부터 방 2까지의 최단 시간 dp[2]는 몇 분인가?
- 방 1부터 방 3까지의 최단 시간 dp[3]은 몇 분인가?

---

1 예를 들어 방의 수가 100개라면 이동 경로의 수는 3해 5,422경 4,848조 1,792억 6,191만 5,075개가 됩니다.

- 방 1부터 방 4까지의 최단 시간 dp[4]는 몇 분인가?

- 방 1부터 방 5까지의 최단 시간 dp[5]는 몇 분인가?

그러면 다음 그림과 같은 계산에 따라 답이 **8분**임을 알 수 있습니다. 이렇게 이나 와 같은 '하위 문제의 결과'로부터 계산하는 방법을 동적 계획 알고리즘이라 부릅니다.

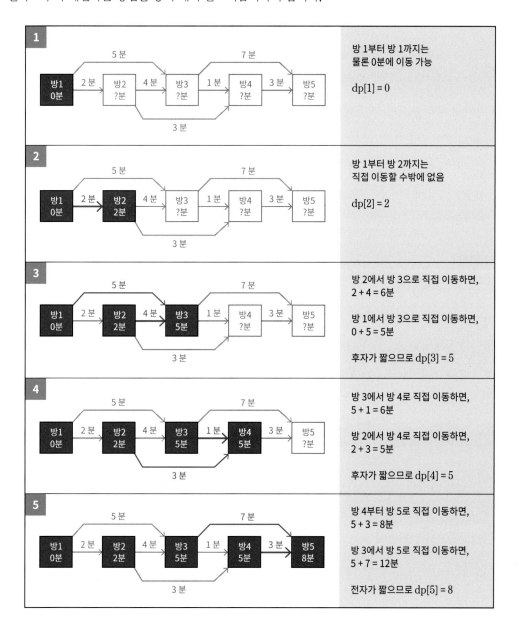

4.1 동적 계획 알고리즘의 기본

문제 A16 Dungeon 1 (실행 시간 제한 1초, 난이도 ★2)

어떤 던전에 1부터 N까지의 번호가 붙어있는 N개의 방이 있습니다. 이 던전은 **일방 통행**이며, 통로를 지나 1개 또는 2개 앞의 방으로 이동할 수 있습니다. 각 통로의 이동 시간은 다음과 같습니다.

- 방 $i-1$에서 방 i로 향하는 통로를 지나는 데 A_i분($2 \leq i \leq N$)이 걸린다.
- 방 $i-2$에서 방 i로 향하는 통로를 지나는 데 B_i분($3 \leq i \leq N$)이 걸린다.

경진 씨가 방 1부터 방 N까지 이동할 때 최소 몇 분이 걸릴까요? 답을 구하는 프로그램을 작성하십시오.

입력 형식

> N
> $A_2\ A_3\ A_4 \cdots A_N$
> $B_3\ B_4 \cdots B_N$

출력 형식

답을 정수로 출력하십시오.

제약

- $3 \leq N \leq 100000$
- $1 \leq A_i \leq 100\ (2 \leq i \leq N)$
- $1 \leq B_i \leq 100\ (3 \leq i \leq N)$

입력 예 1	출력 예 1
5 2 4 1 3 5 3 7	8

4.0절의 그림과 같은 예입니다.

해법 개요

이 문제는 4.0절을 일반화한 문제입니다. 따라서 4.0절과 마찬가지로 방 1부터 방 i까지의 최단 시간을 $dp[i]$로 하고, $dp[1] \rightarrow dp[2] \rightarrow \cdots \rightarrow dp[i]$ 순으로 하나씩 계산하면 답을 구할 수 있습니다. 그러면 $dp[i]$의 값은 어떻게 계산해야 할까요?

배열 dp의 계산

먼저, 방 1부터 방 1까지는 이동하지 않아도 되므로 $dp[1] = 0$입니다. 다음으로 방 1부터 방 2까지 이동하는 데는 '직접 이동한다' 밖에 없으므로 $dp[2] = A_2$가 됩니다.

하지만 $dp[3]$ 이후는 다소 복잡합니다. 마지막 행동에서 경우를 나누어 봅니다. 경진 씨가 방 i까지 이동할 때 마지막 행동은 다음 두 가지를 생각할 수 있습니다.

방법 A	방 $i-1$까지 이동한 뒤, 1개의 **통로**를 통해 방 i로 이동한다
방법 B	방 $i-2$까지 이동한 뒤, 1개의 **통로**를 통해 방 i로 이동한다

여기서 방법 A를 선택했을 때의 합계 시간은 $dp[i-1] + A_i$분이며, 방법 B를 선택했을 때의 합계 시간은 $dp[i-2] + B_i$분입니다. 시간이 짧은 쪽을 얻어야 하므로 $dp[i]$의 값은 다음 식으로 나타낼 수 있습니다.

- $dp[i] = \min(dp[i-1] + A_i, dp[i-2] + B_i)$

따라서 이 식대로 앞에서부터 하나씩 계산하면 이 문제의 답인 $dp[N]$의 값을 알 수 있습니다. 계산량은 $O(N)$입니다.[2]

해답 예(C++)

```
01  #include <iostream>
02  #include <algorithm>
03  using namespace std;
04
05  int N, A[100009], B[100009];
06  int dp[100009];
07
```

---

2 min(x, y)는 x와 y 중 작은 쪽을 의미합니다. 예를 들면 min(37, 53)=37입니다.

```
08 int main() {
09   // 입력
10   cin >> N;
11   for (int i = 2; i <= N; i++) cin >> A[i];
12   for (int i = 3; i <= N; i++) cin >> B[i];
13
14   // 동적 계획 알고리즘
15   dp[1] = 0;
16   dp[2] = A[2];
17   for (int i = 3; i <= N; i++) {
18     dp[i] = min(dp[i - 1] + A[i], dp[i - 2] + B[i]);
19   }
20
21   // 출력
22   cout << dp[N] << endl;
23   return 0;
24 }
```

문제 B16   응용 문제

N개의 발판이 있습니다. 왼쪽부터 i번째 발판(이하, 발판 i)의 높이는 h_i입니다. 개구리는 다음과 같이 두 가지 행동을 반복해서 발판 1부터 발판 N까지 이동하려고 합니다.

- 발판 $i-2$에서 발판 i에 비용 $|h_{i-2}-h_i|$로 이동한다.
- 발판 $i-1$에서 발판 i에 비용 $|h_{i-1}-h_i|$로 이동한다.

이동에 드는 비용의 최솟값을 출력하는 프로그램을 작성하십시오. 계산량은 $O(N)$이어야 합니다.

힌트 예제와 마찬가지로 '발판 1부터 발판 i까지의 최소 비용'을 dp[i]로 합시다!

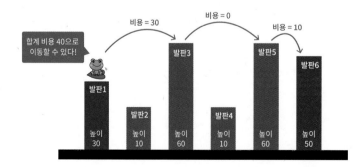

문제 A17	Dungeon 2	(실행 시간 제한 1초, 난이도 ★3)

4.1절에서 다룬 'Dungeon 1'에서는 최단 시간이 몇 분 걸리는지를 계산했습니다. 이번에는 최단 시간으로 이동하는 방법을 하나 출력하는 프로그램을 작성하십시오.

답이 2가지 이상인 경우에는 그중 하나만 출력해도 정답이 됩니다.

입력 형식

> N
> $A_2 \ A_3 \ A_4 \ \cdots \ A_N$
> $B_2 \ B_3 \ \cdots \ B_N$

출력 형식

방 $P_1 \rightarrow$ 방 $P_2 \rightarrow \cdots \rightarrow$ 방 P_K의 경로로 이동하는 경우, 다음 형식으로 출력하십시오. 특히, $P_1 = 1$, $P_K = N$인 점에 주의하십시오(자세한 내용은 출력 예 참조).

> K
> $P_1 \ P_2 \ \cdots \ P_K$

제약

- $3 \leq N \leq 100000$
- $1 \leq A_i \leq 100 \ (2 \leq i \leq N)$
- $1 \leq B_i \leq 100 \ (3 \leq i \leq N)$

	입력 예 1	출력 예 1
	5	4
	2 4 1 3	1 2 4 5
	5 3 7	

방 $1 \rightarrow 2 \rightarrow 4 \rightarrow 5$라는 경로를 이동하면 8분에 목표에 도착할 수 있습니다.

문제 해설

4.1절에서는 동적 계획 알고리즘을 사용해서 방 1부터 방 N까지 이동하기 위한 최단 시간을 계산할 수 있었습니다. 하지만 여기서 어떻게 하면 최적의 경로를 하나 얻을 수 있을까요? 사실, 목표부터 거꾸로 생각하면 쉽게 얻을 수 있습니다. 입력 예의 경우를 생각해 봅시다(다음 그림은 방 1부터 각 방까지의 최단 시간을 나타낸 것입니다).

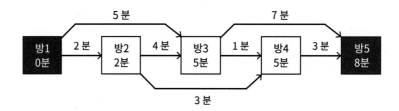

먼저, 목표 지점인 방 5에는 어디에서 이동하는 것이 최적일까요? 선택지로 생각할 수 있는 것은 다음 두 가지입니다.

- **방법 A**: 방 4에서 방 5로 직접 이동한다.

- **방법 B**: 방 3에서 방 5로 직접 이동한다.

여기에서 **방법 A**를 사용했을 때의 합계 이동 시간은 5 + 3 = 8분이지만, **방법 B**를 사용했을 때의 합계 이동 시간은 5 + 7 = 12분입니다. **방법 A** 쪽이 짧으므로, 방 4부터 방 5로 이동하는 것이 최적임을 알 수 있습니다. 이 결과를 그림으로 나타내면 다음과 같습니다.

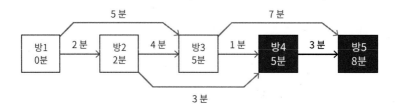

다음으로, 방 4에는 어디에서 이동하는 것이 최적일까요? 선택지로 생각할 수 있는 것은 다음 두 가지입니다.

- **방법 A**: 방 3에서 방 4로 직접 이동한다.

- **방법 B**: 방 2에서 방 4로 직접 이동한다.

여기에서 **방법 A**를 사용했을 때의 합계 이동 시간은 5 + 1 = 6분이지만, **방법 B**를 사용했을 때의 합계 이동 시간은 2 + 3 = 5분입니다. **방법 B** 쪽이 짧으므로 방 2부터 방 4로 이동하는 것이 최적임을 알 수 있습니다.

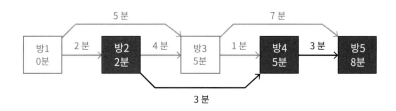

마지막으로 방 2에 이동하는 방법은 '방 1에서 직접 이동한다' 뿐이므로 방 1 → 방 2 → 방 4 → 방 5라는 경로를 얻을 수 있습니다. 이렇게 목표 지점으로부터 생각함으로써 최적의 경로 중 하나를 구할 수 있습니다.

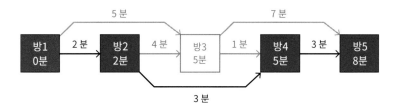

구현에 관해

이 알고리즘을 구현하면 **해답 예**와 같이 됩니다. 가장 먼저 동적 계획 알고리즘으로 답을 계산하고, 그 후에 최적의 답 하나를 복원합니다.

여기에서 복원을 하는 방법은 다양합니다. 예를 들어, 앞의 설명에서는 방법 A와 방법 B 중 시간이 짧은 것을 선택하는 비교 기반의 복원을 수행했습니다.

하지만 4.1절의 식에서 $dp[x]$의 값이 $dp[x-1]+A_x$(방법 A를 사용했을 때)와 $dp[x-2]+B_x$(방법 B를 사용했을 때) 중 하나임에 착안하면 다음과 같이 최적의 답을 복원할 수 있습니다.

- $dp[x]=dp[x-1]+A_x$인 경우: 방법 A를 선택한다.

- $dp[x]=dp[x-2]+B_x$인 경우: 방법 B를 선택한다.

해답 예에서는 후자의 방법을 사용했음에 주의합니다. 또한, 위의 두 조건 모두를 만족하는 경우에는 방법 A, B 중 어느 쪽을 선택해도 관계없습니다.

해답 예(C++)

```
01  #include <iostream>
02  #include <vector>
03  #include <algorithm>
04  using namespace std;
05  int N, A[100009], B[100009], dp[100009];
06  vector<int> Answer;
07
08  int main() {
09      // 입력
10      cin >> N;
11      for (int i = 2; i <= N; i++) cin >> A[i];
12      for (int i = 3; i <= N; i++) cin >> B[i];
13
14      // 동적 계획 알고리즘
15      dp[1] = 0;
16      dp[2] = A[2];
17      for (int i = 3; i <= N; i++) dp[i] = min(dp[i - 1] + A[i], dp[i - 2] + B[i]);
18
19      // 답의 복원
20      // 변수 Place는 현재 위치(목표부터 진행한다)
21      // 예를 들어, 입력 예의 경우 Place는 5 → 4 → 2 → 1로 변화한다
22      int Place = N;
23      while (true) {
24          Answer.push_back(Place);
25          if (Place == 1) break;
26
27          // 어디에서 방 Place로 이동하는 것이 최적인지 구한다
28          if (dp[Place - 1] + A[Place] == dp[Place]) Place = Place - 1;
29          else Place = Place - 2;
30      }
31
32      // 변수 Answer는 '목표부터의 경로'이므로 역순으로 한다
33      // 예를 들어, 입력 예의 경우, Answer = {5, 4, 2, 1}을 {1, 2, 4, 5}로 한다
34      reverse(Answer.begin(), Answer.end());
35
36      // 답을 출력
37      cout << Answer.size() << endl;
```

```
38      for (int i = 0; i < Answer.size(); i++) {
39          if (i >= 1) cout << " ";
40          cout << Answer[i];
41      }
42      cout << endl;
43      return 0;
44  }
```

문제 B17 | 응용 문제

4.1절의 응용 문제(Frog 1)에 대해 구체적으로 어떻게 이동하면 합계 비용이 최소가 되는지를 출력하는 프로그램을 작성하십시오. 답이 2개 이상인 경우에는 그중 하나만 출력해도 정답으로 간주합니다.

힌트 발판 N부터 반대 방향으로 이동해 봅시다!

4.3 | 2차원 DP(1): 부분합 문제

문제 A18 | Subset Sum (실행 시간 제한 1초, 난이도 ★3)

N장의 카드가 나열되어 있습니다. 왼쪽부터 i번째 카드(이하, 카드 i)에는 정수 A_i가 적혀 있습니다. 카드 중에서 몇 장을 선택해서 적혀 있는 정수의 합계가 S가 되도록 하는 방법이 존재합니까?

또한, 이 문제는 **부분합 문제**라 불리는 유명한 문제로 칼럼 2에서도 다루었습니다.

입력 형식

$$N\ S$$
$$A_1\ A_2\ \cdots\ A_N$$

출력 형식

카드에 적혀 있는 정수의 합계가 S가 되는 카드를 선택하는 방법이 존재하면 Yes, 그렇지 않으면 No를 출력하십시오.

제약

- $1 \leq N \leq 60$
- $1 \leq S \leq 10000$
- $1 \leq A_i \leq 10000$

입력 예 1	출력 예 1
3 7	Yes
2 2 3	

예를 들어, 카드 1, 카드 2, 카드 3을 선택했을 때 카드에 적힌 정수의 합계는 $2 + 2 + 3 = 7$이 됩니다. 따라서 Yes를 출력하면 정답입니다.

단순한 해법

우선 생각할 수 있는 방법은 카드를 선택하는 방법 2^N가지를 완전 탐색하는 것입니다. $N=20$ 정도로 카드의 수가 적다면 이 방법으로 잘 풀 수 있습니다. 하지만 $N=60$이면 카드를 선택하는 방법을 2^{60}가지(약 115경가지) 조사해야 합니다. 이대로는 실행 시간 제한인 1초를 만족하기는커녕 하루가 지나도 실행을 완료할 수 없습니다.

동적 계획 알고리즘을 생각하자

여기에서 동적 계획 알고리즘을 검토합니다. 이 문제에서는 다음과 같은 2차원 배열을 준비합니다.

> **dp[i][j]:** 카드 $1, 2, \cdots, i$ 중에서 몇 장을 선택하고, 선택한 카드에 적힌 정수의 합계를 j로 하는 것이 가능한가?

1차원 배열이 잘 상상되지 않는 분은 다음과 같은 표를 떠올려보면 좋을 것입니다. 예를 들어 위에서 세 번째 행, 왼쪽에서 여덟 번째 열의 dp[2][7]에는 '카드 1, 2 중에서 합계가 7이 되도록 선택할 수 있는 가?'를 ○ 또는 ×로 표시합니다.

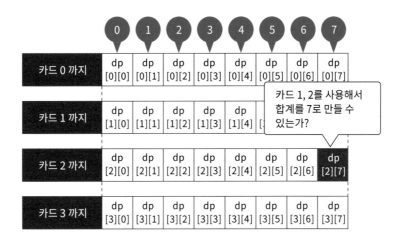

배열 dp를 계산하자

그럼 dp[i][j]의 값을 계산해 봅니다. 먼저, $i=0$인 경우는 선택한 카드의 합곗값이 반드시 0이므로 dp[0][0]은 ○, dp[0][1] 이후는 ×가 됩니다.

다음으로, $i \geq 1$인 경우는 다소 어렵기는 하나 마지막 행동으로 경우를 나누어 보면 짐작할 수 있습니다. 계산값이 $dp[i][j]$ 상태가 되는 방법, 다시 말해 i까지의 카드 중에서 합곗값이 j가 되도록 선택하는 방법은 다음 2가지뿐입니다.

방법 A	카드 $i-1$을 선택한 시점에서 합계가 i가 되어 카드 i를 선택하지 않는다
방법 B	카드 $i-1$을 선택한 시점에서 합계가 $j-A_i$가 되어 카드 i를 선택한다

여기서 만약 방법 A/B 중 적어도 한 가지가 가능하다면 $dp[i][j]$ 상태가 될 수 있습니다. 따라서,

- 방법 A에 대응하는 $dp[i-1][j]$

- 방법 B에 대응하는 $dp[i-1][j-A_i]$

중 적어도 하나가 ○가 되는 한, $dp[i][j]$에 ○를 붙이면 됩니다. 입력 예에 대한 계산 과정을 다음 그림에 나타냈습니다. $N=3$, $(A_1, A_2, A_3)=(2, 2, 3)$인 경우입니다.

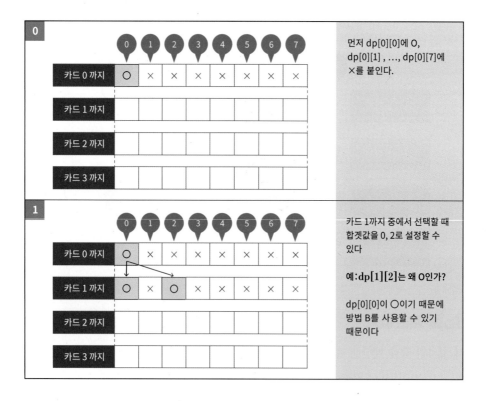

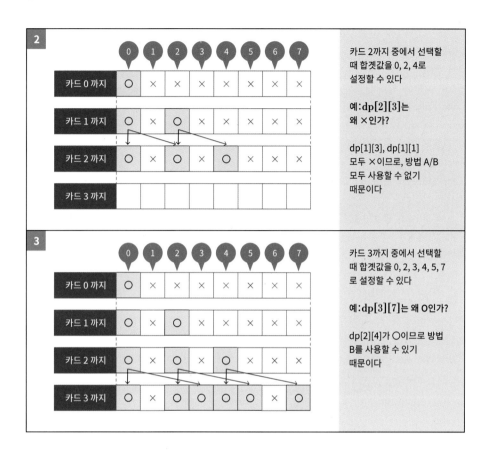

구현과 계산량

동적 계획 알고리즘을 구현하면 **해답 예**와 같습니다. 2차원 배열 $dp[i][j]$에 관해서는 ○가 true, ×가 false에 대응합니다. 특히, $dp[N][S]$가 true일 때, 이 문제의 답은 Yes입니다.

마지막으로, 알고리즘의 계산량을 평가합니다. 계산에 사용한 표는 세로의 길이가 $N+1$, 가로의 길이가 $S+1$이므로 전부 대략 NS개의 칸이 있습니다. 또한, 하나의 칸에 값을 쓰는 계산량은 $O(1)$입니다. 따라서 전체 계산량은 $O(NS)$입니다.

해답 예(C++)

```cpp
01 #include <iostream>
02 using namespace std;
03
04 int N, S, A[69];
05 bool dp[69][10009];
```

```
06
07  int main() {
08      // 입력
09      cin >> N >> S;
10      for (int i = 1; i <= N; i++) cin >> A[i];
11
12      // 동적 계획 알고리즘(i = 0)
13      dp[0][0] = true;
14      for (int i = 1; i <= S; i++) dp[0][i] = false;
15
16      // 동적 계획 알고리즘(i >= 1)
17      for (int i = 1; i <= N; i++) {
18          for (int j = 0; j <= S; j++) {
19              if (j < A[i]) {
20                  if (dp[i - 1][j] == true) dp[i][j] = true;
21                  else dp[i][j] = false;
22              }
23              if (j >= A[i]) {
24                  if (dp[i - 1][j] == true || dp[i - 1][j - A[i]] == true) dp[i][j] = true;
25                  else dp[i][j] = false;
26              }
27          }
28      }
29
30      // 출력
31      if (dp[N][S] == true) cout << "Yes" << endl;
32      else cout << "No" << endl;
33      return 0;
34  }
```

문제 B18 | 응용 문제

N장의 카드가 일렬로 나열되어 있습니다. 왼쪽부터 i번째($1 \leq i \leq N$) 카드에는 정수 A_i가 적혀 있습니다. 합계가 S가 되도록 카드를 선택하는 방법을 1개 출력하는 프로그램을 작성하십시오. 즉, 부분합 문제에 대해 동적 계획 알고리즘의 복원(→ 4.2절)을 수행하십시오.

힌트 목표 지점 $\mathrm{dp}[N][S]$부터 생각해 봅시다. N번째 카드는 선택해야만 합니까?

4.4 | 2차원 DP(2): 배낭 문제

보물상자에 N개의 보물이 들어 있습니다. 각 보물에는 1부터 N까지의 번호가 붙어있습니다. 보물 i의 무게는 정수 값 w_i, 가치는 정수 값 v_i입니다.

경진 씨는 몇 가지 보물을 가지고 돌아가려고 합니다. 하지만 배낭에는 용량 제한이 있어 무게의 합계가 W 이하가 되게 해야 합니다. 얻을 수 있는 가치의 최댓값은 얼마입니까?

입력 형식

$N\ W$

$w_1\ v_1$

$\vdots$

$w_N\ v_N$

출력 형식

답을 정수로 출력하십시오.

제약

- $1 \leq N \leq 100$
- $1 \leq W \leq 10000$
- $1 \leq w_i \leq W$
- $1 \leq v_i \leq 10^9$

입력 예 1	출력 예 1
4 7	40
3 13	
3 17	
5 29	
1 10	

예를 들어 보물 1, 보물 2, 보물 4를 선택한 경우, 가치의 합계는 13 + 17 + 10 = 40이 됩니다. 가치의 합계를 41이상으로 하는 방법은 존재하지 않습니다.

단순한 해법

이 문제를 해결하는 가장 단순한 방법은 보물을 선택하는 방법 2^N가지를 완전 탐색하는 것입니다. 가령 입력 예의 경우, $2^4=16$가지 선택 방법을 조사하면 답은 40인 것을 알 수 있습니다.

하지만 $N=100$인 경우에는, $2^{100}(=10^{30})$가지를 조사해야 합니다. 가정용 PC는 물론, 슈퍼 컴퓨터를 사용한다고 해도 상당한 계산 횟수가 됩니다.

무게3/가치13

무게3/가치17

무게5/가치29

무게1/가치10

동적 계획 알고리즘을 생각하자

다음 2차원 배열에 대해 동적 계획 알고리즘을 적용해 봅니다.

> **dp[i][j]**: 보물 1, 2, …, i 중에서 무게의 합이 j가 되도록 선택하는 방법을 생각한다. 이때, 합계 가치로 얻을 수 있는 최댓값은 무엇인가?

먼저, $i=0$인 경우에는 아무것도 선택할 수 없으므로 무게와 가치의 합계는 반드시 0이 됩니다. 따라서 dp[0][0]=0이고, 다른 값에 대해서는 ×로 표시합니다.

	0	1	2	3	4	5	6	7
보물 0 까지	0	×	×	×	×	×	×	×
보물 1 까지								
보물 2 까지								
보물 3 까지								
보물 4 까지								

다음으로 $i \geq 1$인 경우는 다소 어렵지만, 마지막 행동의 경우를 나누어 보면 잘 예측할 수 있습니다. $dp[i][j]$ 상태가 되는 방법, 즉 보물 i까지 중에서 무게의 합이 j가 되도록 선택하는 방법은 다음 두 가지를 생각할 수 있습니다.

선택 방법	합계 가치의 최댓값
방법 A: 보물 $i-1$을 선택한 시점에 합계가 j이며, 보물 i를 선택하지 않는다	$dp[i-1][j]$
방법 B: 보물 $i-1$을 선택한 시점에 합계가 $j-w_i$이며, 보물 i를 선택한다	$dp[i-1][j-w_i]+v_i$

따라서 $dp[i][j]$의 값은 $dp[i-1][j]$와 $dp[i-1][j-w_i]+v_i$ 중 큰 값이 됩니다(주: $j < w_i$일 때는 방법 B를 선택할 수 없습니다). 입력 예에 대한 계산 과정을 그림으로 나타내면 다음과 같습니다.

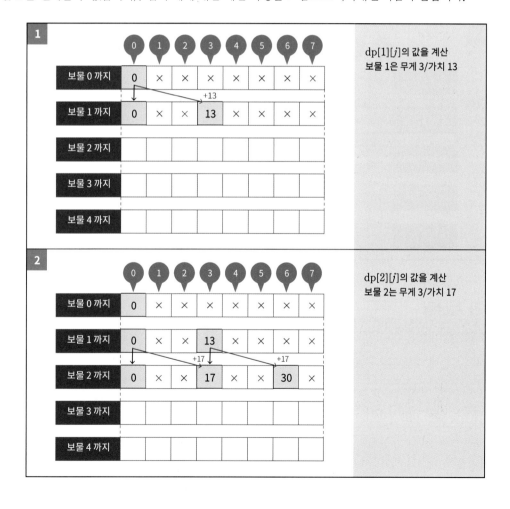

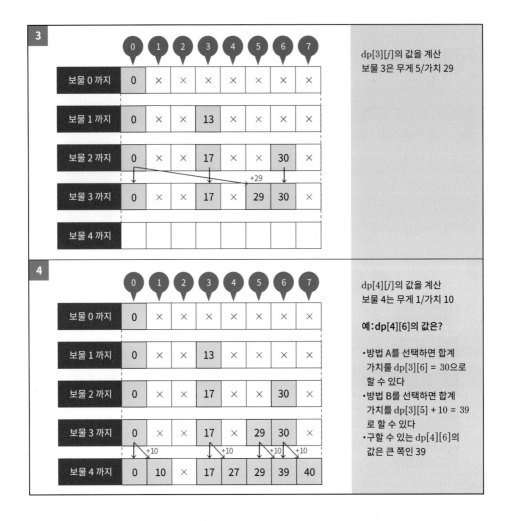

구현과 계산량

동적 계획 알고리즘을 구현하면 **해답 예**와 같이 되며, 계산량은 $O(NW)$입니다. 배열 $dp[i][j]$에 대해 × 표시한 부분에 대해서는 -10^{15} 등 매우 작은 값[3]으로 초기화해 두면 추가적인 경우 분류할 필요가 없어져 구현이 쉬워집니다.

또한, 구하는 답은 $dp[N][0]$, $dp[N][1]$, ..., $dp[N][W]$의 최댓값인 점에 주의합니다. 무게의 합계가 정확히 W일 때 가치가 최대가 된다고는 단정할 수 없습니다. 예를 들어, $dp[N][W]$의 값을 그대로 출력하면 일부 테스트 케이스에서 오답이 됩니다.

3　이 문제의 답은 10^{11} 이하이므로, -10^{11}보다 작으면 충분합니다.

해답 예(C++)

```cpp
01 #include <iostream>
02 #include <algorithm>
03 using namespace std;
04
05 long long N, W, w[109], v[109];
06 long long dp[109][100009];
07
08 int main() {
09     // 입력, 배열 초기화
10     cin >> N >> W;
11     for (int i = 1; i <= N; i++) cin >> w[i] >> v[i];
12     for (int i = 0; i <= N; i++) {
13         for (int j = 0; j <= W; j++) dp[i][j] = -1'000'000'000'000'000LL;
14     }
15
16     // 동적 계획 알고리즘
17     dp[0][0] = 0;
18     for (int i = 1; i <= N; i++) {
19         for (int j = 0; j <= W; j++) {
20             if (j < w[i]) dp[i][j] = dp[i - 1][j];
21             else dp[i][j] = max(dp[i - 1][j], dp[i - 1][j - w[i]] + v[i]);
22         }
23     }
24
25     // 답 출력
26     long long Answer = 0;
27     for (int i = 0; i <= W; i++) Answer = max(Answer, dp[N][i]);
28     cout << Answer << endl;
29     return 0;
30 }
```

문제 B19   응용 문제

예제 'Knapsack 1'에 대해 다음 제약을 만족하는 경우로 2초 이내에 실행이 완료되는 프로그램을 작성하십시오.
w_i가 커지는 대신 v_i가 작아집니다.

- $1 \le N \le 100$
- $1 \le W \le 10^9$
- $1 \le w_i \le W$
- $1 \le v_i \le 1000$

힌트 제약 $v_i \le 1000$에 착안합니다. $\mathrm{dp}[i][j]$의 j를 어떻게 하면 되겠습니까?

4.5 2차원 DP(3): 최장 공통 부분열 문제

문자열 S 및 T가 주어져 있습니다. S의 부분열 및 T의 부분열(공통 부분열이라 부릅니다)인 문자열 중 가장 긴 것은 몇 문자인지 출력하는 프로그램을 작성하십시오.

단, 문자열 X의 부분열이란 X에서 일부 문자만을 꺼내 그 순서대로 배열한 것을 가리킵니다. 예를 들어, grain은 programming의 부분열입니다(4, 5, 6, 9, 10번째 문자를 꺼냄).

입력 형식

> S
> T

출력 형식

최장 공통 부분열은 몇 문자인지 정수로 출력하십시오.

제약

- S의 문자 수는 1 이상 2000 이하

- T의 문자 수는 1 이상 2000 이하

- S, T는 영문 소문자로 되어 있다.

입력 예 1	출력 예 1
mynavi	3
monday	

3문자의 문자열 mna는 mynavi와 monday 양쪽의 부분열입니다. 4문자 이상의 공통 부분열은 존재하지 않으므로 3을 출력하면 정답입니다.

입력 예 1	출력 예 1
tokyo	3
kyoto	

문제 해설: 단계 1

문자열과 매트릭스는 전혀 관계가 없는 것처럼 보일 수도 있습니다. 하지만 최장 공통 부분열을 구하는 문제에서는 매트릭스를 생각하면 한 번에 파악할 수 있습니다. 예를 들어 tokyo와 kyoto의 공통 부분열을 구하는 경우, 다음 그림과 같은 매트릭스를 생각할 수 있습니다.

이 매트릭스의 구조는 다음과 같습니다. 파란 화살표는 오른쪽 방향과 아래쪽 방향으로 진행하며, 빨간 화살표는 오른쪽 아래 대각선 방향으로 진행합니다. 그리고 빨간 화살표는 모두 대응하는 문자가 같은 칸으로 향하게 되어 있습니다. 예를 들어 칸 (3,1)로 향하는 빨간 화살표는 tokyo의 3번째 문자와 kyoto의 1번째 문자가 같은 k입니다.

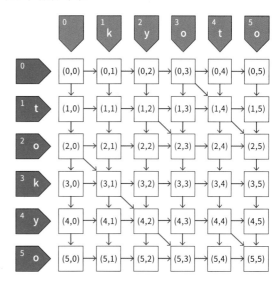

이때, **왼쪽 위부터 오른쪽 아래 칸으로 향하는 경로는 하나의 공통 부분 문자열에 대응**합니다. 예를 들어, 다음 그림의 경로는 tokyo의 2/5번째 문자를 꺼내고, kyoto의 3/5번째 문자를 꺼낸 공통 부분열 'oo'에 대응합니다(빨간 화살표를 2개 지납니다).

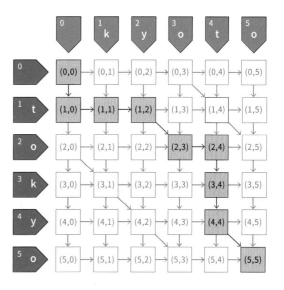

또한, 다음 그림의 경로는 tokyo의 3/4/5번째 문자를 꺼내고, kyoto의 1/2/3번째 문자를 꺼낸 공통 부분열 'kyo'에 대응합니다(빨간 화살표를 3개 지납니다).

이렇게 '지나는 빨간색 화살표의 개수'가 공통 부분열의 길이가 됩니다. 따라서 예제 'LCS'의 답은 **왼쪽 위부터 오른쪽 아래까지 이동했을 때 지나는 빨간 화살표의 최대 개수**가 됩니다.

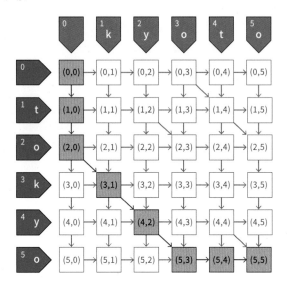

문제 해설: 단계 2

그럼, 빨간 화살표의 최대 개수는 어떻게 구하면 좋을까요? 다음 값을 계산하는 동적 계획 알고리즘을 생각할 수 있습니다.

- $dp[i][j]$: 칸 (i, j)에 도달할 때까지 지나는 빨간 화살표 수의 최댓값

먼저, 시작 지점은 왼쪽 위이므로 초기 조건은 명확하게 $dp[0][0]=0$입니다. 다음으로 상태 전이를 생각합니다. 칸 (i, j)에 도달하기 전의 가장 마지막 행동으로 다음 세 가지를 생각할 수 있습니다. 단, 방법 C는 S의 i 문자열과 T의 j 문자열이 일치할 때만 선택할 수 있습니다.

이동 방법	지나는 빨간 화살표의 수
방법 A: 칸 $(i-1, j)$부터 아래쪽 방향으로 파란 화살표를 따라 이동한다	$dp[i-1][j]$
방법 B: 칸 $(i, j-1)$부터 오른쪽 방향으로 파란 화살표를 따라 이동한다	$dp[i][j-1]$
방법 C: 칸 $(i-1, j-1)$부터 빨간 화살표를 따라 이동한다	$dp[i-1][j-1]+1$

따라서 $dp[i][j]$의 값은 다음과 같이 계산할 수 있습니다. 단, $i=0$ 또는 $j=0$일 때는 방법 A/B를 선택할 수 없는 경우도 있으므로 한 번 더 구분해야 합니다.

> S의 i 문자열과 T의 j 문자열이 일치하는 경우
>
> - $\mathrm{dp}[i][j] = \max(\mathrm{dp}[i-1][j], \mathrm{dp}[i][j-1], \mathrm{dp}[i-1][j-1]+1)$
>
> S의 i 문자열과 T의 j 문자열이 일치하지 않는 경우
>
> - $\mathrm{dp}[i][j] = \max(\mathrm{dp}[i-1][j], \mathrm{dp}[i][j-1])$

예를 들어, S=tokyo, T=kyoto일 때 계산 결과는 오른쪽 그림과 같습니다. 오른쪽 아래 칸에 쓰인 값 $\mathrm{dp}[5][5]$=3이므로 최장 공통 부분열의 길이는 3임을 알 수 있습니다.

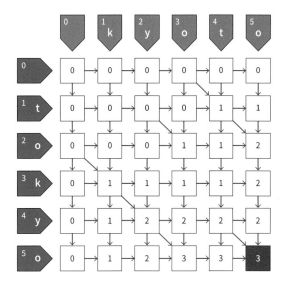

이상의 알고리즘을 구현하면 **해답 예**가 됩니다. 문자열 S를 $|S|$, 문자열 T를 $|T|$로 표기했을 때 계산량은 $O(|S| \times |T|)$이므로 문제의 실행 시간 제한을 여유롭게 만족합니다.

또한, $\mathrm{dp}[i][j]$의 값은 'S의 최초의 i 문자', 'T의 최초의 j 문자'의 최장 공통 부분열의 길이이기도 합니다.

해답 예(C++)

```cpp
01  #include <iostream>
02  #include <string>
03  #include <algorithm>
04  using namespace std;
05
06  int N, M, dp[2009][2009];
07  string S, T;
08
09  int main() {
10      // 입력
```

```
11    cin >> S; N = S.size();
12    cin >> T; M = T.size();
13
14    // 동적 계획 알고리즘
15    dp[0][0] = 0;
16    for (int i = 0; i <= N; i++) {
17       for (int j = 0; j <= M; j++) {
18          if (i >= 1 && j >= 1 && S[i - 1] == T[j - 1]) {
19             dp[i][j] = max({ dp[i - 1][j], dp[i][j - 1], dp[i - 1][j - 1] + 1 });
20          }
21          else if (i >= 1 && j >= 1) {
22             dp[i][j] = max(dp[i - 1][j], dp[i][j - 1]);
23          }
24          else if (i >= 1) {
25             dp[i][j] = dp[i - 1][j];
26          }
27          else if (j >= 1) {
28             dp[i][j] = dp[i][j - 1];
29          }
30       }
31    }
32
33    // 출력
34    cout << dp[N][M] << endl;
35    return 0;
36 }
```

문제 B20 | 응용 문제

문자열 S와 T가 주어졌습니다. 여러분은 문자열 S에 대해 다음 세 종류의 조작을 수행할 수 있습니다. 최소 횟수의 조작으로 문자열 S를 T에 일치시킬 수 있습니까?

- S 안의 문자를 1개 선택해서 삭제한다.

- S 안의 문자를 1개 선택해서 다른 문자로 변경한다.

- S 안의 적당한 위치에 문자를 1개 삽입한다.

힌트 어려운 지식 문제입니다. '레벤슈타인 거리(Levenshtein distance)'[4]를 검색해 봅시다.

---

4 (옮긴이) 편집 거리(edit distance)라고도 불립니다. 구체적으로는 1문자의 삽입/삭제/치환에 있어 한쪽 문자열을 다른쪽 문자열로 변형할 때 필요한 순서의 최소 회수로 정의됩니다.

N개의 블록이 배열되어 있으며, 왼쪽부터 순서대로 $1, 2, \cdots, N$의 번호가 붙어 있습니다. 여러분은 다음 두 종류의 조작을 몇 차례 수행해서 모든 블록을 제거합니다.

- 현재 있는 블록 중에서 가장 왼쪽 블록을 제거한다.
- 현재 있는 블록 중에서 가장 오른쪽 블록을 제거한다.

블록 $i(1 \leq i \leq N)$를 블록 P_i보다 먼저 제거하는 경우, A_i점을 얻을 수 있습니다. 합계 득점으로 얻을 수 있는 최댓값을 출력하는 프로그램을 작성하십시오.

입력 형식

N
$P_1 \ A_1$
$\vdots$
$P_N \ A_N$

출력 형식

합계 득점의 최댓값을 정수로 출력하십시오.

제약

- $2 \leq N \leq 2000$
- $1 \leq P_i \leq N$
- $P_i \neq i$
- $1 \leq A_i \leq 100$

	입력 예 1	출력 예 1
	4	60
	4 20	
	3 30	
	2 40	
	1 10	

문제 해설: 단계 1

이 문제에서는 어떤 조작을 해도 남은 블록은 **연속된 번호**가 됩니다. 예를 들어, 블록 1, 2, 3, 4만 남아 있을 수는 있지만, 블록 1, 3, 5만 남아 있을 수는 없습니다.

그렇기 때문에 블록의 상태는 왼쪽 끝 번호 l, 오른쪽 끝 번호 r이라는 2개의 정수의 조합으로 표현할 수 있습니다. 여기에서 다음 식을 계산하는 동적 계획 알고리즘을 생각할 수 있습니다.

> $dp[l][r]$: l번째부터 r번째까지의 블록이 남아있는 상황을 생각한다. 이 상태가 될 때까지 최대 몇 점을 얻을 수 있는가? 단, 득점은 블록이 제거되었을 때 더해지는 것으로 한다.

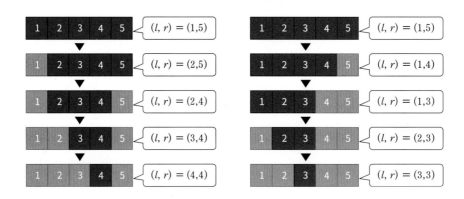

문제 해설: 단계 2

먼저, 초기 조건은 $dp[1][N]=0$이 됩니다. 이것은 최초 시점에서 1번째부터 N번째까지 모든 블록이 남아있는 것에서 알 수 있습니다.

다음으로 상태 전이를 생각합니다. $dp[l][r]$이 가리키는 상태가 되기 위한 마지막 행동으로 다음 두 가지를 생각할 수 있습니다.

방법 1	$dp[l-1][r]$ 상태에서 왼쪽 끝 블록을 제거한다
방법 2	$dp[l][r+1]$ 상태에서 오른쪽 끝 블록을 제거한다

따라서 동적 계획 알고리즘의 식은 다음과 같이 됩니다. 단, 방법 1에서 얻을 수 있는 점수 $score_1$은 $l \le P_{l-1} \le r$인 경우 A_{l-1}점, 그렇지 않은 경우 0점입니다. 또한 방법 2에서 얻을 수 있는 점수 $score_2$는 $l \le P_{r+1} \le r$인 경우 A_{r+1}점, 그렇지 않은 경우 0점입니다.

$$dp[l][r]=\max(dp[l-1][r]+score_1, dp[l][r+1]+score_2)$$

예를 들어, 입력 예의 경우 이 식대로 계산하면 다음 그림과 같이 됩니다. $dp[l][r]$의 값을 계산하려면 $dp[l-1][r]$과 $dp[l][r+1]$을 구해야 하므로 $r-l$의 크기 순서대로 계산해야 하는 점에 주의합니다.

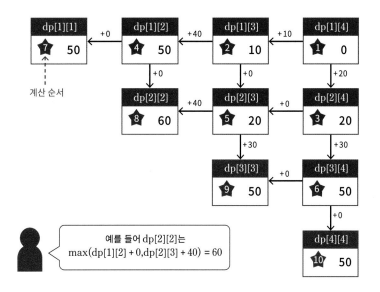

구현과 계산량

마지막으로 남아 있는 블록이 1개가 되면 점수는 더이상 증가하지 않으므로, 이 문제의 답은 $dp[1][1]$, $dp[2][2]$, $\cdots$, $dp[N][N]$의 최댓값입니다. 예를 들어, 위 그림에서는 $\max(50, 60, 50, 50)=60$이 됩니다. 따라서 이 문제를 푸는 프로그램은 **해답 예**와 같이 구현할 수 있습니다. 계산량은 $O(N^2)$입니다.

해답 예(C++)

```
01  #include <iostream>
02  #include <algorithm>
03  using namespace std;
04
05  int N, P[2009], A[2009];
06  int dp[2009][2009];
07
08  int main() {
09      // 입력
10      cin >> N;
11      for (int i = 1; i <= N; i++) cin >> P[i] >> A[i];
12
13      // 동적 계획 알고리즘(LEN은 r-l의 값)
14      dp[1][N] = 0;
```

```
15    for (int LEN = N - 2; LEN >= 0; LEN--) {
16        for (int l = 1; l <= N - LEN; l++) {
17            int r = l + LEN;
18
19            // score1의 값(l-1번째의 블록을 제거했을 때의 득점)을 구한다
20            int score1 = 0;
21            if (l <= P[l - 1] && P[l - 1] <= r) score1 = A[l - 1];
22
23            // score2의 값(r+1번째의 블록을 제거했을 때의 득점)을 구한다
24            int score2 = 0;
25            if (l <= P[r + 1] && P[r + 1] <= r) score2 = A[r + 1];
26
27            // dp[l][r]을 구한다
28            if (l == 1) {
29                dp[l][r] = dp[l][r + 1] + score2;
30            }
31            else if (r == N) {
32                dp[l][r] = dp[l - 1][r] + score1;
33            }
34            else {
35                dp[l][r] = max(dp[l - 1][r] + score1, dp[l][r + 1] + score2);
36            }
37        }
38    }
39
40    // 출력
41    int Answer = 0;
42    for (int i = 1; i <= N; i++) Answer = max(Answer, dp[i][i]);
43    cout << Answer << endl;
44    return 0;
45 }
```

문제 B21 | 응용 문제

길이 $N(\leq 1000)$인 문자열 S가 주어졌습니다. 경진 씨는 S안에서 몇 개의 문자를 제거하고(연속된 문자라고 단정할 수 없음), 남은 문자를 순서대로 연결해서 회문[5]을 만들고 싶습니다. 최대 몇 문자로 된 회문을 만들 수 있습니까?

힌트 이 문제도 어렵지만, $dp[l][r]$을 '문자열 S의 l 문자부터 r 문자까지의 부분에 대한 가장 긴 회문의 길이'로 간주해 봅시다.

---

5 (옮긴이) 회문(回文) 또는 팰린드롬(palindrome)은 거꾸로 읽어도 제대로 읽는 것과 같은 문장이나 낱말, 숫자, 문자열 등입니다. 보통 낱말 사이에 있는 띄어쓰기나 문장 부호는 무시합니다.

4.7 | 전이 형식 개선

한 보드 게임판에 N개의 칸이 있으며, 시작 지점부터 순서대로 1부터 N까지의 번호가 적혀 있습니다. 이 보드 게임판에서는 여러분이 $i(1 \leq i \leq N-1)$에 있을 때 다음 두 종류의 행동 중 한 가지를 선택할 수 있습니다.

- 칸 A_i로 진행하고, 점수 100을 얻는다.

- 칸 B_i로 진행하고, 점수 150을 얻는다.

목표 지점에 도달할 때까지 얻을 수 있는 합계 점수의 최댓값을 출력하는 프로그램을 작성하십시오. 또한, **목표 지점에서 멀어지는 방향으로 이동할 수 없습니다.**

입력 형식

N
$A_1\ A_2\ \cdots\ A_{N-1}$
$B_1\ B_2\ \cdots\ B_{N-1}$

출력 형식

목표 지점에 도달할 때까지 얻을 수 있는 점수의 최댓값을 정수로 출력하십시오.

제약

- $2 \leq N \leq 100000$

- $i+1 \leq A_i \leq B_i \leq N$

입력 예 1	출력 예 1
7	500
2 4 4 7 6 7	
3 5 6 7 7 7	

다음 그림과 같이 이동하는 것이 최적입니다.

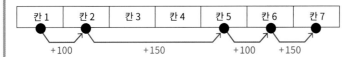

동적 계획 알고리즘의 두 가지 구현 방침

4.6절에서는 '마지막 행동으로 경우를 나눈다'는 방식으로 동적 계획 알고리즘을 구현했습니다. 이런 구현 방침을 **받는 전이 형식**이라 부릅니다.

하지만 동적 계획 알고리즘을 구현하는 방법이 그것만 있는 것은 아닙니다. '마지막 행동'이 아니라 '한 수 다음의 행동'을 생각해 배열의 값을 점점 업데이트하는 형태로 구현할 수도 있습니다. 그리고 이런 구현 방침을 **보내는 전이 형식**이라 부릅니다.

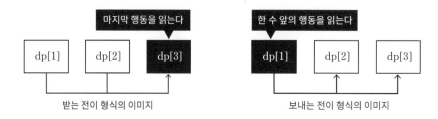

예시로, 4.0절에서 다루었던 던전 문제를 생각해 봅니다. 다음 그림과 같은 던전에 방 1부터 방 5까지 이동하는 데 몇 분이 걸리는지 구하는 문제입니다. 받는 전이 형식에서는 '방 2에 도달하기 위한 마지막 행동은 무엇인가?'를 생각해서 문제를 풀었습니다.

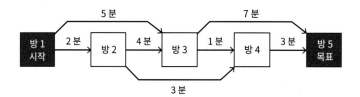

하지만 보내는 전이 형식에서는 '방 1에서 이동할 때 한 수 다음의 행동은 무엇인가?'와 같이 생각해서 답을 계산합니다. 계산 과정은 다음 그림과 같습니다. 마찬가지로 올바른 답인 '8분'을 구할 수 있습니다. 보내는 전이 형식이 머릿속에 그려집니까?

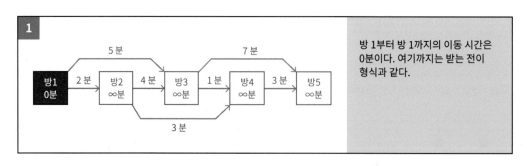

방 1부터 방 1까지의 이동 시간은 0분이다. 여기까지는 받는 전이 형식과 같다.

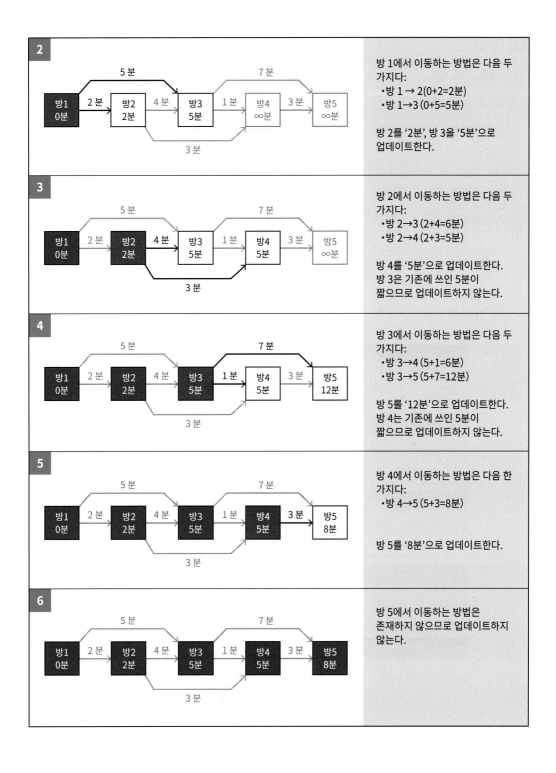

2

방 1에서 이동하는 방법은 다음 두 가지다:
- 방 1 → 2 (0+2=2분)
- 방 1→3 (0+5=5분)

방 2를 '2분', 방 3을 '5분'으로 업데이트한다.

3

방 2에서 이동하는 방법은 다음 두 가지다:
- 방 2→3 (2+4=6분)
- 방 2→4 (2+3=5분)

방 4를 '5분'으로 업데이트한다.
방 3은 기존에 쓰인 5분이 짧으므로 업데이트하지 않는다.

4

방 3에서 이동하는 방법은 다음 두 가지다:
- 방 3→4 (5+1=6분)
- 방 3→5 (5+7=12분)

방 5를 '12분'으로 업데이트한다.
방 4는 기존에 쓰인 5분이 짧으므로 업데이트하지 않는다.

5

방 4에서 이동하는 방법은 다음 한 가지다:
- 방 4→5 (5+3=8분)

방 5를 '8분'으로 업데이트한다.

6

방 5에서 이동하는 방법은 존재하지 않으므로 업데이트하지 않는다.

문제 해설

그럼 보내는 전이 형식으로 예제 'Sugoroku'를 풀어봅니다[6]. 먼저, 칸 i에서 행동할 때의 '한 수 앞의 행동'으로 다음 두 가지를 생각할 수 있습니다.

- 점수 100을 얻는 칸 A_i로 이동한다.
- 점수 150을 얻는 칸 B_i로 이동한다.

따라서 칸 i까지 이동한 시점에서 얻을 수 있는 점수의 최댓값을 $dp[i]$라고 하면, 이 문제의 답인 $dp[N]$은 다음과 같이 계산할 수 있습니다.

> $dp[1]=0$으로 하고, $i=1, 2, \cdots, N$ 순으로 다음을 수행한다.
>
> - $dp[A_i]$의 값을 $\max(dp[A_i], dp[i]+100)$으로 업데이트한다.
> - $dp[B_i]$의 값을 $\max(dp[B_i], dp[i]+150)$으로 업데이트한다.

입력 예에 대한 계산 과정을 다음 그림으로 나타냅니다. 답은 $dp[7]=500$입니다.

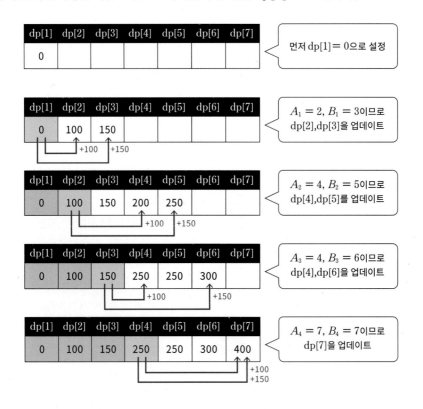

---

6 받는 전이 형식으로도 풀 수 있지만, 마지막 행동이 입력으로 주어지지 않기 때문에 구현이 번거롭습니다.

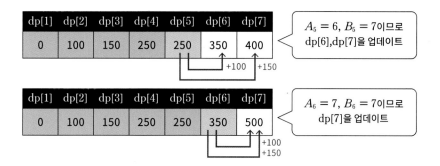

해답 예(C++)

```
01  #include <iostream>
02  #include <algorithm>
03  using namespace std;
04
05  int N, A[100009], B[100009], dp[100009];
06
07  int main() {
08      // 입력
09      cin >> N;
10      for (int i = 1; i <= N - 1; i++) cin >> A[i];
11      for (int i = 1; i <= N - 1; i++) cin >> B[i];
12
13      // 배열 초기화
14      for (int i = 1; i <= N; i++) dp[i] = 0;
15
16      // 동적 계획 알고리즘 → 출력
17      for (int i = 1; i <= N - 1; i++) {
18          dp[A[i]] = max(dp[A[i]], dp[i] + 100);
19          dp[B[i]] = max(dp[B[i]], dp[i] + 150);
20      }
21      cout << dp[N] << endl;
22      return 0;
23  }
```

문제 B22　응용 문제

4.1절에서 다루었던 'Dungeon 1'을 보내는 전이 형식으로 구현하십시오.

힌트 $dp[i]$에서는 $dp[i+1]$, $dp[i+2]$로 이동합니다.

4.8 비트 DP

All Free (실행 시간 제한 1초, 난이도 ★5)

어떤 매장에서 1부터 N까지의 번호가 붙은 N 종류의 물품을 취급하고 있습니다. 이 매장에서는 지정된 몇 가지 물품을 무료로 살 수 있는 쿠폰을 배포하고 있습니다.

경진 씨는 M 장의 쿠폰을 가지고 있으며, 쿠폰 $i(1 \le i \le M)$의 정보는 다음과 같습니다.

- $A_{i,j} = 1$일 때: 물품 j는 무료로 살 수 있는 대상에 포함된다.

- $A_{i,j} = 0$일 때: 물품 j는 무료로 살 수 있는 대상에 포함되지 않는다.

최소 몇 장의 쿠폰을 사용해야 N 종류의 모든 물품을 무료로 구매할 수 있습니까?

입력 형식

$N\ M$
$A_{1,1}\ A_{1,2}\ \cdots\ A_{1,N}$
$\vdots$
$A_{M,1}\ A_{M,2}\ \cdots\ A_{M,N}$

출력 형식

필요한 쿠폰의 최소 매수를 출력하십시오. 단, N 종류의 모든 물품을 무료로 사는 방법이 존재하지 않는 경우, 대신 –1을 출력하십시오.

제약

- $1 \le N \le 10$

- $1 \le M \le 100$

	입력 예 1	출력 예 1
3 4		2
0 0 1		
0 1 0		
1 0 0		
1 1 0		

문제 해설

이 문제를 푸는 가장 단순한 방법은 쿠폰을 선택하는 방법 2^M가지를 완전 탐색하는 것입니다. $M=15$ 정도로 값이 작은 경우에는 이 방법으로도 충분히 정답을 구할 수 있습니다.

하지만 $M=100$인 경우에는 전부 약 10^{30}가지 선택 방법을 조사해야 하며, 실행 시간 제한을 맞출 수 없습니다. 그래서 다음 값을 계산하는 동적 계획 알고리즘을 생각합니다.

> $dp[i][S]$: 쿠폰 1, 2, ⋯, i 중에서 몇 장을 선택해 무료로 살 수 있는 물품의 집합이 S인 경우를 생각한다. 이때, 선택한 쿠폰의 수로 생각할 수 있는 최솟값은 무엇인가?

집합 S를 첨자로 하는 배열이 잘 상상되지 않는 경우, 다음과 같은 표를 떠올려 보면 좋습니다. 예를 들어, dp[3][{1, 2}]에는 3장까지의 쿠폰 중에서 최소한 몇 장을 선택했을 때 물품 1, 2만 무료가 되는지를 기록합니다.

쿠폰 0장까지	dp[0] [공집합]	dp[0] [{1}]	dp[0] [{2}]	dp[0] [{1,2}]	dp[0] [{3}]	dp[0] [{1,3}]	dp[0] [{2,3}]	dp[0] [{1,2,3}]
쿠폰 1장까지	dp[1] [공집합]	dp[1] [{1}]	dp[1] [{2}]	dp[1] [{1,2}]	dp[1] [{3}]	dp[1] [{1,3}]	dp[1] [{2,3}]	dp[1] [{1,2,3}]
쿠폰 2장까지	dp[2] [공집합]	dp[2] [{1}]	dp[2] [{2}]	dp[2] [{1,2}]	dp[2] [{3}]	dp[2] [{1,3}]	dp[2] [{2,3}]	dp[2] [{1,2,3}]
쿠폰 3장까지	dp[3] [공집합]	dp[3] [{1}]	dp[3] [{2}]	dp[3] [{1,2}]	dp[3] [{3}]	dp[3] [{1,3}]	dp[3] [{2,3}]	dp[3] [{1,2,3}]
쿠폰 4장까지	dp[4] [공집합]	dp[4] [{1}]	dp[4] [{2}]	dp[4] [{1,2}]	dp[4] [{3}]	dp[4] [{1,3}]	dp[4] [{2,3}]	dp[4] [{1,2,3}]

쿠폰 3장까지 중에서 몇 장을 선택하면 물품 1, 2만 무료가 되는가?

그럼, 배열 dp를 계산해 봅니다. 먼저, 초기 조건은 dp[0][공집합]=0이 됩니다. 이를 통해 최초부터 무료로 살 수 있는 물품은 존재하지 않음을 알 수 있습니다.

다음으로, 보내는 전이 형식(→ 4.7절)에 따라 상태 전이를 생각합니다. 한 수 앞의 행동으로 경우를 나누면 $dp[i-1][S]$가 나타내는 상태에서는 다음 두 가지로 전이합니다. i번째 장의 쿠폰을 사용해서 무료로 살 수 있는 물품의 집합을 T_i라고 합니다.

쿠폰 i를 사용하지 않는 경우	$dp[i][S]$
쿠폰 i를 사용하는 경우	$dp[i][S와\ T_i의\ 합집합]$

여기에서 전자의 경우는 쿠폰의 누적 사용 매수가 $dp[i-1][S]$장이 되고, 후자의 경우는 $dp[i-1][S]$ + 1장이 되므로 배열 dp는 다음과 같이 계산할 수 있습니다.

$i = 1, 2, \cdots, N$순으로 모든 집합 S에 대해 다음을 수행한다.

- $dp[i][S]$를 $\min(dp[i][S], dp[i-1][S])$로 업데이트한다.

- $dp[i][S$와 T_i의 합집합]을 $\min(dp[i][S$와 T_i의 합집합], dp[i-1][S]+1)$로 업데이트한다.

입력 예에 대한 계산 과정을 다음 그림으로 나타냈습니다. 최종적인 답은 $dp[4][\{1, 2, 3\}] = 2$입니다.

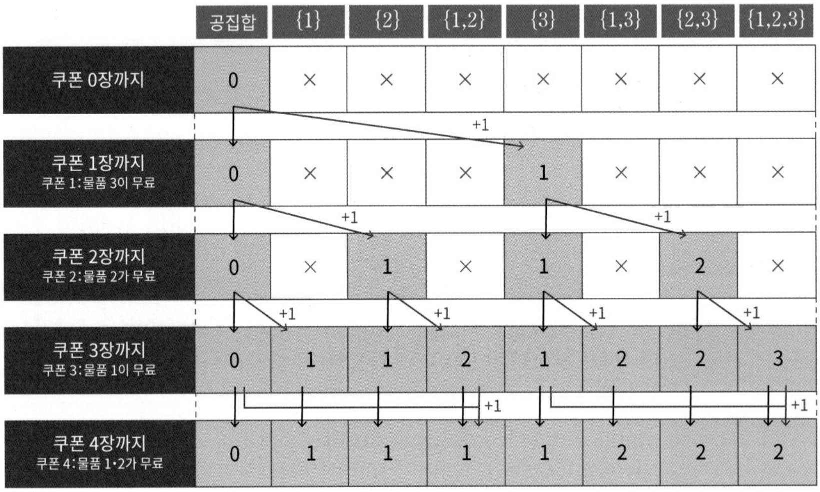

	공집합	{1}	{2}	{1,2}	{3}	{1,3}	{2,3}	{1,2,3}
쿠폰 0장까지	0	×	×	×	×	×	×	×
쿠폰 1장까지 쿠폰 1:물품 3이 무료	0	×	×	×	1	×	×	×
쿠폰 2장까지 쿠폰 2:물품 2가 무료	0	×	1	×	1	×	2	×
쿠폰 3장까지 쿠폰 3:물품 1이 무료	0	1	1	2	1	2	2	3
쿠폰 4장까지 쿠폰 4:물품 1·2가 무료	0	1	1	1	1	2	2	2

구현에 관해

동적 계획 알고리즘의 프로그램을 구현하는 데는 한 가지 문제점이 있습니다. 2차원 배열의 첨자를 조정해야만 한다는 점입니다. 이 문제를 해결하는 방법으로써 선택 방법의 정수 표현(→ 칼럼 2)을 사용할 수 있습니다[7].

예를 들어, $dp[4][\{1,3\}]$에 대해 생각해 봅니다. '2진법의 아래부터 1번째 자리와 아래부터 3번째 자리만 1인 정수'를 10진법으로 변환하면 5이므로 $dp[4][\{1, 3\}]$은 프로그래밍상의 $dp[4][5]$에 대응합니다.

---

7 선택 방법의 정수 표현을 사용해서 동적 계획 알고리즘을 구현하는 기법은 프로그래밍 경진대회에서는 **비트 DP**라 불립니다.

	공집합	{1}	{2}	{1,2}	{3}	{1,3}	{2,3}	{1,2,3}
쿠폰 0장까지	dp[0][0]	dp[0][1]	dp[0][2]	dp[0][3]	dp[0][4]	dp[0][5]	dp[0][6]	dp[0][7]
쿠폰 1장까지	dp[1][0]	dp[1][1]	dp[1][2]	dp[1][3]	dp[1][4]	dp[1][5]	dp[1][6]	dp[1][7]
쿠폰 2장까지	dp[2][0]	dp[2][1]	dp[2][2]	dp[2][3]	dp[2][4]	dp[2][5]	dp[2][6]	dp[2][7]
쿠폰 3장까지	dp[3][0]	dp[3][1]	dp[3][2]	dp[3][3]	dp[3][4]	dp[3][5]	dp[3][6]	dp[3][7]
쿠폰 4장까지	dp[4][0]	dp[4][1]	dp[4][2]	dp[4][3]	dp[4][4]	dp[4][5]	dp[4][6]	dp[4][7]

dp[4][{1,3}]은 dp[4][5]에 대응

이상의 내용을 바탕으로 프로그램을 구현하면 **해답 예**와 같이 되며, 계산량은 $O(2^N \times NM)$ 입니다. 또, 앞 페이지의 표에서 X로 표기한, 선택 방법이 존재하지 않는 부분에 관해서는 10^9 등의 매우 큰 값으로 초기화해 두면 구현이 간단해집니다.

해답 예(C++)

```
01  #include <iostream>
02  #include <algorithm>
03  using namespace std;
04
05  int N, M, A[109][19];
06  int dp[109][1024];
07
08  int main() {
09      // 입력
10      cin >> N >> M;
11      for (int i = 1; i <= M; i++) {
12          for (int j = 1; j <= N; j++) cin >> A[i][j];
13      }
14
15      // 배열 초기화
16      for (int i = 0; i <= M; i++) {
17          for (int j = 0; j < (1 << N); j++) dp[i][j] = 1'000'000'000;
18      }
19
20      // 동적 계획 알고리즘
21      dp[0][0] = 0;
22      for (int i = 1; i <= M; i++) {
```

```
23          for (int j = 0; j < (1 << N); j++) {
24              // already[k] = 1일 때, 물품 k는 이미 무료 상태다
25              int already[19];
26              for (int k = 1; k <= N; k++) {
27                  if ((j / (1 << (k - 1))) % 2 == 0) already[k] = 0;
28                  else already[k] = 1;
29              }
30
31              // 쿠폰 i를 선택한 경우의 정수 표현 v를 계산한다
32              int v = 0;
33              for (int k = 1; k <= N; k++) {
34                  if (already[k] == 1 || A[i][k] == 1) v += (1 << (k - 1));
35              }
36
37              // 이동을 수행한다
38              dp[i][j] = min(dp[i][j], dp[i - 1][j]);
39              dp[i][v] = min(dp[i][v], dp[i - 1][j] + 1);
40          }
41      }
42
43      // 출력(모두 선택한 경우의 정수 표현은 2^N-1)
44      cout << dp[M][(1 << N) - 1] << endl;
45      return 0;
46 }
```

문제 B23	응용 문제

2차원 평면상에 $N(\leq15)$개 도시가 있으며, 각각 1부터 N까지의 번호가 붙어 있습니다. 도시 i의 좌표는 (X_i, Y_i)이며, 2개의 도시 사이를 이동하는 데는 직선 거리와 같은 만큼의 시간이 걸립니다(예를 들어 직선 거리가 5인 경우, 이동 시간은 5분입니다). 어떤 도시에서 출발해 모든 도시를 한 번씩 지난 뒤, 출발 지점으로 돌아오기 위해서는 최소 몇 분이 필요합니까? 이것은 '외판원 순회 문제'라 불리는 유명한 문제입니다.

힌트 dp[통과한 도시][지금 있는 도시]라는 배열을 생각해 봅시다!

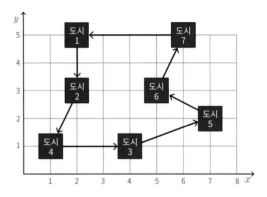

4.9 최장 증가 부분열 문제

문제 A24 | LIS (실행 시간 제한 1초, 난이도 ★5)

배열 $A = [A_1, A_2, \cdots, A_N]$의 증가 부분열을 다음 조건을 동시에 만족하는 열 $A = [A_{P_1}, A_{P_2}, \cdots, A_{P_k}]$로 정의합니다.

- $p_1 < p_2 < \cdots < p_k$

- $A_{P_1} < A_{P_2} < \cdots < A_{P_k}$

배열 A의 최장 증가 부분열(모든 증가 부분열 중에서 가장 긴 것)의 길이를 구하십시오.

입력 형식

N
$A_1\, A_2\, \cdots\, A_N$

출력 형식

최장 증가 부분열의 길이를 정수로 출력하십시오.

제약

- $1 \leq N \leq 100000$

- $1 \leq A_i \leq 500000$

입력 예 1	출력 예 1
6	4
2 3 1 6 4 5	

열 [2, 3, 4, 5]는 배열 $A = [2, 3, 1, 6, 4, 5]$의 최장 증가 부분열입니다. 길이 5 이상의 증가 부분열은 존재하지 않으므로 4라고 출력하면 정답이 됩니다.

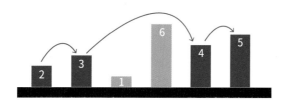

단순한 동적 계획 알고리즘

다음 값을 동적 계획 알고리즘으로 계산하는 것을 생각해 봅니다.

> **dp[i]**: 마지막 요소가 A_i인 부분열 중 가장 긴 것의 길이

이때, 마지막 요소가 A_i인 부분열을 만드는 방법으로 다음 두 가지를 생각할 수 있습니다. 방법 B를 사용하려면 $j < i$ 및 $A_j < A_i$를 만족해야 합니다.

부분열을 만드는 방법	부분열의 길이
방법 A: 요소 A_i만으로 구성되는 열을 만든다	1
방법 B: 마지막 요소가 A_j가 되는 부분열 뒤에 A_i를 연결한다	$dp[j]+1$

따라서 $dp[1]$, $dp[2]$, $\cdots$, $dp[N]$의 값은 **코드 4.1**과 같이 계산할 수 있습니다. 계산량은 $O(N^2)$입니다.

코드 4.1 단순한 동적 계획 알고리즘

```
01  // 답은 dp[1], dp[2], ..., dp[N]의 최댓값
02  for (int i = 1; i <= N; i++) {
03      dp[i] = 1;
04      for (int j = 1; j <= i - 1; j++) {
05          if (A[j] < A[i]) dp[i] = max(dp[i], dp[j] + 1);
06      }
07  }
```

예를 들어 A=[2, 3, 1, 6, 4, 5]인 경우, 알고리즘의 흐름은 다음 그림과 같습니다. dp[1]부터 dp[6]까지의 최댓값은 4이므로 최장 증가 부분열의 길이는 4입니다.

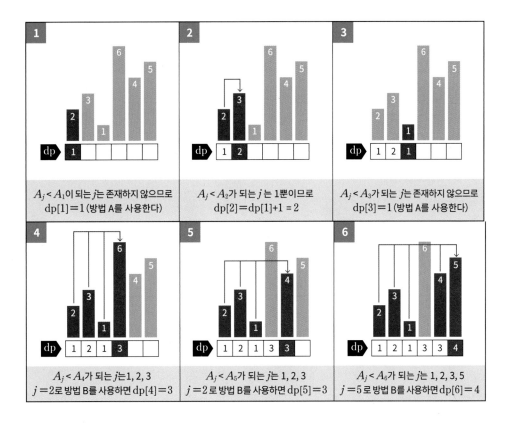

개선한 동적 계획 알고리즘

여기까지 설명한 방법에서는 하나의 i에 대해 $dp[i]$의 값을 구하는 데 $O(N)$이 걸렸습니다[8]. 하지만 다음 배열 L을 추가로 관리하면 계산량을 개선할 수 있습니다.

> $L[x]$: 길이 x의 부분열의 마지막 요소로서 생각할 수 있는 최솟값. 즉, $dp[k]=x$를 만족하는 k에 대한 A_k의 최솟값.

다시 말해, $dp[i]$의 값을 바이너리 서치를 통해 계산할 수 있기 때문입니다. $dp[i]$의 값은

- $L[\mathrm{pos}]<A_i$를 만족하는 pos의 최댓값에 1을 더한 값

이지만, 배열 L은 단조 증가이므로 pos의 최댓값은 바이너리 서치를 통해 계산량 $O(\log N)$으로 구할 수 있습니다. 다음에 A $=[2, 3, 1, 6, 4, 5]$일 때의 계산 과정을 나타냈습니다.

---

8 세그먼트 트리(→ **8.8절**)를 사용하면 배열 L을 준비하지 않아도 $dp[i]$를 계산량 $O(\log N)$으로 구할 수 있습니다.

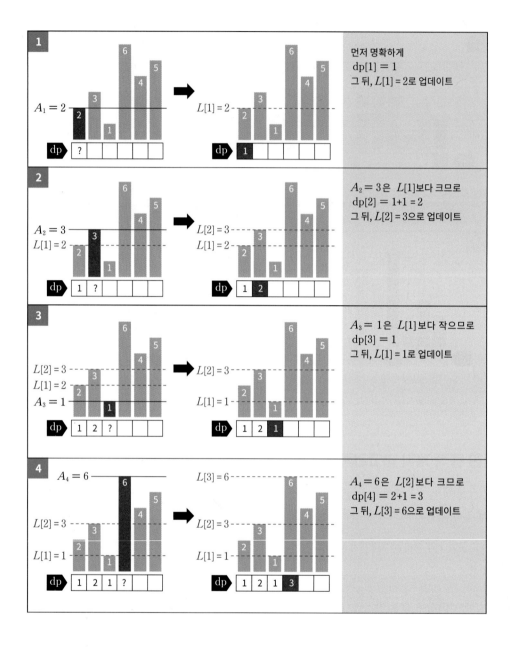

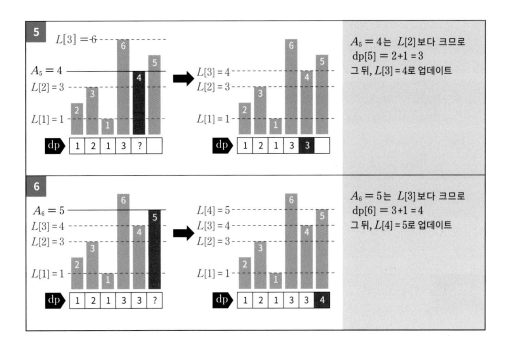

이상의 내용을 구현하면 **해답 예**와 같이 되며, 계산량은 $O(\log N)$입니다. 또한, 해법 예에서는 배열 dp 와 배열 L 모두를 관리하고 있지만, 배열 L만을 관리하는 간결한 구현을 할 수도 있습니다. 자세한 소스 코드는 지원 페이지를 참조하기 바랍니다.

해법 예(C++)

```
01  #include <iostream>
02  #include <algorithm>
03  using namespace std;
04
05  int N, A[100009], dp[100009];
06  int LEN = 0, L[100009]; // LEN은 L의 길이(예: L[4]까지 쓰여 있는 경우 LEN=4)
07
08  int main() {
09      // 입력
10      cin >> N;
11      for (int i = 1; i <= N; i++) cin >> A[i];
12
13      // 동적 계획 알고리즘
14      for (int i = 1; i <= N; i++) {
```

```
15          int pos = lower_bound(L + 1, L + LEN + 1, A[i]) - L;
16          dp[i] = pos;
17
18          // 배열 L을 업데이트
19          L[dp[i]] = A[i];
20          if (dp[i] > LEN) LEN += 1;
21      }
22
23      // 답을 출력
24      cout << LEN << endl;
25      return 0;
26 }
```

문제 B24 응용 문제

N개의 상자가 있습니다. i번째($1 \leq i \leq N$) 상자의 세로 길이는 X_i, 가로 길이는 Y_i입니다. 다음 두 가지 조건 모두를 만족할 때 상자 A를 상자 B 안에 넣을 수 있습니다.

- (상자 A의 세로 길이)<(상자 B의 세로 길이)
- (상자 A의 가로 길이)<(상자 B의 가로 길이)

상자를 최대로 몇 개 겹칠 수 있는지 구하는 프로그램을 작성하십시오. 단, 상자를 회전시켜서 세로의 길이와 가로의 길이를 뒤바꾸는 것은 불가능합니다.

힌트 $X_1 < X_2 < \cdots < X_N$일 때, 답은 어떻게 구할 수 있습니까?

| **Number of Routes** | (실행 시간 제한 1초, 난이도 ★3)

세로 H행, 가로 W열의 매트릭스가 있습니다. 위쪽부터 i번째 행, 왼쪽부터 j번째 열의 칸 (i, j)인 색상은 $c_{i, j}$이며, $c_{i, j}$가 .이면 흰색, #이면 검은색입니다(검은 칸은 지나갈 수 없습니다).

칸 $(1, 1)$에서 출발해 오른쪽 방향 또는 아래쪽 방향의 이동을 반복해 칸 (H, W)까지 가는 방법은 몇 가지가 있습니까? 또한, 이 문제의 제약 아래서 답은 반드시 10^{17} 이하여야 합니다.

입력 형식

$H\ W$
$C_{1,1}\ C_{1,2}\ \cdots\ C_{1,W}$
$C_{2,1}\ C_{2,2}\ \cdots\ C_{2,W}$
$\vdots$
$C_{H,1}\ C_{H,2}\ \cdots\ C_{H,W}$

출력 형식

몇 가지 이동 방법이 있는지 정수로 출력하십시오.

제약

- $2 \leq H \leq 30$
- $2 \leq W \leq 30$
- 시작과 종료는 흰색 칸이다.

	입력 예 1	출력 예 1
	4 8	35
	.....#..	
	....	
	..#...#.	
	#.......	

문제 해설

이 문제는 도전 문제이므로 해설을 문장으로 기술하는 대신, **고려할 점**을 제시합니다. 일반적으로 동적 계획 알고리즘에서는 다음 세 가지를 생각하는 것이 중요합니다.

- 어떤 배열을 가지는가?

- 배열의 전이(어떤 '이전 결과'에서 어떻게 계산할 것인가?)

- 배열의 어디가 구해야 하는 답이 되는가?

그리고 이 문제에서는 답이 10^{16}을 넘는 경우도 있으므로 long long 타입 등의 64비트 정수를 사용해야 하는 점에 주의하기 바랍니다(Python인 경우는 관계가 없습니다).

관리하는 배열	$\mathrm{dp}[i][j]$ = 칸 $(1, 1)$에서 칸 (i, j)까지 이동하는 방법의 수
전이에 관해	마지막 행동에 따라 경우를 나눠서 생각한다. • 칸 (i, j)로 이동하는 데는 다음 두 가지 방법이 있다. • 칸 $(i-1, j)$ → 칸 (i, j)로 직접 이동 • 칸 $(i, j-1)$ → 칸 (i, j)로 직접 이동
식을 세운다	따라서 검은 칸 등이 없는 경우… • $\mathrm{dp}[i][j] = \mathrm{dp}[i-1][j] + \mathrm{dp}[i][j-1]$ 단, 다음 경우는 주의가 필요 • $i=1$ 또는 칸 $(i-1, j)$가 검은 칸 • $j=1$ 또는 칸 $(i, j-1)$이 검은 칸 • 특히 $\mathrm{dp}[1][1] = 1$이다
계산량	총 HW개의 칸이 있으므로 계산량은 $O(HW)$
구체 예	

위부터 : 5개
왼쪽부터 : 30개
합쳐서 5+30=35개

해답 예(C++)

```cpp
#include <iostream>
using namespace std;

long long H, W;
char c[39][39];
long long dp[39][39];

int main() {
    // 입력
    cin >> H >> W;
    for (int i = 1; i <= H; i++) {
        for (int j = 1; j <= W; j++) cin >> c[i][j];
    }

    // 동적 계획 알고리즘
    for (int i = 1; i <= H; i++) {
        for (int j = 1; j <= W; j++) {
            if (i == 1 && j == 1) {
                dp[i][j] = 1;
            }
            else {
                dp[i][j] = 0;
                if (i >= 2 && c[i - 1][j] == '.') dp[i][j] += dp[i - 1][j];
                if (j >= 2 && c[i][j - 1] == '.') dp[i][j] += dp[i][j - 1];
            }
        }
    }

    // 출력
    cout << dp[H][W] << endl;
    return 0;
}
```

4장 정리

4.1 동적 계획 알고리즘의 기본

동적 계획 알고리즘이란
더 작은 문제의(또는 앞의) 결과를 이용해서 푸는 해결하는 방법

4.2 동적 계획 알고리즘 복원

답을 복원하는 방법
목표에서 역방향으로 생각한다.

4.3 부분합 문제

부분합 문제란
N개의 정수 A_1, A_2, $\cdots$, A_N 중에서 몇 가지를 선택해서 합계를 S로 할 수 있는지 판정한다.

해법
dp$[i][j]$에 'A_i까지 중에서 몇 가지를 선택해 총합을 j로 할 수 있는가'를 메모

4.4 배낭 문제

배낭 문제란
N개의 물품 중에서 합계 무게가 W 이내가 되도록 선택했을 때의 합계 가치의 최댓값을 구한다.

해법
dp$[i][j]$에 '물품 i까지 중에서 합계 무게가 j가 되도록 선택했을 때의 최대 가치'를 메모

4.5 최장 공통 부분열

최장 공통 부분열 문제란
S의 부분열 및 T의 부분열인 문자열 중 가장 긴 것은 몇 문자인가?

4.6 구간 DP

구간 DP란
dp[왼쪽 끝 l][오른쪽 끝 r]이라는 타입의 배열을 관리하는 동적 계획 알고리즘

주의점
계산 순서에 주의(예: $r - l$의 크기 순으로 계산)

4.7 전이 형식 개선

받는 전이 형식
마지막 행동으로 경우를 구분

보내는 전이 형식
한 수 앞의 행동으로 경우를 구분

4.8 비트 DP

비트 DP란
2진법을 사용해서 집합을 정수로 나타냄으로써 집합을 관리하는 동적 계획 알고리즘

응용 예
외판원 순회 문제 등

4.9 최장 증가 부분열

최장 증가 부분열 문제란
배열 $A = [A_1, A_2, \cdots, A_N]$의 단조 증가는 부분열 중 가장 긴 것이 몇 번째 요소인지 구한다.

해법 아이디어
다음과 같은 배열 L을 준비한다.
$L[x]$: '길이가 x인 부분열의 마지막 요소'로서 생각할 수 있는 최솟값

5장

수학적 문제

5.0 수학적 문제에 관해

다소 갑작스럽지만, 준비 운동 삼아 계산 문제를 하나 풀어봅니다. $2 \times 2 \times 2 \times 2 \times 2 \times 2 \times 2 \times 2$의 값, 즉 2^8의 값을 가능한 한 빠르게 계산하십시오.

해법을 생각해 보자

이 문제를 푸는 가장 단순한 방법은 2를 계속 곱하는 것입니다. $2 \times 2 = 4$, $4 \times 2 = 8$, $8 \times 2 = 16$과 같이 끈기 있게 계산하면 최종적으로 256이라는 답을 얻을 수 있습니다. 하지만 총 7번의 곱셈을 해야 하며, 그리 효율적이지 않습니다. 그래서 다음 그림의 오른쪽과 같이 해법을 개선하면 3번의 곱셈만으로 답을 구할 수 있습니다.

단순한 해법		개선한 해법	
정수 표기	지수 표기	정수 표기	지수 표기
$2 \times 2 = \boxed{4}$	$2^1 \times 2 = 2^2$	$2 \times 2 = 4$	$2^1 \times 2^1 = 2^2$
$4 \times 2 = \boxed{8}$	$2^2 \times 2 = 2^3$	$4 \times 4 = 16$	$2^2 \times 2^2 = 2^4$
$8 \times 2 = \boxed{16}$	$2^3 \times 2 = 2^4$	$16 \times 16 = 256$	$2^4 \times 2^4 = 2^8$
$16 \times 2 = \boxed{32}$	$2^4 \times 2 = 2^5$		
$32 \times 2 = \boxed{64}$	$2^5 \times 2 = 2^6$		
$64 \times 2 = \boxed{128}$	$2^6 \times 2 = 2^7$		
$128 \times 2 = 256$	$2^7 \times 2 = 2^8$		

프로그래밍 경진대회와 '수학'

이렇게 수학적인 형태의 문제에도 알고리즘이 도움이 됩니다. 그렇기 때문에 프로그래밍 경진대회에서는 종종 수학을 소재로 합니다. 이번 장에서는 프로그래밍 경진대회에서 자주 나오는 '수학적인 기법'을 10개 절에 걸쳐 설명합니다. 재미있게 즐기기 바랍니다.

5.1 소수 판정

다음 Q개의 질문에 대답하는 프로그램을 작성하십시오.

- 질문 1: 정수 X_1은 소수입니까?

- 질문 2: 정수 X_2는 소수입니까?

- 질문 3: 정수 X_3은 소수입니까?

  ⋮

- 질문 Q: 정수 X_Q는 소수입니까?

입력 형식

Q
X_2
⋮
X_Q

출력 형식

Q행으로 출력하십시오. i번째 행($1 \leq i \leq Q$)에는 정수 X_i가 소수이면 Yes, 합성수(소수가 아닌 수)이면 No를 출력하십시오.

제약

- $1 \leq Q \leq 10000$

- $2 \leq X_i \leq 300000$

입력 예 1	출력 예 1
4	Yes
17	Yes
31	No
35	No
49	

단순한 해법

정수 X가 소수인지 판정하는 가장 단순한 방법은 '2로 나누어떨어지는가', '3으로 나누어떨어지는가', ···, 'X−1로 나누어떨어지는가'를 순서대로 조사하는 것입니다. 이 해법은 코드 5.1과 같이 구현할 수 있습니다. 하지만 계산량은 $O(X)$이며, 그다지 효율적이지 않습니다. 알고리즘을 개선하려면 어떻게 하는 것이 좋을까요?

코드 5.1 단순한 소수 판정 알고리즘

```
01  // x가 소수일 때 true, 소수가 아닐 때 false를 반환한다
02  bool isPrime(int x) {
03      for (int i = 2; i <= x - 1; i++) {
04          if (x % i == 0) return false;
05      }
06      return true;
07  }
```

효율적인 해법

사실 2부터 $X-1$까지 모두를 조사할 필요 없이 $\sqrt{X}$로 나누어떨어지지 않으면 소수라고 판정해도 좋습니다. 구체적인 예는 다음과 같습니다.

- $X=17$인 경우, $\sqrt{17}=4.12\cdots$이므로 4까지 나누어떨어지지 않으므로 소수
- $X=31$인 경우, $\sqrt{31}=5.56\cdots$이므로 5까지 나누어떨어지지 않으므로 소수

이 방법으로 올바르게 판정할 수 있는 이유는 **모든 합성 수는 2 이상 $\sqrt{X}$이하의 약수를 갖기 때문**[1]입니다. 구체적인 예는 다음과 같습니다.

- $18=2\times9$이며, $\sqrt{18}$ 이하의 약수 '2'를 갖는다.
- $35=5\times7$이며, $\sqrt{35}$ 이하의 약수 '5'를 갖는다.
- $49=7\times7$이며, $\sqrt{49}$ 이하의 약수 '7'을 갖는다.

---

[1] 엄밀히는 배리법(背理法)을 사용해 다음과 같이 증명할 수 있습니다: 2 이상 가장 작은 약수 A가 $\sqrt{X}$를 넘는다고 가정합니다. 이때, $AB=X$가 되는 정수 B가 존재합니다. 하지만 $B<\sqrt{X}$에 의해 가정에 모순되므로 2 이상 $\sqrt{X}$ 이하의 약수는 존재합니다.

세 번째 예시와 같이 정수 X가 '소수 × 같은 소수' 형태로 표현될 때 가장 크지만, 그렇더라도 $\sqrt{X}$가 약수입니다. 알고리즘의 계산량은 $O(\sqrt{X})$가 됩니다.

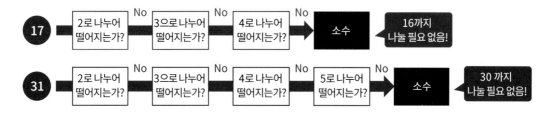

해답 예(C++)

```cpp
01  #include <iostream>
02  using namespace std;
03
04  // x가 소수일 때 true, 소수가 아닐 때 false를 반환한다
05  bool isPrime(int x) {
06      for (int i = 2; i * i <= x; i++) {
07          if (x % i == 0) return false;
08      }
09      return true;
10  }
11
12  int main() {
13      // 입력
14      int Q, X[10009];
15      cin >> Q;
16      for (int i = 1; i <= Q; i++) cin >> X[i];
17
18      // 출력
19      for (int i = 1; i <= Q; i++) {
20          bool Answer = isPrime(X[i]);
21          if (Answer == true) cout << "Yes" << endl;
22          if (Answer == false) cout << "No" << endl;
23      }
24      return 0;
25  }
```

다른 풀이: 에라토스테네스의 체

소수에 관한 다른 알고리즘으로 N 이하의 소수를 빠르게 열거하는 **에라토스테네스의 체**가 유명합니다. 알고리즘의 흐름은 다음과 같습니다.

> 순서 1 먼저 정수 $2, 3, \cdots, N$을 쓴다.
>
> 순서 2 2에 동그라미를 치고 그 이외 2의 배수를 지운다.
>
> 순서 3 3에 동그라미를 치고 그 이외 3의 배수를 지운다.
>
> 순서 4 5에 동그라미를 치고 그 이외 5의 배수를 지운다.
>
> 순서 5 마찬가지로 남아있는 가장 작은 수에 동그라미를 치고 그 배수를 지우는 조작을 반복한다. 마지막까지 지워지지 않은 정수가 소수다.

예를 들어 $N=50$일 때 다음 그림과 같이 됩니다. 또한, 동그라미가 처져 있지 않고 남아있는 $\sqrt{N}$ 이하의 정수가 없어졌다면 순서 5는 마쳐도 관계없습니다[2].

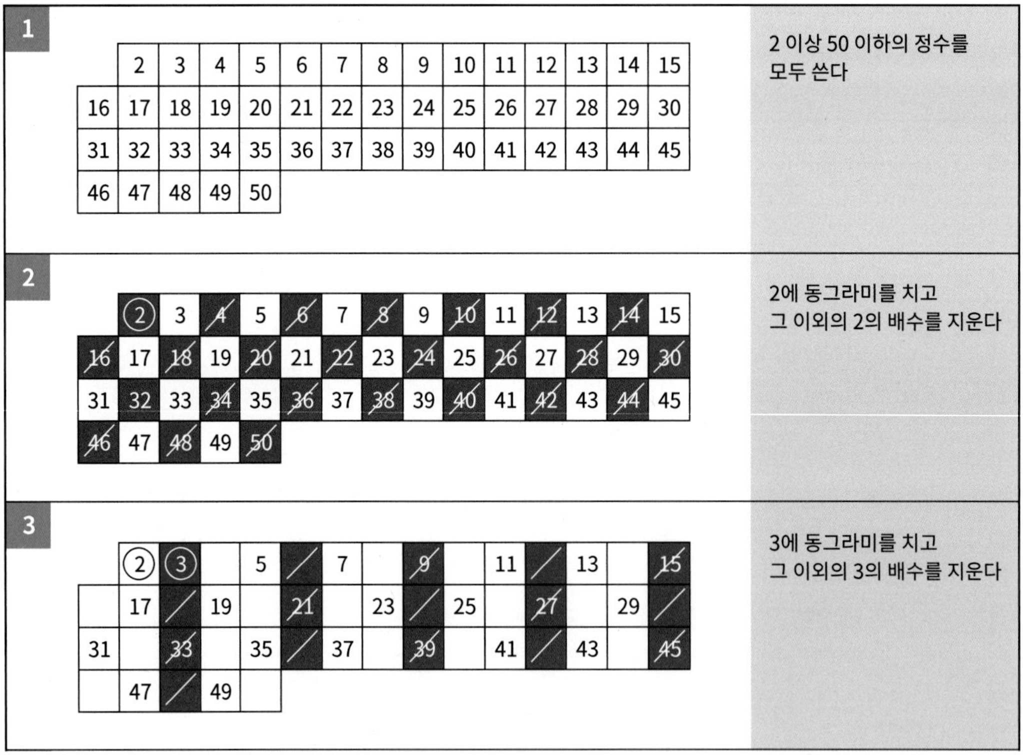

2 순서 5를 마쳐도 좋은 이유는 모든 합성수 X는 2 이상 $\sqrt{N}$ 이하인 약수를 갖기 때문입니다.

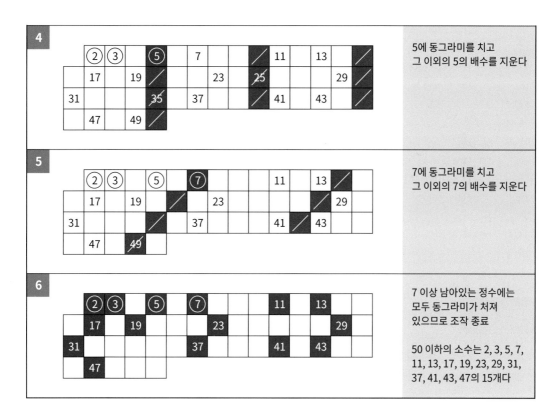

에라토스테네스의 체를 사용해 예제를 풀면 코드 5.2와 같이 됩니다. 또한, 이 알고리즘의 계산량은 $O(N\log\log N)$으로 알려져 있습니다. 얼마나 빠른지 상상이 되지 않을지도 모르지만, 대략 계산량 $O(N)$과 같다고 생각하면 좋을 것입니다.

코드 5.2 에라토스테네스의 체를 사용한 구현

```
01  #include <iostream>
02  using namespace std;
03
04  int Q, X[10009], N = 300000; // X[i] <= 300000이므로 300000 이하의 소수를 열거
05  bool Deleted[300009]; // 정수 x가 지워진 경우에 한해 Deleted[x]=true
06
07  int main() {
08      // 입력/배열 초기화
09      cin >> Q;
10      for (int i = 1; i <= Q; i++) cin >> X[i];
11      for (int i = 2; i <= N; i++) Deleted[i] = false;
12
```

```
13      // 에라토스테네스의 체(i는   이하의 가장 큰 정수까지 반복한다)
14      for (int i = 2; i * i <= N; i++) {
15          if (Deleted[i] == true) continue;
16          for (int j = i * 2; j <= N; j += i) Deleted[j] = true;
17      }
18
19      // 출력
20      for (int i = 1; i <= Q; i++) {
21          if (Deleted[X[i]] == false) cout << "Yes" << endl;
22          else cout << "No" << endl;
23      }
24      return 0;
25  }
```

문제 B26 | 응용 문제

N 이하의 소수를 오름차순으로 출력하는 프로그램을 작성하십시오. $N \leq 1000000$을 만족하는 입력에서 1초 이내에 실행이 완료돼야 합니다.

힌트 에라토스테네스의 체를 사용합시다!

5.2 최대공약수

Calculate GCD (실행 시간 제한 1초, 난이도 ★2)

정수 A와 B의 최대공약수를 구하는 프로그램을 작성하십시오.

또한, 2개의 정수 A, B 모두가 나누어떨어지는 정수 X 중에서 가장 큰 것을 A와 B의 최대공약수라고 부릅니다. 예를 들어, 900과 700의 최대공약수는 100입니다.

입력 형식

A B

출력 형식

답을 정수로 출력하십시오.

제약

- $1 \le A \le 10^9$
- $1 \le B \le 10^9$

입력 예 1	출력 예 1
900 700	100

입력 예 1	출력 예 1
117 432	9

입력 예 1	출력 예 1
998244353 1000000000	1

단순한 해법

정수 A, B의 최대공약수를 구하는 가장 단순한 방법은 'A, B는 모두 1로 나누어떨어지는가', 'A, B는 모두 2로 나누어떨어지는가', ⋯, 'A, B는 모두 $\min(A, B)$로 나누어떨어지는가'를 하나씩 조사하는 방법입니다. 이 해법은 코드 5.3과 같이 구현할 수 있습니다.

하지만 계산량은 $O(\min(A, B))$로 그다지 효율적이지 않습니다. 알고리즘을 어떻게 개선할 수 있을까요?

코드 5.3 최대공약수를 계산하는 프로그램

```
01  // 정수 A와 B의 최대공약수를 반환하는 함수
02  // GCD는 최대공약수(Greatest Common Divisor)의 약자
03  int GCD(int A, int B) {
04      int ret = 0;
05      for (int x = 1; x <= min(A, B); x++) {
06          if (A % x == 0 && B % x == 0) ret = x;
07      }
08      return ret;
09  }
```

개선한 해법

사실 **유클리드의 호제법**이라 불리는 알고리즘을 사용하면 최대공약수를 빠르게 계산할 수 있습니다. 알고리즘의 흐름은 다음과 같습니다.

> 순서 1 큰 수를 '작은 수로 나눈 나머지'로 변경하는 작업을 반복한다.
> 순서 2 어느 한 쪽 수가 0이 되면 조작을 종료한다. 0이 아닌 다른 한 쪽의 수가 최대공약수다.

예를 들어 117과 432의 최대공약수는 다음 그림과 같이 계산할 수 있습니다[3]. 조작 횟수는 단 4회이며 단순한 해법보다 압도적으로 빠릅니다.

---

3 이 방법으로 최대공약수를 계산할 수 있는 이유는 조작을 수행해도 최대공약수가 변하지 않기 때문입니다. 실제로, 117과 432의 최대공약수, 117과 81의 최대공약수, 36과 81의 최대공약수, 36과 9의 최대공약수는 모두 9로 달라지지 않습니다. 보다 자세한 증명에 관해 알고 싶다면 인터넷 등을 참조하기 바랍니다.

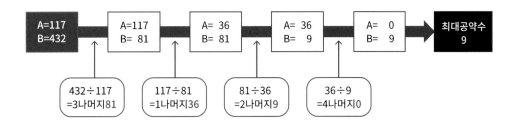

유클리드 호제법의 계산량

그럼 유클리드 호제법의 계산량은 얼마나 될까요? 먼저, 조작을 수행하면 반드시 $A+B$의 값이 2/3배 이하로 줄어든다는 중요한 특성이 있습니다. 예를 들어 117과 432의 최대공약수를 구하는 경우는 다음 그림과 같이 되어 확실히 2/3배 이하로 줄어듭니다.

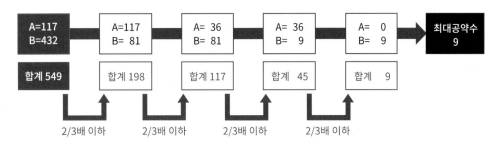

이 특성이 성립하는 것은 다음과 같이 증명할 수 있습니다. 또한, $A<B$일 때는 A, B를 역으로 하면 되므로 $A \geq B$인 경우만 증명합니다.

A가 $2B$ 이상인지 아닌지에 따라 경우를 나누면 다음과 같이 된다.

- **$A \geq 2B$일 때**, 조작에 따라 $A+B$가 '$3B$ 이상'부터 '$2B$ 미만'이 된다.
- **$A<2B$일 때**, 조작에 따라 $A+B$가 '$3B$ 미만'인 상태에서 B만큼 줄어든다.

어떤 경우든, $A+B$의 값은 2/3배 이하가 된다.

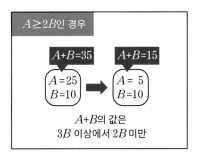

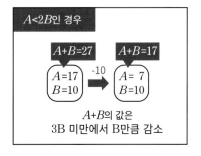

한편, $A+B$의 값이 1 미만이 되면 이미 조작이 끝나므로 유클리드 호제법의 조작 횟수는 $\log_{1.5}$ $(A+B)$회 이하가 됩니다. 따라서 계산량은 $O(\log(A+B))$입니다.

해답 예(C++)[4]

```cpp
01  #include <iostream>
02  using namespace std;
03
04  int GCD(int A, int B) {
05      while (A >= 1 && B >= 1) {
06          if (A >= B) {
07              A = (A % B); // A의 값을 변경하는 경우
08          }
09          else {
10              B = (B % A); // B의 값을 변경하는 경우
11          }
12      }
13      if (A != 0) return A;
14      return B;
15  }
16
17  int main() {
18      int A, B;
19      cin >> A >> B;
20      cout << GCD(A, B) << endl;
21      return 0;
22  }
```

문제 B27	응용 문제

정수 A와 B의 최소공배수(A, B 모두의 배수인 양의 정수 X 중 가장 작은 것)를 출력하는 프로그램을 작성하십시오.

힌트 예를 들어, 25와 30의 최대공약수는 5, 최소공배수는 150이며, $5 \times 150 = 25 \times 30$이라는 관계가 성립합니다.

---

4   재귀 함수를 사용하면 더욱 간결하게 구현할 수 있습니다. 자세한 내용은 칼럼 4에서 소개합니다.

5.3 나머지 계산(1): 기본

칠판에 0이라는 정수가 적혀 있습니다. 경진 씨는 칠판에 쓰인 정수에 대해 N번의 조작을 수행합니다. i번째의 조작은 문자 T_i와 정수 A_i로 나타나며, 그 내용은 다음과 같습니다.

- $T_i = +$일 때: A_i를 더한다.
- $T_i = -$일 때: A_i를 뺀다.
- $T_i = *$일 때: A_i를 곱한다.

각 조작이 끝난 뒤, 칠판에 적힌 정수를 10000으로 나눈 나머지를 출력하는 프로그램을 작성하십시오.

입력 형식

N
$T_1 \ A_1$
$\vdots$
$T_N \ A_N$

출력 형식

N행으로 출력하십시오. i번째 행($1 \le i \le N$)에는 i번째의 조작이 완료된 직후에 쓰인 정수를 10000으로 나눈 나머지를 출력하십시오.

제약

- $1 \le N \le 100000$
- $1 \le A_i \le 100$
- 칠판에 쓰인 정수는 항상 0 이상이다.

	입력 예 1	출력 예 1
	4	57
	+ 57	100
	+ 43	0
	* 100	9999
	- 1	

단순한 해법

먼저, 칠판의 수를 그대로 계산하고 출력할 때 나머지를 얻는 방법을 생각할 수 있습니다. 이것을 구현하면 코드 5.4와 같이 되며, 얼핏 올바른 답을 내는 것처럼 생각됩니다. 하지만 안타깝게도 그것은 잘못된 풀이입니다. 이유는 변수 Answer의 값이 다루는 상한 값을 넘는 **오버플로**라는 현상이 발생하기 때문입니다.

코드 5.4 단순한 구현

```
01  #include <iostream>
02  using namespace std;
03
04  int main() {
05      // 입력
06      long long N, A[100009]; char T[100009];
07      cin >> N;
08      for (int i = 1; i <= N; i++) cin >> T[i] >> A[i];
09
10      // 출력(Answer는 현재 칠판의 수)
11      long long Answer = 0;
12      for (int i = 1; i <= N; i++) {
13          if (T[i] == '+') Answer += A[i];
14          if (T[i] == '-') Answer -= A[i];
15          if (T[i] == '*') Answer *= A[i];
16          cout << Answer % 10000 << endl;
17      }
18      return 0;
19  }
```

예를 들어, 다음과 같은 경우에서는 칠판에 쓰인 정수가 10^{200000}(약 20만 자리)라는 상상도 할 수 없는 수가 됩니다. 한편, C++의 long long 타입으로는 약 10^{19} 이하의 정수만 표현할 수 있으며, 한계를 넘게 됩니다.

```
100000
+ 100
* 100
* 100
  .
  .
* 100
```

또한, Python의 경우는 아무리 큰 정수라도 다룰 수는 있지만, 자릿수가 증가하는 만큼 계산에 시간이 걸립니다. 따라서 같은 프로그램을 Python으로 제출해도 이번에는 실행 시간 제한에 맞출 수 없습니다. 그렇다면 어떻게 해야 할까요?

개선한 해법

덧셈, 뺄셈, 곱셈에서는 임의의 시점에 나머지를 구해도 답은 변하지 않는다는 특성이 있습니다. 예로, $123 \times 456 + 789$를 10으로 나눈 나머지를 계산해 봅니다. 다음 그림에 나타낸 것처럼, 나머지를 얻는 시점을 바꾸어도 계산 결과는 변하지 않습니다.

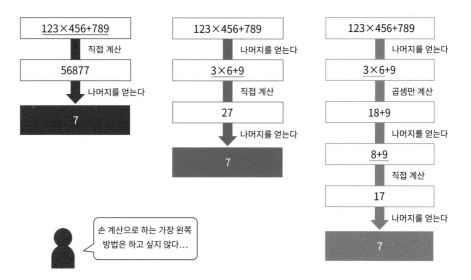

따라서 오버플로를 방지하기 위한 방법으로 **조작이 수행될 때마다 나머지를 구하는 방법**을 사용할 수 있습니다. 단, 뺄셈을 할 때는 주의해야 합니다. 예를 들어, 칠판의 수가 10003인 상태에서 4를 뺐을 때 원래는 9999가 답이지만 잘못해서

- $3 - 4 = -1$

로 계산되어 있습니다. 그렇기 때문에 계산 도중에 0 미만이 되는 경우에는 10000을 더하는 조작이 필요합니다.

해답 예(C++)

```
01  #include <iostream>
02  using namespace std;
03
04  int main() {
05      // 입력
06      long long N, A[100009]; char T[100009];
07      cin >> N;
08      for (int i = 1; i <= N; i++) cin >> T[i] >> A[i];
09
10      // 출력(Answer는 현재 칠판의 수)
11      long long Answer = 0;
12      for (int i = 1; i <= N; i++) {
13          if (T[i] == '+') Answer += A[i];
14          if (T[i] == '-') Answer -= A[i];
15          if (T[i] == '*') Answer *= A[i];
16
17          // 뺄셈의 답이 0 미만이 된 경우
18          if (Answer < 0) Answer += 10000;
19
20          // 여기에서 나머지를 구한다!
21          Answer %= 10000;
22          cout << Answer << endl;
23      }
24      return 0;
25  }
```

문제 B28	응용 문제

다음 식에 따라 계산되는 수열을 '피보나치 수열'이라 부릅니다. 이 수열은 $1, 1, 2, 3, 5, 8, 13, 21, 34, \cdots$로 이어집니다.

$$a_1 = 1$$
$$a_2 = 1$$
$$a_N = a_{N-1} + a_{N-2} (N \geq 3)$$

피보나치 수열의 제 N항인 a_N의 값을 $1000000007(=10^9+7)$로 나눈 나머지를 구하십시오. 계산량은 $O(N)$이어야 합니다.

힌트 $a_1, a_2, a_3, \cdots$순으로 하나씩 계산해 봅시다.

5.4 나머지 계산(2): 반복 제곱

a^b의 값을 1000000007로 나눈 나머지를 구하십시오.

입력 형식

$a\ b$

출력 형식

답을 정수로 출력하십시오.

제약

- $1 \le a \le 100$
- $1 \le b \le 10^9$

입력 예 1	출력 예 1
2 8	256

입력 예 1	출력 예 1
7 3	343

입력 예 1	출력 예 1
2 42	46480318

$2^{42} = 4398046511104$이지만, 여기서는 1000000007로 나눈 나머지인 46480318을 출력하십시오.

단순한 해법

이 문제를 푸는 가장 단순한 방법은 'a를 곱한다'는 조작을 b번 수행하는 것입니다. 이것을 구현하면 코드 5.5와 같이 됩니다. 하지만 계산량이 $O(b)$로 느리며, $b = 10^9$ 등으로 큰 경우에는 1초 이내에 실행이 완료되지 않습니다. 어떻게 개선하면 좋을까요?

코드 5.5 단순한 해법

```
01  #include <iostream>
02  using namespace std;
03
04  // a의 b제곱을 m으로 나눈 나머지를 반환하는 함수
05  long long Power(long long a, long long b, long long m) {
06      long long Answer = 1;
07      for (int i = 1; i <= b; i++) Answer = (Answer * a) % m;
08      return Answer;
09  }
10
11  int main() {
12      long long a, b;
13      cin >> a >> b;
14      cout << Power(a, b, 1000000007) << endl;
15      return 0;
16  }
```

개선한 해법

먼저 5.0절에서는 다음과 같은 방법으로 2^8의 값을 빠르게 계산했습니다.

- $2^1 \times 2^1 = 2^2$를 계산한다.

- $2^2 \times 2^2 = 2^4$를 계산한다.

- $2^4 \times 2^4 = 2^8$을 계산한다.

다른 반복 제곱을 계산하는 경우에도 같은 방법을 사용할 수 있습니다. a^b를 계산하는 알고리즘의 흐름은 다음과 같습니다. 이 방법은 **반복 제곱 알고리즘**이라 불립니다.

> 순서 1 $a^1 \times a^1 = a^2$를 계산한다.[5]
>
> 순서 2 $a^2 \times a^2 = a^4$를 계산한다.
>
> 순서 3 $a^4 \times a^4 = a^8$을 계산한다.
>
> 순서 4 $a^8 \times a^8 = a^{16}$을 계산한다.
>
> 순서 5 a^{32}, a^{64}, a^{128}, ...도 마찬가지로 계산한다.
>
> 순서 6 a^b를 이미 구한 값(a^1, a^2, a^4, ...)의 곱셈 형태로 나타내고, 그것을 계산한다.

예를 들어, a^{42}는 $a^2 \times a^8 \times a^{32}$로 나타낼 수 있으므로 계산 과정은 다음 그림의 왼쪽과 같습니다. 또한, a^{39}는 $a^1 \times a^2 \times a^4 \times a^{32}$로 나타낼 수 있으므로 계산 과정은 다음 그림의 오른쪽과 같습니다.

그리고 일반적인 경우에는 정수 b의 2진법 표기(→ 1.4절)에서 2^i의 자리가 1일 때에 한해 a^{2^i}가 곱셈식에 포함됩니다. 예를 들어, 42의 2진법 표기는 101010이며, 2의 자리, 8의 자리, 32의 자리만 1입니다. 따라서 a^2, a^8, a^{32}가 곱셈식에 포함됩니다.

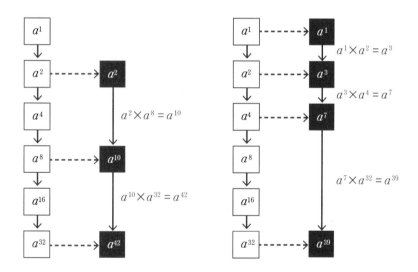

구현에 관해

반복 제곱 알고리즘을 구현하면 **해답 예**와 같이 됩니다. 이 질문의 제약에서는 b의 값이 2^{30} 이상이 되지 않으므로 루프 횟수는 30번(즉, $a^{2^{29}}$)으로 충분함에 주의합니다.

---

5 지수 법칙(→ 칼럼 3)에서 $a^n \times a^m = a^{n+m}$이 성립합니다. 예를 들어, $2^3 \times 2^4 = 2^7$입니다.

해답 예(C++)

```
01  #include <iostream>
02  using namespace std;
03
04  // a의 b제곱을 m으로 나눈 나머지를 반환하는 함수
05  // 변수 p는 a¹ → a² → a⁴ → a⁸ → a¹⁶ → ...으로 변화
06  long long Power(long long a, long long b, long long m) {
07      long long p = a, Answer = 1;
08      for (int i = 0; i < 30; i++) {
09          int wari = (1 << i);
10          if ((b / wari) % 2 == 1) {
11              Answer = (Answer * p) % m; // 'a의 2ⁱ 제곱'이 곱해졌을 때
12          }
13          p = (p * p) % m;
14      }
15      return Answer;
16  }
17
18  int main() {
19      long long a, b;
20      cin >> a >> b;
21      cout << Power(a, b, 1000000007) << endl;
22      return 0;
23  }
```

문제 B29	응용 문제

예제를 $a \leq 10^9$, $b \leq 10^{18}$의 제약 조건에서 푸십시오.

힌트 해답 예에서는 루프 횟수가 30이었습니다. 루프 횟수를 늘려야 합니다.

5.5 나머지 계산(3): 나눗셈

$N!=1\times2\times\cdots\times N$($N$ 팩토리얼이라 부릅니다)일 때 다음 식의 값을 1000000007(소수)로 나눈 나머지를 출력하는 프로그램을 작성하십시오.

$$_nC_r = \frac{n!}{r!\times(n-r)!}$$

또한, 답은 'n개의 대상 중에서 r개를 선택하는 방법의 수'와 일치하는 것으로 알려져 있습니다.

입력 형식

n r

출력 형식

답을 1000000007로 나눈 나머지를 출력하십시오.

제약

- $1 \leq n \leq 100000$
- $1 \leq r \leq n$

입력 예 1	출력 예 1
4 2	6

$_4C_2$의 값은 다음과 같이 계산할 수 있습니다.

$$_4C_2 = \frac{4!}{2!\times2!} = \frac{24}{2\times2} = 6$$

또한, 4개의 대상 중에서 2개를 선택하는 방법도 6가지입니다.

나눗셈의 문제점

5.3절에서 설명한 것처럼 덧셈, 뺄셈, 곱셈에 대해서는 계산 도중에 나머지를 구해도 올바르게 계산할 수 있습니다. 하지만 **나눗셈에서는 그렇지 않습니다.** 예를 들어, $12 \div 3$을 5로 나눈 나머지($12 \div 3\ \%\ 5$)는 4이지만, 나머지를 먼저 계산하게 되면 $12\ \%\ 5\ \div 3 = 2$가 되어 결과가 올바르지 않게 됩니다

나눗셈을 계산하는 방법

그럼, 나눗셈을 포함한 식을 계산하는 다른 방법을 생각해 봅니다. 먼저, 다음 특성을 사용하면 나눗셈을 곱셈으로 변경할 수 있습니다.

> M을 소수, b를 M으로 나누어떨어지지 않는 정수라 가정한다. 이때, M으로 나눈 나머지를 구하는 문제에서는 '$\div b$'를 '$\times b^{M-2}$'로 바꿔도 계산 결과가 동일하다.

그러면 지금까지와 마찬가지로 나머지를 얻는 계산을 할 수 있습니다. 구체적인 예를 다음에 나타냈습니다. 또한, 위 특성의 증명은 어려우므로 이 책에서는 다루지 않지만, **페르마의 소정리**와 깊은 연관이 있습니다. 흥미가 있는 분은 인터넷 등에서 검색해 보기 바랍니다.

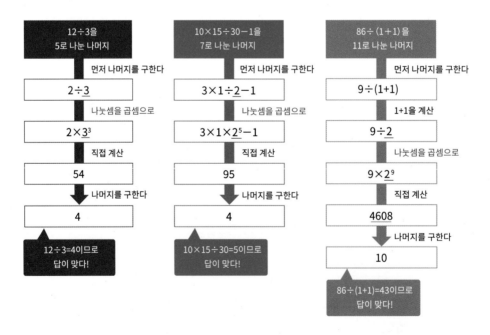

문제 해설

이항 계수 $n!/(n! \times (n-r)!)$을 $M=1000000007$로 나눈 나머지는 다음 알고리즘으로 계산할 수 있습니다(M이 소수이므로 나눗셈을 곱셈으로 바꾸는 방법을 사용할 수 있습니다).

> 순서 1 분자 값 $n!$을 M으로 나눈 나머지 a를 계산한다.
>
> 순서 2 분모 값 $r! \times (n-r)!$을 M으로 나눈 나머지 b를 계산한다.
>
> 순서 3 $a \times b^{M-2}$를 M으로 나눈 나머지를 계산한다. 이것이 답이다.

그리고 이 알고리즘의 계산량은 $O(n+\log M)$이 됩니다. 왜냐하면 순서 3은 반복 제곱 알고리즘(→ 5.4절)을 사용해 계산량 $O(\log M)$으로 처리할 수 있는 반면, 순서1, 순서 2의 계산량은 $O(N)$이기 때문입니다.

해답 예(C++)

```
01  #include <iostream>
02  using namespace std;
03
04  // a ÷ b를 m으로 나눈 나머지를 반환하는 함수
05  // 함수 Power는 5.4절을 참조
06  long long Division(long long a, long long b, long long m) {
07      return (a * Power(b, m - 2, m)) % m;
08  }
09
10  int main() {
11      // 입력
12      const long long M = 1000000007;
13      long long n, r;
14      cin >> n >> r;
15
16      // 순서 1: 분자 a를 구한다
17      long long a = 1;
18      for (int i = 1; i <= n; i++) a = (a * i) % M;
19
20      // 순서 2: 분모 b를 구한다
21      long long b = 1;
22      for (int i = 1; i <= r; i++) b = (b * i) % M;
```

```
23      for (int i = 1; i <= n - r; i++) b = (b * i) % M;
24
25      // 순서 3: 답을 구한다
26      cout << Division(a, b, M) << endl;
27      return 0;
28  }
```

문제 B30 | 응용 문제

$H \times W$의 매트릭스가 있습니다. 위쪽부터 i번째 행, 왼쪽부터 j번째 열의 칸을 (i, j)라고 했을 때 칸 $(1, 1)$에서 출발해 오른쪽 아래 방향으로 이동을 반복해서 칸 (H, W)까지 오는 방법은 몇 가지입니까? 답을 1000000007로 나눈 나머지를 구하십시오.

$H, W \leq 100000$을 만족하는 경우, 1초 이내에 실행이 완료돼야 합니다.

힌트 전부 $H+W-2$번 이동합니다. 이 중 오른쪽 방향의 이동은 몇 번입니까?

(1,1)	(1,2)	(1,3)	(1,4)	(1,5)	(1,6)	(1,7)	(1,8)	(1,9)	(1,10)
(2,1)	(2,2)	(2,3)	(2,4)	(2,5)	(2,6)	(2,7)	(2,8)	(2,9)	(2,10)
(3,1)	(3,2)	(3,3)	(3,4)	(3,5)	(3,6)	(3,7)	(3,8)	(3,9)	(3,10)
(4,1)	(4,2)	(4,3)	(4,4)	(4,5)	(4,6)	(4,7)	(4,8)	(4,9)	(4,10)
(5,1)	(5,2)	(5,3)	(5,4)	(5,5)	(5,6)	(5,7)	(5,8)	(5,9)	(5,10)

| 문제 A31 | Divisors | (실행 시간 제한 1초, 난이도 ★2) |

1 이상 N 이하의 정수 중 3 또는 5로 나누어떨어지는 것은 몇 개입니까?

입력 형식

N

출력 형식

답을 정수로 출력하십시오.

제약

- $1 \leq N \leq 10^{12}$

입력 예 1	출력 예 1
10	5

10 이하의 정수 중 3 또는 5로 나누어떨어지는 것은 3, 5, 6, 9, 10의 5개입니다.

입력 예 2	출력 예 2
30	14

입력 예 3	출력 예 3
100000000000	46666666667

입력 예 2(N=30)으로 생각해 보자

이 문제를 푸는 가장 단순한 방법은 하나씩 조사하는 것입니다. 3, 5 중 하나로 나누어떨어지는 수에 체크하면 다음과 같이 총 14개의 숫자에 체크되며, 올바른 대답 14를 얻을 수 있습니다. 하지만 숫자가 30개만 돼도 조사하는 것이 번거롭습니다.

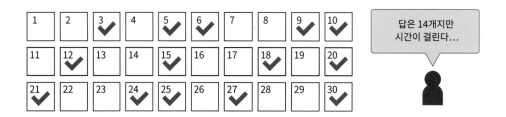

그래서 이 문제의 답은 '3으로 나누어떨어지는 개수'와 '5로 나누어떨어지는 개수'를 더한 뒤, '3, 5 모두로 나누어떨어지는 개수'를 뺀 값이라는 특성을 이용합니다.

- **3으로 나누어떨어지는 수**: 3, 6, 9, 12, 15, 18, 21, 24, 27, 30의 10개

- **5로 나누어떨어지는 수**: 5, 10, 15, 20, 25, 30의 6개

- **3, 5 모두로 나누어떨어지는 수**: 15, 20의 2개

위와 같으므로 답은 10 + 6 − 2 = 14로 계산할 수 있습니다. 다음에 그림으로 나타냈습니다. 또한, '3, 5 모두로 나누어떨어지는 수'를 뺀 이유는 뺄셈을 하지 않으면 15와 30을 두 번 세게 되기 때문입니다.

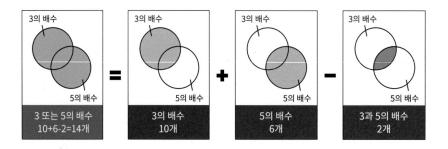

일반적인 경우에서 풀기

N = 30 이외의 경우에도 마찬가지로 생각해 봅니다. 먼저, '3, 5 모두로 나누어떨어지는 수'는 '15의 배수'라고 바꾸어 말할 수 있으므로[6] 이 문제의 답은 다음 식으로 나타낼 수 있습니다.

---

6 3과 5의 최소공배수가 15인 것과 관련이 있습니다.

(3의 배수의 개수) + (5의 배수의 개수) − (15의 배수의 개수)

또한, [x]를 x 이하의 가장 큰 정수라고 했을 때 1 이상 N 이하인 a의 배수는 전부 $[N \div a]$개 있습니다. 따라서 답은 다음과 같습니다.

$$\left[\frac{N}{3}\right] + \left[\frac{N}{5}\right] - \left[\frac{N}{15}\right]$$

해답 예는 이 식을 출력하는 프로그램입니다.

해답 예(C++)

```
01  #include <iostream>
02  using namespace std;
03
04  int main() {
05      long long N;
06      cin >> N;
07      long long A1 = (N / 3); // 3으로 나누어떨어지는 수의 개수
08      long long A2 = (N / 5); // 5로 나누어떨어지는 수의 개수
09      long long A3 = (N / 15); // 3, 5 모두로 나누어떨어지는 수(= 15의 배수)의 개수
10      cout << A1 + A2 - A3 << endl;
11      return 0;
12  }
```

발전: 포함-배제 원리란

포함−배제 원리란 합집합(어느 한 쪽에 포함되는 부분: → 칼럼 3)의 요소 수에 관한 등식입니다. 먼저, 집합 P, Q의 합집합의 요소 수는 다음 식으로 계산할 수 있습니다.

예를 들어, 예제 'Divisors'의 경우 P에 '3의 배수', Q에 '5의 배수'를 대입해서 생각하면 좋습니다. 또한, 이 식이 올바른 이유는 1~3 모든 영역에 대해 플러스 방향이 마이너스보다 하나 더 많기 때문입니다.

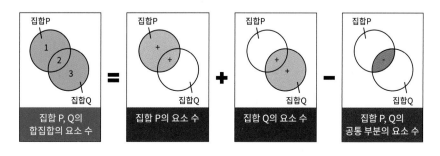

또한, 집합 P, Q, R의 합집합의 요소 수는 다음 그림과 같이 계산할 수 있습니다. 이것도 1~7 모든 영역에서 플러스 방향이 마이너스 방향보다 하나 더 많습니다.

식을 기억하는 것은 어려울지도 모르지만, 홀수 개(1, 3개)의 공통 부분에 관해서는 플러스, 짝수 개(2개)의 공통 부분에 관해서는 마이너스로 생각하면 간단합니다.

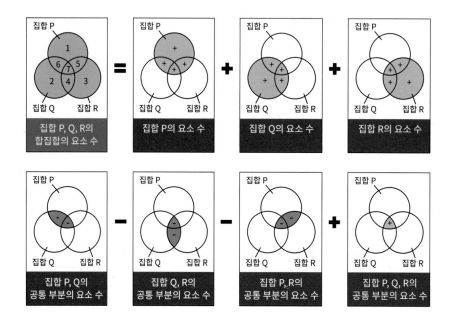

또한, 4개 이상의 합집합에 대해서도 동일하게 계산할 수 있습니다. 홀수 개의 공통 부분을 더하고, 짝수 개의 공통 부분을 빼면 됩니다. 하지만 N개의 합집합을 구하기 위해 $2^N - 1$번의 덧셈과 뺄셈을 해야 하므로 계산량에는 주의해야 합니다.

문제 B31   응용 문제

1 이상 N 이하의 정수 중 3, 5, 7 중 어느 것으로든 나누어떨어지는 것은 몇 개입니까? 계산량 $O(1)$로 구하십시오.

힌트 3개 합집합의 배제-포함 원리를 사용합시다.

| 문제 A32 | Game 1 | (실행 시간 제한 1초, 난이도 ★3) |

N개의 돌을 쌓아서 만든 산이 있습니다. 2명의 플레이어가 교대로 돌을 빼냅니다. 각 플레이어는 자신의 차례가 왔을 때 다음 조작 중 한 가지를 할 수 있습니다.

- 산에서 A개의 돌을 꺼내서 버린다.
- 산에서 B개의 돌을 꺼내서 버린다.

돌을 더이상 제거하지 못하게 되는 사람이 게임에서 패배합니다. 양쪽이 최선을 다했을 때, 선수(먼저 수를 두는 사람)와 후수(나중에 수를 두는 사람) 중 누가 승리합니까?

입력 형식

$$N \quad A \quad B$$

출력 형식

선수가 이기는 경우에는 First, 후수가 이기는 경우에는 Second를 출력하십시오.

제약

- $2 \leq N \leq 100000$
- $1 \leq A \leq B \leq N$

	입력 예 1	출력 예 1
	8 2 3	First

다음 그림은 양쪽이 최선을 다했을 때의 게임 전개를 예로 나타낸 것입니다. 그럼 왜 선수가 반드시 이기는지 5분 정도 생각해 봅시다.

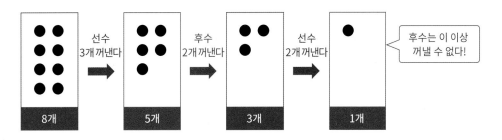

주의

이 게임에서는 선수가 반드시 이기는 국면에서 자신의 차례가 돌아오면 승리합니다. 그에 따라 이후의 설명에서는 선수가 반드시 승리하는 것을 **승리 상태**, 후수가 반드시 패배하는 것을 **패배 상태**라고 부릅니다.

먼저 구체적인 예에서 생각하자

먼저, $A=2$, $B=3$의 경우를 생각해 봅시다. 돌의 수가 0개 또는 1개 있는 경우, 한 번도 조작할 수 없으므로 명확하게 '패배 상태'입니다. 또한, 돌의 수가 2, 3, 4개 있는 경우 다음 조작을 하면 후수가 조작 불능이 되므로 '승리 상태'가 됩니다.

- **돌이 2개일 때**: 돌을 2개 제거하고, 돌을 0개로 만든다.

- **돌이 3개일 때**: 돌을 3개 제거하고, 돌을 0개로 만든다.

- **돌이 4개일 때**: 돌을 3개 제거하고, 돌을 1개로 만든다.

여기까지의 내용을 종합하면, 다음 그림과 같습니다. 화살표는 '선수가 다음에 수행할 조작'을 나타냅니다.

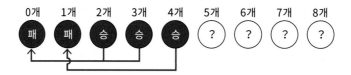

다음으로, 돌의 수가 5개인 경우에는 어떻게 될까요? 선수에게는 다음 두 가지 선택지가 있습니다.

- **돌을 2개 제거한다**: 돌의 수가 3개로 줄어든다.

- **돌을 3개 제거한다**: 돌의 수가 2개로 줄어든다.

하지만 두 상황 모두 상대에게는 '승리 상태'입니다. 상대는 한 수로 돌의 수를 0개까지 줄일 수 있어 조작 불능 상태를 만들 수 있습니다. 그렇기 때문에 5개는 '패배 상태'입니다.

다음으로, 돌의 수가 6개인 경우에는 어떻게 될까요? 선수는 돌을 3개 또는 4개로 줄일 수 있습니다. 하지만 두 상황 모두 상대에게 있어 '승리 상태'입니다. 그렇기 때문에 6개도 '패배 상태'라고 말할 수 있습니다.

마지막으로, 돌의 수가 7개 또는 8개인 경우, 선수는 적절한 선택을 함으로써 돌을 5개로 줄일 수 있습니다. 돌이 5개라는 것은 상대에게 있어 '패배 상태'이므로 선수가 승리합니다. 따라서 7, 8개는 '승리 상태'입니다.

문제 해설

지금까지 본 것처럼 승리 상태/패배 상태는 다음과 같은 규칙으로 결정할 수 있습니다.

> 패배 상태가 되는 조건
> - 패배 상태로 전이하는 행동이 존재하지 않는다.
> - 특히, 취할 수 있는 행동이 없는 경우, 패배 상태가 된다(예: 돌이 0개일 때).
>
> 승리 상태가 되는 조건
> - 패배 상태로 전이하는 행동이 존재한다.

이 규칙에 따라 돌의 수가 0, 1, $\cdots$, N개인 순으로 계산하면 계산량 $O(N)$으로 이 문제의 답을 구할 수 있습니다. 동적 계획 알고리즘(→ **4장**)과 비슷한 접근 방식입니다.

해답 예(C++)

```cpp
01  #include <iostream>
02  using namespace std;
03
04  // 배열 dp에 대해: dp[x]=true일 때 승리 상태, dp[x]=false일 때 패배 상태
05  int N, A, B;
06  bool dp[100009];
07
08  int main() {
09      // 입력
10      cin >> N >> A >> B;
11
12      // 승자를 계산한다
13      for (int i = 0; i <= N; i++) {
14          if (i >= A && dp[i - A] == false) dp[i] = true; // 승리 상태
15          else if (i >= B && dp[i - B] == false) dp[i] = true; // 승리 상태
16          else dp[i] = false; // 패배 상태
17      }
18
19      // 출력
20      if (dp[N] == true) cout << "First" << endl;
21      else cout << "Second" << endl;
22      return 0;
23  }
```

문제 B32 응용 문제

N개의 돌을 쌓아서 만든 산이 있습니다. 2명의 플레이어가 교대로 돌을 빼냅니다. 각 플레이어가 1번의 차례에서 빼낼 수 있는 돌의 수는 a_1, a_2, $\cdots$, a_K개 중 하나입니다. 먼저 돌을 뺄 수 없게 된 사람이 패배한다고 했을 때 선수와 후수 중 누가 승리합니까? 계산량은 $O(NK)$를 만족해야 합니다.

힌트 돌이 0개일 때는 패배 상태입니다.

5.8 게임(2): Nim

돌산이 N개 있습니다. 산 $i(1 \leq i \leq N)$에는 A_i개의 돌이 쌓여 있습니다. 이 게임에서는 2명의 플레이어가 교대로 다음 조작을 수행합니다.

- 원하는 산을 하나 선택하고, 그 산에서 1개 이상의 돌을 꺼낸다.

모든 돌이 없어져 조작을 수행할 수 없게 되는 쪽이 게임에서 패배합니다. 양쪽이 최선을 다한다고 했을 때, 선수와 후수 중 어느 쪽이 승리합니까?

입력 형식

N
$A_1 \, A_2 \, \cdots \, A_N$

출력 형식

선수가 승리한다면 First, 후수가 승리한다면 Second라고 출력하십시오.

제약

- $2 \leq N \leq 100000$
- $1 \leq A_i \leq 10^9$

입력 예 1	출력 예 1
2	Second
7 7	

입력 예 2	출력 예 2
2	First
5 8	

산이 2개인 경우

먼저, 입력 예 1($A_1=7$, $A_2=7$)에서는 후수가 반드시 승리합니다. 왜냐하면 후수가 '직전에 선수가 꺼낸 돌의 숫자와 같은 숫자만큼 제거'하는 **흉내 전략**을 사용하면 반드시 마지막 돌을 제거할 수 있기 때문입니다. 다음에 조작 예를 나타냈습니다.

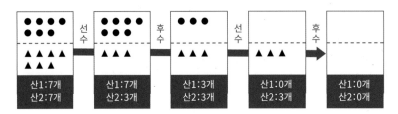

다음으로, 입력 예 2($A_1=5$, $A_2=8$)에서는 선수가 반드시 승리합니다. 왜냐하면 선수가 산 2에서 돌을 3개 제거하면 산 1과 산 2의 돌의 수가 같아지고, 이번에는 선수가 흉내 전략을 사용할 수 있게 되기 때문입니다. 다음에 조작 예를 나타냈습니다.

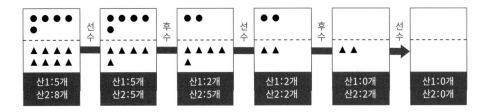

그리고 일반적인 경우에는 $A_1=A_2$일 때 후수가 반드시 승리, $A_1 \neq A_2$일 때 선수가 반드시 승리합니다 (입력 예와 같이 생각하면 알 수 있습니다).

산이 3개 이상인 경우

그럼, 산이 3개 이상인 경우에는 어떻게 될까요? 결론부터 말하면 다음과 같습니다.

- A_1 XOR A_2 XOR $\cdots$ XOR A_N = 0일 때, 후수가 반드시 승리(패배 상태)
- A_1 XOR A_2 XOR $\cdots$ XOR A_N $\neq$ 0일 때, 선수가 반드시 승리(승리 상태)

예를 들어, $N=3$, (A1, A2, A3) = (1, 2, 3)인 경우는 1 XOR 2 XOR 3 = 0이므로 후수가 반드시 승리합니다. 또한, 이 판정법은 산이 2개일 때와 달리, 직접 도출하는 것은 매우 어려우므로 암기하는 것이 좋습니다.

해답 예(C++)

```
01  #include <iostream>
02  using namespace std;
03
04  int N, A[100009];
05
06  int main() {
07      // 입력
08      cin >> N;
09      for (int i = 1; i <= N; i++) cin >> A[i];
10
11      // 전부 XOR한 값(Nim sum)을 구한다
12      int XOR_Sum = A[1];
13      for (int i = 2; i <= N; i++) XOR_Sum = (XOR_Sum ^ A[i]);
14
15      // 출력
16      if (XOR_Sum != 0) cout << "First" << endl;
17      if (XOR_Sum == 0) cout << "Second" << endl;
18      return 0;
19  }
```

발전: 판정법의 증명

상당히 난이도가 높지만, 앞에서 설명한 판정 방법이 올바른 것은 다음 두 가지가 성립하는 것에서 설명할 수 있습니다. 여기서 돌의 수를 모두 XOR한 값을 **Nim sum**이라 부릅니다.

1. Nim sum이 0인 상태에서 한 번 조작해서 Nim sum을 0으로 만드는 방법은 없다.

2. Nim sum이 0이 아닌 상태에서 한 번 조작해서 Nim sum을 0으로 만드는 방법은 있다.

바꿔 말하면, 1은 '패배 상태 → 승리 상태로 전이할 수 없는 것', 2는 '승리 상태 → 패배 상태로 전이할 수 있는 것'에 대응합니다. 그럼 1과 2를 증명해 봅니다.

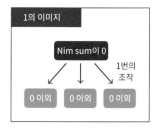 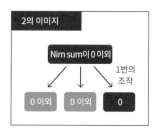

1의 증명

먼저, 단순한 예를 하나 생각합니다. $N=4$, $(A_1, A_2, A_3, A_4)=(4, 5, 6, 7)$인 경우에 대해 Nim sum 이 0인 상태로 전이할 수 없음을 증명합니다.

먼저, 조작 전의 Nim sum은 4 XOR 5 XOR 6 XOR 7 = 0이 됩니다. 이것은 다음 그림의 왼쪽에 표시한 것처럼 다음 3가지가 모두 성립함을 의미합니다.

- 4, 5, 6, 7 중에서 2진법 표기의 1의 자리가 1이 되는 개수는 짝수 개
- 4, 5, 6, 7 중에서 2진법 표기의 2의 자리가 1이 되는 개수는 짝수 개
- 4, 5, 6, 7 중에서 2진법 표기의 4의 자리가 1이 되는 개수는 짝수 개

하지만 1회 조작을 수행하면 어느 산 하나의 돌의 수가 감소합니다. 돌의 수가 감소한다는 것은 그 산의 돌의 수의 1의 자리, 2의 자리, 4의 자리 중 하나 이상이 바뀐다는 것을 의미하므로,

- 조작 후의 돌의 수 중에서 2진법 표기의 1의 자리가 1이 된 개수
- 조작 후의 돌의 수 중에서 2진법 표기의 2의 자리가 1이 된 개수
- 조작 후의 돌의 수 중에서 2진법 표기의 4의 자리가 1이 된 개수

중 적어도 하나는 홀수 개로 변화하게 됩니다. 따라서 조작 후의 Nim sum을 0으로 만들 수 없습니다.

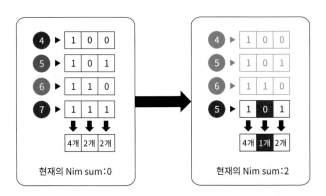

다음으로 일반적인 경우를 증명합니다. 조작 전의 Nim sum은 0이므로 모든 자리에 대해 '조작 전의 돌의 수가 1이 되는 것의 개수'는 짝수 개입니다.

하지만 1회 조작을 수행하면 어떤 산 하나의 돌의 수가 감소합니다. 따라서 '조작 후의 돌의 수가 1이 되는 것의 개수'가 홀수 개가 되는 자리가 적어도 하나는 나오게 되어 Nim sum이 0 이외의 정수가 됩니다.

2의 증명

이것도 간단한 예에서 시작합니다. $N=4$, $(A_1, A_2, A_3, A_4)=(4, 6, 8, 9)$인 경우에 대해 Nim sum 이 0인 상태로 전이하는 방법을 생각해 봅니다.

조작 전의 Nim sum은 4 XOR 6 XOR 8 XOR 9 = 3(2진법으로 0011)입니다. 따라서 Nim sum을 0으로 하기 위해서는 2진법 표기의 1의 자리와 2의 자리가 반전되게 돌을 제거해야 합니다. 그래서 각 산에 대해 이 조작을 수행하면

- **산 1의 경우**: 돌을 3개에서 7개로 늘린다
- **산 3의 경우**: 돌을 8개에서 11개로 늘린다
- **산 4의 경우**: 돌을 9개에서 10개로 늘린다

가 되어, 모든 경우에 돌의 수를 늘리는 '할 수 없는 조작'을 하게 됩니다. 하지만 산 2의 경우는 돌을 6개에서 5개로 줄이면 되므로 Nim sum을 0으로 만들 수 있습니다.

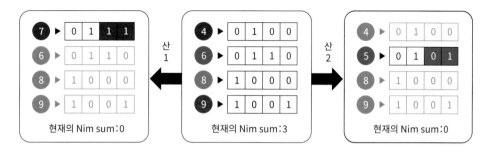

다음으로 일반적인 경우를 증명해 봅니다. 조작 전의 Nim sum X를 2진법으로 나타냈을 때 2^{d_1}, 2^{d_2}, $\cdots$, 2^{d_k}의 자리($2^{d_1} < 2^{d_2} < \cdots < 2^{d_k}$)가 1이라고 가정합니다. 이때, Nim sum을 0으로 하기 위해서는 2^{d_1}, 2^{d_2}, $\cdots$, 2^{d_k}의 자리가 반전되게 돌을 제거해야 합니다.

여기에서 어떤 산을 선택하면 좋을까요? 2^{d_k}의 자리가 0인 산을 선택하는 경우, 조작 후의 2^{d_k}의 자리가 1로 변하므로 돌의 수가 증가합니다. 하지만 2^{d_k}의 자리가 1인 산을 선택하는 경우, 조작 후의 2^{d_k}의 자리가 0으로 변하므로 돌의 수가 감소합니다.

따라서 2^{d_k}의 자리가 1인 산을 선택하면 됩니다. X의 2^{d_k}의 자리가 1인 것으로부터, 이런 산이 1개 이상 존재하므로 Nim sum을 0으로 하는 조작이 가능하다고 말할 수 있습니다.

문제 B33　응용 문제

$H \times W$의 매트릭스에 $N(\leq 100000)$개의 칸이 놓여 있습니다. i번째 칸은 위쪽부터 A_i번째 행, 왼쪽부터 B_i번째 열에 존재합니다. 경진 씨와 대현 씨는 교대로 '1개의 칸을 선택해서 왼쪽 또는 위쪽 방향(중 한 방향)으로 1칸 이상 이동시키는' 조작을 수행합니다. 조작을 수행하지 못하게 된 사람이 패배라고 할 때 어느 쪽이 승리합니까?

힌트 사실, 산의 수가 $2N$인 Nim으로 귀착시킬 수 있습니다.

돌산이 N개 있습니다. 산 $i(1 \leq i \leq N)$에는 A_i개의 돌이 쌓여 있습니다. 이 게임에서는 2명의 플레이어가 교대로 다음 조작을 수행합니다.

- 원하는 산을 하나 선택하고, 그 산에서 X개 또는 Y개의 돌을 가져온다.

모든 산에 남은 돌이 X개 미만이 되어 조작을 수행할 수 없게 되는 쪽이 게임에서 패배합니다. 양쪽이 최선을 다한다고 했을 때 선수와 후수 중 어느 쪽이 승리합니까?

입력 형식

$$N \ X \ Y$$
$$A_1 \ A_2 \ \cdots \ A_N$$

출력 형식

선수가 승리하면 First, 후수가 승리하면 Second를 출력하십시오.

제약

- $1 \leq N \leq 100000$
- $1 \leq X \leq Y \leq 100000$
- $1 \leq A_i \leq 100000$

입력 예 1	출력 예 1
2 2 3	First
5 8	

입력 예 2	출력 예 2
2 2 3	Second
7 8	

Grundy 수란

Grundy 수란 다음 규칙으로 정의된 '게임 국면의 상태'입니다.

> 1회의 조작으로 Grundy 수가 x_1, x_2, $\cdots$, x_k인 국면으로 전이할 수 있는 경우, 이 국면의 Grundy 수는 'x_1, x_2, $\cdots$, x_k 이외의 수 중 가장 작은 음이 아닌 정수'다.

구체적인 예로 생각해 보자

예를 들어, 산이 1개이고, $X = 2$, $Y = 2$인 경우를 생각해 봅니다. 먼저 돌의 수가 0개 또는 1개인 경우, 조작을 수행할 수 없으므로 명확하게 Grundy 수는 0입니다.

또한, 돌의 수가 2개인 경우 한 번에 '돌이 0개인 국면'으로 전이할 수 있습니다. 이 상태의 Grundy 수는 0입니다. 따라서 돌이 2개일 때의 Grundy 수는 0 이외의 가장 작은 음이 아닌 정수인 1이 됩니다. 여기까지의 내용을 종합하면 다음 그림과 같습니다.

다음으로, 돌의 수가 3개인 경우, 한 번에 다음과 같은 상태로 전이할 수 있습니다.

- **돌을 2개 제거한다:** 돌이 1개인 상태로 전이한다(Grundy 수: 0)
- **돌을 3개 제거한다:** 돌이 0개인 상태로 전이한다(Grundy 수: 0)

따라서 Grundy 수는 0, 0 이외에 가장 작은 음이 아닌 정수인 1이 됩니다. 또한, 돌의 수가 4개인 경우, 한 번에 다음과 같은 상태로 전이할 수 있습니다.

- **돌을 2개 제거한다:** 돌이 2개인 상태로 전이한다(Grundy 수: 1)
- **돌을 3개 제거한다:** 돌이 1개인 상태로 전이한다(Grundy 수: 0)

따라서 Grundy 수는 1, 0 이외에 가장 작은 음이 아닌 정수인 2가 됩니다.

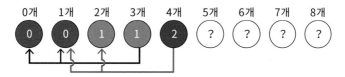

그리고 돌의 수가 5인 경우, 한 번에 다음과 같은 상태로 전이할 수 있습니다.

- **돌을 2개 제거한다**: 돌이 3개인 상태로 전이한다(Grundy 수: 1)

- **돌을 3개 제거한다**: 돌이 2개인 상태로 전이한다(Grundy 수: 1)

따라서 Grundy 수는 1, 1 이외에 가장 작은 음이 아닌 정수인 0이 됩니다. 돌이 6개, 7개, 8개인 경우도 마찬가지로 생각하면 다음 그림과 같이 됩니다.

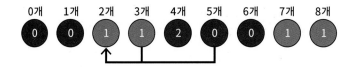

Grundy 수의 특성(1): 승패의 대응

Grundy 수가 0일 때 패배 상태, 1 이상일 때 승리 상태가 됩니다. 왜냐하면 Grundy 수의 정의에 따라 다음이 성립하기 때문입니다.

- **Grundy 수가 0인 국면으로 전이할 수 있을 때**: Grundy 수는 1 이상

- **Grundy 수가 0인 국면으로 전이할 수 없을 때**: Grundy 수는 0

실제로, 앞에서 설명한 예에서는 돌이 0, 1, 5, 6개일 때 '패배 상태'였으며 이 경우의 Grundy 수 역시 0입니다(→ 5.7절).

Grundy 수의 특성(2): 산이 2개인 경우

여기까지 산이 1개인 경우를 설명했습니다. Grundy 수는 산이 2개 이상인 경우에도 동일하게 적용됩니다. 산 i의 Grundy 수를 G_i라고 했을 때 승자는 다음과 같이 판정할 수 있습니다.

- G_1 XOR G_2 XOR $\cdots$ XOR G_N = 0일 때: 후수가 반드시 승리(패배 상태)

- G_1 XOR G_2 XOR $\cdots$ XOR $G_N \neq$ 0일 때: 선수가 반드시 승리(승리 상태)

예를 들어, $X=2$, $Y=3$, $(A_1, A_2)=(5, 8)$인 경우를 생각해 봅니다. 산 1의 Grundy 수는 0, 산 2의 Grundy 수는 1입니다. 여기에서 0 XOR 1 = 1이므로 선수가 반드시 승리합니다. 또한, 증명은 상당히 어려우므로 이 책에서는 별도로 다루지 않습니다. 흥미가 있는 분은 따로 조사해 보기 바랍니다.

해답 예(C++)

```
01  #include <iostream>
02  using namespace std;
03
04  int N, X, Y, A[100009];
05  int grundy[100009];
06
07  int main() {
08      // [ 입력 ]
09      cin >> N >> X >> Y;
10      for (int i = 1; i <= N; i++) cin >> A[i];
11
12      // [ Grundy 수를 구한다 ]
13      // 변수 grundy[i]: 돌이 i개일 때의 Grundy 수
14      // 변수 Transit[i]: Grundy 수가 i가 되도록 전이할 수 있는가
15      for (int i = 0; i <= 100000; i++) {
16          bool Transit[3] = { false, false, false };
17          if (i >= X) Transit[grundy[i - X]] = true;
18          if (i >= Y) Transit[grundy[i - Y]] = true;
19          if (Transit[0] == false) grundy[i] = 0;
20          else if (Transit[1] == false) grundy[i] = 1;
21          else grundy[i] = 2;
22      }
23
24      // [ 출력 ]
25      int XOR_Sum = 0;
26      for (int i = 1; i <= N; i++) XOR_Sum = (XOR_Sum ^ grundy[A[i]]);
27      if (XOR_Sum != 0) cout << "First" << endl;
28      if (XOR_Sum == 0) cout << "Second" << endl;
29      return 0;
30  }
```

문제 B34	응용 문제

$N \leq 100000$, $X = 2$, $Y = 3$, $A_i \leq 10^{18}$이라는 제약에서 예제를 푸십시오.

힌트 Grundy 수의 규칙성에 착안합시다.

다음 그림과 같은 N층의 피라미드가 있습니다. 가장 아래 층에는 왼쪽부터 순서대로 정수 $A_1, A_2, \cdots, A_N$이 적혀 있습니다. 또한, 가장 위층에는 1개의 점이 찍혀 있습니다.

경진 씨와 대현 씨는 이 피라미드를 사용한 게임을 합니다. 점이 가장 아래층에 도달할 때까지 각 플레이어는 교대로 다음의 조작 중 한 가지를 수행합니다(경진 씨가 선수입니다).

- 점을 왼쪽 아래 방향으로 한 칸 이동시킨다.
- 점을 오른쪽 아래 방향으로 한 칸 이동시킨다.

게임 종료 시 점의 위치에 쓰인 정수를 '점수'로 합니다. 경진 씨는 점수를 최대화하고 대현 씨는 점수를 최소화한다고 할 때 점수는 몇 점입니까?

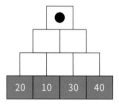

입력 형식

N
$A_1\ A_2\ \cdots\ A_N$

출력 형식

양쪽이 최선을 다했을 때의 점수를 정수로 출력하십시오.

제약

- $2 \le N \le 2000$
- $1 \le A_i \le 100000$

	입력 예 1	출력 예 1
4		30
20 10 30 40		

주의

여기서는 설명을 위해 점이 위쪽부터 i번째 행, 왼쪽부터 j번째 열에 존재하는 상태를 (i, j)로 합니다. 예를 들어 최초 상태는 $(1, 1)$입니다.

문제 해설

5.7절에서는 동적 계획 알고리즘을 사용해서 게임의 승패를 판정하는 방법을 소개했습니다. 한편, 이번과 같이 점수를 내는 유형의 문제에서도 비슷한 접근 방식을 사용할 수 있습니다. 먼저, 다음의 2차원 배열을 생각해 봅니다.

> **dp$[i][j]$**: 게임이 상태 (i, j)까지 진행된 경우를 생각한다. 여기에서 양측이 최선을 다했을 때 어떤 점수가 되는가?

이때, 가장 마지막 층에서 점을 움직이는 것은 불가능하므로 명확하게 dp$[N][i]=A_i$가 됩니다. 입력 예에 대응한 그림을 다음에 나타냈습니다.

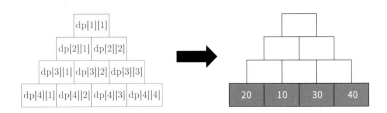

그러면 $N-1$번째 층보다 위의 dp$[i][j]$의 값은 어떻게 계산하면 좋을까요? i가 홀수일 때는 점수를 최대화하는 경진 씨가 다음 조작을 하고, i가 짝수일 때는 점수를 최소화하는 대현 씨가 다음 조작을 하므로 다음 식으로 계산할 수 있습니다.

- i가 **홀수일 때**: dp$[i][j]=\max($dp$[i+1][j],$ dp$[i+1][j+1])$
- i가 **짝수일 때**: dp$[i][j]=\min($dp$[i+1][j],$ dp$[i+1][j+1])$

입력 예에 대응한 그림을 다음과 같이 나타냈습니다(입력 예에 대한 답은 dp$[1][1]=30$입니다).

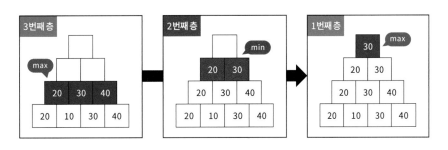

구현 및 정리

이 해법을 구현하면 **해답 예**와 같이 되며, 계산량은 $O(N^2)$가 됩니다. 이렇게 선수가 점수를 최대화하고, 후수가 점수를 최소화하는 유형의 게임 문제에서는 다음과 같은 계산 방법을 사용할 수 있습니다.

- 선수의 차례에서 그 상태의 점수는 '전이할 수 있는 상태의 점수'의 최댓값
- 후수의 차례에서 그 상태의 점수는 '전이할 수 있는 상태의 점수'의 최솟값

비슷한 사고 방식을 사용한 알고리즘으로 **Minimax법**이 있으며, 리버시 AI 등에서도 사용됩니다. 이 책에서는 다루지 않지만, 흥미가 있는 분들은 인터넷 등을 검색해 보기 바랍니다.

해답 예(C++)

```
01  #include <iostream>
02  #include <algorithm>
03  using namespace std;
04
05  int N, A[2009];
06  int dp[2009][2009];
07
08  int main() {
09      // 입력
10      cin >> N;
11      for (int i = 1; i <= N; i++) cin >> A[i];
12
13      // 동적 계획 알고리즘[ N번째 층 ]
14      for (int j = 1; j <= N; j++) dp[N][j] = A[j];
15
16      // 동적 계획 알고리즘[ 1 ~ N-1번째 층 ]
17      for (int i = N - 1; i >= 1; i--) {
18          for (int j = 1; j <= i; j++) {
19              if (i % 2 == 1) dp[i][j] = max(dp[i + 1][j], dp[i + 1][j + 1]);
20              if (i % 2 == 0) dp[i][j] = min(dp[i + 1][j], dp[i + 1][j + 1]);
21          }
22      }
23
24      // 출력
25      cout << dp[1][1] << endl;
26      return 0;
27  }
```

5장 정리

5.1　소수 판정

소수 판정법

$\sqrt{X}$ 까지 나눗셈을 시도해서 전부 나눠떨어지지 않으면 정수 X는 소수다.

에라토스테네스의 체

N 이하의 소수를 계산량 $O(N \log \log N)$으로 열거할 수 있다.

5.2　최대공약수

유클리드의 호제법

정수 A, B의 최대공약수를 구하는 알고리즘 '큰 수를 작은 수로 나눈 나머지로 변경한다'는 조작을 반복한다. 계산량은 $O(\log(A+B))$

5.3　나머지 계산(1): 기본

오버플로란

정수의 값이 다룰 수 있는 한계를 넘는 것(예: long long 타입에서는 약 10^{19}이 한계)

나머지 계산 방법

덧셈, 뺄셈, 곱셈의 경우 원하는 시점에 나머지를 구해도 된다.

5.4　나머지 계산(2): 반복 제곱

반복 제곱 알고리즘

다음 순서로 a^b의 값을 빠르게 계산하는 방법

- $a^1, a^2, a^4, a^8, \cdots$을 구한다.
- a^b를 이들의 곱셈으로 나타낸다.

구체적인 예

$a^{42}=a^2 \times a^8 \times a^{32}$로 나타낸다.

5.5　나머지 계산(3): 나눗셈

나눗셈의 나머지

M이 소수이고 b가 M의 배수가 아닐 때, '$a \div b$를 M으로 나눈 나머지'는 '$a \times b^{M-2}$를 M으로 나눈 나머지'로 바꾸어 쓸 수 있다.

계산량

반복 제곱 알고리즘을 사용해 b^{M-2}를 계산하면 계산량은 $O(\log M)$이다.

5.6　포함-배제 원리

2개의 합집합

집합 P, Q의 합집합의 요소 수는 다음 식으로 나타낼 수 있다. (P의 요소 수) + (Q의 요소 수) − (P와 Q의 공통 부분의 요소 수)

3개 이상의 합집합

홀수 개의 공통 부분은 플러스로 계산
짝수 개의 공통 부분은 마이너스로 계산

5.7　게임(1): 필승 알고리즘

패배 조건

다음 수를 어떻게 두어도 패배 상태로 전이할 수 없는 것

승리 조건

패배 상태로 전이할 수 있는 것

5.8　게임(2): Nim

Nim이란

$A_1, \cdots, A_N$개의 돌이 쌓여 있는 산이 있고, 하나의 산에서 돌을 제거하는 조작을 교대로 하는 게임

승패 판정법

A_1 XOR $\cdots$ XOR $A_N=0$이면 패배

5.9　게임(3): Grundy 수

Grundy 수의 계산법

어떤 상태의 Grundy 수는 전이할 수 있는 상태의 Grundy 수에 포함되지 않는 가장 작은 음이 아닌 정수

6장

고찰 테크닉

다소 갑작스럽지만 퍼즐을 풀어 봅시다. 다음 4×6 매트릭스에 6개의 조각을 모두 끼워 맞출 수 있을까요? 조각을 회전시킬 수는 있지만, 반전시킬 수는 없습니다. 프로그램을 사용하지 않고 손을 움직이며 생각해 보기 바랍니다.

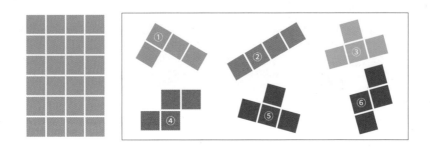

답은 Yes입니다. 총 28가지의 방법을 생각할 수 있으며 그중 3개의 예를 다음 그림에 나타냈습니다. 여러분은 문제를 푸는 데 몇 분 정도 걸렸습니까? 직소 퍼즐에 익숙한 분들이라면 간단했을 것입니다.

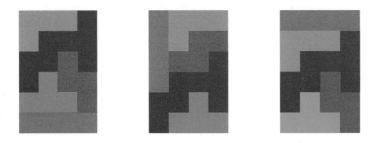

그럼, 퍼즐을 하나 더 풀어 봅시다. 다음 4×6 매트릭스에 6개의 조각을 모두 끼워 맞출 수 있을까요? (번호 ⑤의 조각만 변경한 것입니다.)

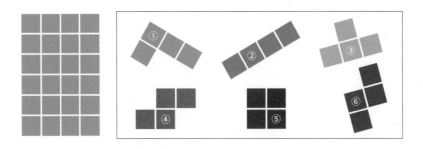

많은 분들이 5개 조각은 금방 끼워 맞출 것이라고 생각합니다. 하지만 어떤 방법을 사용해도 마지막 1개를 끼워 맞출 수 없어 실패합니다. 안타깝지만 이 문제의 답은 No이며, 6개의 조각을 전부 끼워 맞추는 방법은 존재하지 않습니다. 그럼, 왜 No인지 말할 수 있습니까? 이번 절에서는 그 이유를 생각해 봅니다.

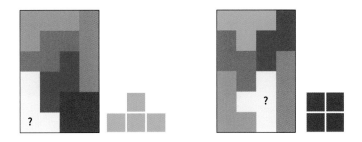

증명을 생각해 보자

가장 먼저 각 칸을 교대로 칠합니다. 구체적으로는 위쪽부터 x번째 행, 왼쪽부터 y번째 열의 칸을 (x, y)로 했을 때, $x + y$가 홀수인 칸 만을 칠합니다.

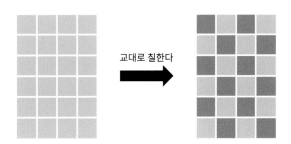

교대로 칠한다

이때, 각 조각이 놓인 위치에 짙게 칠해진 칸이 몇 개입니까? 사실 ①, ②, ④, ⑤, ⑥번 조각의 경우에는 어떻게 놓아도 반드시 **2개**가 됩니다.

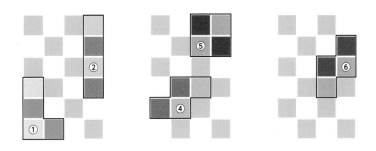

또한, 조각 ③에서는 **반드시 1칸 또는 3칸**이 됩니다. 다음 그림에서 볼 수 있듯이, 2개의 짙은 칸을 포함하도록 놓을 수는 없습니다.

따라서 만약 모든 조각을 끼워 넣을 수 있다면, 6개의 조각을 맞추었을 때 '짙은 칸의 개수'는 **11개 또는 13개**가 될 것입니다. 하지만 실제로는 12개뿐이므로 조건에 맞지 않습니다. 다시 말해, 끼워 넣을 수가 없습니다.

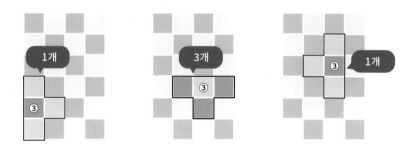

프로그래밍 경진대회와 '고찰'

1장~5장에서는 프로그래밍 경진대회에서 싸우기 위해 필요한 알고리즘을 다루었습니다. 하지만 알고리즘 관련 지식뿐만 아니라, 앞에서 설명한 수리 퍼즐과 같은 문제를 푸는 **고찰력/창의력**이 요구되는 경우도 결코 적지 않습니다.

그래서 이번 절에서는 경진대회 프로그램에서 자주 나오는 '전형적인 10가지 고찰 패턴'에 관해 학습합니다. 창의력이 조금 부족한 분들이라도 이해할 수 있도록 설명했으니 즐기기 바랍니다.

6.1 홀짝을 생각하라

문제 A36 | Travel (실행 시간 제한 1초, 난이도 ★2)

$N \times N$의 매트릭스가 있습니다. '상하좌우로 옆에 있는 칸으로 이동한다'는 조작을 딱 K번 했을 때 왼쪽 위부터 오른쪽 아래 칸까지 이동할 수 있는지 판정하십시오.

입력 형식

$$N \ K$$

출력 형식

이동할 수 있으면 Yes, 그렇지 않으면 No를 출력하십시오.

제약

- $2 \leq N \leq 10^9$
- $1 \leq K \leq 10^9$

입력 예 1	출력 예 1
5 10	Yes

다음 그림과 같은 방법으로 이동하면 딱 10번에 오른쪽 아래 칸에 도달합니다.

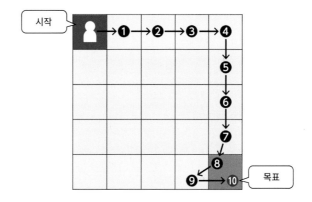

문제 해설

결론부터 말하자면 다음 두 가지 조건을 만족하면 Yes, 그렇지 않으면 No입니다.

- **조건 1**: K의 값이 $2N-2$ 이상이다.

- **조건 2**: K는 짝수다.

다음에 그림으로 나타냈습니다. 하지만 '왜 이 방법이 효과가 있을까?'라고 생각하는 분도 있을 것이므로 해답의 정당성을 확인해 봅시다.

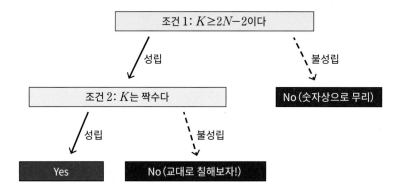

이 해법이 옳은 이유

첫 번째로, **조건 1**이 성립하지 않는 경우에 No가 되는 것은 왜일까요? 그 이유는 시작부터 목표까지 최단 경로로 이동했을 때 $2N-2$번 조작이 필요하며, 그렇지 않으면 횟수가 부족한 것으로 설명할 수 있습니다.

두 번째로, **조건 1/조건 2**가 모두 성립하는 경우에 Yes가 되는 것은 왜일까요? 그 이유는 목표까지의 최단 경로로 이동한 뒤 남은 횟수로 '위 → 아래 → 위 → 아래 → …'라는 이동을 반복하면 목표 지점에서 조작을 마칠 수 있기 때문입니다.[1]

---

1 최단 경로로 이동을 마친 지점에서 남은 횟수는 $K-2N+2$회이며, 이 값은 짝수입니다.

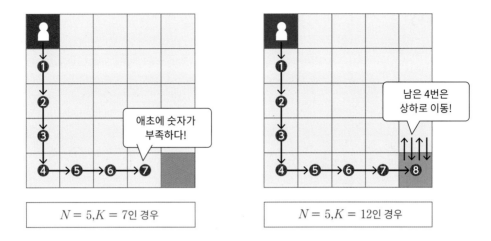

$N = 5, K = 7$인 경우　　　　$N = 5, K = 12$인 경우

세 번째로, **조건 1**이 성립하고 **조건 2**는 성립하지 않는 경우에 No가 되는 것은 왜일까요? 이것은 6.0절과 같이 칸을 교대로 칠했을 때 **1번 조작으로 색이 반드시 변하는 것**[2]으로 설명할 수 있습니다.

조금 더 자세히 설명해 보겠습니다. 시작 지점은 녹색이며, 조작을 수행하면 '녹색 → 흰색 → 녹색 → 흰색 → …'으로 변화합니다. **여기에서 조작 횟수 K는 홀수이므로 조작을 완료하는 시점에는 흰색입니다.** 하지만 목표 지점은 녹색으로 칠해져 있으므로 답이 No인 것을 알 수 있습니다.

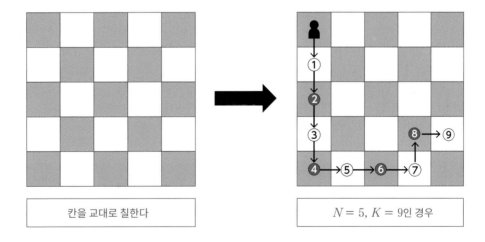

칸을 교대로 칠한다　　　　$N = 5, K = 9$인 경우

2　이것은 위쪽부터 x번째 행, 왼쪽부터 y번째 열의 칸을 (x, y)라 했을 때, 1회 이동으로 $x + y$의 홀짝이 반드시 변화하는 것을 의미합니다. 이것이 이번 절의 제목인 '홀짝을 생각하라'와 연결됩니다.

해답 예(C++)

```
01  #include <iostream>
02  using namespace std;
03
04  int main() {
05      int N, K;
06      cin >> N >> K;
07      if (K >= 2 * N - 2 && K % 2 == 0) cout << "Yes" << endl;
08      else cout << "No" << endl;
09      return 0;
10  }
```

문제 B36	응용 문제

N개의 전구가 있습니다. i번째($1 \le i \le N$) 전구의 상태는 S_i(ON 또는 OFF)입니다. '2개의 다른 전구의 ON/OFF를 동시에 바꾼다'는 조작을 몇 차례 수행해서 정확히 K개의 전구를 ON 상태로 만들 수 있습니까? 계산량 $O(N)$으로 푸십시오.

힌트 ON으로 되어 있는 개수의 홀짝은 조작에 따라 어떻게 변합니까?

문제 A37 | Travel 2 (실행 시간 제한 1초, 난이도 ★2)

ALGO 시에는 N개의 역과 M개의 버스 정류장이 있으며, 다음 그림과 같이 도로로 연결되어 있습니다. 모든 조합 (i, j)에 대해 '역 i부터 버스 정류장 j까지의 소요 시간'을 더한 값은 얼마입니까?

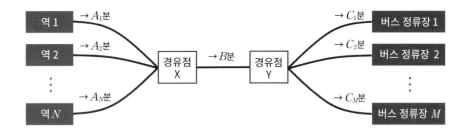

입력 형식

N M B
A_1 A_2 $\cdots$ A_N
C_1 C_2 $\cdots$ C_M

출력 형식

답을 정수로 출력하십시오.

제약

- $2 \le N, M \le 200000$
- $1 \le B \le 100$
- $1 \le A_i \le 100 (1 \le i \le N)$
- $1 \le C_j \le 100 (1 \le j \le M)$

입력 예 1	출력 예 1
2 3 100	702
10 20	
1 2 3	

답은 111 + 112 + 113 + 121 + 122 + 123 = 702분입니다.

준비: 더한 횟수를 생각하라

수학이나 프로그래밍 경진대회 문제에서는 직접 계산하는 대신 **더한 횟수**를 생각하면[3], 효율적으로 답을 구할 수 있는 경우가 있습니다. 예를 들어, 다음 계산 문제를 생각해 봅니다.

$$24+24+75+24+24+75+75+24+75$$

이 식은 '24 + 24 = 48', '48 + 75 = 123', '123 + 24 = 147'과 같 이 직접 계산할 수도 있지만, 손

으로 계산하기는 귀찮습니다. 그래서 '24를 5번 더했다', '75를 4번 더했다'라는 가설을 이용하면 (24× 5)+(75×4)=420을 쉽게 계산할 수 있습니다.

해설: 느린 알고리즘

그럼 예제 'Travel 2'를 풀어봅니다. 먼저, 모든 조합 (i, j)에 대한 소요 시간을 직접 계산하는 방법을 생 각할 수 있습니다. 역 i부터 버스 정류장 j까지의 소요 시간은 A_i+B+C_j분이므로, 입력 예의 경우는 다음 그림과 같이 계산해서 답이 702분이 되는 것을 알 수 있습니다. 하지만 계산량은 $O(NM)$으로 그 다지 효율적이지 않습니다.

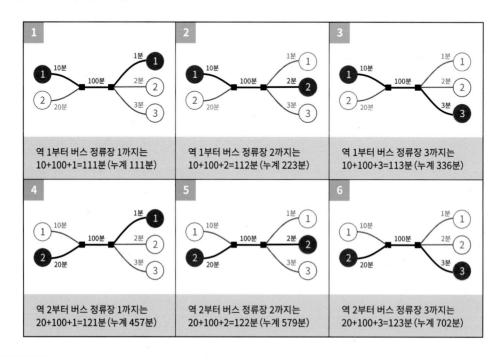

---

3   이런 기법은 **주객전도 기법**이라 부르기도 합니다.

해설: 빠른 알고리즘

여기에서 알고리즘의 속도를 높이기 위해 다음과 같이 각 값의 더한 횟수를 생각해 봅니다.

- **질문 1**: A_1을 몇 번 더했는가?

- **질문 2**: A_2를 몇 번 더했는가?

- **질문 3**: B를 몇 번 더했는가?

- **질문 4**: C_1을 몇 번 더했는가?

- **질문 5**: C_2를 몇 번 더했는가?

- **질문 6**: C_3을 몇 번 더했는가?

먼저 A_i의 값은 역 i부터 출발할 때만 더해지므로 질문 1, 2의 답은 **3번**입니다. 또한 B의 값은 모든 (i, j)에 대해 더해지므로 질문 3의 답은 **6번**입니다. 그리고 C_j의 값은 버스 정류장 j에 도착할 때만 더해지므로 질문 4, 5, 6의 답은 **2번**입니다.

따라서 답은 $(10+20) \times 3 + 100 \times 6 + (1+2+3) \times 2 = 702$로 계산되어 정답과 일치합니다.

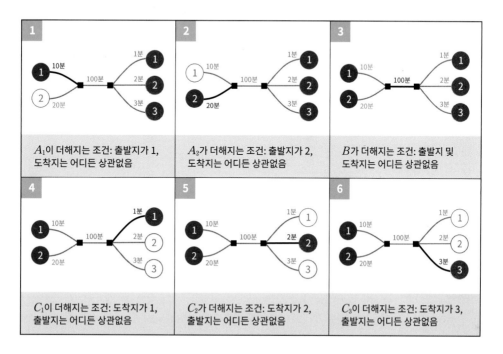

입력 예 이외의 경우에도 마찬가지로 말할 수 있습니다. A_i는 M번, B는 NM번, C_j는 N번 더해지므로 이번 문제의 답은 다음 식으로 나타낼 수 있습니다.

$$(A_1+\cdots+A_N)\times M+B\times NM+(C_1+\cdots+C_M)\times N$$

마지막으로 여기에서는 각 변수를 몇 번 더했는가에 착안했습니다. 하지만 이 테크닉은 더 일반적으로 **문제를 여러 부분으로 분해하고 각 부분이 '답에 기여하는 정도(답의 기여분)'를 구하는 방법**을 사용함으로써 적용 범위를 한층 더 넓힐 수 있습니다. 자세한 내용은 응용 문제를 참조하기 바랍니다.

해답 예(C++)

```
01  #include <iostream>
02  using namespace std;
03
04  long long N, M, B;
05  long long A[200009], C[200009];
06
07  int main() {
08      // 입력
09      cin >> N >> M >> B;
10      for (int i = 1; i <= N; i++) cin >> A[i];
11      for (int j = 1; j <= M; j++) cin >> C[j];
12
13      // 답 계산
14      long long Answer = 0;
15      for (int i = 1; i <= N; i++) Answer += A[i] * M;
16      Answer += B * N * M;
17      for (int j = 1; j <= M; j++) Answer += C[j] * N;
18
19      // 출력
20      cout << Answer << endl;
21      return 0;
22  }
```

문제 B37	응용 문제

정수 x의 각 자리의 숫자의 합을 $f(x)$라고 합니다. 예를 들어 $f(288)=2+8+8=18$입니다. 정수 N이 주어졌을 때, $f(1)+f(2)+\cdots+f(N)$의 값을 구하십시오. $N \leq 10^{15}$일 때, 1초 이내에 실행이 완료돼야 합니다.

힌트 '△△번째 자리의 숫자가 ◇◇일 때'가 답에 기여하는 정도는?

6.3 상한 값을 생각하라

Black Company 1 (실행 시간 제한 1초, 난이도 ★3)

주식회사 KYOPRO-MASTER에서 일하는 경진 씨는 향후 D일 동안의 작업 계획을 세우기로 했습니다. 그는 이번 분기의 인사 평가를 올리기 위해 더 많이 일하려고 생각하고 있습니다.

하지만 일을 너무 많이 하면 근로 감독 부서에서 질책을 받습니다. 기본적으로는 $i = 1, 2, \cdots, N$에 대해 다음 조건을 만족해야 합니다.

- **조건 i**: $L_i \sim R_i$일차에 대해 가장 많이 일한 날이라도 H_i 시간 이하

경진 씨가 D일 동안 합계 근로 시간으로 생각할 수 있는 최댓값은 몇 시간입니까? 단, 1일은 24시간으로 합니다.

입력 형식

$D\ N$
$L_1\ R_1\ H_1$
$\vdots$
$L_N\ R_N\ H_N$

출력 형식

답을 정수로 출력하십시오.

제약

- $1 \leq D \leq 365$
- $0 \leq N \leq 10000$
- $1 \leq L_i \leq R_i \leq D$
- $10 \leq H_i \leq 24$

입력 예 1	출력 예 1
5 3	100
1 2 22	
2 3 16	
3 5 23	

입력 예로 풀어보자

먼저, 이번 문제에서는 'L~R일차에 대해 가장 많이 일한 시간이라도 H 시간 이하'라는 형식의 조건이 주어져 있습니다. 이 조건은 'L~R일차의 근로 시간은 모두 H시간 이하'로 바꾸어 말할 수 있습니다. 그렇기 때문에 입력 예에서는 다음 세 가지 조건을 만족해야 합니다.

- **조건 1**: 1일차, 2일차의 근로 시간은 22시간 이하
- **조건 2**: 2일차, 4일차의 근로 시간은 16시간 이하
- **조건 3**: 3일차, 4일차, 5일차의 근로 시간은 23시간 이하

이 조건을 종합하면 각 날짜의 근로시간은 1일차는 22시간 이하, 2일차는 16시간 이하, 3일차는 16시간 이하, 4일차는 23시간 이하, 5일차는 23시간 이하가 됩니다. 상한 값을 모두 더하면 22 + 16 + 16 + 23 + 23 = 100이 되므로 답은 100시간 이하임을 증명할 수 있습니다.

한편, 근로 시간을 상한 값에 거의 가깝게 설정한 경우, 조건 1~3 모두를 만족합니다. 따라서 답이 **100시간**임을 알 수 있습니다.

문제 해설

일반적인 경우에도 같은 방법을 사용할 수 있습니다. d일차의 근로 시간의 상한 값을 $\mathrm{LIM}[d]$로 했을 때, 이 값은 다음과 같이 계산할 수 있습니다.

- **순서 1**: 1일은 24시간이므로, $\mathrm{LIM}[d]=24$로 초기화한다.
- **순서 2**: $i=1,2,\cdots,N$에 대해 다음과 같은 처리를 수행한다.
    - $L_i \leq d \leq R_i$에 대해, $\mathrm{LIM}[d]$를 $\min(\mathrm{LIM}[d], H_i)$로 업데이트한다.

한편, 구한 상한 값은 N개 모두 조건을 만족합니다. 따라서 LIM[1]부터 LIM[D]까지의 총합을 출력하면 정답이 됩니다. 계산량은 $O(ND)$입니다.

이렇게 프로그래밍 경진대회에서는 '답은 절대로 OO를 넘지 않는다'라는 상한 값을 생각함으로써 해법의 실마리를 얻을 수 있는 경우가 있습니다.

해답 예(C++)

```cpp
01  #include <iostream>
02  #include <algorithm>
03  using namespace std;
04
05  int D, N;
06  int L[10009], R[10009], H[10009], LIM[10009];
07
08  int main() {
09      // 입력
10      cin >> D >> N;
11      for (int i = 1; i <= N; i++) cin >> L[i] >> R[i] >> H[i];
12
13      // 배열 초기화(1일은 24시간)
14      for (int i = 1; i <= D; i++) LIM[i] = 24;
15
16      // 상한 값을 구한다
17      for (int i = 1; i <= N; i++) {
18          for (int j = L[i]; j <= R[i]; j++) LIM[j] = min(LIM[j], H[i]);
19      }
20
21      // 답을 출력
22      int Answer = 0;
23      for (int i = 1; i <= D; i++) Answer += LIM[i];
24      cout << Answer << endl;
25      return 0;
26  }
```

응용 문제

N개의 풀이 일렬로 서 있고, 1부터 N까지 번호가 붙어 있습니다. 각 풀의 높이는 1 이상의 정수 값으로 나타내며, 이에 대해 다음 정보 S_1, S_2, ..., S_{N-1}을 알고 있습니다.

- $S_i = A$일 때: 풀 i보다 풀 $i+1$이 높다
- $S_i = B$일 때: 풀 i보다 풀 $i+1$이 낮다

N개의 풀의 높이의 합계로 생각할 수 있는 최솟값을 출력하십시오. $N \leq 3000$인 경우, 1초 이내에 실행이 완료돼야 합니다.

힌트 풀의 높이의 하한 값(그 이하는 있을 수 없는 라인)을 계산합시다!

6.4 한 수 앞을 생각하라

| 문제 A39 | Interval Scheduling | (실행 시간 제한 2초, 난이도 ★3) |

오늘은 N편의 영화가 상영됩니다. i번째의 영화는 시각 L_i에 시작해 시각 R_i에 종료합니다. 최대 몇 편의 영화를 처음부터 끝까지 볼 수 있습니까?

단, 영화를 다 본 직후 다음 영화를 바로 볼 수는 있지만, 동시에 여러 영화를 볼 수는 없습니다. 이 문제는 **구간 스케줄링 문제**라 불리는 유명한 문제입니다.

입력 형식

$$N$$
$$L_1 \; R_1$$
$$\vdots$$
$$L_N \; R_N$$

출력 형식

최대 몇 편의 영화를 볼 수 있습니까? 정수로 출력하십시오.

제약

- $1 \leq N \leq 300000$
- $0 \leq L_i \leq R_i \leq 86400$

	입력 예 1	출력 예 1
5		3
0 4		
2 3		
3 7		
5 9		
7 8		

영화 2, 영화 3, 영화 5를 선택하면 총 3편의 영화를 볼 수 있습니다.

준비: 탐욕 알고리즘이란

프로그래밍 경진대회 문제를 푸는 기본적인 방법으로 1장에서는 완전 탐색을 소개했습니다. 하지만 완전 탐색에서는 생각할 수 있는 패턴 수가 폭발적으로 증가합니다. 예를 들어, 'Yes인가, No인가'라는 선택을 50번 반복하는 것만으로 대략 총 1,125조 개의 경우의 수가 나옵니다.

그 문제를 해결하는 방법 한 가지가 **탐욕 알고리즘**, 즉, '한 단계 다음만을 생각했을 때의 최선의 수를 계속 선택하는' 테크닉입니다. 오셀로[4]에서 다음번에 뒤집을 돌의 수가 최대가 되는 수를 던지는 전략을 생각하면 됩니다.

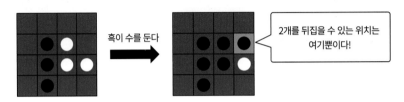

그런데 탐욕 알고리즘에서는 눈 앞의 이익만 고려하기 때문에 반드시 최적의 답을 낸다고는 단정할 수 없습니다. 예를 들어 오셀로에서 한 수 앞을 읽는다고 해도 강한 플레이어에게는 이길 수 없습니다.

하지만 일부 문제에서는 탐욕 알고리즘이 강력한 도구가 됩니다. 예를 들어, 1원, 5원, 10원, 50원 동전이 가득 있을 때 가능한 한 적은 수의 동전으로 딱 72원을 지불하는 문제를 생각해 봅시다. 동전 4개 이하로 지불하는 방법은 존재하지 않지만, **큰 금액의 동전부터 지불한다**는 단순한 탐욕 알고리즘을 사용하면 5개의 동전으로 지불할 수 있습니다.

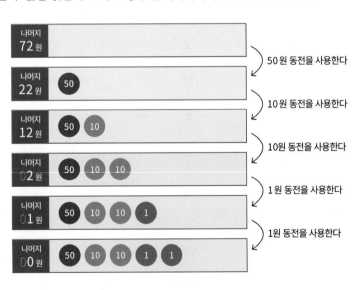

---

4 오셀로(Othello)는 흑백의 작은 원판을 가로세로 8줄로 이루어진 네모난 격자판 위에 늘어놓는 보드게임이다. 처음에 정중앙에 흑백 2개씩의 판을 교차로 놓고 게임을 시작하며, 자신이 놓을 원판과 기존 원판 사이에 상대방의 원판이 있어야 원판을 놓을 수 있다. 가로, 세로, 대각선 방향으로 상대방의 원판을 자신의 원판으로 감싸면, 상대방의 원판을 뒤집는다. 격자를 모두 원판으로 채웠을 때 색이 많은 편이 승리한다.

문제 해설: 단계 1

그럼 예제를 풀어 봅시다. 영화를 보는 전략으로 다음을 생각할 수 있습니다.

- **전략 A**: 지금 볼 수 있는 영화 중에서 '상영 시간이 짧은' 영화를 계속 선택한다.

- **전략 B**: 지금 볼 수 있는 영화 중에서 '시작 시각이 빠른' 영화를 계속 선택한다.

- **전략 C**: 지금 볼 수 있는 영화 중에서 '종료 시각이 빠른' 영화를 계속 선택한다.

그럼, 어떤 전략이 좋을까요? 조금 충격일지도 모르지만, 사실 **전략 C**를 사용하면 가장 많은 영화를 시청할 수 있습니다. 입력 예에 대응한 그림은 다음과 같습니다.

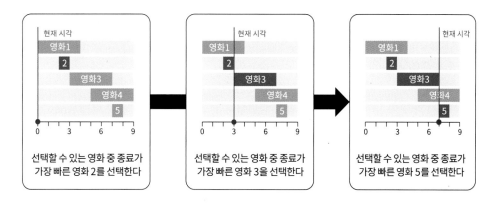

그 이유는 다음과 같이 설명할 수 있습니다.

먼저, 해당 날짜의 가장 처음 보는 영화에 관해서는 종료 시각이 가장 빠른 것을 선택했을 때 절대로 손해가 되지 않습니다. 왜냐하면 종료 시각이 빠를수록 다음에 선택할 수 있는 영화의 선택지가 많아지기 때문입니다. 예를 들어, 입력 예에서는

- **영화 1을 선택한 경우**: 다음에 볼 수 있는 영화는 4, 5로 2편

- **영화 2를 선택한 경우**: 다음에 볼 수 있는 영화는 3, 4, 5로 3편

이 되어, 종료 시각이 빠른 영화 2를 선택하는 것이 유리합니다(다음 그림 참조).

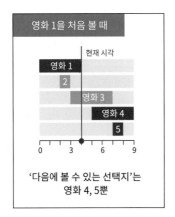

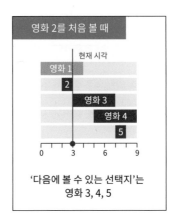

또한, 두 번째로 볼 영화에 대해서도 종료 시각이 빠른 것을 선택해서 절대 손해가 될 것이 없습니다. 왜냐하면 종료 시각이 빠를수록 다음에 선택할 수 있는 영화의 선택지가 많아지기 때문입니다. 세 번째 이후에 관해서도 마찬가지이므로 **전략 C**가 최적입니다.

따라서 코드 6.1과 같이 구현하면 올바른 답이 출력됩니다. 하지만 보는 영화의 수를 Answer로 했을 때 계산량이 $O(\text{Answer} \times N)$으로 느립니다. 이번 문제의 제약에서는 최대 86,400개의 영화를 보게 되므로[5] 1초 이내에 실행이 완료되지 않습니다.

코드 6.1 구간 스케줄링 문제 구현

```
01  #include <iostream>
02  #include <algorithm>
03  using namespace std;
04
05  int N, L[300009], R[300009];
06
07  int main() {
08      // 입력
09      cin >> N;
10      for (int i = 1; i <= N; i++) cin >> L[i] >> R[i];
11
12      // 종료 시각이 빠른 것부터 탐욕적으로 취해 나간다(CurrentTime은 현재 시각)
13      int CurrentTime = 0, Answer = 0;
```

---

5   예를 들어, $N = 86400$, $(L_i, R_i) = (i - 1, i)$ 등의 테스트 케이스를 생각할 수 있습니다.

```
14      while (true) {
15          int Min_EndTime = 999999; // 다음으로 선택할 영화의 종료 시각
16          for (int i = 1; i <= N; i++) {
17              if (L[i] < CurrentTime) continue;
18              Min_EndTime = min(Min_EndTime, R[i]);
19          }
20
21          // 다음으로 선택할 영화가 있다/없다에 대응해 처리를 수행한다
22          if (Min_EndTime == 999999) break;
23          CurrentTime = Min_EndTime; Answer += 1;
24      }
25      cout << Answer << endl;
26      return 0;
27  }
```

해설: 단계 2

그럼 보다 빠른 알고리즘을 검토해 봅시다. 먼저, $R_1 \leq \ldots \leq R_N$을 만족하는 경우, 다음과 같은 알고리즘에 따라 영화를 종료 시각이 빠른 순으로 선택할 수 있습니다.

- **순서 1** 영화 1을 선택해야 한다면 그것을 선택한다.

- **순서 2** 영화 2를 선택해야 한다면 그것을 선택한다.

- **순서 3** 영화 3을 선택해야 한다면 그것을 선택한다.

- **순서 4** 영화 4, 5, ..., N에 대해서도 동일하게 선택한다.

그렇지 않은 경우에도 영화를 종료 시각이 빠른 순으로 정렬(→ 3.1절)하면 됩니다. 입력 예에서의 알고리즘의 흐름을 다음 그림에 나타냈습니다. 또한, 알고리즘 전체의 계산량은 정렬이 병목이 되어 $O(N\log N)$입니다.

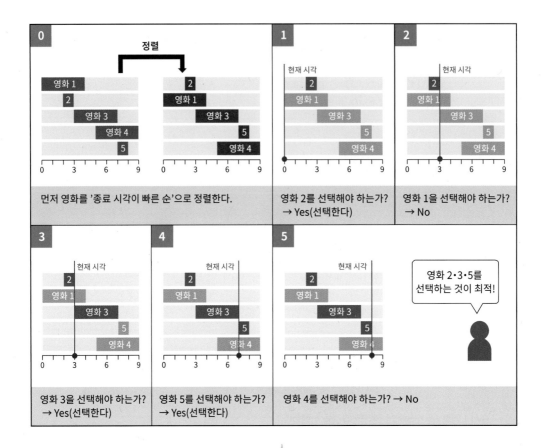

해답 예(C++)

```
01 #include <iostream>
02 #include <vector>
03 #include <algorithm>
04 using namespace std;
05
06 int N, L[300009], R[300009];
07 vector<pair<int, int>> tmp; // 영화를 정렬하기 위한 임시 변수
08
09 int main() {
10     // 입력
11     cin >> N;
12     for (int i = 1; i <= N; i++) {
13         cin >> L[i] >> R[i];
```

```
14          tmp.push_back(make_pair(R[i], L[i]));
15      }
16
17      // R의 오름차순으로 정렬
18      sort(tmp.begin(), tmp.end());
19      for (int i = 1; i <= N; i++) {
20          R[i] = tmp[i - 1].first;
21          L[i] = tmp[i - 1].second;
22      }
23
24      // 종료 시각이 빠른 것부터 탐욕적으로 취해 간다(CurrentTime은 현재 시각)
25      int CurrentTime = 0, Answer = 0;
26      for (int i = 1; i <= N; i++) {
27          if (CurrentTime <= L[i]) {
28              CurrentTime = R[i];
29              Answer += 1;
30          }
31      }
32      cout << Answer << endl;
33      return 0;
34  }
```

문제 B39	응용 문제

경진 씨는 오늘부터 D일 동안 일을 하려고 생각했습니다. 일은 N가지가 있습니다. i번째 일은 X_i번째 날 이후에 선택할 수 있고, 완료하면 Y_i원을 받습니다. 한 가지 일을 하는 데 하루가 걸린다고 할 때, 경진 씨는 최대 얼마를 벌 수 있습니까? $N \leq 2000$을 만족하는 경우에 5초 이내에 실행이 완료돼야 합니다.

힌트 각 날짜에 대해 '가장 많은 금액을 받을 수 있는 일'을 하는 것이 최적입니다.

책상 위에 N개의 막대기가 놓여 있습니다. 왼쪽부터 i번째 막대기(이하 막대기 i)의 길이는 A_i미터입니다. 3개의 다른 막대를 선택해서 정삼각형을 만드는 방법은 몇 가지입니까?

입력 형식

N
$A_1 A_2 \cdots A_N$

출력 형식

답을 정수로 출력하십시오.

제약

- $3 \leq N \leq 200000$
- $1 \leq A_i \leq 100$(특히 A_i는 정수임에 주의)

입력 예 1	출력 예 1
7	5
1 2 1 2 1 2 1	

정삼각형을 만드는 방법은 다음 5가지입니다.

- 막대기 1, 막대기 3, 막대기 5를 선택한다. 한 변의 길이가 1인 정삼각형을 만들 수 있다.
- 막대기 1, 막대기 3, 막대기 7을 선택한다. 한 변의 길이가 1인 정삼각형을 만들 수 있다.
- 막대기 1, 막대기 5, 막대기 7을 선택한다. 한 변의 길이가 1인 정삼각형을 만들 수 있다.
- 막대기 3, 막대기 5, 막대기 7을 선택한다. 한 변의 길이가 1인 정삼각형을 만들 수 있다.
- 막대기 2, 막대기 4, 막대기 6을 선택한다. 한 변의 길이가 2인 정삼각형을 만들 수 있다.

단순한 해법

먼저, '막대기를 3개 선택하는 방법을 완전 탐색한다'는 해법을 생각할 수 있습니다. 이것을 구현하면 코드 6.2와 같이 되며 확실히 답을 구할 수 있습니다. 하지만 $N = 200000$인 경우에는 10^{15}가지 이상을 조사해야 하므로 1초 이내에 실행이 완료되지 않습니다.

코드 6.2 완전 탐색을 이용한 해법

```
01  #include <iostream>
02  using namespace std;
03
04  int main() {
05      // 입력
06      int N, A[200009]; long long Answer = 0;
07      cin >> N;
08      for (int i = 1; i <= N; i++) cin >> A[i];
09
10      // 완전 탐색(선택하는 막대의 번호를 오름차순으로 i, j, k라 한다)
11      for (int i = 1; i <= N; i++) {
12          for (int j = i + 1; j <= N; j++) {
13              for (int k = j + 1; k <= N; k++) {
14                  if (A[i] == A[j] && A[j] == A[k]) Answer += 1;
15              }
16          }
17      }
18      cout << Answer << endl;
19      return 0;
20  }
```

개선한 해법

정삼각형을 만드는 방법을 분류해 보겠습니다. 제약은 $1 \leq A_i \leq 100$이므로 정삼각형의 한 변의 길이를 레벨로 나타내면 레벨 1부터 레벨 100까지 100종류를 생각할 수 있습니다.

그러면 각 레벨의 정삼각형을 만드는 방법은 몇 가지일까요?[6] 정삼각형을 만들려면 3개의 막대기를 선택해야 하므로 길이 x미터인 막대의 개수가 $\text{cnt}[x]$개 있을 때,

---

6　일반적으로 n개의 대상 중에서 r개를 선택하는 방법은 $_nC_r$가지입니다(→ 5.5절)

- **레벨** 1에서 정삼각형을 만드는 방법: $_{cnt[1]}C_3$가지

- **레벨** 2에서 정삼각형을 만드는 방법: $_{cnt[2]}C_3$가지

- **레벨** 3에서 정삼각형을 만드는 방법: $_{cnt[3]}C_3$가지

가 됩니다. 그리고 **레벨** 4 이후도 마찬가지로 말할 수 있습니다. 따라서 이번 문제의 답은 $_{cnt[1]}C_3 + {}_{cnt[2]}C_3$ + ... + $_{cnt[100]}C_3$가지라고 말할 수 있습니다.

구체적인 예를 생각해 보자

예로 $N=11$, $A=[1,2,1,3,3,3,1,2,1,3,2]$인 경우를 생각해 봅시다. 이 케이스에서는 길이 1인 막대기가 4개, 길이 2인 막대기가 3개, 길이 3인 막대기가 4개 존재합니다. 즉, cnt[1] = 4, cnt[2] = 3, cnt[3] = 4가 됩니다. 따라서,

- **레벨** 1에서 정삼각형을 만드는 방법: $_4C_3 = 4$가지

- **레벨** 2에서 정삼각형을 만드는 방법: $_3C_3 = 1$가지

- **레벨** 3에서 정삼각형을 만드는 방법: $_4C_3 = 4$가지

가 되어 정삼각형을 만드는 방법은 총 4 + 1 + 4 = 9가지임을 알 수 있습니다.

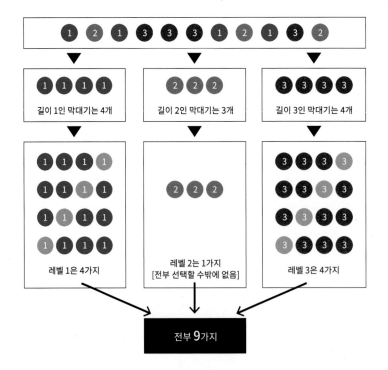

이상을 종합하면, 이 문제는 **각 길이의 막대의 개수를 세어서** 효율적으로 풀 수 있습니다. 개수를 미리 계산하는 고찰 테크닉은 프로그래밍 경진대회에서 자주 등장합니다.

해답 예(C++)

```cpp
01 #include <iostream>
02 using namespace std;
03
04 int main() {
05     // 입력
06     int N, A[200009]; long long cnt[109], Answer = 0;
07     cin >> N;
08     for (int i = 1; i <= N; i++) cin >> A[i];
09
10     // 개수를 센다
11     for (int i = 1; i <= 100; i++) cnt[i] = 0;
12     for (int i = 1; i <= N; i++) cnt[A[i]] += 1;
13
14     // 답을 구한다
15     // nC3 = n * (n-1) * (n-2) / 6을 사용한다
16     for (int i = 1; i <= 100; i++) {
17         Answer += cnt[i] * (cnt[i] - 1) * (cnt[i] - 2) / 6;
18     }
19     cout << Answer << endl;
20     return 0;
21 }
```

문제 B40　응용 문제

길이 N인 배열 $A = [A_1, A_2, ..., A_N]$이 주어져 있습니다. $1 \le x \le y \le N$이고 $A_x + A_y$의 값이 100의 배수인 쌍 (x, y)는 몇 개입니까? $N \le 200000$을 만족하는 경우에 1초 이내에 실행이 완료돼야 합니다.

힌트 $\mathrm{cnt}[p]$를 '$A_i \bmod 100 = p$가 되는 i의 개수'라고 합시다!

6.6 뒤에서부터 생각하라

문제 A41 | Tile Coloring
(실행 시간 제한 1초, 난이도 ★3)

N장의 타일이 있습니다. 처음은 모두 흰색으로 칠해져 있습니다. 경진 씨는 다음 조작을 반복해서 왼쪽부터 i번째의 타일의 색을 문자 S_i(R이면 빨간색, B이면 파란색)로 하고 싶습니다.

- 연속한 3개의 타일을 빨간색으로 칠한다.
- 연속한 3개의 타일을 파란색으로 칠한다.

경진 씨가 목적을 달성할 수 있는지 판정하는 프로그램을 작성하십시오. 또한, 이후에는 설명 편의상 왼쪽부터 i번째 타일을 '타일 i'라고 부릅니다.

입력 형식

N
$S_1S_2 \cdots S_N$

출력 형식

경진 씨가 목적을 달성할 수 있다면 Yes, 그렇지 않다면 No를 출력하십시오.

제약

- $3 \leq N \leq 200000$
- 문자 S_i는 R 또는 B 중 하나다.

입력 예 1	출력 예 1
7	Yes
BBRRRBB	

예를 들어, 다음과 같은 순서로 조작하면 목적을 달성할 수 있습니다.

- 타일 1, 2, 3을 파란색으로 칠한다(현재 타일: 파파파흰흰흰흰)
- 타일 5, 6, 7을 파란색으로 칠한다(현재 타일: 파파파흰파파파)
- 타일 3, 4, 5를 빨간색으로 칠한다(현재 타일: 파파빨빨빨파파)

문제 해설: 단계 1

프로그래밍 경진대회에서는 뒤에서부터 생각하는 것도 중요합니다. 만약 '최초의 한 수, 혹은 두 수를 어떻게 조작해야 하는가?'라고 고민해서 잘 풀리지 않았더라도 최후의 한 수가 힌트가 되어 해답을 구할 수 있는 경우도 많습니다.

그럼 '뒤에서부터 생각한다'는 아이디어를 이용해서 예제를 풀어 봅시다. 먼저, 최후의 한 수에서 색을 칠한 3개의 타일의 색은 반드시 같습니다. 예를 들어, 다음 그림에서 최후에 조작한 타일 3, 4, 5는 같은 색입니다. 그렇기 때문에 **'연속하는 3개의 타일이 같은 색인 위치'가 존재하지 않으면 답은 No**다라고 말할 수 있습니다.

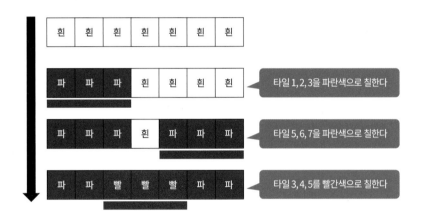

문제 해설: 단계 2

반대로, 연속하는 3개가 같은 색인 부분이 존재하는 경우는 어떻습니까? 사실, 타일 p, $p+1$, $p+2$가 같은 색일 때 다음 순서에 따라 목적을 달성할 수 있습니다.

> **순서 1**: 왼쪽부터 순서대로 칠해서 타일 $p-1$보다 왼쪽에 있는 타일 색을 확정한다.
>
> **순서 2**: 오른쪽부터 순서대로 칠해서 타일 $p+3$보다 오른쪽에 있는 타일 색을 확정한다.
>
> **순서 3**: 마지막으로 타일 p, $p+1$, $p+2$를 색 S_p로 칠한다.

예를 들어, 목적한 타일이 '파빨**파파파**빨파빨빨'인 경우의 조작 순서는 다음 그림과 같습니다. 이 그림에서는 확정한 타일에 동그라미 표시를 붙였습니다.

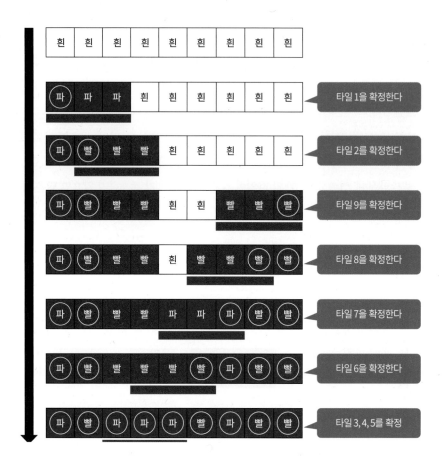

위의 내용에서 연속한 3개의 타일이 같은 색인 위치가 존재하면 답은 Yes, 그렇지 않으면 답은 No가 됩니다. 이것을 구현하면 **해답 예**가 됩니다.

해답 예(C++)

```
01  #include <iostream>
02  using namespace std;
03
04  int main() {
05      // 입력
06      int N; char S[200009];
07      cin >> N;
08      for (int i = 1; i <= N; i++) cin >> S[i];
09
```

```
10      // 답을 구한다
11      bool Answer = false;
12      for (int i = 1; i <= N - 2; i++) {
13          if (S[i] == 'R' && S[i + 1] == 'R' && S[i + 2] == 'R') Answer = true;
14          if (S[i] == 'B' && S[i + 1] == 'B' && S[i + 2] == 'B') Answer = true;
15      }
16
17      // 출력
18      if (Answer == true) cout << "Yes" << endl;
19      else cout << "No" << endl;
20      return 0;
21  }
```

문제 B41 | 응용 문제

변수 x, y가 있습니다. 최초에는 두 변수의 값이 모두 1입니다. 다음 두 조작을 몇 회 정도 수행했을 때의 변수 x의 값을 X, 변수 y의 값을 Y로 하는 방법을 한 가지 구하십시오.

- x의 값을 $x+y$로 변경한다.
- y의 값을 $x+y$로 변경한다.

$X, Y \leq 10^6$인 제약 아래서 10초 이내에 실행이 완료돼야 합니다. 단, X와 Y의 최대공약수는 1입니다.

힌트 최후의 조작부터 순서대로 생각합시다!

6.7 값을 제한한 뒤 완전 탐색

문제 A42 | Soccer (실행 시간 제한 1초, 난이도 ★4)

정보고등학교 1학년 1반에는 N명의 학생이 재적 중입니다. 각 학생에게는 **체력**과 **정신력**을 나타내는 정수 값이 고정되어 있습니다. 학생 $i(1 \leq i \leq N)$의 체력은 A_i, 정신력은 B_i입니다.

1학년 1반의 담임인 경진 씨는 레크리에이션의 일환으로 학생 중 몇 명을 선택해서 축구를 하기로 했습니다. 참가자의 레벨 차이가 큰 경우, 일부 학생만 즐길 수 있기 때문에 다음 조건을 만족하도록 하고 싶습니다.

- 두 참가자 모두 체력 차이가 K 이하다.
- 두 참가자 모두 정신력 차이가 K 이하다.

최대 몇 명이 축구를 할 수 있을지 출력하는 프로그램을 작성하십시오.

입력 형식

$$N\ K$$
$$A_1\ B_1$$
$$\vdots$$
$$A_N\ B_N$$

출력 형식

답을 정수로 출력하십시오.

제약

- $1 \leq N \leq 300$
- $1 \leq K \leq 100$
- $1 \leq A_i \leq 100$
- $1 \leq B_i \leq 100$(특히 K, A_i, B_i는 정수임에 주의)

입력 예 1	출력 예 1
4 30	3
20 30	
10 40	
50 10	
30 60	

해법 개요

이 문제에서는 참가자의 선택 방법을 2^N가지 완전 탐색하는 방법을 생각할 수 있지만, 계산량 측면에서 절망적입니다. 하지만 여기에서 완전 탐색과 같은 접근 방식을 포기할 필요는 없습니다. 사실, **참가자의 선택 방법이 아니라 '체력과 정신력의 하한 값'을 완전 탐색**하면, 현실적으로 수용 가능한 시간 안에 답을 구할 수 있습니다.

완전 탐색을 어떻게 개선할까?

먼저, 참가자 체력의 하한 값 a, 참가자 정신력의 하한 값 b가 결정되어 있다고 가정합니다. 이때, 다음 두 가지 조건을 만족하는 학생만 축구에 참가할 수 있습니다. 물론, 두 가지 조건을 만족하는 학생을 모두 참가시키는 것이 최적입니다.

- 체력이 a 이상 $a + K$ 이하다.
- 정신력이 b 이상 $b + K$ 이하다.

따라서 정수의 조합 (a,b)를 완전 탐색하고, 그중에서 참가 가능한 학생 수가 최대가 되는 것을 답으로 하면 됩니다. 입력 예에 대한 계산 과정을 다음 그림으로 나타냈습니다.

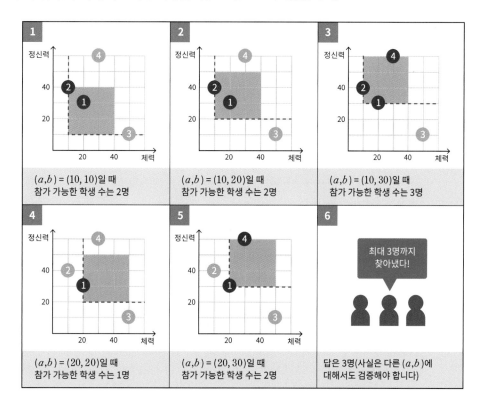

계산 횟수에 관해

그럼 개선한 완전 탐색의 계산 횟수는 어느 정도일가요? 먼저 이 문제의 제약 조건은 A_i, B_i 모두 100 이하라는 것입니다. 따라서 (a, b)의 조합에서는 다음 범위에 포함되는 $100 \times 100 = 10000$가지를 완전 탐색하면 충분합니다.

- $1 \leq a \leq 100$

- $1 \leq b \leq 100$

한편, (a,b)의 값이 결정된 뒤에는 각 학생의 체력과 기력이 참가 가능한 범위에 포함되는지를 직접 조사하는 데 N번 정도의 계산을 수행하게 됩니다. 따라서 전체 계산 횟수는 $10000 \times N$번 정도입니다[7].
이렇게 아무것도 생각하지 않고 완전 탐색을 하면 계산량이 폭발하는 문제라도 **무엇을 완전 탐색하는가(어떤 값의 범위를 제한해서 생각하는가)를 바꾸는 것만으로도 단번에 효율을 높일 수도 있습니다.**

해답 예(C++)

```cpp
01  #include <iostream>
02  #include <algorithm>
03  using namespace std;
04
05  int N, K;
06  int A[309], B[309];
07
08  // 정수의 쌍(a, b)가 결정되었을 때 참가 가능한 학생 수를 반환하는 함수
09  int GetScore(int a, int b) {
10      int cnt = 0;
11      for (int i = 1; i <= N; i++) {
12          if (a <= A[i] && A[i] <= a + K && b <= B[i] && B[i] <= b + K) {
13              cnt += 1;
14          }
15      }
16      return cnt;
17  }
18
```

---

7 2차원 누적 합(→ 2.3절)을 사용하면, 프로그램 전체의 계산 횟수를 $N+10000$회 정도까지 감소시킬 수 있습니다. 흥미가 있는 분들은 구현해 보기 바랍니다.

```
19 int main() {
20     // 입력
21     cin >> N >> K;
22     for (int i = 1; i <= N; i++) cin >> A[i] >> B[i];
23
24     // (a, b)쌍을 완전 탐색
25     int Answer = 0;
26     for (int a = 1; a <= 100; a++) {
27         for (int b = 1; b <= 100; b++) {
28             int Score = GetScore(a, b);
29             Answer = max(Answer, Score);
30         }
31     }
32
33     // 출력
34     cout << Answer << endl;
35     return 0;
36 }
```

문제 B42 | 응용 문제

N장의 카드가 있습니다. i번째 카드의 앞면에는 정수 A_i, 뒷면에는 정수 B_i가 쓰여 있습니다. 경진 씨는 몇 장의 카드를 선택해서 다음과 같이 정의되는 점수를 최대로 만들고 싶습니다.

> [점수] = [선택한 카드의 앞면에 쓰인 수의 총합의 절댓값] + [선택한 카드의 뒷면에 쓰인 수의 총합의 절댓값]

점수로 생각할 수 있는 최댓값은 얼마입니까? $N \leq 100000$, $-10^9 \leq A_i, B_i \leq 10^9$를 만족하는 경우, 1초 이내에 실행이 완료돼야 합니다.

힌트 '앞면의 총합을 +/− 중 어느 쪽으로 할 것인가?', '뒷면의 총합을 +/− 중 어느 쪽으로 할 것인가?'를 완전 탐색하자!

문제 A43	Travel 3	(실행 시간 제한 1초, 난이도 ★4)

전체 길이가 L미터인 ALGO 터널에 현재 N명이 있습니다. 사람 i는 서쪽 끝에서 A_i미터인 위치에 있으며, 방향 B_i로 걷고 있습니다(E는 동쪽, W는 서쪽).

터널의 폭은 좁으므로 2명이 한 위치에서 만나면 이동 방향을 바꿉니다. 모든 사람이 초속 1미터로 걸을 때 가장 마지막 사람이 터널 밖으로 나오는 것은 몇 초 뒤입니까?

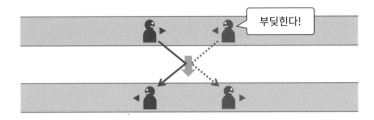

입력 형식

$$N \ L$$
$$A_1 \ B_1$$
$$\vdots$$
$$A_N \ B_N$$

출력 형식

답을 정수로 출력하십시오.

제약

- $1 \leq N \leq 200000$

- $1 \leq A_1 < A_2 < \cdots < A_N < L \leq 10^9$

	입력 예 1	출력 예 1
	3 100	80
	20 E	
	50 E	
	70 W	

문제 해설

이 문제를 푸는 가장 단순한 방법은 사람의 움직임을 직접 시뮬레이션하는 것입니다. 하지만 테스트 케이스에 따라서는 충돌 횟수가 $N^2/4$번 정도가 되기도 합니다. $N=200000$에서는 대략 100억 번이 되므로 1초 이내에 실행을 완료할 수 없습니다.

좀 더 효율적인 해법을 찾기 위해 사람의 동작을 고찰해 봅시다. 먼저 사람끼리 구별하지 않는 경우[8], **'두 사람이 충돌해서 방향을 바꾸는 것'과 '두 사람이 비켜 지나가는 것'**은 등가입니다. 그림으로 나타내면 다음과 같습니다.

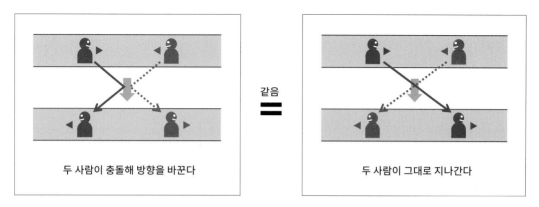

두 사람이 충돌해 방향을 바꾼다 **=같음** 두 사람이 그대로 지나간다

정말로 이것이 올바른지 의문이 드는 분은 입력 예에 대응하는 다음 페이지의 그림을 보기 바랍니다.

- **그림의 왼쪽**: 방향을 바꾸었을 때의 사람의 움직임
- **그림의 오른쪽**: 비켜 갔을 때의 사람의 움직임

을 나타냅니다. 사람의 번호는 엉망(예: 최후에 터널에서 나오는 사람이 1로 되어 있다)이지만, 사람을 구별하지 않는다면 그 위치는 똑같습니다. 예를 들어, 40초 후 시점에서는 그림 양쪽 모두 '서쪽 끝에서 30, 60, 90 미터 위치'에 사람이 있습니다.

---

8 이 문제에서는 '최후에 사람이 터널을 빠져나오는 것은 몇 초 뒤입니까?'에 답하면 충분하므로 최후에 나오는 사람이 사람 1이든, 사람 2이든 관계없습니다. 따라서 사람을 구별하지 않아도 전혀 문제없습니다.

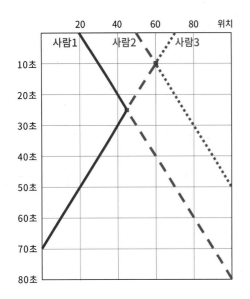
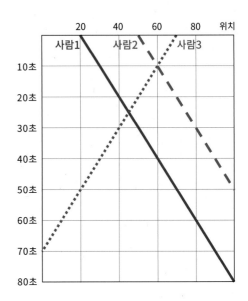

따라서 예제의 답은 다음 문제의 답과 일치합니다.

> **(전략)** 터널의 폭은 충분히 넓으므로 두 사람이 같은 위치에서 만나도 비껴서 그대로 지나갈 수 있습니다. 마지막 사람이 터널 밖으로 나오는 것은 몇 초 뒤입니까?

바뀐 문제는 간단하게 풀 수 있습니다. 사람 i가 터널 밖으로 나오기까지의 시간은 이동 방향이 동쪽인 경우 $L - A_i$초, 서쪽인 경우 A_i초이므로 그 최댓값을 출력하면 됩니다.

해답 예(C++)

```cpp
01 #include <iostream>
02 #include <algorithm>
03 using namespace std;
04
05 int N, L;
06 int A[200009]; char B[200009];
07
08 int main() {
09     // 입력
10     cin >> N >> L;
11     for (int i = 1; i <= N; i++) cin >> A[i] >> B[i];
12
```

```
13      // 답을 구한다
14      int Answer = 0;
15      for (int i = 1; i <= N; i++) {
16          if (B[i] == 'E') Answer = max(Answer, L - A[i]);
17          if (B[i] == 'W') Answer = max(Answer, A[i]);
18      }
19      cout << Answer << endl;
20      return 0;
21  }
```

문제 B43 | 응용 문제

N명의 학생이 퀴즈 대회에 참가했습니다. 이 대회에서는 M 문제가 출제되며 i번째 문제는 A_i번째의 학생을 제외한 전원이 정답을 맞혔습니다. 각 학생의 최종적인 정답 수를 구하는 프로그램을 작성하십시오. 계산량은 $O(N+M)$을 만족해야 합니다.

힌트 '오답 수를 구하는 문제'로 바꾸어 봅시다!

길이 N인 배열 $A=[A_1,\cdots,A_N]$이 있습니다. 처음에는 모든 i에 대해 $A_i=i$로 되어 있습니다. 여러분은 배열에 대해 Q번의 조작을 수행합니다. j번째 조작은 문자열 $Query_j$로 표시합니다.

- **변경 조작**: $Query_j=1Xy$일 때 A_X의 값을 y로 변경한다.
- **반전 조작**: $Query_j=2$일 때 배열 A를 역순으로 한다.
- **취득 조작**: $Query_j=3X$일 때 A_X의 값을 답한다.

모든 취득 조작에 대해 올바르게 답하는 프로그램을 작성하십시오.

입력 형식

$$N \ Q$$
$$Query_1$$
$$\vdots$$
$$Query_Q$$

출력 형식

취득 조작에 대한 답을 순서대로 출력하십시오. 자세한 내용은 입출력 예를 참조하십시오.

제약

- $1 \leq N \leq 200000$
- $1 \leq Q \leq 200000$
- 어떤 시점에서도 배열 A의 요소는 1 이상 10^9 이하의 정수다.

입력 예 1	출력 예 1
5 4	2
1 4 8	8
3 2	
2	
3 2	

배열 A는 $[1,2,3,4,5] \rightarrow [1,2,3,8,5] \rightarrow [5,8,3,2,1]$로 변환합니다.

해법 개요

먼저, 배열 A의 변화를 직접 시뮬레이션하는 방법을 생각할 수 있습니다. 하지만 **반전 조작**에서는 배열 안의 모든 요소를 바꿔 써야 하므로 조작 1회의 계산량이 $O(N)$으로 느립니다. 그래서 배열을 반전시키는 대신 '배열이 역방향으로 되어 있는지 나타내는 변수'를 사용하면 모든 조작을 계산량 $O(1)$로 처리할 수 있습니다.

해설: 단계 1

간단한 설명을 위해 먼저 반전 조작과 취득 조작만을 처리하는 것을 생각해 봅시다. 2번 반전하면 원래 대로 돌아오므로 배열 A는 다음 중 한 가지 상태를 가질 수 있습니다.

- **상태 1:** 배열 A 전체가 반전되지 않음(즉, $A = [1, 2, \cdots, N]$임)
- **상태 2:** 배열 A 전체가 반전됨(즉, $A = [N, \cdots, 2, 1]$임)

따라서 변수 State에 '현재 상태가 어떤 것인가'를 기록하면 취득 조작에 대한 올바른 답을 구할 수 있습니다[9]. 구체적으로는 다음과 같습니다.

- State=1일 때: A_x의 값은 x이다.
- State=2일 때: A_x의 값은 $N+1-x$이다.

조작 예를 그림으로 나타내면 다음과 같습니다(주: 입력 예와 다른 예입니다).

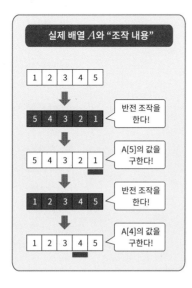
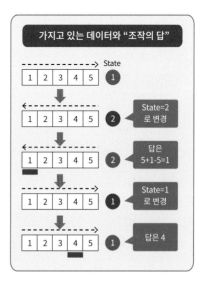

해설: 단계 2

변경 조작을 수행한 경우에도 같은 아이디어로 풀 수 있습니다. 먼저 반전 조작을 무시했을 때의 A_x의 값을 E[x]에 기록합니다. 즉,

- State=1일 때: 배열 E는 A와 같음
- State=2일 때: 배열 E는 A의 역순

으로 합니다. 이때, A_x의 값은 다음과 같습니다.

- State=1일 때: E[x]
- State=2일 때: E[N+1-x]

A_x의 값을 y로 바꾸는 변경 작업을 수행할 때는 위 값을 y로 변경하면 됩니다. 이것으로 드디어 세 종류의 조작 모두를 계산량 $O(1)$로 처리할 수 있게 되었습니다.

이렇게 변수 State를 추가로 관리하는 등 데이터 보유 방법을 개선해 알고리즘을 개선할 수도 있습니다.

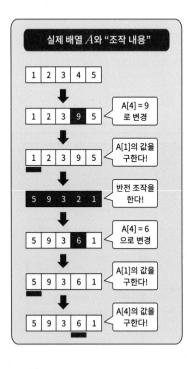
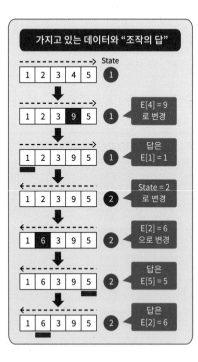

해답 예(C++)

```cpp
01  #include <iostream>
02  using namespace std;
03
04  int N, Q, State = 1;
05  int E[200009];
06
07  int main() {
08      // 입력 → 배열 준비
09      cin >> N >> Q;
10      for (int i = 1; i <= N; i++) E[i] = i;
11
12      // 쿼리 처리
13      for (int i = 1; i <= Q; i++) {
14          int Type, x, y; cin >> Type;
15
16          // [1] 변경 조작
17          if (Type == 1) {
18              cin >> x >> y;
19              if (State == 1) E[x] = y;
20              if (State == 2) E[N + 1 - x] = y;
21          }
22
23          // [2] 반전 조작
24          if (Type == 2) {
25              if (State == 1) State = 2;
26              else State = 1;
27          }
28
29          // [3] 취득 조작
30          if (Type == 3) {
31              cin >> x;
32              if (State == 1) cout << E[x] << endl;
33              if (State == 2) cout << E[N + 1 - x] << endl;
34          }
35      }
36      return 0;
37  }
```

문제 B44 | 응용 문제

$N \times N$의 매트릭스가 있습니다. 위쪽부터 i번째 행, 왼쪽부터 j번째 열에 있는 칸 (i, j)에는 정수 $A_{i, j}$가 쓰여 있습니다. 다음 두 종류의 조작을 처리하는 프로그램을 작성하십시오.

- **교환 조작**: 정수 x, y가 주어졌을 때 x번째 행과 y번째 행을 교환한다.

- **취득 조작**: 정수 x, y가 주어졌을 때 칸 (x, y)에 쓰인 정수를 답한다.

합계 조작 횟수가 Q일 때 계산량이 $O(N^2 + Q)$를 만족해야 합니다.

힌트 'x번째 행에는 원래 몇 번째 행의 값이 쓰여 있는가?'를 나타내는 변수 T[x]를 준비합시다.

문제 A45	Card Elimination	(실행 시간 제한 1초, 난이도 ★5)

경진 씨는 N장의 카드를 가지고 있습니다. i번째 카드($1 \le i \le N$)의 색은 문자 A_i로 나타내며 R은 빨간색, B는 파란색, W는 흰색을 나타냅니다.

경진 씨는 다음 그림의 6가지 조작을 수행할 수 있습니다. 예를 들어, 오른쪽 아래의 조작은 '파란색 1장과 빨간색 1장을 하얀색 1장으로 교환하는 조작'입니다. 여기에서 조작을 $N-1$번 수행하면 1장의 카드가 남습니다. 가장 마지막에 남은 카드의 색을 C로 하는 것이 가능한지 판정하는 프로그램을 작성하십시오.

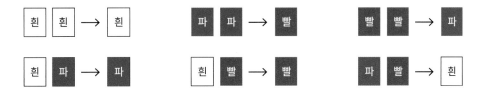

입력 형식

$N\ C$
$A_1\ A_2\ \cdots\ A_N$

출력 형식

마지막 카드의 색을 C로 할 수 있다면 Yes, 그렇지 않다면 No를 출력하십시오.

제약

- $2 \le N \le 200000$
- 문자 C는 R/B/W 중 하나
- 문자 A_i는 R/B/W 중 하나

	입력 예 1	출력 예 1
	4 B	Yes
	WBBR	

문제 해설

먼저, 조작 순서를 완전 탐색하는 방법이 있습니다. 하지만 모든 조작 순서의 수는 $N = 10$인 시점에서 약 26억 가지가 되므로 이미 절망적입니다.

무언가 법칙성을 찾기 위해 입력 예의 경우를 생각해 봅니다. 다소 충격적일지 모르지만, **사실 어떤 순서로 조작을 수행해도 마지막에 남는 1장은 파란색입니다.** 조작 예를 그림으로 나타냈습니다.

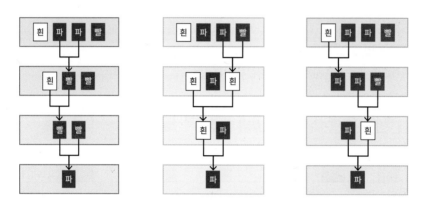

그 이유를 설명하기 위해 흰색 카드를 0, 파란색 카드를 1, 빨간색 카드를 2라는 정수로 표시합니다. 그리고 현재 있는 카드에 대응하는 정수의 합계를 **점수**라고 부릅니다. 예를 들어, 입력 예의 경우 흰색/파란색/파란색/빨간색 4장의 카드가 있으므로 점수는 $0 + 1 + 1 + 2 = 4$입니다.

이때, 6가지의 모든 조작에 대해 점수는 0 또는 3 감소합니다. 따라서 '**점수를 3으로 나눈 나머지**'는 처음부터 마지막까지 전혀 바뀌지 않습니다.

여기서 조작을 시작할 때의 점수를 score로 했을 때, 마지막에 남는 1장의 색은 다음과 같습니다. 입력 예는 score = 4이므로 파란색입니다.

- score를 3으로 나눈 나머지가 0: 흰색

- score를 3으로 나눈 나머지가 1: 파란색

- score를 3으로 나눈 나머지가 2: 빨간색

이렇게 '점수를 3으로 나눈 나머지'라는 **불변량**에 착안하는 것이 해법의 키가 되는 경우가 있습니다. 이때, 불변량이란 조작에 의해 변화하지 않는 값을 나타냅니다.

해답 예(C++)

```
01  #include <iostream>
02  using namespace std;
03
04  int main() {
05      // 입력
06      int N; char C, A[200009];
07      cin >> N >> C;
08      for (int i = 1; i <= N; i++) cin >> A[i];
09
10      // 점수 계산
11      int score = 0;
12      for (int i = 1; i <= N; i++) {
13          if (A[i] == 'W') score += 0;
14          if (A[i] == 'B') score += 1;
15          if (A[i] == 'R') score += 2;
16      }
17      // 출력
18      if (score % 3 == 0 && C == 'W') cout << "Yes" << endl;
19      else if (score % 3 == 1 && C == 'B') cout << "Yes" << endl;
20      else if (score % 3 == 2 && C == 'R') cout << "Yes" << endl;
21      else cout << "No" << endl;
22      return 0;
23  }
```

문제 B45	응용 문제

칠판에 3개의 정수 a, b, c가 쓰여 있습니다. '3개 중 2개의 정수를 선택하고 한쪽에 +1, 다른 한쪽에 −1을 한다'는 조작을 몇 차례 수행해서 쓰인 정수를 모두 0으로 만들 수 있습니까?

힌트 '쓰인 정수의 합계'가 불변량이 되는 것을 사용하면 계산량 $O(1)$로 풀 수 있습니다.

6장 정리

6.1 홀짝을 생각하라

테크닉 개요

홀수와 짝수로 나누어 생각한다.

구체적인 예

칸을 교대로 칠한다($x + y$의 홀짝).

6.2 더한 횟수를 생각하라

테크닉 개요

'무엇을 몇 번 더했는가'를 생각해 계산을 편하게 한다.

구체적인 예

$3 + 3 + 5 + 5 + 5 + 5 + 3 + 5$를 계산하지 않고 '3이 3번, 5가 5번'임을 이용해 계산한다.

6.3 상한 값을 생각하라

테크닉 개요

1. '절대로 답이 ○○를 넘지 않는다'는 상한 값 a를 예상한다.

2. a로 답할 수 있다는 것을 증명한다.

6.4 한수 앞을 생각하라

테크닉 개요

한 수 앞을 읽었을 때 최선의 수를 계속해서 선택한다. 탐욕 알고리즘으로도 불린다.

구체적인 예

동전 문제, 구간 스케줄링 문제

6.5 개수를 생각하라

테크닉 개요

열거 등을 정리하고 싶을 때 미리 숫자를 세어 둔다.

구체적인 예

배열 A 안에 x가 포함된 개수 cnt$[x]$를 센다.

6.6 뒤에서부터 생각하라

테크닉 개요

가장 처음의 한 수부터 생각해 잘 풀리지 않았다면 가장 마지막의 한 수부터 생각해도 좋다.

6.7 값을 제한한 뒤 완전 탐색

테크닉 개요

'완전 탐색할 대상'을 바꾸면 확인해야 할 패턴 수를 줄일 수 있다.

구체적인 예

최솟값 등을 완전 탐색한다.

6.8 문제를 바꿔서 표현하라

테크닉 개요

문제를 '단순하고 생각하기 쉬운 것'으로 바꾸어 표현한다.

구체적인 예

사람을 구별하지 않는 경우, '충돌한다'를 '비켜 지나간다'로 바꿀 수도 있다.

6.9 데이터 보유 방법을 개선하라

테크닉 개요

배열이 역순으로 되어 있는지에 관한 정보를 갖는 등 관리하는 데이터를 개선함으로써 알고리즘이 더 개선되는 경우도 있다.

6.10 뒤에서부터 생각하라

테크닉 개요

짝수나 '3으로 나눈 나머지' 등 조작을 수행해도 변하지 않는 값(불변량)에 착안해서 해결한다.

7 장

휴리스틱

1장부터 6장까지는 '올바른 답을 구하는 프로그램'을 빠르게 제출하는 것을 경쟁하는 **알고리즘 계열 콘테스트**에 필요한 테크닉을 학습했습니다.

하지만 프로그래밍 경진대회 대회에는 이 외에도 **휴리스틱 계열 콘테스트**가 있습니다. 이것은 올바른 답 (최적 해)을 구하는 것이 어려운 문제에 대해 가능한 한 좋은 답을 내는 프로그래밍을 작성하고, 그 점수 로 겨루는 대회입니다. 7장에서는 주로 휴리스틱 계열 콘테스트에서 자주 출제되는 알고리즘을 학습합 니다.

	순위	점수
	1위	1,010,101,010 pts
	2위	998,244,353 pts
	3위	924,844,033 pts

최적 해를 내는 것이 어려운 문제가 주어진다 · 가능한 한 좋은 답을 내는 프로그램을 작성한다 · 점수가 높은 답을 낸 참가자가 상위에

휴리스틱 계열 콘테스트의 특징

휴리스틱 계열 콘테스트는 '가능한 한 좋은 답'을 겨루는 것이므로 **다양한 해법 접근 방식**을 생각할 수 있습니다. 참가자가 100명이라면 90개 정도의 해법이 있을 것입니다. 오히려 알고리즘 계열 콘테스트보다 재미있다고 생각하는 사람도 있습니다.

또한, **차근차근 점수를 올려가는 즐거움**을 맛볼 수 있다는 것도 특징입니다. 콘테스트 종료까지 개선을 거듭하면서 점수를 높여가는 것은 육성 게임과 같은 즐거움이 있습니다. 최초에 생각했던 해법을 구현해 고득점을 얻지 못했더라도 다른 해법으로 반전을 꾀할 수도 있습니다.

AtCoder Heuristic Contest 소개

휴리스틱 계열 콘테스트는 다양하지만, 그중에서도 AtCoder사가 개최하는 AtCoder Heuristic Contest(AHC)가 유명합니다. 2022년 9월 기준, 콘테스트는 월 1회 정도 개최되며, 콘테스트 시간은 4시간에서 2주까지 광범위합니다.

- **링크**: https://atcoder.jp/contests/ahc001

開始時刻	コンテスト名	時間	Rated対象
2022-04-24(日) 15:00	⊕◉ ALGO ARTIS プログラミングコンテスト2022（AtCoder Heuristic Contest 010)	04:00	All
2022-03-26(土) 15:00	⊕◉ モノグサ プログラミングコンテスト2022（AtCoder Heuristic Contest 009)	04:00	All
2022-02-12(土) 12:00	⊕◉ MC Digital プログラミングコンテスト2022（AtCoder Heuristic Contest 008)	343:00	All

7.1 | 탐욕 알고리즘

문제 A46 | Heuristic 1 | (실행 시간 제한 1초, 난이도 ★2)

2차원 평면상에 N개의 도시가 있으며, 1부터 N까지의 번호가 붙어 있습니다. 도시 i는 좌표 (X_i, Y_i)에 있으며, 도시 i부터 도시 j까지의 거리는 다음 식으로 나타냅니다.

$$\sqrt{(X_i - X_j)^2 + (Y_i - Y_j)^2}$$

도시 1에서 출발해 모든 도시를 한 번씩 지난 뒤, 도시 1로 돌아오는 거리 중 합계 거리가 가능한 한 짧은 것을 출력하십시오. 이 문제는 '외판원 순회 문제'라고도 불립니다.

입력 형식

N
X_1 Y_1
$\vdots$
X_N Y_N

출력 형식

$N + 1$행으로 통과한 도시의 번호를 순서대로 출력하십시오. 특히 1번째 행과 $N + 1$번째 행의 값은 1이어야 합니다. 자세한 내용은 입력 예와 출력 예를 참조하십시오.

제약

- $N = 150$
- $0 \le X_i, Y_i \le 1000$
- 입력은 무작위로 생성된다.

득점

각 콘테스트에 대해 다음과 같이 득점이 결정되어 있습니다(소수점 이하는 버림).

- 출력이 조건을 만족하지 않는 경우, 0점
- 출력이 조건을 만족하는 경우, 합계 거리를 D라 할 때 $10^6 \div D$점

총 50개의 테스트 케이스가 있으며, 최종적인 득점은 이들의 합계로 결정됩니다. 먼저, 4000점을 목표로 합시다.

	입력 예 1	출력 예 1
7		1
1 1		2
4 1		6
2 5		7
3 4		3
3 2		4
4 2		5
5 5		1

이 입력 예에 대응하는 그림은 다음과 같습니다. 도시 1 → 2 → 6 → 7 → 3 → 4 → 5 → 1 순으로 이동하면 합계 거리는 약 15.81이 됩니다.

이것은 설명용 테스트 케이스이며, 제약을 만족하지 않는다는(채점용 테스트 케이스에 포함되지 않음) 것에 주의하십시오. 제약을 만족하는 입력 예는 자동 채점 시스템의 문제 페이지에서 다운로드하십시오.

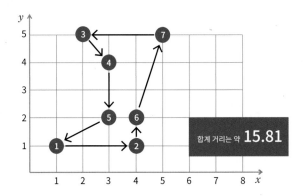

해설

한 수 앞을 읽는 탐욕 알고리즘(→ 6.4절)은 휴리스틱 계열의 문제에서도 활약합니다. 예를 들어, 이번 예제에서는 '지금 선택할 수 있는 도시 중에서 가장 가까운 도시로 이동한다'는 소박한 탐욕 알고리즘을 사용해 어느 정도 점수를 얻을 수 있습니다.

실제, 입력 예의 경우 다음 페이지의 그림과 같이 합계 거리 17.47[1]을 곧바로 얻을 수 있습니다. 남은 도시 수가 적은 후반에는 거리가 길어지지만, 초반의 짧은 거리로 보완할 수 있는 것이 큰 승리 요인입니다.

---

1   예를 들어, 도시 1 → 2 → 3 → 4 → 5 → 6 → 7 → 1의 순서로 이동하면 합계 이동 거리는 약 20.7이 됩니다. 이와 비교하면 매우 훌륭합니다.

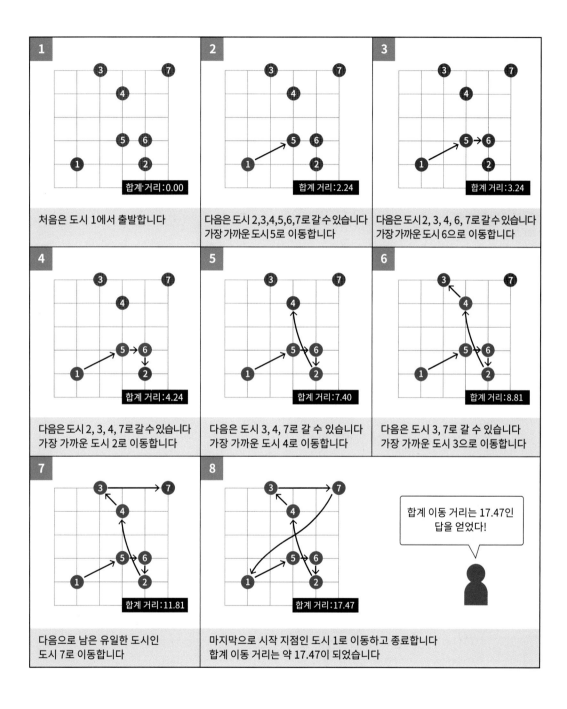

1
처음은 도시 1에서 출발합니다

2
다음은 도시 2,3,4,5,6,7로 갈 수 있습니다
가장 가까운 도시 5로 이동합니다

3
다음은 도시 2, 3, 4, 6, 7로 갈 수 있습니다
가장 가까운 도시 6으로 이동합니다

4
다음은 도시 2, 3, 4, 7로 갈 수 있습니다
가장 가까운 도시 2로 이동합니다

5
다음은 도시 3, 4, 7로 갈 수 있습니다
가장 가까운 도시 4로 이동합니다

6
다음은 도시 3, 7로 갈 수 있습니다
가장 가까운 도시 3으로 이동합니다

7
다음으로 남은 유일한 도시인
도시 7로 이동합니다

8
마지막으로 시작 지점인 도시 1로 이동하고 종료합니다
합계 이동 거리는 약 17.47이 되었습니다

합계 이동 거리는 17.47인
답을 얻었다!

탐욕 알고리즘의 구현

이 알고리즘을 구현하면 **해답 예**와 같으며, 자동 채점 시스템에서는 4230점을 얻을 수 있습니다. 또한, 거리를 구할 때 필요한 $\sqrt{a}$의 계산은 C++에서는 sqrt(a), Python에서는 a ** 0.5 형식으로 구현할 수 있습니다.

해답 예(C++)

```
01  #include <iostream>
02  #include <cmath>
03  using namespace std;
04
05  int N, X[159], Y[159];
06  int P[159]; // 도시를 방문하는 순서 정보
07  bool visited[159]; // visited[i]=true일 때 도시 i를 방문했음
08
09  // 도시 p와 q 사이의 거리를 구하는 함수
10  double GetDistance(int p, int q) {
11      return sqrt((X[p] - X[q]) * (X[p] - X[q]) + (Y[p] - Y[q]) * (Y[p] - Y[q]));
12  }
13
14  // 탐욕 알고리즘을 사용해 답을 구하는 함수
15  void PlayGreedy() {
16      // 배열 초기화
17      int CurrentPlace = 1;
18      for (int i = 1; i <= N; i++) visited[i] = false;
19      P[1] = 1; visited[1] = true;
20
21      // 탐욕 알고리즘 시작
22      for (int i = 2; i <= N; i++) {
23          double MinDist = 10000.0; // 현 시점에서의 거리의 최소
24          int Min_ID = -1; // 다음은 어떤 도시로 이동해야 좋은가
25
26          // 거리가 최소가 되는 도시를 찾는다
27          for (int j = 1; j <= N; j++) {
28              if (visited[j] == true) continue;
29              double NewDist = GetDistance(CurrentPlace, j);
30              if (MinDist > NewDist) {
```

```
31                  MinDist = NewDist;
32                  Min_ID = j;
33              }
34          }
35
36          // 현재 위치 업데이트
37          visited[Min_ID] = true;
38          P[i] = Min_ID;
39          CurrentPlace = Min_ID;
40      }
41
42      // 최후에 방문하는 도시
43      P[N + 1] = 1;
44 }
45
46 int main() {
47      // 입력
48      cin >> N;
49      for (int i = 1; i <= N; i++) cin >> X[i] >> Y[i];
50
51      // 탐욕 알고리즘
52      PlayGreedy();
53
54      // 출력
55      for (int i = 1; i <= N + 1; i++) cout << P[i] << endl;
56      return 0;
57 }
```

국소 탐색 알고리즘은 답을 조금씩 개선해 나감으로써 최종적으로 품질이 높은 해를 1개 생성하는 알고리즘입니다. 다음 순서 1, 순서 2를 기초로 합니다.

> 순서 1: 초기 해(시작 시점)를 적당하게 생성한다.
>
> 순서 2: 작은 변경을 무작위로 수행하고, 점수가 좋아지면 채용하는 것을 반복한다.

이런 알고리즘은 산을 올라가는 이미지에 비유해 **등산 알고리즘**으로도 부릅니다. 그림으로 나타내면 다음과 같습니다.

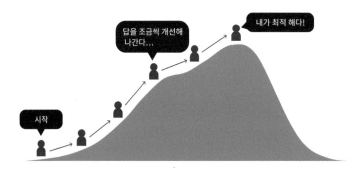

여기에서 **순서 2**의 '작은 변경'의 범위를 **근방**이라고 부르기도 하며, 근방을 어떻게 설정하는가에 따라 최종적으로 얻을 수 있는 점수가 크게 달라집니다. 예를 들어, 외판원 순회 문제의 경우 구간 이동 순서를 반전시키는 변경을 반복하면 나은 답을 구할 수 있는 것으로 알려져 있습니다(**2-opt 법**이라 불리는 알고리즘입니다). 다음 그림이 반전 조작의 예입니다.

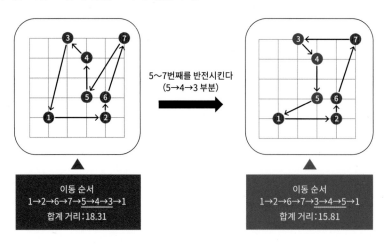

그럼, 7.1절의 입력 예 1에 대해 국소 탐색 알고리즘을 적용해 봅시다. 초기 해를 '도시 1 → 2 → 3 → 4 → 5 → 6 → 7 → 1'로 했을 때 계산 과정은 다음 그림과 같습니다. 최종적으로는 합계 거리를 16.36까지 줄일 수 있습니다.

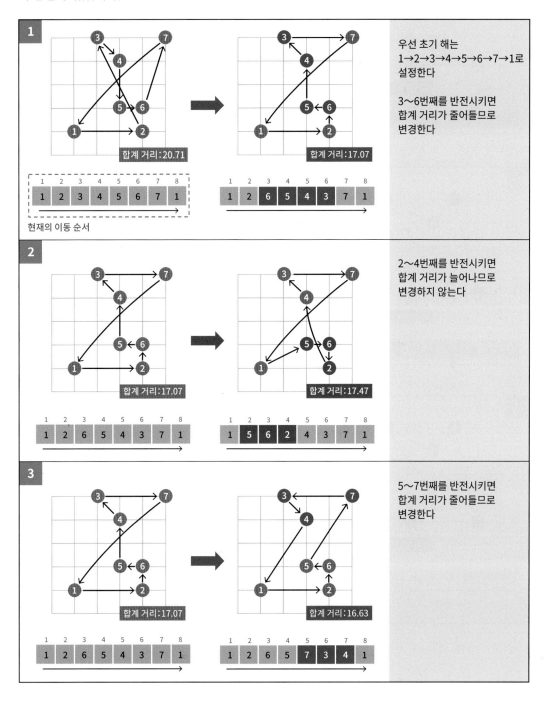

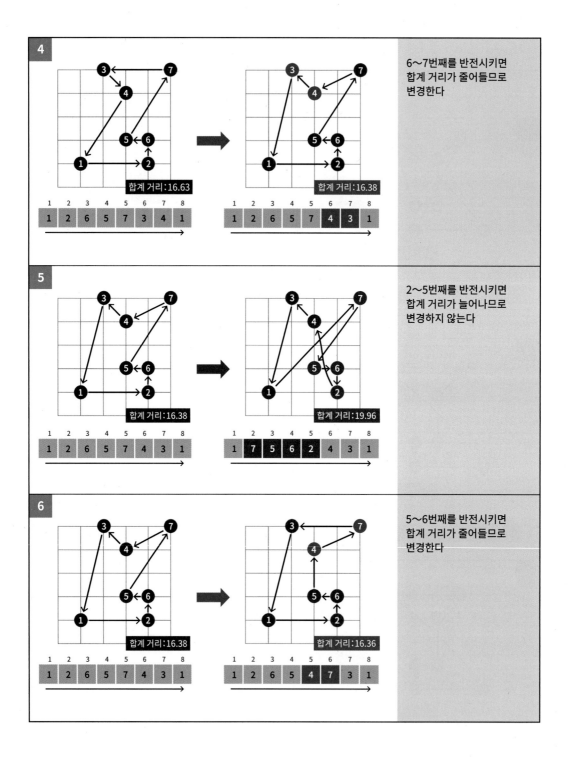

4

합계 거리:16.63

1	2	3	4	5	6	7	8
1	2	6	5	7	3	4	1

합계 거리:16.38

1	2	3	4	5	6	7	8
1	2	6	5	7	4	3	1

6~7번째를 반전시키면
합계 거리가 줄어들므로
변경한다

5

합계 거리:16.38

1	2	3	4	5	6	7	8
1	2	6	5	7	4	3	1

합계 거리:19.96

1	2	3	4	5	6	7	8
1	7	5	6	2	4	3	1

2~5번째를 반전시키면
합계 거리가 늘어나므로
변경하지 않는다

6

합계 거리:16.38

1	2	3	4	5	6	7	8
1	2	6	5	7	4	3	1

합계 거리:16.36

1	2	3	4	5	6	7	8
1	2	6	5	4	7	3	1

5~6번째를 반전시키면
합계 거리가 줄어들므로
변경한다

구현에 관해

국소 탐색 알고리즘을 구현하면 **해답 예**와 같습니다. 루프 횟수를 20만 번으로 설정한 경우는 약 0.1초로 실행이 완료되며, 자동 채점 시스템에서는 4775점을 얻을 수 있습니다.

또한, 이 프로그램에서는 초기 해를 1→2→3→⋯→N→1로 설정했습니다[2]. 또한, 반전하는 구간은 거의 균일하게 무작위로 선정했습니다. 구체적으로는 2 이상 N 이하인 정수 L, R이 무작위로 선택되고, 작은 쪽을 왼쪽 끝, 큰 쪽을 오른쪽 끝으로 설정했습니다. 11번째 행의 RandInt(a, b)에 관해서는 다음 페이지의 보충 설명을 참조하기 바랍니다.

해답 예(C++)

```
01 #include <iostream>
02 #include <cmath>
03 #include <ctime>
04 #include <algorithm>
05 using namespace std;
06
07 int N, X[159], Y[159];
08 int P[159];
09
10 // a 이상 b 이하의 정수를 무작위로 반환하는 함수
11 int RandInt(int a, int b) {
12     return a + rand() % (b - a + 1);
13 }
14
15 // 도시 p와 q 사이의 거리를 구하는 함수
16 double GetDistance(int p, int q) {
17     return sqrt((X[p] - X[q]) * (X[p] - X[q]) + (Y[p] - Y[q]) * (Y[p] - Y[q]));
18 }
19
20 // 점수를 계산하는 함수
21 double GetScore() {
22     double sum = 0;
23     for (int i = 1; i <= N; i++) sum += GetDistance(P[i], P[i + 1]);
24     return sum;
```

2　초기 해를 '1 → 2 → ⋯ → N → 1'이 아니라 7.1절의 탐욕 알고리즘에서 얻은 해로 설정하면 점수는 4933점까지 올라갑니다.

```
25 }
26
27 int main() {
28     // 입력
29     cin >> N;
30     for (int i = 1; i <= N; i++) cin >> X[i] >> Y[i];
31
32     // 초기 해 생성
33     P[1] = 1; P[N + 1] = 1;
34     for (int i = 2; i <= N; i++) P[i] = i;
35
36     // 등산 알고리즘
37     double CurrentScore = GetScore();
38     for (int t = 1; t <= 200000; t++) {
39         // 무작위로 반전시킬 구간 [L, R]를 선택한다
40         int L = RandInt(2, N);
41         int R = RandInt(2, N);
42         if (L > R) swap(L, R);
43
44         // reverse는 배열의 L ~ R번째를 반전시키는 함수
45         reverse(P + L, P + R + 1);
46         double NewScore = GetScore();
47
48         // 개선되면 점수를 업데이트, 악화되면 원래대로 되돌린다
49         if (CurrentScore >= NewScore) CurrentScore = NewScore;
50         else reverse(P + L, P + R + 1);
51     }
52
53     // 출력
54     for (int i = 1; i <= N + 1; i++) cout << P[i] << endl;
55     return 0;
56 }
```

보충: 난수 생성에 관해(C++)

난수는 다양한 방법으로 생성할 수 있지만, C++에서는 다음의 rand() 함수를 사용하면 간단합니다.

> rand() 함수는 0 이상 RAND_MAX 이하의 정수를 무작위로 반환하는 함수다. 여기에서 정수 RAND_MAX의 크기는 실행 환경에 따라 다르다. 예를 들어, Visual Studio에서는 32767, AtCoder의 코드 테스트에서는 2147483647이다.

따라서 0 이상 N − 1 이하의 무작위 정수는 rand() % N으로 얻을 수 있습니다. 마찬가지로 a 이상 b 이하의 무작위 정수는 코드 7.1과 같이 얻을 수 있습니다.

코드 7.1 RandInt 함수 구현

```
01  // a 이상 b 이하의 정수를 무작위로 반환하는 함수
02  int RandInt(int a, int b) {
03      return a + rand() % (b - a + 1);
04  }
```

rand() 함수는 매우 간단하지만, 난수의 품질이 그다지 좋지 않습니다[3]. 그래서 양질의 난수를 생성하는 방법으로 **XOR 시프트**나 **메르센/트위스터** 등이 알려져 있습니다. 이 책의 범위에 해당하지는 않으나, 흥미가 있는 분들은 인터넷 등을 검색해 보기 바랍니다.

---

3   휴리스틱 계열 콘테스트에서는 rand() 함수로 충분한 경우가 많습니다.

7.3 담금질 알고리즘

국소 탐색 알고리즘은 단순하지만, 중대한 결함을 안고 있습니다. 그것은 '작은 변경을 해도 점수가 개선되지 않는' 가짜 최적 해에 갇혀서 진짜 최적해에 도달하지 못한다는 것입니다. 예를 들어, 다음 그림 왼쪽의 작은 봉우리에 이동하면 오른쪽의 정상에 도달하지 못하게 됩니다.

이것은 외판원 순회 문제에서도 마찬가지입니다. 7.1절에서 설명한 것처럼 입력 예에서는 합계 거리를 15.81까지 줄일 수 있습니다. 하지만 7.2절의 그림 마지막(합계 거리 16.36)에 대해 '구간의 이동 순서를 반전시키는 변경'을 어떤 방식으로 수행해도 해가 악화됩니다. 즉, 국소 탐색 알고리즘을 사용해 진짜 최적 해를 얻을 수 있다고 말할 수 없습니다.

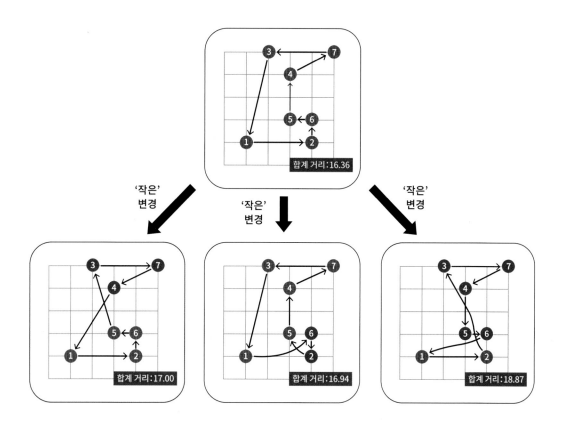

담금질 알고리즘이란

앞에서 설명한 문제점을 해소하기 위해 고안된 것인 **담금질 알고리즘**입니다. 담금질 알고리즘은 기본적으로 일정한 확률로 점수를 낮추는 변경을 허용하는 아이디어입니다.

하지만 점수를 너무 크게 낮추는 변경은 좋지 않으므로 점수의 편차 Δ가 클수록 해당 점수를 사용할 확률(채용 확률) p를 낮추는 경우가 많습니다. 구체적으로는 다음 식을 많이 이용합니다(e는 **자연 로그의 밑**이며 그 값은 약 2.718입니다).

$$p = \begin{cases} 1 & (\text{점수가 개선되는 경우}) \\ e^{-\Delta/T} & (\text{점수가 개선되지 않는 경우}) \end{cases}$$

여기에서 T는 **온도**라 불리는 파라미터입니다(자세한 내용은 뒤에서 설명합니다). 예를 들어, $T=10$인 경우 점수를 5만큼 낮추는 변경은 61%의 확률로 채용하며, 10만큼 낮추는 경우 37%, 20만큼 낮추는 경우 14%, 30만큼 낮추는 경우 5%, 50만큼 낮추는 경우 1%까지 채용 확률이 내려갑니다.

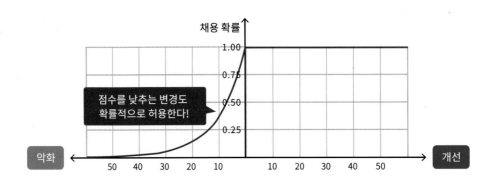

담금질 알고리즘과 온도

마지막으로 구현에 있어서 중요한 '온도 조정'에 관해 설명합니다. 일반적으로 담금질 알고리즘의 실행 과정에 대해 다음 두 가지를 말할 수 있습니다.

- **초반**: 가짜 최적 해로부터 탈출하기 쉽도록 악화를 허용하는 확률을 높인다.

- **종반**: 진짜 최적 해에 가까워지기 쉽도록 악화를 허용하는 확률을 낮춘다.

따라서 담금질 알고리즘에서는 실행 시간이 지남에 따라 점점 온도 T를 낮추는 정책이 유효합니다. 예를 들어 **해답 예**에서는 루프 횟수를 20만 번으로 설정하고 있으며, 다음과 같이 온도를 낮춰 갑니다. 이때, 자동 채점 시스템에서는 5071점을 얻을 수 있습니다.

몇 번째 루프인가	1	…	5만	…	10만	…	15만	…	20만
온도 T	30	…	23	…	16	…	9	…	2

해답 예(C++)

```cpp
01  #include <iostream>
02  #include <cmath>
03  #include <ctime>
04  #include <algorithm>
05  using namespace std;
06
07  int N, X[159], Y[159];
```

```
08  int P[159];
09
10  // 0 이상 1 이하의 무작위 정수를 반환하는 함수
11  double Randouble() {
12      return 1.0 * rand() / RAND_MAX;
13  }
14
15  int main() {
16      // 입력
17      cin >> N;
18      for (int i = 1; i <= N; i++) cin >> X[i] >> Y[i];
19
20      // 초기 해 생성
21      P[1] = 1; P[N + 1] = 1;
22      for (int i = 2; i <= N; i++) P[i] = i;
23
24      // 담금질 알고리즘(GetScore 함수, RandInt 함수는 7.2절을 참조)
25      double CurrentScore = GetScore();
26      for (int t = 1; t <= 200000; t++) {
27          int L = RandInt(2, N);
28          int R = RandInt(2, N);
29          if (L > R) swap(L, R);
30          reverse(P + L, P + R + 1);
31          double NewScore = GetScore();
32
33          // 7.2절의 해답 예로부터 변경한 유일한 부분(Probability는 채용 확률)
34          double T = 30.00 - 28.00 * t / 200000.0;
35          double Probability = exp(min(0.0, (CurrentScore - NewScore) / T));
36          if (Randouble() < Probability) CurrentScore = NewScore;
37          else reverse(P + L, P + R + 1);
38      }
39
40      // 출력
41      for (int i = 1; i <= N + 1; i++) cout << P[i] << endl;
42      return 0;
43  }
```

7.4 빔 서치

Heuristic 2 (실행 시간 제한 1초, 난이도 ★6)

길이 20인 배열 $X=[X[1], X[2], \cdots, X[20]]$이 있으며, 최초에는 모든 요소가 0으로 되어 있습니다. 여러분은 배열에 대해 T번의 조작을 수행합니다. i번째 조작($1 \le i \le T$)에서는 다음 조작 중 하나를 선택할 수 있습니다.

- **조작 A**: $X[P_i]$, $X[Q_i]$, $X[R_i]$에 +1을 더한다.
- **조작 B**: $X[P_i]$, $X[Q_i]$, $X[R_i]$에 −1을 더한다.

각 조작을 완료한 뒤, 'X[j]=0이 되는 j의 개수'만큼만 점수가 가산됩니다(즉, 점수는 총 T번 더해집니다). 가능한 한 큰 점수가 되도록 조작하는 순서를 구하십시오.

입력 형식

$$
\begin{array}{l}
T \\
P_1 \; Q_1 \; R_1 \\
\quad \vdots \\
P_T \; Q_T \; R_T
\end{array}
$$

출력 형식

T행으로 출력하십시오. i번째 행에는 i번째 수행한 조작의 번호(A 또는 B)를 출력하십시오.

제약

- $T = 100$
- $1 \le P_i < Q_i < R_i \le 20$ $(1 \le i \le T)$
- 입력은 무작위로 생성된다.

득점

각 테스트 케이스에 대해 위에서 설명한 점수를 얻을 수 있습니다. 총 50개의 테스트 케이스가 있으며, 최종 득점은 각각의 합계입니다.

	입력 예 1	출력 예 1
3		A
1 2 3		B
2 3 4		A
3 4 5		

이 입력 예에 대한 그림은 다음과 같습니다. 1번째 종료 후에 점수 17, 2번째 종료 후에 점수 18, 3번째 종료 후에 점수 17이 가산되어 총 17 + 18 + 17 = 52가 됩니다.

이것은 설명을 위한 테스트 케이스이며, 제약을 만족하지 않는다는(채점용 테스트 케이스에는 포함되지 않는) 점에 주의하십시오. 제약을 만족하는 입력 예는 자동 채점 시스템의 문제 페이지에서 다운로드하십시오.

간단한 해법

가장 단순한 방법은 **1수 다음의 점수가 최대가 되는 조작을 계속 선택하는** 탐욕 알고리즘입니다. 다음 그림과 같이 입력 예에서는 52점을 쉽게 얻을 수 있습니다. 또한, 지원 페이지(→ 0.4절)에 게재되어 있는 구현을 한 경우 자동 채점 시스템에서는 37454점을 얻을 수 있습니다.

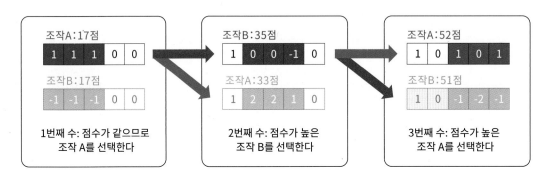

빔 서치란

탐욕 알고리즘에는 중대한 결점이 있습니다. 바로 각 단계마다 하나의 상태밖에 생각할 수 없다는 것입니다. 어쩌면 2번째, 3번째 좋은 수가 장기적으로는 최선일 수도 있는데, 1번째 수를 읽었을 때 최선의 수 이외에는 모두 버리게 됩니다.

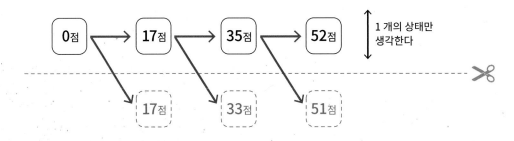

이 문제점을 해소하는 알고리즘이 **빔 서치**입니다. 빔 서치는 점수가 상위 k개가 되는 것을 남겨두고 탐색을 진행합니다. 여기에서 상수 k는 **빔 폭**이라 불리며, 실행 시간 제한 등에 따라 적절하게 조정합니다. 다음 그림으로 나타냈습니다(입력 예에 대응하지 않는다는 점에 주의).

이미지가 잘 그려지지 않는다면 동물의 생존 경쟁과 비유해 보면 됩니다. 동물이 번식하면 상위 k개 이외의 개체는 죽이고, 또 번식하면 다시 상위 k개 이외의 개체를 죽이는 것을 반복하는 것입니다.

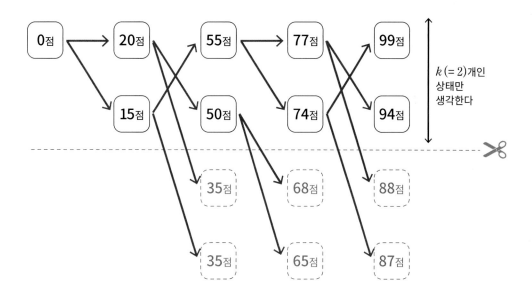

또한, 구체적인 조작 순서는 경로를 거꾸로 주행해서 얻을 수 있습니다. 예를 들어, 다음 그림과 같이 1위(99점)에서 출발한 경우, 빨간색 → 빨간색 → 파란색 → 파란색이라는 조작 순서를 얻을 수 있습니다. 4장을 이미 읽은 분은 동적 계획 알고리즘의 복원(→ 4.2절)을 생각해 보면 좋을 것입니다.

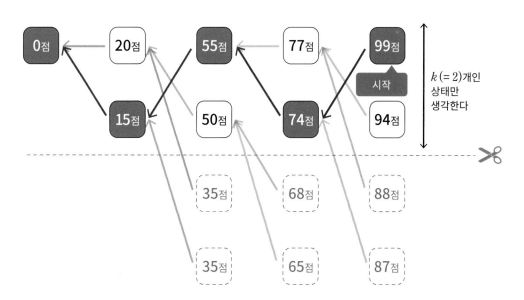

빔 서치 구현: Part 1

그럼 빔 서치를 구현해 봅시다. 먼저 'i번째 수를 종료한 시점에서 j번째 위치의 상태'를 나타내는 변수 $Beam[i][j]$에는 다음 4가지 정보를 기록합니다.

- score: 현재 시점에서의 점수

- X: 현 시점에서의 배열 X의 값

- LastMove: i번째 수는 조작 A, B 중 어느 것인가?

- LastPos: $i-1$번째 수 시점에서는 몇 위였는가?

특히, 마지막 2개는 빔 서치의 복원을 위해 필요한 정보입니다. 이 정보는 다음 구조체 State를 사용해서 관리할 수 있습니다.

코드 7.2 구조체 State의 구현

```
01  struct State {
02      int score; // 잠정 점수
03      int X[29]; // 현재 배열 X의 값
04      char LastMove; // 마지막 동작('A' 또는 'B')
05      int LastPos; // Beam[i-1][어디]에서 전이했는가
06  };
```

빔 서치: Part 2

다음으로, $Beam[i][j]$를 계산하는 부분은 코드 7.3과 같이 구현할 수 있습니다. 여기에서 변수 Candidate는 다음 상태로 생각할 수 있는 후보를 관리하는 리스트입니다. 빔 폭을 k로 했을 때 최대 $2k$개의 요소가 들어갑니다.

코드 7.3 빔 서치의 계산 부분 구현

```
01  // 0번째 수의 상태를 설정
02  // NumState[i]는 i번째 수 시점에서의 상태 수(반드시 빔 폭 이하가 된다)
03  // 0번째 수는 X=[0,0,...,0]만 존재하므로 NumState[0]=1
04  NumState[0] = 1;
05  Beam[0][0].score = 0;
06  for (int i = 1; i <= N; i++) Beam[0][0].X[i] = 0;
07
```

```
08  // 빔 서치
09  for (int i = 1; i <= T; i++) {
10      vector<State> Candidate;
11      for (int j = 0; j < NumState[i - 1]; j++) {
12          // 조작 A인 경우
13          State SousaA = Beam[i - 1][j];
14          SousaA.LastMove = 'A';
15          SousaA.LastPos = j;
16          SousaA.X[P[i]] += 1;
17          SousaA.X[Q[i]] += 1;
18          SousaA.X[R[i]] += 1;
19          for (int k = 1; k <= N; k++) {
20              if (SousaA.X[k] == 0) SousaA.score += 1;
21          }
22
23          // 조작 B인 경우
24          State SousaB = Beam[i - 1][j];
25          SousaB.LastMove = 'B';
26          SousaB.LastPos = j;
27          SousaB.X[P[i]] -= 1;
28          SousaB.X[Q[i]] -= 1;
29          SousaB.X[R[i]] -= 1;
30          for (int k = 1; k <= N; k++) {
31              if (SousaB.X[k] == 0) SousaB.score += 1;
32          }
33
34          // 후보에 추가
35          Candidate.push_back(SousaA);
36          Candidate.push_back(SousaB);
37      }
38
39      // 정렬해서 Beam[i]의 결과를 계산한다
40      sort(Candidate.begin(), Candidate.end(), greater<State>());
41      NumState[i] = min(WIDTH, (int)Candidate.size());
42      for (int j = 0; j < NumState[i]; j++) Beam[i][j] = Candidate[j];
43  }
```

그러나 이대로는 정렬에 필요한 '구조체 State의 대소 비교'를 할 수 없으므로 '잠정 점수가 높은 쪽이 위'
가 되도록 비교 함수를 설정합니다. 이것은 코드 7.4와 같이 구현할 수 있습니다.

코드 7.4 비교 함수 구현

```
01  // sort 함수의 순서를 결정한다(점수가 높은 쪽을 '크다'고 한다)
02  bool operator>(const State& a1, const State& a2) {
03      if (a1.score > a2.score) return true;
04      else return false;
05  }
```

빔 서치: Part 3

마지막으로, 조작 순서의 복원을 코드 7.5와 같이 구현합니다. 변수 CurrentPlace는 현 시점에서 몇 위
의 상태에 있는지를 메모한 것입니다.

이상의 내용을 종합하면 **해답 예**와 같습니다. 빔 폭을 10000으로 설정한 경우, 자동 채점 시스템에서는
48804점을 얻을 수 있습니다. 탐욕 알고리즘에 비하면 훨씬 높은 점수입니다.

코드 7.5 조작 순서 복원 구현

```
01  int CurrentPlace = 0;
02  for (int i = T; i >= 1; i--) {
03      Answer[i] = Beam[i][CurrentPlace].LastMove;
04      CurrentPlace = Beam[i][CurrentPlace].LastPos;
05  }
```

해답 예(C++)

```
01  #include <iostream>
02  #include <vector>
03  #include <algorithm>
04  #include <functional>
05  using namespace std;
06
07  // 상태를 나타내는 구조체
08  struct State {
09      int score;      // 잠정 점수
10      int X[29];      // 현재 배열 X의 값
```

```
11      char LastMove; // 마지막 동작('A' 또는 'B')
12      int LastPos;    // Beam[i-1][ 어디 ]에서 전이했는가
13   };
14
15   // sort 함수의 순서를 결정한다(점수가 높은 쪽이 '크다'고 한다)
16   bool operator>(const State& a1, const State& a2) {
17      if (a1.score > a2.score) return true;
18      else return false;
19   }
20
21   // 필요한 변수/배열(WIDTH는 빔 폭,, NumState[i]는 i번째 수 시점에서의 상태 수)
22   const int WIDTH = 10000;
23   const int N = 20;
24   int T, P[109], Q[109], R[109];
25   int NumState[109];
26   State Beam[109][WIDTH];
27   char Answer[109];
28
29   // 빔 서치를 수행하는 함수
30   void BeamSearch() {
31      // 0번째 수의 상태를 설정
32      NumState[0] = 1;
33      Beam[0][0].score = 0;
34      for (int i = 1; i <= N; i++) Beam[0][0].X[i] = 0;
35
36      // 빔 서치
37      for (int i = 1; i <= T; i++) {
38         vector<State> Candidate;
39         for (int j = 0; j < NumState[i - 1]; j++) {
40            // 조작 A인 경우
41            State SousaA = Beam[i - 1][j];
42            SousaA.LastMove = 'A';
43            SousaA.LastPos = j;
44            SousaA.X[P[i]] += 1;
45            SousaA.X[Q[i]] += 1;
46            SousaA.X[R[i]] += 1;
47            for (int k = 1; k <= N; k++) {
48               if (SousaA.X[k] == 0) SousaA.score += 1;
```

```
49              }
50
51              // 조작 B인 경우
52              State SousaB = Beam[i - 1][j];
53              SousaB.LastMove = 'B';
54              SousaB.LastPos = j;
55              SousaB.X[P[i]] -= 1;
56              SousaB.X[Q[i]] -= 1;
57              SousaB.X[R[i]] -= 1;
58              for (int k = 1; k <= N; k++) {
59                  if (SousaB.X[k] == 0) SousaB.score += 1;
60              }
61
62              // 후보에 추가
63              Candidate.push_back(SousaA);
64              Candidate.push_back(SousaB);
65          }
66
67          // 정렬해서 Beam[i]의 결과를 계산한다
68          sort(Candidate.begin(), Candidate.end(), greater<State>());
69          NumState[i] = min(WIDTH, (int)Candidate.size());
70          for (int j = 0; j < NumState[i]; j++) Beam[i][j] = Candidate[j];
71      }
72 }
73
74 int main() {
75      // 입력
76      cin >> T;
77      for (int i = 1; i <= T; i++) cin >> P[i] >> Q[i] >> R[i];
78
79      // 빔 서치
80      BeamSearch();
81
82      // 빔 서치 복원(CurrentPlace는 배열 Beam의 어느 위치를 보고 있는가를 나타낸다)
83      int CurrentPlace = 0;
84      for (int i = T; i >= 1; i--) {
85          Answer[i] = Beam[i][CurrentPlace].LastMove;
86          CurrentPlace = Beam[i][CurrentPlace].LastPos;
```

```
87        }
88
89        // 출력
90        for (int i = 1; i <= T; i++) cout << Answer[i] << endl;
91        return 0;
92   }
```

보충: 평가 함수에 관해

마지막으로 휴리스틱 계열 문제에서 중요한 키워드를 하나 소개합니다. '어떤 국면을 좋다고 결정하는 방법'을 **평가 함수**라 부릅니다. 평가 함수는 다양하며, 어떤 것을 선택하느냐에 따라 최종적으로 얻을 수 있는 점수가 크게 달라집니다.

예를 들어, 이번 절의 초반에서는 평가 함수를 **잠정 점수**로 설정하고, 그 값이 최대가 되는 것을 계속해서 선택하는 탐욕 알고리즘을 설명했습니다. 이 해법에서는 37454점을 얻습니다. 한편, 평가 함수를 **배열 X의 절댓값의 합계**로 바꾸면 같은 탐욕 알고리즘으로 40978점까지 점수가 올라갑니다[4].

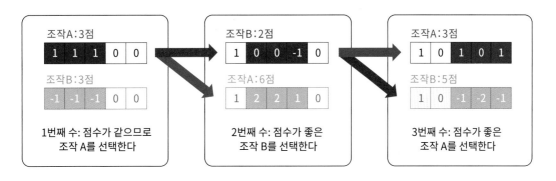

1번째 수: 점수가 같으므로 조작 A를 선택한다

2번째 수: 점수가 좋은 조작 B를 선택한다

3번째 수: 점수가 좋은 조작 A를 선택한다

---

4 예를 들어, $A = [1, 0, -1, -2, -1, 0, \cdots, 0]$인 경우, 평가 함수의 값은 $|1| + |0| + |-1| + |-2| + |-1| = 5$입니다. 구현 예는 지원 페이지에 게재되어 있습니다.

$N \times N$ 매트릭스 B가 있습니다. 위쪽부터 i번째 행, 왼쪽부터 j번째 열$(0 \le i, j \le N-1)$의 칸을 (j,i)라고 합니다. 특이한 점은 왼쪽 위 칸이 $(0,0)$입니다.

최초에는 모든 칸에 정수 0이 쓰여 있습니다(이것을 초기 매트릭스라 부릅니다). 여러분은 매트릭스에 대해 다음 조작을 수행할 수 있습니다.

- **조작** (X,Y,H): '칸 (i,j)에 쓰인 정수에 $\max(0, H-|X-i|-|Y-j|)$를 더하는 것'을 모든 칸에 수행한다.

예를 들어, $N=5$인 초기 매트릭스에 대해 조작 $(1,0,2)$, 조작 $(2,2,3)$을 순서대로 실행했을 때 매트릭스 상태는 다음 그림과 같이 변화합니다.

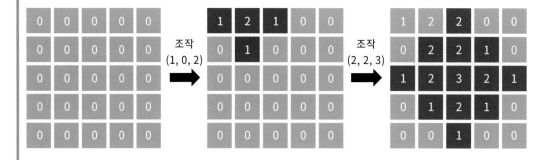

또 다른 $N \times N$ 매트릭스 A가 주어져 있습니다. 매트릭스 A의 위치 (j,i)에는 정수 $A_{i,j}$가 쓰여 있습니다. 최대 1000번의 조작을 수행해서 매트릭스 B를 매트릭스 A에 가능한 한 가깝게 만드는 방법을 구하십시오.

입력 형식

$A_{0,0} \ A_{0,1} \ \cdots \ A_{0,N-1}$
$\vdots$
$A_{N-1,0} \ A_{N-1,1} \ \cdots \ A_{N-1,N-1}$

출력 형식

다음 형식으로 출력하십시오. 단, 전체 조작 횟수를 Q회로 하고, i번째 수$(1 \le i \le Q)$에는 조작 (X_i, Y_i, H_i)를 수행하는 것으로 합니다. 여기에서 $0 \le Q \le 1000$, $0 \le X_i \le N-1$, $0 \le Y_i \le N-1$, $1 \le H_i \le N$을 만족해야 합니다.

$$Q$$
$$X_1 \ Y_1 \ H_1$$
$$\vdots$$
$$X_Q \ Y_Q \ H_Q$$

제약

- $N = 100$

- $0 \le A_{i,j} \le 100000$

- 매트릭스 A는 초기 매트릭스에서 1000번 조작을 무작위로 수행한 것으로 한다.

득점

모든 조작을 마친 뒤, 위치 (j,i)에 쓰인 정수를 $B_{i,j}$라고 합시다. 이때, 각 테스트 케이스에 대한 득점은 다음과 같이 정해져 있습니다.

- 출력이 조건을 만족하지 않는 경우: 0점

- 출력이 조건을 만족하는 경우: 200,000,000 − ($|A_{i,j} - B_{i,j}|$의 합계)점

총 50개의 테스트 케이스가 있으며, 최종적인 득점은 각각의 합계가 됩니다. 이 문제에서는 9,995,000,000점을 목표로 합니다.

입력 예 1	출력 예 1
2 1 1 0 0	2
1 1 2 1 0	1 0 2
1 2 3 2 1	2 2 3
0 1 2 1 0	
0 0 1 0 0	

이 입출력 예의 '매트릭스 A'와 '조작 후의 매트릭스 B'를 다음 그림에 나타냈습니다. $|A_{i,j} - B_{i,j}|$의 합계값은 5이므로, 199,999,995점을 얻을 수 있습니다.

이것은 설명을 위한 예이며, 제약을 만족하지 않는다는(채점용 테스트 케이스에는 포함되지 않음) 것에 주의하기 바랍니다. 제약을 만족하는 입력 예는 자동 채점 시스템의 문제 페이지에서 다운로드할 수 있습니다.

매트릭스 A

조작 후의 매트릭스 B

이 문제에 관해

이 문제는 'HACK TO THE FUTURE 2018 예선'이라는 8시간 콘테스트에 출제된 것입니다. 연습용이 아닌 실전 문제로 만들어진 문제이므로 난이도가 상당히 높습니다. 건너뛰어도 관계없지만, 흥미가 있는 분은 꼭 도전해 보기 바랍니다.

그리고 콘테스트 본 시합의 순위표는 다음 URL에서 확인할 수 있습니다. 프로그램을 제출하면서 '본 시합이라면 몇 위에 해당할지…' 궁금하다면 확인해 보기 바랍니다.

- https://atcoder.jp/contests/future-contest-2018-qual/standings

첫걸음

먼저, 최초의 한 수로 + 득점을 얻는 프로그램을 작성해 봅시다[5]. 예를 들어, $H_i = 1$인 조작을 무작위로 1000번 수행하는 코드 7.6을 제출하면 4,625,995,259점을 얻을 수 있습니다. 본 시합이라면 291/327 위에 해당하는 성적입니다.

---

5 일반적으로 휴리스틱 계열 콘테스트에서는 '우선 + 득점을 획득하는 것'이 최초의 한 수로 중요합니다. 왜냐하면 문제문을 이해하는 데 도움이 되며, 출력 형식을 확인할 수 있기 때문입니다.

코드 7.6 4,625,995,259점을 얻은 프로그램

```
01  #include <iostream>
02  using namespace std;
03
04  int N = 100;
05  int A[109][109];
06  int X[1009], Y[1009], H[1009];
07
08  int main() {
09      // 입력
10      for (int i = 0; i < N; i++) {
11          for (int j = 0; j < N; j++) cin >> A[i][j];
12      }
13
14      // 답을 생성
15      for (int i = 1; i <= 1000; i++) {
16          X[i] = rand() % N; // 0 이상 N-1 이하인 무작위 정수
17          Y[i] = rand() % N; // 0 이상 N-1 이하인 무작위 정수
18          H[i] = 1;
19      }
20
21      // 출력
22      cout << "1000" << endl;
23      for (int i = 1; i <= 1000; i++) {
24          cout << X[i] << " " << Y[i] << " " << H[i] << endl;
25      }
26      return 0;
27  }
```

더 나은 해법의 아이디어

다음으로, 등산 알고리즘(→ 7.2절)을 기반으로 한 해법을 검토합니다. 우선 등산 알고리즘에서는 근방 (작은 변경 범위)을 결정해야 합니다. i번째에 수행하는 조작을 (X_i, Y_i, H_i)라고 했을 때 근방으로서 다음을 생각할 수 있습니다.

- **근방 A**: 적당한 번호 a, b를 선택하고, (X_a, Y_a, H_a)와 (X_b, Y_b, H_b)를 교환한다.

- **근방 B**: 적당한 번호 t를 선택하고, (X_t, Y_t, H_t)의 값을 균일하게 무작위로 변환한다.

- **근방 C**: 적당한 번호 t를 선택하고, (X_t, Y_t, H_t)의 값을 약간 움직인다.

그럼, 어떤 것이 가장 좋을까요? 답은 **근방 C**입니다. 물론, 세 가지 모두를 구현해도 좋지만, '점수가 조작 순서에 의존하지 않으므로 **근방 A**는 나쁠 것 같다'는 직감이 들기 때문에 좋아 보이는 후보를 좁힐 수 있습니다.

t	X_t	Y_t	H_t
1	12	87	49
2	67	42	13
3	78	74	18
4	33	91	80
5	25	24	72

조금 변경 →

t	X_t	Y_t	H_t
1	12	87	49
2	67	42	13
3	76	69	21
4	33	91	80
5	25	24	72

조금 변경 →

t	X_t	Y_t	H_t
1	13	86	53
2	67	42	13
3	76	69	21
4	33	91	80
5	25	24	72

구현 단계 1: 점수 계산

휴리스틱 계열 콘테스트는 프로그램이 수백 행 정도로 긴 경우가 많고, 한 번에 모든 것을 구현하려고 하면 버그를 만들기 쉽습니다. 그렇기 때문에 전체를 몇 개의 부분으로 나누고, 작성하기 쉬운 부분부터 구현하는 것이 중요합니다.

그럼 점수를 계산하는 함수 GetScore부터 구현해 봅시다. 매트릭스 A, B에 쓰인 정수를 2차원 배열 A, B를 이용해 기록하는 코드의 구현 예는 코드 7.7과 같습니다.

코드 7.7 점수를 계산하는 프로그램

```
01  // 현재 점수를 반환하는 함수
02  int GetScore() {
03      int sum = 0;
04      for (int i = 0; i < N; i++) {
05          for (int j = 0; j < N; j++) sum += abs(A[i][j] - B[i][j]);
06      }
07      return 200000000 - sum;
08  }
```

구현 단계 2: 변경 조작

다음으로, 1개의 번호 t에 대해 (X_t, Y_t, H_t)의 값을 (x, y, h)로 변경하고, 그에 따라 2차원 배열 B를 변경하는 프로그램을 구현해 봅시다. 자연스럽게 구현하면 코드 7.8과 같이 됩니다. 배열 B를 업데이트할 때 모든 값을 0으로 되돌립니다.

코드 7.8 변경 조작을 수행하는 프로그램 (느림)

```
01  // X[t]=x, Y[t]=y, H[t]=h로 변경하는 함수
02  void Change(int t, int x, int y, int h) {
03      // X[t], Y[t], H[t]의 변경
04      X[t] = x;
05      Y[t] = y;
06      H[t] = h;
07
08      // 배열 B 리셋(0으로 되돌린다)
09      for (int i = 0; i < N; i++) {
10          for (int j = 0; j < N; j++) B[i][j] = 0;
11      }
12
13      // 배열 B 업데이트
14      for (int q = 1; q <= Q; q++) {
15          for (int i = 0; i < N; i++) {
16              for (int j = 0; j < N; j++) {
17                  B[j][i] += max(0, H[q] - abs(X[q] - i) - abs(Y[q] - j));
18              }
19          }
20      }
21  }
```

하지만 이 프로그램에는 치명적인 문제점이 있습니다. 조작 횟수를 Q로 했을 때의 계산량이 $O(QN^2)$이 된다는 점입니다. 이 문제에서는 $Q=1000$, $N=100$이므로 change 함수를 1번 실행하는 것만으로 10^7번 정도의 계산이 필요합니다. 이대로는 실행 시간 제한인 6초 이내에는 등산 알고리즘의 '작은 변경'을 수백만 번 정도밖에 실행하지 못합니다.

계산량 개선

다음과 같은 알고리즘을 사용하면 계산량이 $O(N^2)$까지 개선되어 앞에서 설명한 문제점을 해소할 수 있습니다.

> 순서 1 변경 전에 대해 '조작 (X_t, Y_t, H_t)의 기여분'을 배열 B에서 뺀다.
> 순서 1 변경 전에 대해 '조작 (X_t, Y_t, H_t)의 기여분'을 배열 B에 더한다.

예를 들어 $(X_1, Y_1, H_1) = (1, 0, 2)$, $(X_2, Y_2, H_2) = (2, 2, 3)$인 상황에서, (X_2, Y_2, H_2)의 값을 $(2, 3, 2)$로 변경할 때, 알고리즘의 흐름은 다음 그림과 같습니다.

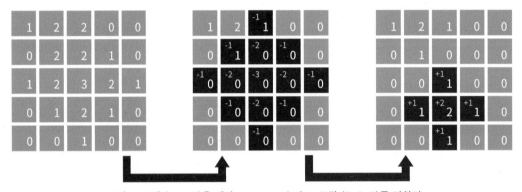

순서 1: 조작 (2, 2, 3)을 뺀다   순서 2: 조작 (2, 3, 2)를 더한다

이상의 내용을 구현하면 코드 7.9와 같이 됩니다. 이렇게 휴리스틱 계열의 문제에서도 계산량 개선이 도움이 되는 경우가 있습니다.

코드 7.9 변경 조작을 수행하는 프로그램 (빠름)

```
01  // X[t]=x, Y[t]=y, H[t]=h로 변경하는 함수
02  void Change(int t, int x, int y, int h) {
03      // [순서 1] 배열 B에 대해 뺄셈
04      for (int i = 0; i < N; i++) {
05          for (int j = 0; j < N; j++) {
06              B[j][i] -= max(0, H[t] - abs(X[t] - i) - abs(Y[t] - j));
07          }
08      }
09
10      // X[t], Y[t], H[t] 변경
11      X[t] = x;
12      Y[t] = y;
```

```
13      H[t] = h;

14

15      // [순서 2] 배열 B에 대해 덧셈
16      for (int i = 0; i < N; i++) {
17          for (int j = 0; j < N; j++) {
18              B[j][i] += max(0, H[t] - abs(X[t] - i) - abs(Y[t] - j));
19          }
20      }
21  }
```

구현 단계 3: 등산 알고리즘

마지막으로, 등산 알고리즘의 본체는 코드 7.10과 같이 구현할 수 있습니다. 이 프로그램에서는 가능한 한 많은 루프를 돌리기 위해 실행 시간 제한인 6초까지 아슬아슬하게 등산 알고리즘을 계속 실행합니다. 여기에서 '20만 번'과 같은 루프 횟수가 아니라 '6초'와 같은 루프 시간으로 구분하는 것은 조금 어렵지만, C++에서는 시각을 밀리초 단위로 반환하는 clock 함수를 사용하면 쉽게 할 수 있습니다. 그리고, (X_t, Y_t, H_t)에 대해 수행하는 '작은 변경'의 범위는 다음 표와 같습니다.

변수	작은 변경 범위
X_t	−9 이상 +9 이하의 범위에서 균일하게 무작위로 변화시킨다
Y_t	−9 이상 +9 이하의 범위에서 균일하게 무작위로 변화시킨다
H_t	−19 이상 19 이하의 범위에서 균일하게 무작위로 변화시킨다

코드 7.10 등산 알고리즘을 수행하는 프로그램

```
01  void Yamanobori() {
02      // 변수 설정(5.95초 동안 루프를 돌린다/ CLOCKS_PER_SEC는 1초가 몇 밀리초인지를 나타낸다)
03      int TIMELIMIT = 5.95 * CLOCKS_PER_SEC;
04      int CurrentScore = GetScore();
05      int ti = clock();
06
07      // 등산 알고리즘 시작
08      while (clock() - ti < TIMELIMIT) {
09          // (t, new_x, new_y, new_h) 조합을 무작위로 선택한다
10          // 함수 RandInt은 7.2절의 해답 예를 참조한다
11          int t = RandInt(1, Q);
12          int old_x = X[t], new_x = X[t] + RandInt(-9, 9);
```

```
13      int old_y = Y[t], new_y = Y[t] + RandInt(-9, 9);
14      int old_h = H[t], new_h = H[t] + RandInt(-19, 19);
15      if (new_x < 0 || new_x >= N) continue;
16      if (new_y < 0 || new_y >= N) continue;
17      if (new_h <= 0 || new_h > N) continue;
18
19      // 일단 변경하고 점수를 평가한다
20      Change(t, new_x, new_y, new_h);
21      int NewScore = GetScore();
22
23      // 점수에 따라 채용 여부를 결정한다
24      if (CurrentScore < NewScore) CurrentScore = NewScore;
25      else Change(t, old_x, old_y, old_h);
26    }
27  }
```

구현 정리

내용이 길어졌지만, 단계 1~3을 종합하면 **해답 예**와 같습니다. 이 프로그램을 제출하면 9,995,417,565 점을 얻을 수 있으며, 콘테스트 본 시합에서는 36/327위에 해당(상위 11%)하는 성적을 얻을 수 있습니다. 여기까지 따라 오느라 수고하셨습니다.

그리고 Python, Java에서의 구현 예는 지원 페이지(→ 0.4절)를 참조하기 바랍니다. 프로그래밍 언어에 따라 계산 속도가 다르므로 점수 역시 다릅니다.

해답 예(C++)

```
01  #include <iostream>
02  #include <cmath>
03  #include <ctime>
04  #include <algorithm>
05  using namespace std;
06
07  int N = 100;
08  int Q = 1000;
09  int A[109][109], B[109][109];
10  int X[1009], Y[1009], H[1009];
```

```
11
12  // L 이상 R 이하의 무작위 정수를 반환하는 함수
13  int RandInt(int L, int R) {
14      return rand() % (R - L + 1) + L;
15  }
16
17  // 현재 점수를 반환하는 함수
18  int GetScore() {
19      int sum = 0;
20      for (int i = 0; i < N; i++) {
21          for (int j = 0; j < N; j++) sum += abs(A[i][j] - B[i][j]);
22      }
23      return 200000000 - sum;
24  }
25
26  // X[t]=x, Y[t]=y, H[t]=h로 변경하는 함수
27  void Change(int t, int x, int y, int h) {
28      for (int i = 0; i < N; i++) {
29          for (int j = 0; j < N; j++) {
30              B[j][i] -= max(0, H[t] - abs(X[t] - i) - abs(Y[t] - j));
31          }
32      }
33      X[t] = x;
34      Y[t] = y;
35      H[t] = h;
36      for (int i = 0; i < N; i++) {
37          for (int j = 0; j < N; j++) {
38              B[j][i] += max(0, H[t] - abs(X[t] - i) - abs(Y[t] - j));
39          }
40      }
41  }
42
43  void Yamanobori() {
44      // 변수 설정(5.95초 동안 루프를 돌린다)
45      int TIMELIMIT = 5.95 * CLOCKS_PER_SEC;
46      int CurrentScore = GetScore();
47      int ti = clock();
48
49      // 등산 알고리즘 시작
```

```
50      while (clock() - ti < TIMELIMIT) {
51          int t = RandInt(1, Q);
52          int old_x = X[t], new_x = X[t] + RandInt(-9, 9);
53          int old_y = Y[t], new_y = Y[t] + RandInt(-9, 9);
54          int old_h = H[t], new_h = H[t] + RandInt(-19, 19);
55          if (new_x < 0 || new_x >= N) continue;
56          if (new_y < 0 || new_y >= N) continue;
57          if (new_h <= 0 || new_h > N) continue;
58
59          // 일단 변경하고, 점수를 평가한다
60          Change(t, new_x, new_y, new_h);
61          int NewScore = GetScore();
62
63          // 점수에 따라 채용 여부를 결정한다
64          if (CurrentScore < NewScore) CurrentScore = NewScore;
65          else Change(t, old_x, old_y, old_h);
66      }
67 }
68
69 int main() {
70      // 입력
71      for (int i = 0; i < N; i++) {
72          for (int j = 0; j < N; j++) cin >> A[i][j];
73      }
74
75      // 초기 해 생성
76      for (int i = 1; i <= 1000; i++) {
77          X[i] = rand() % N; // 0 이상 N-1 이하의 무작위 정수
78          Y[i] = rand() % N; // 0 이상 N-1 이하의 무작위 정수
79          H[i] = 1;
80          B[X[i]][Y[i]] += 1;
81      }
82
83      // 등산 알고리즘
84      Yamanobori();
85
86      // 출력
87      cout << "1000" << endl;
88      for (int i = 1; i <= 1000; i++) {
```

```
89          cout << X[i] << " " << Y[i] << " " << H[i] << endl;
90      }
91      return 0;
92  }
```

더 높은 순위를 위하여

해답 예에서는 X_t, Y_t의 값을 ±9까지, H_t의 값을 ±19까지의 범위에서 변경했습니다. 하지만 이 값을 적절하게 튜닝하면 보다 높은 점수를 얻을 수 있습니다. 예를 들어 X_t, Y_t의 변경 범위를 ±1, H_t의 변경 범위를 ±14로 설정하면 9,996,485,740점을 얻을 수 있습니다.

그리고 등산 알고리즘을 진행하면서 '작은 변경'의 범위를 좁히면 보다 좋은 해를 구할 수 있습니다. 예를 들어, 다음 표와 같이 H_t의 변경 범위를 바꾸면 9,997,496,472점을 얻을 수 있습니다.

현 시점의 점수	H_t 변경 범위	경과 시간 기준
199,500,000점 미만	−14 이상 +14 이하	0.00~0.70초
199,500,000점 이상 199,900,000점 미만	−7 이상 +7 이하	0.70~1.75초
199,900,000점 이상	−1 이상 +1 이하	1.75초~5.95초

또한, 등산 알고리즘 대신 담금질 알고리즘(→ 7.3절)을 사용해도 개선 효과가 있습니다. 예를 들어, 초기 온도를 180, 최종 온도를 1로 설정하면 9,998,108,423점을 얻을 수 있습니다. 콘테스트 본 시합에서 10/327위 상당(상위 3%)의 성적입니다.

코드 7.11 담금질 알고리즘 구현(해답 예의 64~65번째 행에 대응)
```
01  // 함수 Randouble은 7.3절의 해답 예를 참조
02  double TEMP = 180.0 - 179.0 * (clock() - ti) / TIMELIMIT;
03  double PROB = exp(min(0.0, 1.0 * (NewScore - CurrentScore) / TEMP));
04  if (Randouble() < PROB) CurrentScore = NewScore;
05  else Change(t, old_x, old_y, old_h);
```

이 책에서는 지면 관계상 다루지 않지만 이 밖에도 다양한 접근 방식을 생각할 수 있습니다. 흥미가 있는 분들은 더 높은 순위에 도전해 보기 바랍니다.

자신을 호출하는 함수를 **재귀 함수**라 부릅니다. 예를 들어, 다음 함수 func는 재귀 함수입니다. 왜냐하면 func 안에서 자신(func(N-1))을 호출하기 때문입니다. 하지만 재귀 함수가 실제로 어떻게 동작하는지는 머릿속에 그리기 어려우므로 구체적인 예를 들어봅시다.

코드 7.12 재귀 함수의 예

```
01  int func(int N) {
02      if (N == 1) return 1;
03      return func(N - 1) + N;
04  }
```

먼저 함수 func(1)을 호출한 경우, 조건 N=1에 해당하므로 1이 반환됩니다. 또한, func(4)를 호출한 경우의 동작은 다음 그림과 같이 되며, **10**이 반환됩니다. 그리고 일반적으로 func(N)을 호출한 경우, $1+2+3+\cdots+N$의 값이 반환됩니다.

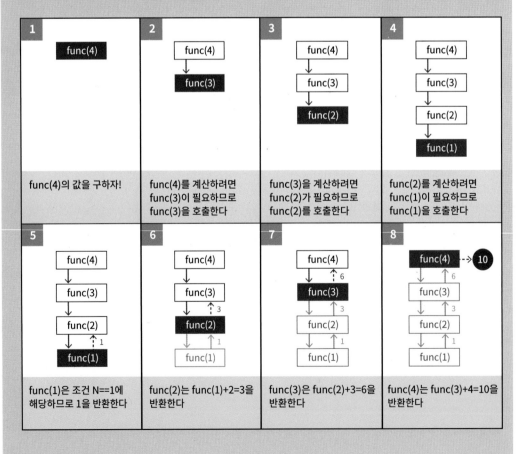

재귀 함수의 예(2): 유클리드의 호제법

재귀 함수는 정수 A와 B의 최대공약수를 빠르게 구하는 유클리드의 호제법(→ 5.2절)의 구현에도 도움이 됩니다. 5.2절에서 설명한 것처럼 재귀 함수를 사용하지 않는 경우는 구현에 10행 이상이 필요합니다. 하지만 재귀 함수를 사용하면 코드 7.13과 같이 4행으로 구현할 수 있습니다.

코드 7.13 유클리드의 호제법 구현

```
01  int GCD(int A, int B) {
02      if (B == 0) return A;
03      return GCD(B, A % B);
04  }
```

정말로 올바르게 계산하는지 의문이 든다면 구체적인 예를 확인해 보세요. 432와 117의 최대공약수는 9입니다. GCD(432, 117)을 호출하면 다음과 같이 9가 반환됩니다.

1. GCD(432, 117)을 계산하기 위해 GCD(117, 81)을 호출한다.

2. GCD(117, 81)을 계산하기 위해 GCD(81, 36)을 호출한다.

3. GCD(81, 36)을 계산하기 위해 GCD(36, 9)를 호출한다.

4. GCD(36, 9)를 계산하기 위해 GCD(9, 0)을 호출한다.

5. GCD(9, 0)은 조건 B==0을 만족하므로 A의 값인 9를 반환한다.

6. GCD(9, 0)의 값이 9인 것을 알았으므로 GCD(36, 9)는 9를 반환한다.

7. GCD(36, 9)의 값이 9인 것을 알았으므로 GCD(81, 36)은 9를 반환한다.

8. GCD(81, 36)의 값이 9인 것을 알았으므로 GCD(117, 81)은 9를 반환한다.

9. GCD(117, 81)의 값이 9인 것을 알았으므로 GCD(432, 117)은 9를 반환한다.

다음 페이지의 그림은 재귀 함수의 동작과 '5.2절의 해답 예'의 동작을 비교한 것입니다. A와 B가 일부 뒤집혀 있는 것을 제외하면 배우 비슷한 동작을 하고 있습니다.

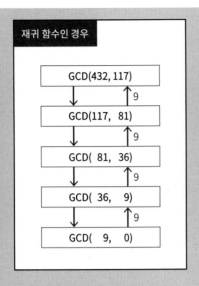
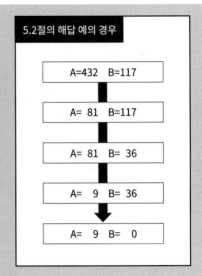

재귀 함수의 예: 최댓값을 구한다

마지막으로 소개할 예는 코드 7.14입니다. 함수 GetMax(1, N+1)을 호출하면, 정수 $A_1, A_2, ..., A_N$ 의 최댓값을 반환합니다(최댓값은 for 문으로도 계산할 수 있지만, 여기에서는 재귀 함수에 익숙해지기 위해 일부러 이렇게 설명합니다).

코드 7.14 최댓값을 구하는 함수

```
01  // A[Left], A[Left+1], …, A[Right-1]의 최댓값을 구하는 함수
02  int GetMax(int Left, int Right) {
03      // 구간에 포함된 요소가 1개가 된 경우
04      if (Right - Left == 1) return A[Left];
05      // 왼쪽 반과 오른쪽 반을 분할한다
06      int Mid = (Left + Right) / 2;
07      int res1 = GetMax(Left, Mid);  // res1은 '왼쪽 반의 최댓값'
08      int res2 = GetMax(Mid, Right); // res2는 '오른쪽 반의 최댓값'
09      return max(res1, res2);
10  }
```

조금 복잡하지만, 이 프로그램의 구조는 다음과 같습니다. 먼저, 왼쪽 반의 최댓값 res1을 재귀적으로 구합니다. 다음으로 오른쪽 반의 최댓값 res2를 구합니다. 마지막으로 두 값 중 큰 값을 반환합니다. 그림으로 나타내면 다음과 같습니다.

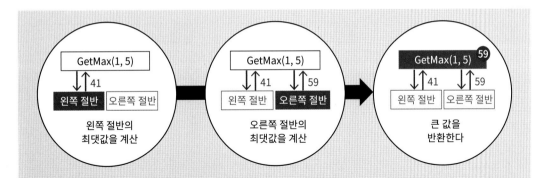

예를 들어 $N=4$, $A=[31, 41, 59, 26]$의 경우에는 다음 그림과 같이 최댓값 59를 반환합니다. 그리고 여기와 같이 구간을 반으로 나누는 유형의 재귀 함수는 8장에서 학습할 '세그먼트 트리'에서도 사용하므로 꼭 이해해 두기 바랍니다.

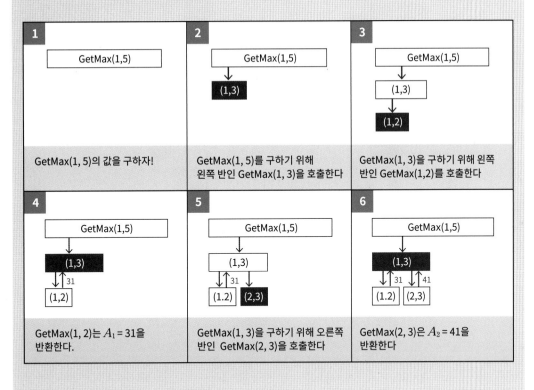

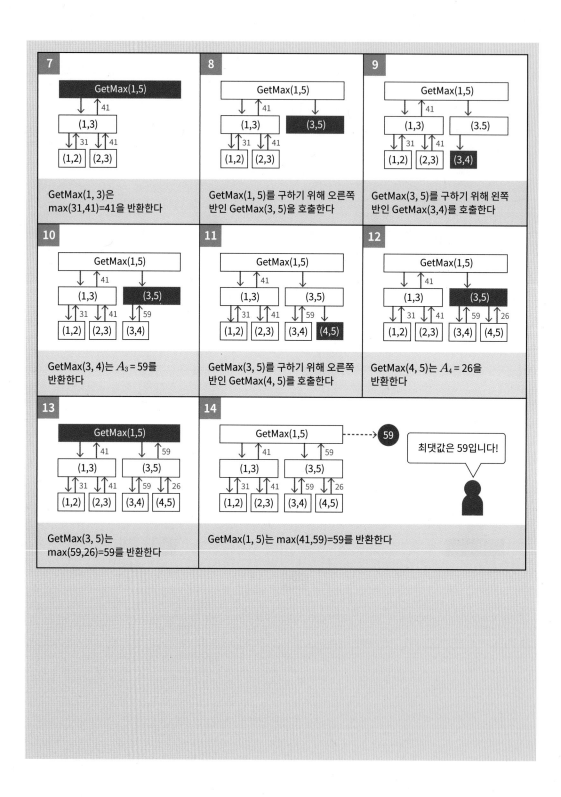

7

GetMax(1,3)은
max(31,41)=41을 반환한다

8

GetMax(1, 5)를 구하기 위해 오른쪽
반인 GetMax(3, 5)을 호출한다

9

GetMax(3, 5)를 구하기 위해 왼쪽
반인 GetMax(3,4)를 호출한다

10

GetMax(3, 4)는 $A_3 = 59$를
반환한다

11

GetMax(3, 5)를 구하기 위해 오른쪽
반인 GetMax(4, 5)를 호출한다

12

GetMax(4, 5)는 $A_4 = 26$을
반환한다

13

GetMax(3, 5)는
max(59,26)=59를 반환한다

14

GetMax(1, 5)는 max(41,59)=59를 반환한다

최댓값은 59입니다!

7장 정리

7.0 휴리스틱 계열 콘테스트란

콘테스트 개요

최적 해를 내는 것이 어려운 문제에 대해 높은 점수를 놓고 경쟁하는 콘테스트

콘테스트의 특징

- 해법에 대한 다양한 접근 방식이 있다
- 점수를 높이는 것을 즐기는 사람도 있다

7.1 탐욕 알고리즘

탐욕 알고리즘이란

한 수 앞의 평갓값을 최대화하는 수를 계속해서 선택하는 방법

구체적인 예

외판원 순회 문제에서는 지금 선택할 수 있는 것 중에서 가장 가까운 도시로 이동한다

7.2 국소 탐색 알고리즘

국소 탐색 알고리즘이란

'작은 변경을 무작위로 수행해 해가 개선되면 채용하는 것'을 반복함으로써 점점 해의 품질을 높여가는 방법

7.3 담금질 알고리즘

국소 탐색 알고리즘의 문제점

가짜 최적해에 갇히고 만다

담금질 알고리즘이란

일정한 확률로 '악화시키는 변경'을 허용한다

편차를 Δ라고 할 때의 해당 값을 채용할 확률을 $e^{-\Delta/T}$로 하는 것이 많다(T를 온도라 부른다).

7.4 빔 서치

빔 서치란

각 단계에 대해 점수가 상위 k개가 되는 것을 남겨두고 탐색을 진행하는 방법(k를 빔 폭이라 부른다).

평가 함수란

'어떤 국면을 좋은 것으로 볼 것인가'를 결정하는 방법

7.5 다양한 공략법

- 프로그램이 길어지므로 작성하기 쉬운 부분부터 작성하는 것이 중요하다
- 휴리스틱 계열 문제에서 '계산량 개선'이 요구되는 경우도 있다
- 근방 등의 튜닝을 통해 점수를 올릴 수 있다

문제풀이로 완성하는
알고리즘＋자료구조

8장

데이터 구조와 쿼리 처리

8.0 데이터 구조란

지금까지 바이너리 서치, 동적 계획 알고리즘, 등산 알고리즘과 같은 '알고리즘' 자체를 중심으로 설명했습니다. 이번 장에서는 조금 분위기를 바꾸어서 알고리즘 효율화의 열쇠가 되는 **데이터 구조**에 관해 다룹니다.

데이터 구조란

먼저 데이터 구조는 '데이터를 저장하고 다루는 방법'을 말합니다. 쉬운 예로, 수업 인쇄물 데이터를 관리하는 것을 생각해 봅시다. 관리 방법으로는,

- **방법** 1: 적당한 순서로 나열한다

- **방법** 2: 새로운 인쇄물을 위에 놓는다

- **방법** 3: 교과별로 모은다

등을 생각할 수 있습니다. 이런 **데이터 관리 방법**을 프로그래밍에서는 데이터 구조라고 부릅니다.

적당한 순번으로 나열한다

새로운 순으로 나열한다

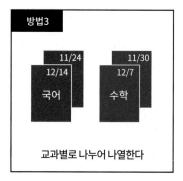

교과별로 나누어 나열한다

데이터 구조는 다양하며 무엇을 사용하느냐에 따라 효율에 큰 차이가 발생하기도 합니다. 예를 들어, 최신 인쇄물을 복습할 기회가 많은 사람에게는 **방법** 1이나 **방법** 3의 경우 꺼내는 시간이 많이 걸리지만, **방법** 2는 원활하게 꺼낼 수 있습니다. 또한, 시험 직전에 특정한 과목의 인쇄물 전체를 복습하고 싶은 사람에게는 **방법** 3이 최적일 것입니다.

따라서 상황에 따라 적절한 데이터 구조를 선택하는 것이 중요합니다. 또한, '최신 인쇄물을 본다'는 처리를 프로그래밍 용어로는 **쿼리**라고 합니다.

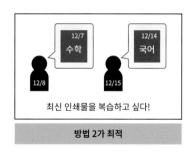 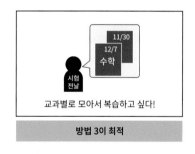

어떤 데이터 구조가 있는가?

프로그래밍 경진대회에서 사용하는 데이터 구조에는 어떤 것이 있을까요? 대표적인 예로, 책을 쌓는 것과 같이 데이터를 관리하는 **스택**(→ 8.1절)이 있습니다. 그 외에도 큐, 우선순위 큐, 연상 배열, 해시, 세그먼트 트리 등이 유명합니다.

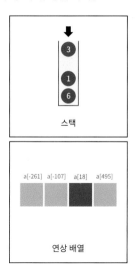 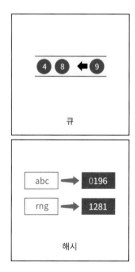 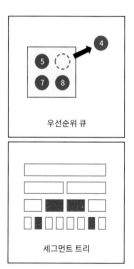

표준 라이브러리에 관해

이런 데이터 구조는 직접 처음부터 구현해도 관계없습니다. 하지만 많은 프로그래밍 언어에서는 **표준 라이브러리**라 불리는 편리한 기능을 제공합니다. 이를 사용하면 데이터 구조를 짧은 프로그램으로 구현할 수 있습니다. 따라서 이번 장에서 다루는 10문제 중 처음 5문제에서는 C++와 Python의[1] 표준 라이브러리 설명에도 중점을 두었습니다.

1　지면 관계상 Java에 관해서는 소개하지 않습니다. 지원 페이지에 샘플 프로그램이 있으니 참조하기 바랍니다.

8.1 스택

Stack   (실행 시간 제한 2초, 난이도 ★2)

다음 3가지 쿼리를 빠른 속도로 처리하는 프로그램을 구현하십시오.

- **쿼리 1**: x라는 제목의 책을 책상의 가장 위에 쌓는다.
- **쿼리 2**: 가장 위에 쌓여 있는 책의 제목을 대답한다.
- **쿼리 3**: 가장 위에 쌓여 있는 책을 책상에서 꺼낸다.

단, 최초에는 책상에 책이 쌓여 있지 않으며, 부여된 쿼리의 수는 Q개입니다.

입력 형식

$Query_i$는 i번째 쿼리의 정보를 나타냅니다. 쿼리 1의 경우는 1 x, 쿼리 2는 2, 쿼리 3은 3의 형식으로 주어집니다. 자세한 내용은 입력 예를 참조합니다.

$$Q$$
$$Query_1$$
$$\vdots$$
$$Query_Q$$

출력 형식

쿼리 2의 대답을 순서대로 출력하십시오.

제약

- $1 \le Q \le 100000$
- 주어진 책의 제목은 20문자 이하이며, 영 소문자로 구성된다.
- 쿼리 2 및 쿼리 3의 시점에서는 1권 이상의 책이 쌓여 있다.

입력 예 1	출력 예 1
5	howtospeak
1 futuremap	futuremap
1 howtospeak	
2	
3	
2	

스택이란

스택은 다음 세 종류의 쿼리를 처리할 수 있는 데이터 구조입니다. 이 세 가지 쿼리는 문제문의 쿼리 1~3에 그대로 대응합니다.

> **쿼리 1**: 스택의 가장 위에 요소 x를 추가한다.
>
> **쿼리 2**: 스택의 가장 위의 요소를 얻는다.
>
> **쿼리 3**: 스택의 가장 위의 요소를 삭제한다.

다음 그림은 스택이 변화하는 모습을 나타낸 것입니다.

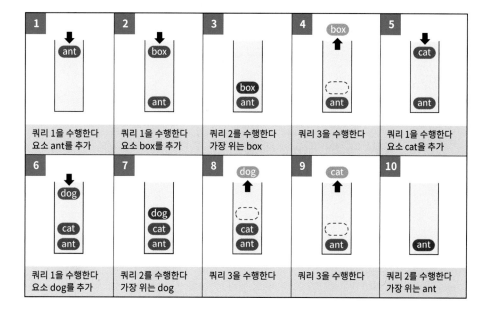

스택 구현(C++)

C++에서는 표준 라이브러리(→ 8.0절)로 제공되는 **stack** 타입[2]을 사용하면 스택을 구현할 수 있습니다. 중요한 기능 예는 다음과 같습니다.

---

2   C++에서 스택을 이용할 때는 프로그램 맨 처음에 #include <stack>을 기술해야 한다는 점에 주의합니다.

프로그램	수행하는 조작	구체적인 예
stack<타입>	스택을 정의한다	stack<string> S
S.push(x)	쿼리 1: S의 가장 위에 요소 x를 추가한다	S.push("ant")
S.top()	쿼리 2: S의 가장 위의 요소를 얻는다	string Answer = S.top()
S.pop()	쿼리 3: S의 가장 위의 요소를 삭제한다	-
S.empty()	S가 비어 있는지 여부를 반환한다	-

스택 구현(Python)

Python에서는 표준 라이브러리로 제공되는 deque 모듈을 사용하면 스택을 구현할 수 있습니다. 중요한 기능 예는 다음과 같습니다.

프로그램	수행하는 조작	구체적인 예
deque()	빈 스택을 반환한다	S = deque()
S.append(x)	쿼리 1: S의 가장 위에 요소 x를 추가한다	S.append("ant")
S[-1]	쿼리 2: S의 가장 위의 요소를 얻는다	Answer = S[-1]
S.pop()	쿼리 3: S의 가장 위의 요소를 삭제한다[3]	-
len(S)	S의 요소 수를 반환한다	-

스택의 계산량

C++나 Python의 표준 라이브러리를 사용한 경우 **쿼리 1, 쿼리 2, 쿼리 3** 모두 계산량 $O(1)$로 처리할 수 있습니다.

따라서 다음의 **해답 예(C++)**의 계산량은 $O(Q)$이며, 실행 시간 제한을 만족합니다. 그리고 Python, Java의 해답 예를 알고 싶다면 지원 페이지(→ 0.4절)를 참조하기 바랍니다.

---

3   실제로는 S.pop()으로 쿼리 2와 쿼리 3을 동시에 처리할 수 있습니다.

해답 예(C++)

```cpp
01  #include <iostream>
02  #include <stack>
03  #include <string>
04  using namespace std;
05
06  int Q;
07  int QueryType[100009]; string x[100009];
08  stack<string> S;
09
10  int main() {
11      // 입력
12      cin >> Q;
13      for (int i = 1; i <= Q; i++) {
14          cin >> QueryType[i];
15          if (QueryType[i] == 1) cin >> x[i];
16      }
17
18      // 쿼리 처리
19      for (int i = 1; i <= Q; i++) {
20          if (QueryType[i] == 1) S.push(x[i]);
21          if (QueryType[i] == 2) cout << S.top() << endl;
22          if (QueryType[i] == 3) S.pop();
23      }
24      return 0;
25  }
```

문제 B51 | 응용 문제

쌍을 이루는 괄호 열 S가 있습니다. S의 몇 번째 문자와 몇 번째 문자가 대응하는지를 모두 출력하십시오. 예를 들어, (())()인 경우, '1번째 문자와 4번째 문자', '2번째 문자와 3번째 문자', '5번째 문자와 6번째 문자'가 대응합니다. S의 문자 수는 200000 이하인 경우, 1초 이내에 실행이 완료돼야 합니다.

힌트 왼쪽부터 순서대로 읽어서 '현 시점에서 대응되어 있지 않은 열린 괄호가 몇 번째 문자에 있는가'를 스택에 기록합시다!

8.2 | 큐

Queue (실행 시간 제한 2초, 난이도 ★2)

다음 3가지 쿼리를 빠른 속도로 처리하는 프로그램을 구현하십시오.

- **쿼리 1**: x라는 제목의 책을 책상의 가장 위에 쌓는다.
- **쿼리 2**: 가장 위에 쌓여 있는 책의 제목을 대답한다.
- **쿼리 3**: 가장 위에 쌓여 있는 책을 책상에서 꺼낸다.

단, 최초에는 책상에 책이 쌓여 있지 않으며, 부여된 쿼리의 수는 Q개입니다.

입력 형식

$Query_i$는 i번째 쿼리의 정보를 나타냅니다. 쿼리 1의 경우는 1 x, 쿼리 2는 2, 쿼리 3은 3의 형식으로 주어집니다. 자세한 내용은 입력 예를 참조합니다.

> Q
> $Query_1$
> $\vdots$
> $Query_Q$

출력 형식

쿼리 2의 대답을 순서대로 출력하십시오.

제약

- $1 \leq Q \leq 100000$
- 주어진 책의 제목은 20문자 이하이며, 영 소문자로 구성된다.
- 쿼리 2 및 쿼리 3의 시점에서는 1권 이상의 책이 쌓여 있다.

입력 예1	출력 예1
5	taro
1 taro	hanako
1 hanako	
2	
3	
2	

큐

큐는 다음 세 종류의 쿼리를 처리할 수 있는 데이터 구조입니다. 이 쿼리들은 문제문 안의 쿼리 1~3에 그대로 대응합니다.

> **쿼리 1:** 큐의 가장 마지막에 요소 X를 추가한다.
>
> **쿼리 2:** 큐의 가장 앞의 요소를 얻는다.
>
> **쿼리 3:** 큐의 가장 앞의 요소를 삭제한다.

다음 그림은 큐가 변화하는 모습을 나타낸 것입니다.

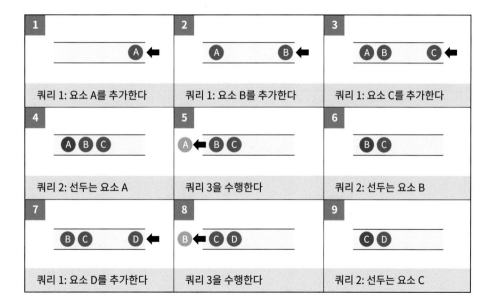

큐 구현(C++)

C++에서는 표준 라이브러리(→ 8.0절)로 제공되는 queue 타입[4]을 사용하면 큐를 구현할 수 있습니다. 중요한 기능 예는 다음과 같습니다.

---

4   C++에서 큐를 이용할 때는 프로그램 맨 처음에 #include <queue>를 기술해야 하는 점에 주의합니다.

프로그램	수행하는 조작	구체적인 예
queue<타입>	큐를 정의한다	queue<string> T
T.push(x)	쿼리 1: T의 가장 마지막에 요소 x를 추가한다	T.push("A")
T.front()	쿼리 2: T의 가장 앞의 요소를 얻는다	string Answer = T.front()
T.pop()	쿼리 3: T의 가장 앞의 요소를 삭제한다	-
T.empty()	T가 비어 있는지 여부를 반환한다	-

큐 구현(Python)

Python에서는 스택과 마찬가지로 deque 모듈을 사용하면 큐를 구현할 수 있습니다. 중요한 기능 예는 다음과 같습니다.

프로그램	수행하는 조작	구체적인 예
deque()	빈 deque를 반환한다	T = deque()
T.append(x)	쿼리 1: T의 가장 마지막에 요소 x를 추가한다	T.append("A")
T[0]	쿼리 2: T의 가장 앞의 요소를 얻는다	Answer = T[0]
T.popleft()	쿼리 3: S의 가장 앞의 요소를 삭제한다[5]	-
len(T)	T의 요소 수를 반환한다	-

큐의 계산량

C++나 Python의 표준 라이브러리를 사용한 경우 쿼리 1, 쿼리 2, 쿼리 3 모두 계산량 $O(1)$로 처리할 수 있습니다.

따라서 다음의 **해답 예**(C++)의 계산량은 $O(Q)$이며, 실행 시간 제한을 만족합니다. Python, Java의 해답 예를 알고 싶다면 지원 페이지(→ 0.4절)를 참조하기 바랍니다.

---

5   실제로는 T.popleft()로 쿼리 2와 쿼리 3을 동시에 처리할 수 있습니다.

해답 예(C++)

```
01 #include <iostream>
02 #include <queue>
03 #include <string>
04 using namespace std;
05
06 int Q;
07 int QueryType[100009]; string x[100009];
08 queue<string> T;
09
10 int main() {
11     // 입력
12     cin >> Q;
13     for (int i = 1; i <= Q; i++) {
14         cin >> QueryType[i];
15         if (QueryType[i] == 1) cin >> x[i];
16     }
17     // 쿼리 처리
18     for (int i = 1; i <= Q; i++) {
19         if (QueryType[i] == 1) T.push(x[i]);
20         if (QueryType[i] == 2) cout << T.front() << endl;
21         if (QueryType[i] == 3) T.pop();
22     }
23     return 0;
24 }
```

보충: 덱(deque)에 관해

여기까지 스택과 큐를 소개했습니다. 스택과 큐의 기능을 함께 제공하는 데이터 구조가 있으며, 이를 **덱**이라 부릅니다. 구체적으로는 주로 다음 네 종류의 조작[6]을 계산량 $O(1)$에 처리합니다.

- **쿼리 1**: 덱의 가장 앞에 요소 x를 추가한다.

- **쿼리 2**: 덱의 가장 앞에 있는 요소를 삭제한다.

---

6 이 외에도 가장 앞의 요소를 얻는 등의 조작을 수행할 수 있습니다. 그리고 프로그래밍 언어에 따라서는 임의의 접근을 계산량 O(1)로 수행하는 경우도 있습니다.

- **쿼리 3**: 덱의 가장 뒤에 요소 x를 추가한다.

- **쿼리 4**: 덱의 가장 뒤에 있는 요소를 삭제한다.

C++에서는 표준 라이브러리인 'deque 타입'을 사용하면 구현할 수 있습니다. 이 책에서는 자세히 다루지 않으나, 흥미가 있는 분은 인터넷 등에서 검색해 보기 바랍니다.

가장 앞에 추가

가장 앞에서 삭제

가장 뒤에 추가

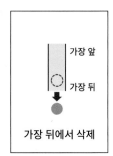
가장 뒤에서 삭제

문제 B52 　응용 문제

N개의 공이 한 줄로 정렬되어 있고, 공 i의 첫 번째 색상은 A_i(검은색 또는 흰색)입니다. 다음 시뮬레이션을 수행할 때 최종 공의 색상은 무엇입니까?

- 먼저 큐에 요소 X를 추가하고 공 X를 파란색으로 칠한다.

- 그 뒤, 큐가 빌 때까지 다음 조작을 반복한다.

  - 큐의 가장 앞 요소(pos 로 한다)를 삭제한다.

  - 공 pos−1이 흰색이면 이 공을 파란색으로 칠하고, 큐에 pos−1을 추가한다.

  - 공 pos+1이 흰색이면 이 공을 파란색으로 칠하고, 큐에 pos+1을 추가한다.

힌트 이 시뮬레이션은 너비 우선 탐색(→ 9.3절)과 밀접한 관계가 있습니다.

| 문제 A53 | Priority Queue | (실행 시간 제한 2초, 난이도 ★2) |

다음 세 종류의 쿼리를 빠르게 처리하는 판매 시스템을 구현하십시오.

- **쿼리 1**: 가격이 x원인 상품이 1개 추가된다.

- **쿼리 2**: 지금 있는 상품 중 최소 가격을 답한다.

- **쿼리 3**: 가장 저렴한 상품이 하나 팔린다.

단, 최초에는 상품이 하나도 없으며, 주어진 쿼리의 수는 Q개라고 가정합니다.

입력 형식

$Query_i$는 i번째 쿼리의 정보를 나타냅니다. 쿼리 1의 경우는 1 x, 쿼리 2의 경우는 2, 쿼리 3의 경우는 3이라는 형식으로 주어집니다. 자세한 내용은 입력 예를 참조하십시오.

$$Q$$
$$Query_1$$
$$\vdots$$
$$Query_Q$$

출력 형식

쿼리 2의 답을 순서대로 출력하십시오.

제약

- $1 \leq Q \leq 100000$

- 상품의 가격은 1 이상 1000000 이하의 정수다.

- 쿼리 2 및 쿼리 3 수행 시점에 하나 이상의 상품이 존재한다.

입력 예 1	출력 예 1
3	1650
1 2420	
1 1650	
2	

우선순위 큐란

우선순위 큐는 다음 세 가지 종류의 쿼리를 처리할 수 있는 데이터 구조입니다.

쿼리 1: 우선순위 큐에 요소 x를 추가한다.

쿼리 2: 우선순위 큐에 들어 있는 가장 작은 요소를 얻는다.

쿼리 3: 우선순위 큐에 들어 있는 가장 작은 요소를 삭제한다.

다음 그림은 우선순위 큐가 변화하는 모습을 나타낸 것입니다.

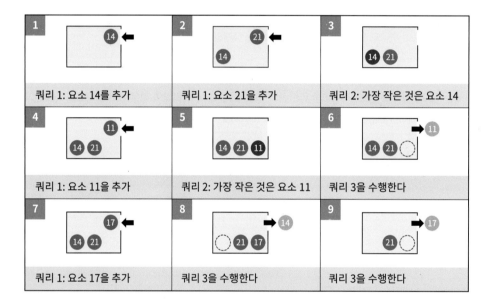

우선순위 큐 구현 방법(C++)

C++에서는 표준 라이브러리(→ 8.0절)로 제공되는 priority_queue 타입[7]을 사용하면 우선순위 큐를 구현할 수 있습니다. 중요한 기능 예는 다음과 같습니다.

---

7   C++에서 우선순위 큐를 이용할 때는 프로그램 맨 처음에 #include <vector> 및 #include <queue>를 기술해야 한다는 점에 주의합니다.

프로그램	수행하는 조작	구체적인 예
priority_queue<타입>	우선순위 큐를 정의한다	priority_queue<int> T[8]
T.push(x)	쿼리 1: T에 x를 추가한다	T.push(14)
T.top()	쿼리 2: T의 가장 작은 요소를 얻는다	Ans = T.top()
T.pop()	쿼리 3: T의 가장 작은 요소를 삭제한다	-
T.empty()	T가 비어 있는지 유무를 반환한다	-

우선순위 큐 구현 방법(Python)

Python에서는 표준 라이브러리로 제공되는 heapq 모듈[9]을 사용하면 우선순위 큐를 구현할 수 있습니다. 중요한 기능 예는 다음과 같습니다. 큐의 구현 방법과 완전히 다릅니다.

프로그램	수행하는 조작	구체적인 예
변수명 = []	빈 우선순위 큐를 정의한다	T = []
heapq.heappush(T, x)	쿼리 1: T에 x를 추가한다	heapq.heappush(T, 14)
heapq.heappop(T)	쿼리 2/3: T의 가장 작은 요소를 얻고, 그것을 삭제한다	Ans = heapq.heappop(T)
len(T)	T의 요소 수를 반환한다	-

우선순위 큐의 계산량

C++나 Python의 표준 라이브러리를 사용한 경우 **쿼리 1, 쿼리 2, 쿼리 3** 모두 계산량 $O(\log N)$ 또는 그것보다 효율적으로 처리할 수 있습니다. 여기서 N은 현 시점에서 우선순위 큐에 들어 있는 요소 수를 나타냅니다.

따라서 다음 **해답 예(C++)**의 계산량은 $O(Q \log Q)$이며, 실행 시간 제한을 만족합니다. 그리고 Python, Java의 해답 예를 알고 싶다면 지원 페이지(→ 0.4절)를 참조하기 바랍니다.

---

8 기본 설정에서는 '가장 큰 요소'를 꺼내는 우선순위 큐가 됩니다. '가장 작은 요소'를 꺼내고 싶을 때는 priority_queue>int, vector<int>, greater<int>>를 기술해야 합니다.

9 사실, 우선순위 큐는 내부적으로 힙을 사용해 구현되어 있습니다. 흥미가 있는 분은 인터넷 등에서 검색해 보기 바랍니다.

해답 예(C++)

```cpp
01 #include <iostream>
02 #include <queue>
03 #include <vector>
04 using namespace std;
05
06 int Q;
07 int QueryType[100009], x[100009];
08 priority_queue<int, vector<int>, greater<int>> T;
09
10 int main() {
11     // 입력
12     cin >> Q;
13     for (int i = 1; i <= Q; i++) {
14         cin >> QueryType[i];
15         if (QueryType[i] == 1) cin >> x[i];
16     }
17
18     // 쿼리 처리
19     for (int i = 1; i <= Q; i++) {
20         if (QueryType[i] == 1) T.push(x[i]);
21         if (QueryType[i] == 2) cout << T.top() << endl;
22         if (QueryType[i] == 3) T.pop();
23     }
24     return 0;
25 }
```

문제 B53 | 응용 문제

6.4절의 응용 문제(→ p.219)를 계산량 $O(N\log N)$으로 푸는 프로그램을 구현하십시오.

힌트 어떤 정보를 우선순위 큐로 관리하면 좋을까요?

8.4 연상 배열

Map (실행 시간 제한 2초, 난이도 ★2)

다음 두 종류의 쿼리를 빠르게 처리하는 성적 관리 시스템을 구현하십시오.

- **쿼리 1**: 학생 x의 성적이 y점이면 등록된다.
- **쿼리 2**: 학생 x의 성적을 답한다.

단, 최초에는 누구의 성적도 등록되어 있지 않으며, 주어진 쿼리의 수는 Q개인 것으로 가정합니다.

입력 형식

$Query_i$는 i번째 쿼리의 정보를 나타냅니다. 쿼리 1은 1 x y, 쿼리 2는 2 x라는 형태로 주어집니다. 자세한 내용은 입력 예를 참조하십시오.

> Q
> $Query_1$
> $\vdots$
> $Query_Q$

출력 형식

쿼리 2의 답을 순서대로 출력하십시오.

제약

- $1 \leq Q \leq 100000$
- 성적은 0 이상 100 이하의 정수다.
- 학생의 이름은 20문자 이하이며, 영 소문자로 구성된다.
- 쿼리 1에서는 같은 이름의 사람이 두 번 이상 등록되지 않는다.
- 쿼리 2에서는 해당 시점에서 미등록된 사람의 점수를 묻지 않는다.

입력 예 1	출력 예 1
3	49
1 tanaka 49	
1 suzuki 50	
2 tanaka	

연상 배열이란

연상 배열은 '첨자의 제한이 없는 배열'입니다. 예를 들어, 일반적인 배열에서 int A[100000]으로 정의한 경우, A[123456] 등에 접근하면 에러가 발생합니다.

한편, 연상 배열을 사용하면 A[1234567890]이나 A[-100] 등으로 접근하는 것도 가능합니다. 또한, 첨자는 정수일 필요도 없고, 문자열이나 부울 값이라도 관계없습니다.

A[0]	A[1]	A[2]	A[3]	A[4]
100	85	49	50	75

보통 배열의 이미지
(정해진 범위만 사용할 수 있다)

※int A[5]라는 배열을 정의한 경우

A["tanaka"]	A["suzuki"]	A["sato"]	A["wada"]
49	50	79	100

연상 배열의 이미지
(첨자는 문자열 등이라도 좋다!)

연상 배열 구현(C++)

C++에서는 표준 라이브러리(→ 8.0절)로 제공되는 map 타입[10]을 사용하면 연상 배열을 구현할 수 있습니다. 다음에 소스 코드의 예를 나타냈습니다.

또한, C++의 연상 배열의 초깃값은 기본적으로 0(요소가 문자열인 경우는 빈 문자열)이 되는 것에 주의합니다. 예를 들어, 16번째 행에서는 0이 출력됩니다.

코드 8.1 map을 사용한 프로그램 예

```
01 // 연상 배열 정의   | map<첨자_타입, 타입>의 형태
02 // 연상 배열의 접근  | 일반적인 배열과 거의 같음
03 // ----------------------------------------------------------------
04
05 // 첨자가 string 타입, 기록하는 값이 int 타입인 연상 배열을 정의
06 map<string, int> Map;
07
08 // 연상 배열 접근
09 Map["tanaka"] = 49;
10 Map["suzuki"] = 50;
```

---

10   C++에서 map 타입을 사용할 때는 프로그램 맨 앞에 #include <map>을 기술해야 합니다.

```
11  cout << Map["tanaka"] << endl; // 49가 출력된다
12  cout << Map["suzuki"] << endl; // 50이 출력된다
13
14  Map["suzuki"] = 53;
15  cout << Map["suzuki"] << endl; // 53이 출력된다
16  cout << Map["sato"] << endl;   // 0이 출력된다
```

연상 배열 구현(Python)

Python에서는 딕셔너리 타입(dict)을 사용하면 연상 배열을 구현할 수 있습니다. 중요한 기능의 예를 다음에 나타냈습니다. 또한, C++와 달리, 미등록 요소에 접근하려고 하면 에러가 발생하는 점에 주의합니다. 예를 들어, 앞에서 설명한 코드 8.1을 그대로 Python으로 바꿔 작성하면 Map["sato"]를 출력하려는 시점에서 에러가 발생합니다.

프로그램	수행하는 조작	구체적인 예
연상 배열 = {}	빈 연상 배열을 정의한다	Map = {}
if(인덱스 in Map)	Map[인덱스]가 존재하는지 판정한다	if (25 in Map):
Map[인덱스] = x	Map[인덱스]의 값을 x로 한다	Map["tanaka"] = 49

연상 배열의 계산량

C++의 표준 라이브러리를 사용한 경우, 배열의 접근에 계산량 $O(\log N)$이 걸립니다. 여기에서 N은 해당 시점에서 연상 배열에 등록되어 있는 요소의 수입니다.

따라서 다음 **해답 예(C++)**의 계산량은 $O(Q \log Q)$가 되며, 실행 시간 제한을 만족합니다. 또한, Python의 경우에는 내부 구현 방법이 다르므로 쿼리 1번의 계산량은 $O(1)$입니다.

해답 예(C++)

```
01  #include <iostream>
02  #include <string>
03  #include <map>
04  using namespace std;
05
06  int Q;
```

```
07  int QueryType[100009], y[100009];
08  string x[100009];
09  map<string, int> Map;
10
11  int main() {
12      // 입력
13      cin >> Q;
14      for (int i = 1; i <= Q; i++) {
15          cin >> QueryType[i];
16          if (QueryType[i] == 1) cin >> x[i] >> y[i];
17          if (QueryType[i] == 2) cin >> x[i];
18      }
19
20      // 쿼리 처리
21      for (int i = 1; i <= Q; i++) {
22          if (QueryType[i] == 1) Map[x[i]] = y[i];
23          if (QueryType[i] == 2) cout << Map[x[i]] << endl;
24      }
25      return 0;
26  }
```

문제 B54   응용 문제

정수 $A_1, A_2, \cdots, A_N$ 이 주어져 있습니다. $1 \le j < i \le N$이고 $A_j = A_i$를 만족하는 쌍 (i, j)는 전부 몇 개 있습니까? 계산량 $O(N\log N)$으로 구하십시오.

힌트 $i = 1, 2, \cdots, N$순으로 '$A_j = A_i$를 만족하는 j의 개수'를 구하려면 어떻게 해야 할까요?

8.5 | 집합 관리(C++)

다음 세 종류의 쿼리를 빠르게 처리하는 프로그램을 구현하십시오.

- **쿼리 1**: 정수 x가 쓰인 카드가 책상에 놓인다.

- **쿼리 2**: 정수 x가 쓰인 카드가 책상에서 제거된다.

- **쿼리 3**: 책상에 있는 x 이상의 카드 중 가장 작은 것을 답한다.

단, 최초 시점에는 책상 위에 카드가 한 장도 놓여 있지 않다고 가정합니다.

입력 형식

$Query_i$는 i번째 쿼리의 정보를 나타냅니다. 쿼리 1은 1 x, 쿼리 2는 2 x, 쿼리 3은 3 x의 형식으로 주어집니다. 자세한 내용은 입력 예를 참조합니다.

$$Q$$
$$Query_1$$
$$\vdots$$
$$Query_Q$$

출력 형식

쿼리 3의 답을 순서대로 출력하십시오. 단, x 이상의 카드가 책상 위에 존재하지 않는 쿼리에 대해서는 -1을 출력하십시오.

제약

- $1 \leq Q \leq 100000$

- $1 \leq x \leq 10^9$

- 쿼리 1에서는 이미 놓여있는 정수의 카드는 추가되지 않는다.

- 쿼리 2에서는 놓여있지 않은 정수의 카드는 제거되지 않는다.

	입력 예 1	출력 예 1
3	77	
1 77	-1	
3 40		
3 80		

이번 절에서 주의할 사항

이번 절에서는 Python에서의 구현 방법을 설명하지 않습니다. 따라서 Python으로 학습을 진행하는 분은 이번 절의 내용을 건너뛰어도 관계없습니다. 또한, 이번 절에서는 주로 C++의 set 타입에 관해 다루지만, 이번 절 이외의 예제나 응용 문제에서는 set 타입을 사용하지 않으므로 안심하기 바랍니다.

C++의 set 타입 (Part 1)

set 타입은 집합을 관리하는 데이터 타입이며, 기본 기능은 다음과 같습니다.

프로그램	수행하는 조작	구체적인 예
set<타입>	set 타입의 변수를 정의한다	set<int> S
S.insert(x)	쿼리 1: S에 x를 추가한다	S.insert(15)
S.erase(x)	쿼리 2: S에서 x를 삭제한다	S.erase(24)
S.count(x)	S에 x가 포함되었는지를 0 또는 1로 반환한다	if (S.count(15)==1)
S.size()	S에 포함된 요소 수를 반환한다	-

다음은 소스 코드 예입니다. 그리고 set 타입에서는 **이미 들어 있는 요소를 추가했을 때 그것을 무시한다**는 점에 주의합니다(7번 행, 12번 행).

코드 8.2 set을 사용한 프로그램 예(1)

```
01  set<int> S;
02
03  // 조작을 수행한다
04  S.insert(1); // S = {1}
05  S.insert(2); // S = {1, 2}
06  S.insert(4); // S = {1, 2, 4}
07  S.insert(2); // S = {1, 2, 4} ← 여기에서 {1, 2, 2, 4}가 되지 않는 것에 주의!
08  cout << S.size() << endl; // 3이 출력된다
09
10  S.erase(2);  // S = {1, 4}
11  S.insert(9); // S = {1, 4, 9}
12  S.insert(9); // S = {1, 4, 9} ← 여기에서 {1, 4, 9, 9}가 되지 않는 것에 주의!
13  cout << S.size() << endl; // 3이 출력된다
14
15  if (S.count(2) == 1) cout << "2 is included" << endl; // 출력되지 않는다
16  if (S.count(9) == 1) cout << "9 is included" << endl; // 출력된다
```

C++의 set 타입 (Part 2)

set 타입의 큰 특징 중 하나는 **바이너리 서치**(→ 3장)를 수행하는 기능을 갖고 있다는 점입니다[11]. 다음 2행의 프로그램을 기술하는 것만으로 S 안에 포함된 'x 이상의 가장 작은 값'을 알 수 있습니다.

```
01  audo itr = S.lower_bound(x);
02  cout << (*itr) << endl;  // 'x 이상의 가장 작은 값'이 출력된다
```

하지만 모든 경우에 올바르게 출력된다고 단정할 수는 없습니다. S의 최댓값보다 큰 값을 x로 지정한 경우, 2번째 행에서 정의하지 않은 동작을 일으키기도 합니다. 정의하지 않은 동작을 피하려면 코드 8.3과 같이 조건 분기를 사용하는 등의 개선이 필요합니다.

코드 8.3 set을 사용한 프로그램 예(2)

```
01  auto itr = S.lower_bound(x);
02  if (itr == S.end()) { // x가 S의 최댓값보다 클 때 itr==S.end()를 만족한다
03      cout << "-1" << endl; // 이런 경우는 -1을 출력
04  }
05  else {
06      cout << (*itr) << endl; // 그렇지 않은 경우는 일반적으로 처리
07  }
```

C++의 set 타입 (Part 3)

이번 예제는 Part 1 및 Part 2에서 소개한 기능만으로도 충분히 해결할 수 있습니다. 하지만 프로그래밍 경진대회에서는 이 외에도 다음 두 가지 기능을 사용할 수 있는 경우도 많습니다.

- itr++: 1개 큰 값으로 이동한다.
- itr--: 1개 작은 값으로 이동한다.

이 기능을 사용한 프로그램 예를 코드 8.4에 나타냈습니다. 또한, 지금까지 설명한 기능은 N을 요소 수로 했을 때 기본적으로 계산량 $O(\log N)$으로 동작합니다[12].

코드 8.4 set을 사용한 프로그램 예(3)

```
01  // S = {15, 35, 50}의 상태에서 시작하는 것을 생각한다
02  auto itr1 = S.lower_bound(40);
03  cout << (*itr1) << endl; // 50이 출력된다
```

---

11 C++의 set 타입은 내부적으로는 오름차순으로 정렬해서 관리됩니다.

12 단, S.size() 등 계산량 $O(1)$인 처리도 있습니다.

```
04
05 itr1--;
06 cout << (*itr1) << endl; // (1개 작다) 35가 출력된다
07
08 itr1++;
09 cout << (*itr1) << endl; // (1개 크다) 50이 출력된다
```

해답 예(C++)

```
01 #include <iostream>
02 #include <set>
03 using namespace std;
04
05 int main() {
06     // 입력
07     int Q, QueryType[100009], x[100009];
08     cin >> Q;
09     for (int i = 1; i <= Q; i++) cin >> QueryType[i] >> x[i];
10
11     // 쿼리 처리
12     set<int> S;
13     for (int i = 1; i <= Q; i++) {
14         if (QueryType[i] == 1) S.insert(x[i]);
15         if (QueryType[i] == 2) S.erase(x[i]);
16         if (QueryType[i] == 3) {
17             auto itr = S.lower_bound(x[i]);
18             if (itr == S.end()) cout << "-1" << endl;
19             else cout << (*itr) << endl;
20         }
21     }
22     return 0;
23 }
```

문제 B55 | 응용 문제

다음 두 종류의 쿼리를 고속으로 처리하는 프로그램을 구현하십시오.

- **쿼리 1:** 정수 x라고 쓰인 카드가 책상에 놓인다.

- **쿼리 2:** 정수 x와 '책상에 있는 카드'의 차이의 최솟값을 답한다.

힌트 x 이상의 최솟값과 x 이하의 최댓값을 알면 쿼리 2에 답할 수 있습니다.

N 문자의 문자열 S가 주어져 있습니다. 다음 Q개의 쿼리를 처리하십시오.

- i번째 쿼리: $S[a_i, b_i]$와 $S[c_i, d_i]$는 일치하는가?
- 단, $S[l, r]$은 'S의 l번째 문자부터 r번째 문자까지의 부분'을 나타낸다.

예를 들어, S = abcbabc인 경우, $S[1, 3]$과 $S[5, 7]$은 일치합니다.

입력 형식

N Q
S
a_1 b_1 c_1 d_1
$\vdots$
a_Q b_Q c_Q d_Q

출력 형식

Q행으로 출력하십시오. i번째 행에는 i번째의 쿼리와 문자열이 일치하면 Yes, 그렇지 않으면 No를 출력하십시오.

제약

- $1 \leq N \leq 200000$
- $1 \leq Q \leq 200000$
- $b_i - a_i = d_i - c_i$

입력 예 1	출력 예 1
7 3	Yes
abcbabc	No
1 3 5 7	No
1 5 2 6	
1 2 6 7	

해설 개요

우선 '한 문자씩 비교한다'는 방법을 생각할 수 있습니다. 하지만 이 방법으로는 쿼리당 최대 N번의 비교를 해야 합니다. 예를 들어 S = ababababa일 때, $S[1,9]$와 $S[3,11]$이 일치하는지 판정하고 싶은 경우, 9번 비교해야 합니다. 이대로는 전체 계산량이 $O(NQ)$가 되어 실행 시간 제한을 만족할 수 없습니다.

문자열을 직접 비교하지 않고, 대신 '문자열 해시값'이 같은지를 비교하는 방법을 사용하면 더 효율적으로 답을 구할 수 있습니다. 여기에서 **해시값**이란 문자열을 어떤 규칙에 따라 수치로 변환한 것입니다.

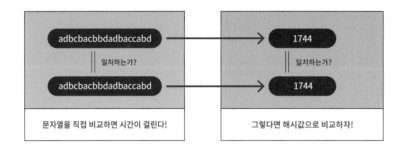

해시값 계산 방법

해시값을 계산하는 방법은 다양합니다. 프로그래밍 경진대회에서는 B진법을 사용하는 것이 간단합니다. 즉, 문자열 T의 i번째 문자열을 T[i]라고 했을 때 해시값을 다음과 같이 설정합니다[13].

$$(해시값) = B^{K-1}T[1] + \cdots + B^1 T[K-1] + B^0 T[K]$$

하지만 문자열이 길어지면 해시값이 거대한 수가 됩니다. 예를 들어, $B = 100$이면 문자열이 100문자인 시점에서 해시값이 200자리인 말도 안 되는 큰 숫자가 됩니다. 따라서 적당한 소수 M으로 나눈 나머지를 얻는 경우가 많습니다. 다음은 $B = 100$일 때의 예시입니다.

---

13 T[i]가 문자 그대로라면 해시값을 계산할 수 없으므로, 예를 들어 a를 1, b를 2, , z를 26에 대응하면 좋습니다.

해시 충돌에 관해

나머지를 얻는 방법에는 한 가지 문제가 있습니다. 다음 그림과 같이 다른 문자열의 해시값도 같아질 수 있다는 점입니다. 이것을 **해시 충돌**이라 부릅니다.

하지만 해시값은 원칙적으로 무작위로 분포하므로[14] 다른 문자열임에도 해시값이 같아질 가능성은 $1/M$ 정도로 매우 작습니다. 따라서 M이 충분히 크다면 문제없습니다.

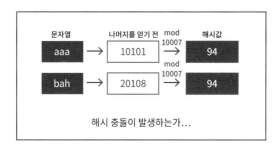 

고속의 해시값 계산

그럼, 문자열 $S[l,r]$의 해시값을 계산해 봅시다. 직접 계산하면 $O(r-l)$ 시간이 걸리므로 먼저 다음 값을 미리 계산하는 것을 고려합니다.

- H_1: $S[1,1]$의 해시값

- H_2: $S[1,2]$의 해시값

- H_3: $S[1,3]$의 해시값

- H_4, H_5, ..., H_N도 마찬가지로 계산

여기에서 문자열 $S[1,i]$는 문자열 $S[1,i-1]$의 뒤에 $T[i]$를 추가한 것이므로 H_i의 값은 $B \times H_{i-1} + T[i]$가 됩니다. S = abca일 때 계산 과정을 그림으로 나타내면 다음과 같습니다.

---

14 하지만 문제에 따라서는 M이 수만~수억 정도가 되어도 충분하지 않을 때가 있습니다. 이런 경우에는 여러 소수 M을 사용해 모든 해시값이 일치하면 '문자열이 같다'고 판정하는 방법이 효과적입니다. 또한, 악의적인 테스트 케이스의 경우나 프로그램을 보고 악의적인 입력을 생성할 수 있는 경우에는 B, M의 값을 난수로 하는 등의 개선이 효과적입니다.

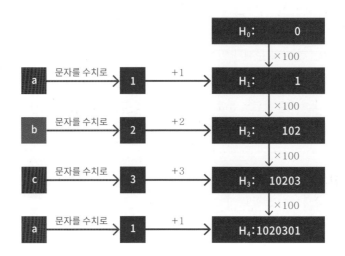

그러면 문자열 $S[l,r]$의 해시값은 $H_r - B^{r-l+1} \times H_{l-1}$로 계산할 수 있습니다(이유는 뒤에서 설명). 예를 들어, $S = $ abca인 경우 다음과 같이 됩니다.

- $S[2, 4]$의 해시값: $H_4 - 100^3 \times H_1 = 20301$

- $S[3, 4]$의 해시값: $H_4 - 100^2 \times H_2 = 301$

여기에서 B^{r-l+1}의 값은 반복 제곱 알고리즘(→ 5.4절)을 사용해서 구해도 좋지만, $r-l+1$의 값은 N 이하이므로 B^0, B^1, $\cdots$, B^N의 값도 미리 계산해두면 효과적입니다.

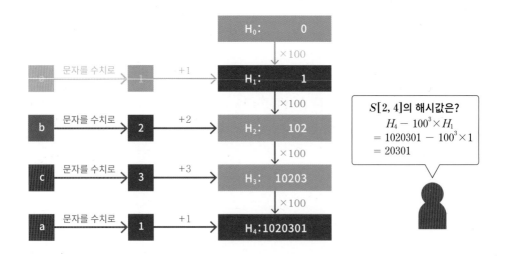

해답 예(C++)

```cpp
01  #include <iostream>
02  using namespace std;
03
04  // 입력으로 주어지는 변수
05  long long N, Q;
06  string S;
07  long long a[200009], b[200009], c[200009], d[200009];
08
09  // 해시값을 계산하기 위한 함수
10  long long mod = 2147483647;
11  long long T[200009], H[200009];
12  long long Power100[200009];
13
14  // S[l, r]의 해시값을 반환하는 함수
15  // 나머지 계산에 주의!(5.3절)
16  long long Hash_value(int l, int r) {
17      long long val = H[r] - (H[l - 1] * Power100[r - l + 1] % mod);
18      if (val < 0) val += mod;
19      return val;
20  }
21
22  int main() {
23      // 입력
24      cin >> N >> Q;
25      cin >> S;
26      for (int i = 1; i <= Q; i++) cin >> a[i] >> b[i] >> c[i] >> d[i];
27
28      // 문자를 수치로 변환(C++의 문자열은 0번째부터 시작하는 것에 주의!)
29      for (int i = 1; i <= N; i++) T[i] = (S[i - 1] - 'a') + 1;
30
31      // 100의 n 제곱(본문 중의 B^0, B^1, ...에 대응)을 먼저 계산한다
32      Power100[0] = 1;
33      for (int i = 1; i <= N; i++) Power100[i] = 100LL * Power100[i - 1] % mod;
34
35      // H[1], ..., H[N]를 계산한다
36      H[0] = 0;
37      for (int i = 1; i <= N; i++) H[i] = (100LL * H[i - 1] + T[i]) % mod;
```

```
38
39      // 쿼리에 답한다
40      for (int i = 1; i <= Q; i++) {
41          long long Hash1 = Hash_value(a[i], b[i]);
42          long long Hash2 = Hash_value(c[i], d[i]);
43          if (Hash1 == Hash2) cout << "Yes" << endl;
44          else cout << "No" << endl;
45      }
46      return 0;
47  }
```

보충: 이 방법이 잘 작동하는 이유

마지막으로 $S[l, r]$의 해시값이 왜 $H_r - B^{r-l+1} \times H_{l-1}$이 되는지 증명합니다.

먼저 해시값의 정의에 따라 H_r 값은 다음과 같습니다.

$$B^{r-1}T[1] + \cdots + B^{r-l+1}T[l-1] + B^{r-1}T[1] + \cdots + B^0 T[r]$$

한편, $B^{r-l+1} \times H_{l-1}$의 값은 다음과 같습니다.

$$B^{r-1}T[1] + \cdots + B^{r-l+1}T[l-1]$$

첫 번째 식에서 두 번째 식을 빼면 파란색 부분이 사라지고, 빨간색 부분만 남습니다. 그리고 빨간색 부분의 값은 $S[l, r]$의 해시값을 정의에서 계산했을 때의 값과 일치합니다.

문제 B56 응용 문제

회문이란 앞에서부터 읽어도, 뒤에서부터 읽어도 똑같은 문자열을 나타냅니다. 예를 들어, "abba", "level"이 회문입니다. 회문에 대해 다음 Q개의 쿼리에 답하십시오.

- **i번째 쿼리**: $S[L_i, R_i]$는 회문인가?

S의 문자 수가 100000 이하, $Q \le 100000$을 만족하는 경우 2초 이내에 실행이 완료돼야 합니다.

힌트 앞에서부터 읽었을 때/뒤에서부터 읽었을 때의 해시값을 계산합시다[46].

---

15   이 책의 범위 밖이지만, Manacher 알고리즘을 사용해서 풀 수도 있습니다.

N개의 구멍이 있는 모래밭에 1마리의 개미가 살고 있습니다. 이 개미는 규칙적인 동작을 하는 것으로 알려져 있으며, 구멍 $i(1 \leq i \leq N)$에 들어간 다음날에는 구멍 A_i로 이동합니다.

이에 대해 다음 Q개의 쿼리를 처리하십시오.

- **j번째 쿼리**: 지금 구멍 X_j에 있을 때 Y_j일 후에는 어떤 구멍에 있는가?

입력 형식

$$N\ Q$$
$$A_1\ A_2\ \cdots\ A_N$$
$$X_1\ Y_1$$
$$\vdots$$
$$X_Q\ Y_Q$$

출력 형식

Q행으로 출력하십시오. j번째 행에는 j번째 쿼리를 수행한 답을 출력하십시오.

제약

- $1 \leq N \leq 100000$
- $1 \leq Q \leq 100000$
- $1 \leq A_i \leq N$
- $1 \leq X_j \leq N$
- $1 \leq Y_j \leq 10^9$

입력 예 1	출력 예 1
7 4	2
2 4 1 7 6 5 3	1
1 1	3
1 5	6
2 13	
5 999999999	

해설 개요

먼저, '개미의 동작을 직접 시뮬레이션하는 방법'을 생각할 수 있습니다. 하지만 이 문제의 제약은 $Y_j \leq 10^9$로 매우 크며, 거기에 최대 100000개의 쿼리를 처리해야 하므로 실행 시간 제한을 만족할 수 없습니다.

여기에서 1일 후, 2일 후, 4일 후, 8일 후, 16일 후, …에 들어간 구멍의 위치를 미리 계산해 두는 **더블링**이라는 방법을 사용하면 좀 더 효율적으로 답을 구할 수 있습니다.

단계 1: 사전 계산

더블링에서 최초 단계는 각 i에 대해 다음과 같은 값을 미리 계산하는 것입니다.

- 구멍 i에 있던 $2^0 (=1)$일 후의 위치 dp[0][i]
- 구멍 i에 있던 $2^1 (=2)$일 후의 위치 dp[1][i]
- 구멍 i에 있던 $2^2 (=4)$일 후의 위치 dp[2][i]
- 구멍 i에 있던 $2^3 (=8)$일 후의 위치 dp[3][i]

명확하게 dp[0][i]$=A_i$가 성립합니다. 또한, 1일 후의 1일 후는 2일 후, 2일 후의 2일 후는 4일 후, 4일 후의 4일 후는 8일 후이므로 이후는 다음과 같이 계산할 수 있습니다.

- dp[1][i]=dp[0][dp[0][i]]
- dp[2][i]=dp[1][dp[1][i]]
- dp[3][i]=dp[2][dp[2][i]]

예를 들어, $A = [2,4,1,7,6,5,3]$의 경우는 다음 그림과 같습니다. 특히 구멍 1에 있던 8일 후의 위치 dp[3][1]은 다음과 같이 계산됩니다.

- 구멍 1에 있던 4일 후의 위치는 dp[2][1]=3
- 구멍 3에 있던 4일 후의 위치는 dp[2][3]=7
- 따라서 구멍 1에 있던 8일 후의 위치는 dp[2][dp[2][1]]=dp[2][3]=7

또한, 이 문제에서는 $Y_j < 2^{30}$이 성립하므로 2^{29}일 후의 위치 dp[29][i]까지 계산하면 충분합니다.

	구멍1	구멍2	구멍3	구멍4	구멍5	구멍6	구멍7
1일 후의 위치: $dp[0][i]$	2	4	1	7	6	5	3
2일 후의 위치: $dp[1][i]$	4	7	2	3	5	6	1
4일 후의 위치: $dp[2][i]$	3	1	7	2	5	6	4
8일 후의 위치: $dp[3][i]$	7	3	4	1	5	6	2

단계 2: 쿼리 처리

그럼 미리 계산한 결과를 이용해서 쿼리를 처리합시다. 먼저, 예로 구멍 2에 있던 13일 후의 위치를 계산합니다. $13 = 2^3 + 2^2 + 2^0$에서 13일 후는 8일 후의 4일 후의 1일 후이므로 다음과 같이 계산하면 답이 3임을 알 수 있습니다.

- 구멍 2에 있던 8일 후의 위치는 $dp[3][2] = 3$

- 구멍 3에 있던 4일 후의 위치는 $dp[2][3] = 7$

- 구멍 7에 있던 1일 후의 위치는 $dp[0][7] = 3$

일반적인 경우에도 동일합니다. N의 2진법 표기에서 2^d의 자리가 1일 때에 한해서 '2^d일 후로 진행하는 조작'을 수행하면 N일 후로 진행할 수 있습니다.

해답 예(C++)

```
01  #include <iostream>
02  using namespace std;
03
04  int N, Q, A[100009], X[100009], Y[100009];
05  int dp[32][100009];
06
07  int main() {
08      // 입력
09      cin >> N >> Q;
10      for (int i = 1; i <= N; i++) cin >> A[i];
11      for (int j = 1; j <= Q; j++) cin >> X[j] >> Y[j];
12
13      // 사전 계산
14      for (int i = 1; i <= N; i++) dp[0][i] = A[i];
15      for (int d = 1; d <= 29; d++) {
16          for (int i = 1; i <= N; i++) dp[d][i] = dp[d - 1][dp[d - 1][i]];
17      }
18
19      // 쿼리 처리
20      for (int j = 1; j <= Q; j++) {
21          int CurrentPlace = X[j];
22          for (int d = 29; d >= 0; d--) {
23              if ((Y[j] / (1 << d)) % 2 != 0) CurrentPlace = dp[d][CurrentPlace];
24          }
25          cout << CurrentPlace << endl;
26      }
27      return 0;
28  }
```

문제 B57   응용 문제

$1, 2, \cdots, N$ 각각에 대해 '각 자리의 숫자의 합을 뺀다'는 조작을 K번 수행한 수의 정수를 출력하십시오. 예를 들어, 108에 대해 3번의 조작을 수행하면 $108 \rightarrow 99 \rightarrow 81 \rightarrow 72$로 변화합니다. 또한, 계산량은 $O(N \log K)$를 만족해야 합니다.

힌트 1번 조작한 후, 2번 조작한 후, 4번 조작한 후 …를 생각합시다.

8.8 세그먼트 트리: RMQ

문제 A58 | RMQ(Range Maximum Query)[16]　(실행 시간 제한 3초, 난이도 ★5)

배열 $A = [A_1, A_2, \cdots, A_N]$이 있으며, 최초에는 모든 요소가 0으로 되어 있습니다. 다음 두 종류의 쿼리를 처리하는 프로그램을 작성하십시오.

- **쿼리 1**: A_{pos}의 값을 x로 업데이트한다.
- **쿼리 2**: $A_l, A_{l+1}, \cdots, A_{r-1}$의 최댓값을 답한다.

단, 주어진 쿼리의 수는 전부 Q개입니다.

입력 형식

$Query_i$는 i번째 쿼리의 정보를 나타냅니다. 쿼리 1은 1 pos x, 쿼리 2는 2 l r의 형식으로 주어집니다. 자세한 내용은 입력 예를 참조하십시오.

$$N \ Q$$
$$Query_1$$
$$Query_2$$
$$\vdots$$
$$Query_Q$$

출력 형식

쿼리 2의 답을 순서대로 출력하십시오.

제약

- $1 \leq N \leq 100000$
- $1 \leq Q \leq 100000$
- 배열 A의 요소는 항상 0 이상 10^9 이하의 정수다.

입력 예 1	출력 예 1
8 4	0
1 3 16	13
2 4 7	
1 5 13	
2 4 7	

세그먼트 트리란

세그먼트 트리는 '○○번째부터 △△번째까지의 요소의 최댓값을 구하십시오'라는 구간에 관한 쿼리를 다루는 데 특화된 데이터 구조입니다.

세그먼트 트리의 각 셀에는 **구간에 관한 정보**를 기록합니다. 1번째 단계의 셀에는 'A_1부터 A_N까지의 최 댓값'이라는 전체의 정보가 쓰여 있지만,

- 2번째 단계의 셀에는 전체의 1/2 길이의 구간
- 3번째 단계의 셀에는 전체의 1/4 길이의 구간
- 4번째 단계의 셀에는 전체의 1/8 길이의 구간

의 정보를 쓰고, 아래로 갈수록 다루는 구간이 짧아집니다. $N=8$일 때는 다음 그림과 같습니다.

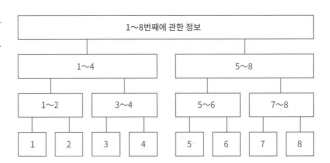

예제에 대한 세그먼트 트리

그럼 세그먼트 트리를 사용해서 예제를 풀어 봅시다. 먼저, 여기에서는 'A_l부터 A_{r-1}까지의 최댓값을 구하라'라는 쿼리를 처리해야 하므로 각 셀에 **구간의 최댓값**을 기록합니다.

예를 들어, $A=[27,18,36,37,25,54,21,11]$인 경우는 다음 그림과 같습니다. 2번째 단계의 왼쪽 셀에는 A_1부터 A_4까지의 최댓값 37이 기록됩니다.

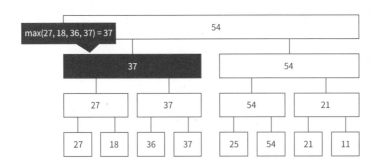

쿼리 1의 처리

A_{pos}의 값을 x로 업데이트하는 쿼리 1은 다음과 같이 처리할 수 있습니다.

순서 1: A_{pos}만의 구간에 대응하는 셀을 x로 바꿔쓴다.

순서 2: 1개 위의 셀로 이동해 max(왼쪽 아래 셀, 오른쪽 아래 셀)로 바꿔쓴다.

순서 3: 1개 위의 셀로 이동해, max(왼쪽 아래 셀, 오른쪽 아래 셀)로 바꿔쓴다.

순서 4: 가장 위 셀로 이동할 때까지 같은 조작을 반복한다.

다음 그림은 A_2의 값을 40으로 업데이트하는 경우의 흐름을 나타냈습니다. 업데이트 후에도 '구간에 대응하는 최댓값'이 올바르게 기록되어 있음을 알 수 있습니다.

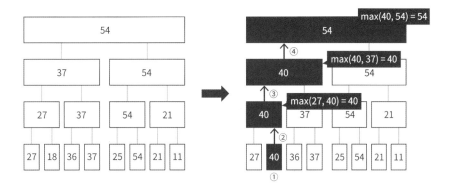

쿼리 2의 처리

먼저, A_1부터 A_6까지의 최댓값을 구하는 것을 생각해 봅시다. 다음 그림의 빨간색 셀만으로 A_1부터 A_6까지의 구간을 과하거나 부족함이 없이 포함하므로, 답은 $max(37,54)=54$임을 알 수 있습니다. 직접 계산하면 6개의 셀을 봐야 하지만, 세그먼트 트리에서는 2개의 셀로 완료됩니다.

다른 경우에도 마찬가지로 $logN$개 정도 셀의 최댓값만 계산하면 답을 알 수 있습니다(요소 수 N인 세그먼트 트리의 단계 수는 약 $logN$개입니다).

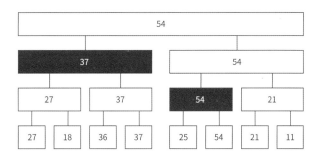

여기까지 설명한 내용이 이해됐습니까? 쿼리 1, 쿼리 2를 합친 계산 과정의 예를 다음 그림에 나타냈으니 꼭 활용하기 바랍니다. 또한, 설명 편의상 1번째 칸에서 배열 A의 초깃값이 0이 아닌 것으로 했음에 주의하기 바랍니다.

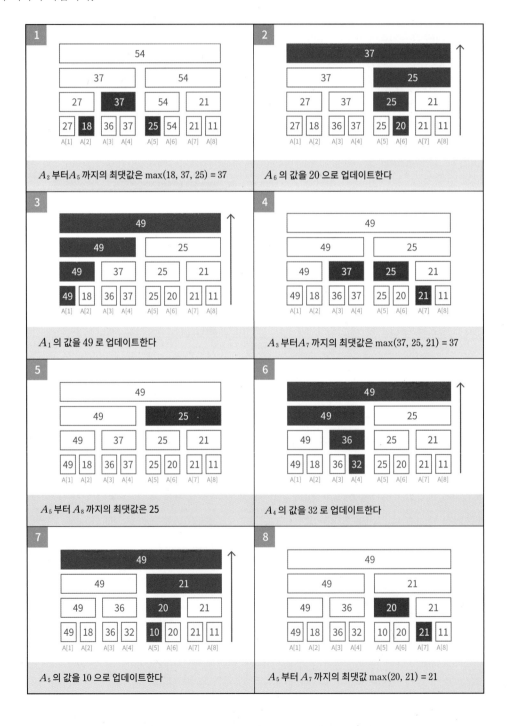

세그먼트 트리 구현: 쿼리 1

그럼 세그먼트 트리를 구현해 봅시다. 먼저, 배열을 사용해 세그먼트 트리를 관리할 수 있게 하기 위해 다음 규칙에 따라 각 셀에 번호를 붙이는 것을 생각합니다.

- 가장 위의 셀 번호는 1

- 셀 u의 왼쪽 아래의 셀의 번호는 $2u$

- 셀 u의 오른쪽 아래의 셀의 번호는 $2u+1$

또한, 세그먼트 트리의 요소 수 siz는 2^k의 형태로 나타내는 것이 좋으므로 siz를 N 이상에서 최소인 '2^k 형태의 정수'로 설정합니다. 예를 들어, $N=5$일 때 $siz=8$입니다.

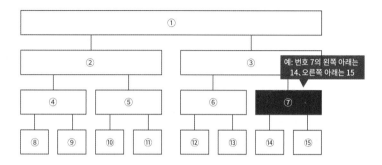

그러면 A_{pos}만에 대응하는 셀의 번호는 pos + siz - 1이 되고, 셀 u의 1개 위의 셀 번호는 '$u \div 2$의 몫'이 됩니다. 따라서 **쿼리 1**은 코드 8.5와 같이 구현할 수 있습니다. 계산량은 세그먼트 트리의 단계 수와 같으며 $O(\log N)$입니다.

코드 8.5 쿼리 1을 처리하는 함수

```
01  void update(int pos, int x) { // 셀 i에 쓰여진 정수를 dat[i]로 나타낸다
02      pos = pos + siz - 1;
03      dat[pos] = x;
04      while (pos >= 2) {
05          pos /= 2;
06          dat[pos] = max(dat[pos * 2], dat[pos * 2 + 1]);
07      }
08  }
```

세그먼트 트리 구현: 쿼리 2

쿼리 2에는 난이도가 높은 부분이 한 군데 있습니다. '어떤 셀의 최댓값을 계산하면 좋은가'를 구하는 부분입니다. 예를 들어, 반개구간 $[1,7)$[17]의 최댓값을 구할 때 셀 2와 셀 6의 최댓값을 계산하면 된다는 것은 사람이라면 쉽게 알 수 있습니다. 하지만 그것을 프로그램에서 구현하려면 난이도가 단번에 높아집니다.

여기서 재귀 함수(→ **칼럼 4**)가 도움이 됩니다. 코드 8.6과 같이 재귀 함수를 사용해서 구현하면 구간의 최댓값을 계산량 $O(\log N)$으로 구할 수 있습니다.

코드 8.6 쿼리 2를 처리하는 함수

```
01  // u는 현재 셀 번호, [a, b)는 셀에 대응하는 반개구간, [l, r)은 구할 반개구간
02  // 반개구간 [l, r)의 최댓값을 구하려면 query(l, r, 1, siz+1, 1)을 호출하면 된다
03  int query(int l, int r, int a, int b, int u) {
04      if (r <= a || b <= l) return -1000000000; // 전혀 포함되지 않는 경우
05      if (l <= a && b <= r) return dat[u];        // 완전히 포함되는 경우
06      int m = (a + b) / 2;
07      int AnswerL = query(l, r, a, m, u * 2);
08      int AnswerR = query(l, r, m, b, u * 2 + 1);
09      return max(AnswerL, AnswerR);
10  }
```

이 재귀 함수는 셀을 반개구간 $[l,r)$로 완전히 포함할 때까지 분해하는 구조로 되어 있습니다. 구체적으로 다음 그림의 **조작 1**을 수행함으로써 반개구간 $[l,r)$의 최댓값을 구합니다.

> **조작 : u**
> - 셀 u가 $[l,r)$에 전부 포함된다: 해당 셀에 쓰인 값을 반환한다.
> - 셀 u가 $[l,r)$에 일부 포함된다: 조작 $2u, 2u+1$을 재귀적으로 수행하고, 최댓값을 반환한다.
> - 셀 u가 $[l,r)$에 포함되지 않는다: 최댓값에 영향을 주지 않는 값인 $-\infty$를 반환한다.

예를 들어, 반개구간 $[1,7)$의 최댓값을 구하는 경우 다음과 같이 동작합니다.

---

17 반개구간 $[l, r)$은 A_l부터 A_{r-1}까지의 구간을 가리킵니다.

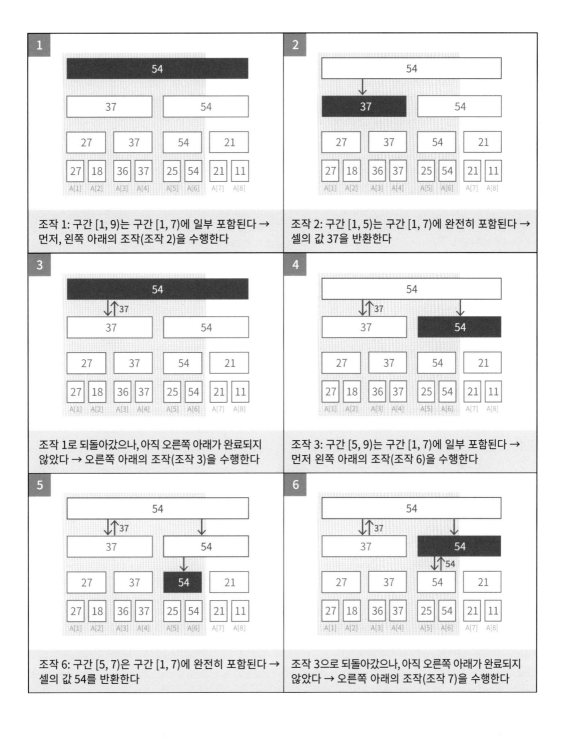

1

조작 1: 구간 [1, 9)는 구간 [1, 7)에 일부 포함된다 →
먼저, 왼쪽 아래의 조작(조작 2)을 수행한다

2

조작 2: 구간 [1, 5)는 구간 [1, 7)에 완전히 포함된다 →
셀의 값 37을 반환한다

3

조작 1로 되돌아갔으나, 아직 오른쪽 아래가 완료되지
않았다 → 오른쪽 아래의 조작(조작 3)을 수행한다

4

조작 3: 구간 [5, 9)는 구간 [1, 7)에 일부 포함된다 →
먼저 왼쪽 아래의 조작(조작 6)을 수행한다

5

조작 6: 구간 [5, 7)은 구간 [1, 7)에 완전히 포함된다 →
셀의 값 54를 반환한다

6

조작 3으로 되돌아갔으나, 아직 오른쪽 아래가 완료되지
않았다 → 오른쪽 아래의 조작(조작 7)을 수행한다

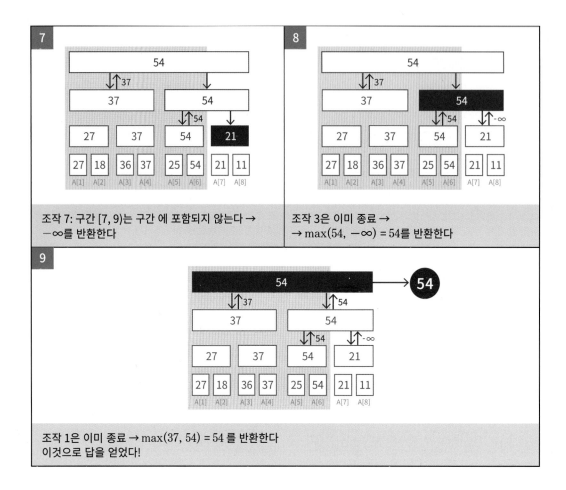

7

조작 7: 구간 [7, 9)는 구간 에 포함되지 않는다 →
$-\infty$를 반환한다

8

조작 3은 이미 종료 →
$\rightarrow \max(54, -\infty) = 54$를 반환한다

9

조작 1은 이미 종료 → $\max(37, 54) = 54$를 반환한다
이것으로 답을 얻었다!

해답 예(C++)

```
01  #include <iostream>
02  #include <algorithm>
03  using namespace std;
04
05  class SegmentTree {
06      public:
07      int dat[300000], siz = 1;
08
09      // 요소 dat의 초기화를 수행한다(최초에는 전부 0)
10      void init(int N) {
11          siz = 1;
12          while (siz < N) siz *= 2;
```

```
13          for (int i = 1; i < siz * 2; i++) dat[i] = 0;
14      }
15
16      // 쿼리 1에 대한 처리
17      void update(int pos, int x) {
18          pos = pos + siz - 1;
19          dat[pos] = x;
20          while (pos >= 2) {
21              pos /= 2;
22              dat[pos] = max(dat[pos * 2], dat[pos * 2 + 1]);
23          }
24      }
25
26      // 쿼리 2에 대한 처리
27      // u는 현재의 셀 번호, [a, b)는 셀에 대응하는 반개구간, [l, r)은 구할 반개구간
28      int query(int l, int r, int a, int b, int u) {
29          if (r <= a || b <= l) return -1000000000; // 전혀 포함되지 않는 경우
30          if (l <= a && b <= r) return dat[u];        // 완전히 포함된 경우
31          int m = (a + b) / 2;
32          int AnswerL = query(l, r, a, m, u * 2);
33          int AnswerR = query(l, r, m, b, u * 2 + 1);
34          return max(AnswerL, AnswerR);
35      }
36  };
37
38  int N, Q;
39  int Query[100009], pos[100009], x[100009], l[100009], r[100009];
40  SegmentTree Z;
41
42  int main() {
43      // 입력
44      cin >> N >> Q;
45      for (int i = 1; i <= Q; i++) {
46          cin >> Query[i];
47          if (Query[i] == 1) cin >> pos[i] >> x[i];
48          if (Query[i] == 2) cin >> l[i] >> r[i];
49      }
50
51      // 쿼리 처리
```

```
52      Z.init(N);
53      for (int i = 1; i <= Q; i++) {
54          if (Query[i] == 1) {
55              Z.update(pos[i], x[i]);
56          }
57          if (Query[i] == 2) {
58              // 최초의 셀에 대응하는 반개구간은 [1, siz + 1)
59              int Answer = Z.query(l[i], r[i], 1, Z.siz + 1, 1);
60              cout << Answer << endl;
61          }
62      }
63      return 0;
64  }
```

문제 B58 │ 응용 문제

N개의 발판이 가로로 일렬로 배열되어 있고, 왼쪽부터 순서대로 1부터 N까지의 번호가 붙어 있습니다. 발판 1이 시작 지점, 발판 N이 목표 지점이며, 발판 i는 시작 지점부터 X_i미터의 위치에 있습니다.

한 번에 L미터 이상 R미터 이하의 거리를 오른쪽 방향으로만 점프할 수 있다고 할 때 시작 지점부터 목표 지점까지 최소 몇 번의 점프로 이동할 수 있습니까? 계산량 $O(N\log N)$으로 푸십시오.

힌트 계산량 $O(N^2)$의 동적 계획 알고리즘(→ 4장)을 세그먼트 트리로 고속화합시다!

배열 $A = [A_1, A_2, \cdots, A_N]$이 있고, 최초에는 모든 요소가 0으로 되어 있습니다. 다음 두 종류의 쿼리를 처리하는 프로그램을 작성하십시오.

- **쿼리 1**: A_{pos}의 값을 x로 업데이트한다.
- **쿼리 2**: $A_l, A_{l+1}, \cdots, A_{r-1}$의 합계를 답한다.

단, 주어진 쿼리의 수는 총 Q개입니다.

입력 형식

$Query_i$는 i번째 쿼리의 정보를 나타냅니다. 쿼리 1은 `1 pos x`, 쿼리 2는 `2 l r`의 형식으로 주어집니다. 자세한 내용은 입력 예를 참조하십시오.

$$
\begin{array}{l}
N\ Q \\
Query_1 \\
\vdots \\
Query_Q
\end{array}
$$

출력 형식

쿼리 2의 답을 순서대로 출력하십시오.

제약

- $1 \le N \le 100000$
- $1 \le Q \le 100000$
- 배열 A의 요소는 항상 0 이상 1000 이하인 정수다.

입력 예 1	출력 예 1
8 4	24
1 3 16	40
1 6 24	
2 4 8	
2 1 7	

문제 해설

앞 예제에서는 세그먼트 트리에 구간의 최댓값을 기록했습니다. 이번 예제에서는 'A_l부터 A_{r-1}까지의 합곗값을 구하는 쿼리'를 처리하므로 **구간 합곗값**을 기록하는 것을 생각해 봅니다.

예를 들어, $A = [27,18,36,37,25,54,21,11]$의 경우는 다음 그림과 같습니다. 두 번째 단계의 왼쪽 셀에는 A_1부터 A_4까지의 합곗값 118이 기록되어 있습니다.

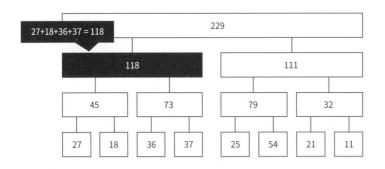

그러면 앞의 예제와 거의 같은 알고리즘으로 **쿼리 1**, **쿼리 2**를 처리할 수 있습니다. 예를 들어 쿼리 1으로 A_{pos}의 값을 x로 변경할 때의 알고리즘은 다음과 같습니다.

> 순서 1: A_{pos}만의 구간에 대한 셀을 x로 바꿔쓴다.
> 순서 2: 1개 위의 셀로 이동하고, (왼쪽 아래의 셀 + 오른쪽 아래의 셀)로 바꿔쓴다.
> 순서 3: 1개 위의 셀로 이동하고, (왼쪽 아래의 셀 + 오른쪽 아래의 셀)로 바꿔쓴다.
> 순서 4: 가장 위의 셀에 이동할 때까지 같은 조작을 반복한다.

다음 그림은 A_2의 값을 40으로 변경할 때의 흐름을 나타낸 것입니다.

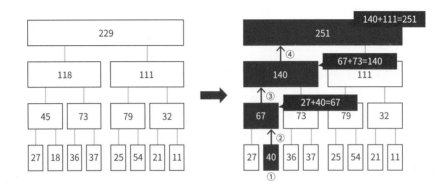

또한, **쿼리 2**에 대해서도 $\log N$개 정도 셀의 값의 합계를 구하는 것만으로 답을 알 수 있습니다. 이상의 내용을 구현하면 **해답 예**와 같이 됩니다. 앞의 예제에서 단 3개 행만 변경되었습니다(변경된 부분에 주석을 달았습니다).

해답 예(C++)

```
01  #include <iostream>
02  #include <algorithm>
03  using namespace std;
04
05  class SegmentTree {
06  public:
07      int dat[300000], siz = 1;
08
09      // 요소 dat의 초기화를 수행한다(최초에는 전부 0)
10      void init(int N) {
11          siz = 1;
12          while (siz < N) siz *= 2;
13          for (int i = 1; i < siz * 2; i++) dat[i] = 0;
14      }
15
16      // 쿼리 1에 대한 처리
17      void update(int pos, int x) {
18          pos = pos + siz - 1;
19          dat[pos] = x;
20          while (pos >= 2) {
21              pos /= 2;
22              dat[pos] = dat[pos * 2] + dat[pos * 2 + 1]; // 8.8절에서 변경한 부분
23          }
24      }
25
26      // 쿼리 2에 대한 처리
27      int query(int l, int r, int a, int b, int u) {
28          if (r <= a || b <= l) return 0; // 8.8절에서 변경한 부분
29          if (l <= a && b <= r) return dat[u];
30          int m = (a + b) / 2;
31          int AnswerL = query(l, r, a, m, u * 2);
32          int AnswerR = query(l, r, m, b, u * 2 + 1);
33          return AnswerL + AnswerR; // 8.8절에서 변경한 부분
```

```
34          }
35  };
36
37  int N, Q;
38  int Query[100009], pos[100009], x[100009], l[100009], r[100009];
39  SegmentTree Z;
40
41  int main() {
42      // 입력
43      cin >> N >> Q;
44      for (int i = 1; i <= Q; i++) {
45          cin >> Query[i];
46          if (Query[i] == 1) cin >> pos[i] >> x[i];
47          if (Query[i] == 2) cin >> l[i] >> r[i];
48      }
49
50      // 쿼리 처리
51      Z.init(N);
52      for (int i = 1; i <= Q; i++) {
53          if (Query[i] == 1) {
54              Z.update(pos[i], x[i]);
55          }
56          if (Query[i] == 2) {
57              // 최초의 셀에 대응하는 반개구간은 [1, siz + 1]
58              int Answer = Z.query(l[i], r[i], 1, Z.siz + 1, 1);
59              cout << Answer << endl;
60          }
61      }
62      return 0;
63  }
```

문제 B59	응용 문제

배열 $A = [A_1, \cdots, A_N]$이 주어져 있습니다. $A_i > A_j$가 되는 쌍 $(i, j)[1 \le i < j \le N]$의 개수를 출력하는 프로그램을 작성하십시오. 계산량은 $O(N \log N)$을 만족해야 합니다.

힌트 $j = 1, 2, \cdots, N$순으로 '$A_i > A_j$가 되는 i의 개수'를 구하려면 어떻게 해야 할까요?

8.10 도전 문제

| 문제 A60 | Stock Price | (실행 시간 제한 1초, 난이도 ★4) |

주식회사 KYOPRO−MASTER는 상장 이후 N일이 지났으며, i번째 날의 주가는 A_i원이었습니다. 경진 씨는 각 날짜에 대해 '주가가 며칠만에 고가를 갱신했는가'를 구하려고 합니다. 여기에서 d 일차에 대한 **기산일**을 다음과 같이 정의합니다.

- $i < d$이고, $A_i > A_d$를 만족하는 최대의 i
- 단, 그런 i가 존재하지 않는 경우, 기산일은 없다.

$d = 1, 2, \cdots, N$에 대해 기산일을 계산하는 프로그램을 작성하십시오.

입력 형식

N
$A_1 \ A_2 \ \cdots \ A_N$

출력 형식

$d = 1, 2, \cdots, N$일 때의 기산일을 공백으로 구분해서 출력하십시오. 단, 기산일이 존재하지 않는 날에 대해서는 −1을 출력하십시오.

제약

- $1 \leq N \leq 200000$
- $1 \leq A_i \leq 10^9$
- $A_1 \ A_2 \ \cdots \ A_N$은 모두 다르다.

입력 예 1	출력 예 1
6	-1 1 1 3 4 3
6 2 5 3 1 4	

예를 들어, 6번째 날의 기산일은 3일차입니다. 왜냐하면 5일차, 4일차의 주가는 $A_6 (=4)$원 이하이고, 3일차의 주가는 $A_6 (=4)$원을 넘기 때문입니다.

구체적인 예에서 생각하자

먼저, 구체적인 예로 $A=[6, 2, 5, 3, 1, 4]$인 경우를 생각해 봅시다. d번째 날의 기산일은 '왼쪽에 이동했을 때 처음으로 주가가 A_d원을 넘은 날'이므로 6일차의 기산일은 3번째 날입니다.

또한, 조금 어렵지만 2, 4, 5일차는 6일차의 기산일이 되지 않을 뿐만 아니라, 만약 7일차 이후가 있더라도 그 기산일이 되지 않습니다. 따라서 7일차 이후를 생각할 때는 2, 4, 5일차의 정보를 기억할 필요가 없습니다.

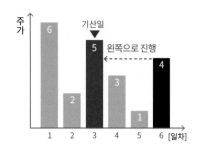

일반적인 경우에는 어떨까요? d번째 날부터 왼쪽으로 진행했을 때 주가의 최고가를 갱신하는 막대를 **레벨 2(파란색)**, 그렇지 않은 막대를 **레벨 1(회색)**이라고 합시다. 이때,

- 가장 오른쪽의 레벨 2가 d일차의 기산일
- 레벨 1인 날짜는 d번째 일뿐만 아니라, $d+1$일차 이후의 기산일도 되지 않음

이라는 특성이 성립합니다. 예를 들어, 위 그림의 예에서 $d=6$인 경우, 레벨 2인 1, 3일차만 '미래의 기산일이 될 수 있는 가능성이 남아 있다'고 말할 수 있습니다. 다른 d에 관해서는 다음 그림과 같습니다.

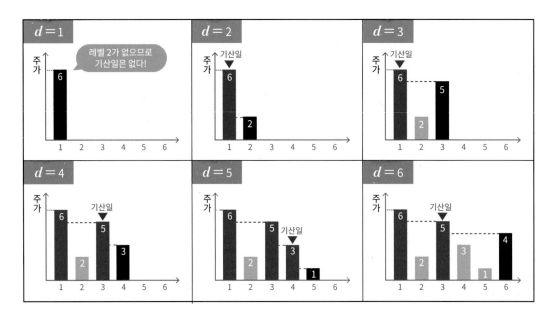

문제를 풀어 보자

이상에서 '1일차 → 2일차 → … → N일차' 순으로 답을 구해 나갈 때 레벨 1의 막대는 이미 기억할 필요가 없음을 알 수 있습니다. 그래서 레벨 2인 막대만을 기록하는 것을 생각해 봅시다. 구체적으로는 다음 요소를 날짜 오름차순으로 기록한 스택 Level2를 준비합니다.

- 레벨 2인 막대에 대한 (날짜, 주가)의 쌍

이때, 스택 Level2의 변화는 다음과 같이 재현할 수 있습니다.

- **1번째 날**: 빈 상태로 변화하지 않는다.

- **2번째 날**: $(1, A_1)$을 추가한 뒤, 가장 위의 주가가 A_2 이하인 동안 계속 삭제한다.

- **3번째 날**: $(2, A_2)$를 추가한 뒤, 가장 위의 주가가 A_3 이하인 동안 계속 삭제한다.

- **4번째 날**: $(3, A_3)$를 추가한 뒤, 가장 위의 주가가 A_4 이하인 동안 계속 삭제한다.

- **5번째 날** 이후에도 동일하다.

또한, 기산일은 가장 오른쪽의 레벨 2 막대이므로, d일차의 기산일은 'd번째 날 시점에서 스택 Level2의 가장 위에 있는 날짜'가 됩니다. 따라서 $A = [6, 2, 5, 3, 1, 4]$일 때 기산일은 다음 그림과 같이 계산할 수 있습니다.

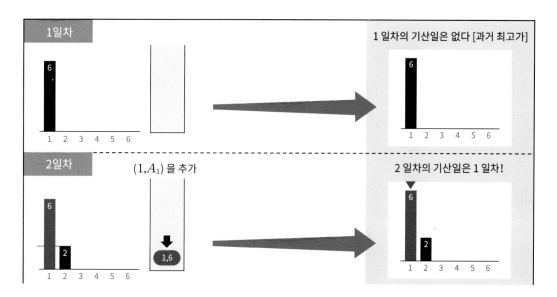

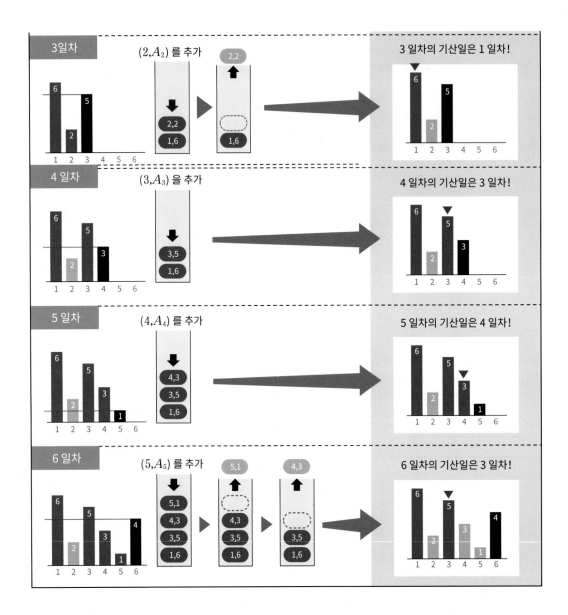

계산량에 관해

이 알고리즘의 계산량은 어떻게 될까요? 예를 들어, 다음과 같은 경우에는 가장 마지막 날에 스택에서 $N-1$개의 요소를 제거해야 합니다.

- $A = [N-1, N-2, \cdots, 2, 1, N]$

따라서 매일 $N-1$개를 제거하면 합계 삭제 횟수가 $N(N-1)$번이 되며, 실행 시간 제한을 만족하지 않는다고 오해할 수도 있습니다. 하지만 스택에 대한 추가는 명확하게 합계 $N-1$번 수행되고, 같은 요소가 두 번 삭제되는 일은 없으므로 합계 삭제 횟수도 $N-1$번 이하입니다. 따라서 계산량은 $O(N)$입니다.

해답 예(C++)

```cpp
01 #include <iostream>
02 #include <stack>
03 using namespace std;
04
05 int N, A[200009];
06 int Answer[200009];
07 stack<pair<int, int>> Level2;
08
09 int main() {
10     // 입력
11     cin >> N;
12     for (int i = 1; i <= N; i++) cin >> A[i];
13
14     // 스택 변화 재현
15     for (int i = 1; i <= N; i++) {
16         if (i >= 2) {
17             Level2.push(make_pair(i - 1, A[i - 1]));
18             while (!Level2.empty()) {
19                 int kabuka = Level2.top().second;
20                 if (kabuka <= A[i]) Level2.pop();
21                 else break;
22             }
23         }
24
25         // 기산일 특정
26         if (!Level2.empty()) Answer[i] = Level2.top().first;
27         else Answer[i] = -1;
28     }
29
30     // 출력
31     for (int i = 1; i <= N; i++) {
32         if (i >= 2) cout << " ";
33         cout << Answer[i];
34     }
35     cout << endl;
36     return 0;
37 }
```

8장 정리

8.1 스택

스택으로 할 수 있는 것

- 가장 위에 요소 x를 추가한다
- 가장 위의 요소를 얻는다
- 가장 위의 요소를 삭제한다

구현 방법

C++에서는 stack 타입, Python에서는 deque를 사용한다

8.2 큐

큐로 할 수 있는 것

- 가장 뒤에 요소 x를 추가한다
- 가장 앞의 요소를 얻는다
- 가장 앞의 요소를 삭제한다

구현 방법

C++에서는 queue, Python에서는 deque를 사용한다

8.3 우선순위 큐

우선순위 큐로 할 수 있는 것

- 요소 x를 추가한다
- 가장 작은 요소를 얻는다
- 가장 작은 요소를 삭제한다

계산량

쿼리당 $O(\log N)$

8.4 연상 배열

연상 배열이란

첨자에 제한이 없는 배열 A[-100]이나 A["tanaka"] 등으로도 접근할 수 있다

계산량

쿼리당 $O(\log N)$

8.5 집합 관리

set 타입으로 할 수 있는 것

- 요소 x를 추가한다
- 요소 x를 삭제한다
- x의 위치를 바이너리 서치로 찾는다 등

8.6 문자열의 해시

테크닉 개요

문자열이 아니라 '해시값'을 비교함으로써 문자열의 일치 판정을 계산량 $O(1)$로 수행한다

해시값을 구하는 방법

문자열 T의 i번째 문자에 대응하는 값을 $T[i]$로 했을 때, (해시값)$= B^{K-1}T[1]+\cdots+B^0 T[K]$

8.7 더블링

더블링이란

1수 앞, 2수 앞, 4수 앞, 8수 앞, …을 미리 계산해서 N수 앞을 빠르게 구한다

구체적인 예

13수 앞은 '8수 앞의 4수 앞의 1수 앞'

8.8 세그먼트 트리(1): RMQ

세그먼트 트리란

오른쪽 그림과 같이 둘로 나눈 구조를 가지며, 각 셀에는 '구간의 정보'를 기록한다

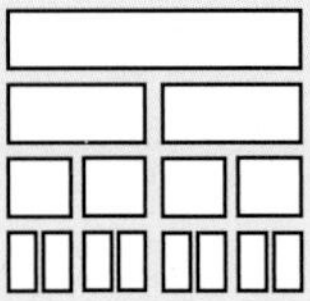

세그먼트 트리로 할 수 있는 것(1)

- A_{pos}의 값을 계산량 $O(\log N)$으로 업데이트한다
- $A_l, \cdots, A_{r-1}$의 최솟값을 계산량 $O(\log N)$으로 구한다

8.9 세그먼트 트리(2): RSQ

세그먼트 트리로 할 수 있는 것(2)

- A_{pos}의 값을 계산량 $O(\log N)$으로 업데이트한다
- $A_l, \cdots, A_{r-1}$의 합곗값을 계산량 $O(\log N)$으로 구한다

이것을 구현하려면?

사람을 구별하지 않는 경우, '충돌한다'를 '비켜 지나간다'로 바꿀 수도 있다.

9장

그래프 알고리즘

여러분은 '그래프'라는 단어를 들으면 무엇이 떠오릅니까? 많은 분은 막대그래프나 꺾은선그래프 같은 자료 작성의 필수 도구를 상상할 것입니다. 다음 그림 왼쪽의 내각 지지율을 나타낸 원그래프도 분명 그래프의 한 종류입니다. 하지만 알고리즘 문맥에서는 **대상과 대상을 연결한 네트워크 구조와 같은 것**을 가리킵니다.

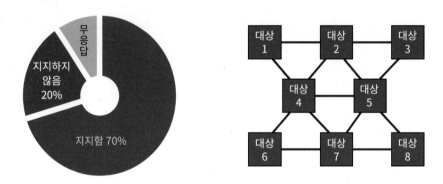

그래프는 **노드**와 **에지**로 구성됩니다. 노드는 대상을 가리키며 그림에서는 원 등으로 나타냅니다. 에지는 연결을 나타내며, 그림에서는 선 등으로 나타냅니다. 머릿속에 그려지지 않는 분은 전철 노선도의 역을 노드, 선로를 에지라고 생각하면 좋을 것입니다. 또한, 노드끼리 식별하기 위해 각 노드에는 과 같은 **노드 번호**를 붙입니다.

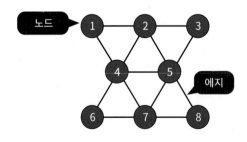

그래프 분류(1): 무향 그래프와 유향 그래프

그래프는 '에지의 방향 유무'로 분류할 수 있습니다. **무향 그래프**는 에지에 방향이 없는 그래프, **유향 그래프**는 에지에 방향이 있는 그래프입니다.

예를 들어, 일반적인 도로망은 무향 그래프를 사용해서 표현할 수 있습니다. 한편, 일방 통행이 존재하는 경우 유향 그래프를 사용해야 합니다.

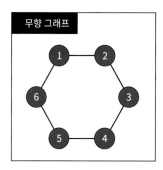 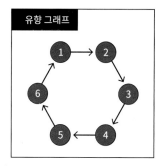

그래프 분류(2): 가중치가 없는 그래프와 가중치가 있는 그래프

그래프는 '에지에 가중치나 길이에 대한 정보가 있는가'로도 분류할 수 있습니다. **가중치가 없는 그래프**는 에지의 가중치가 없는 그래프이며, **가중치가 있는 그래프**는 에지의 가중치가 있는 그래프입니다.

예를 들어, 도로망만 표현하고 싶을 때는 가중치 없는 그래프로 충분하지만, 소요 시간이나 이동 거리 등의 정보도 포함해서 표현하고 싶을 때는 가중치가 있는 그래프를 사용해야 합니다.

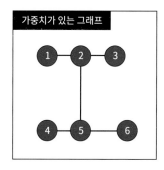 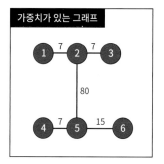

그래프 예

여기까지 설명한 그래프는 친구 관계나 교통망을 시작으로 다양한 분야에 대응할 수 있습니다. 실생활에서 접할 수 있는 그래프의 예를 다음 그림에 나타냈으므로 꼭 활용하기 바랍니다.

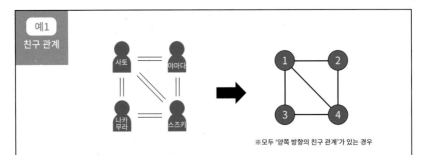

예1 친구 관계

※모두 '양쪽 방향의 친구 관계'가 있는 경우

학교 안에서 친구 관계는 무향 그래프로 표현할 수 있습니다. 단, '사람 A가 사람 B를 좋아하지만, 사람 B는 사람 A를 좋아하지 않는다'와 같은 안타까운 상황인 경우, 유향 그래프를 사용해야 합니다.

어떤 문제에 사용할 수 있는가? 가장 친구가 많은 사람이 누구인지 구한다(→ 응용 문제 9.1).

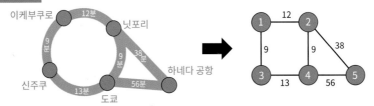

예2 철도 소요 시간

역을 노드로 하고 선로를 에지로 했을 때 도쿄 근교의 철도 노선도는 가중치가 있는 그래프로 표현할 수 있습니다.

어떤 문제에 사용할 수 있는가? 신주쿠 역부터 하네다 공항까지 최단 몇 분에 이동할 수 있는지 구한다(→ 9.4절)

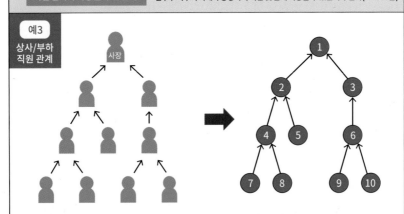

예3 상사/부하 직원 관계

많은 회사에 존재하는 '상사와 부하 직원'의 관계도 유향 그래프로 표현할 수 있습니다. 사원을 노드, 관계를 에지로 보면 좋습니다.

어떤 문제에 사용할 수 있는가? 각 직원이 몇 명의 (간접) 부하 직원을 거느리고 있는지 구한다(→ 9.5절)

칼 럼 5 그래프 관련 용어

이번 칼럼에서는 그래프 문제를 풀 때 만나는 중요한 몇 가지 키워드를 소개합니다. 용어를 외우기가 힘들 수도 있지만, 필요할 때를 대비하여 미리 알아둡시다.

그래프의 차수

무향 그래프의 경우, 어떤 노드에 직접 연결된 에지의 수를 **차수**라고 부릅니다. 예를 들어, 다음 그림 왼쪽의 예에서는 노드 1에 3개의 에지가 직접 연결되어 있으므로 노드 1의 차수는 3입니다.

유향 그래프의 경우, 어떤 노드로부터 나가는 에지의 수를 **진출차수**, 어떤 노드로 들어오는 에지의 수를 **진입차수**라 부릅니다. 예를 들어, 다음 그림 오른쪽의 예에서는 노드 1로부터 2개의 에지가 나가므로 노드 1의 진출차수는 2입니다.

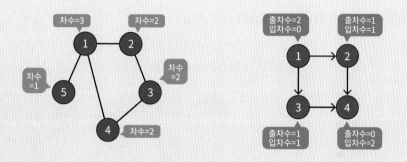

연결/인접 관계

그래프가 **연결되어 있다**는 것은 모든 노드 사이를 오갈 수 있다는 것을 나타냅니다. 예를 들어 다음 그림의 그래프 중 노드 1과 노드 6은 서로 오갈 수 없으므로 연결되어 있지 않습니다.

또한, **연결 성분**이란 서로 오갈 수 있는 노드만 같은 그룹이 되도록 분류했을 때 각 그룹을 가리킵니다. 예를 들어, 다음 그림의 그래프에는 3개의 연결 성분 A, B, C가 존재합니다.

그리고 노드 u와 노드 v가 **인접한다**는 것은 u와 v가 직접 에지로 연결되어 있는 것을 가리킵니다. 예를 들어, 다음 그림의 노드 1과 2는 인접해 있지만, 노드 1과 3은 인접해 있지 않습니다.

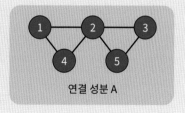

연결 성분 A

연결 성분 B

연결 성분 C

패스/닫힌 경로

그래프상의 경로를 **패스**라 부르며, 특히 같은 노드를 여러 번 지나지 않는 패스를 **단순 패스**라 부릅니다. 예를 들어, 다음 그림의 1 → 2 → 5 → 8이라는 경로는 단순 패스이지만, 2 → 5 → 2 → 5라는 경로는 단순 패스가 아닙니다[1].

또한, 시작과 목표가 같은 패스 중 같은 에지를 두 번 이상 지나지 않고, 목표를 제외한 같은 노드를 두 번 이상 지나지 않는 것을 **닫힌 경로** 또는 **사이클**이라고 부릅니다. 예를 들어 다음 그림의 1 → 2 → 7 → 6 → 1이라는 경로는 닫힌 경로입니다.

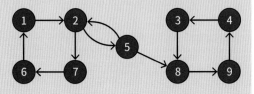

이분 그래프(bipartite graph)

인접한 노드가 같은 색이 되지 않도록 그래프의 노드를 파란색과 빨간색 등 두 가지 색으로 구분해서 나눌 수 있는 그래프를 **이분 그래프**라 부릅니다. 예를 들어, 다음 그림 왼쪽은 이분 그래프지만, 오른쪽은 이분 그래프가 아닙니다.

이분 그래프는 '길이가 홀수인 닫힌 경로'가 존재하지 않으며, 매칭 문제(→ 9.9절)를 쉽게 해결할 수 있는 등 좋은 성질을 많이 갖고 있습니다.

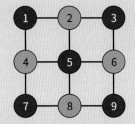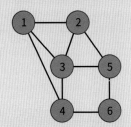

최단 경로

어떤 노드에서 어떤 노드로 향하는 경로 중 지나는 에지의 수(가중치가 있는 그래프의 경우, 지나는 에지의 가중치의 총합)이 최소가 되는 것을 **최단 경로**라고 부릅니다.

예를 들어 다음 그림의 그래프의 경우 노드 1부터 2까지의 최단 경로는 1 → 3 → 4 → 5 → 2이며, 그 길이는 26 + 24 + 39 + 11 = 100입니다. 최단 경로의 개념은 너비 우선 탐색(→ 9.3절), 데이크스트라 알고리즘(→ 9.4절) 등에서 사용합니다.

---

1   패스 및 단순 패스에 관해서는 책에 따라 그 정의가 다를 수 있으므로 주의하기 바랍니다. 예를 들어, 참고 문헌 [10]에서는 패스를 워크라 부르며, 단순 패스를 패스라고 부릅니다.

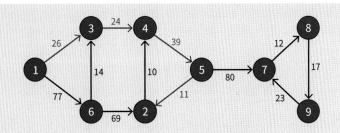

트리 구조

연결된 무향 그래프 중 닫힌 경로가 존재하지 않는 것을 **트리**라 부릅니다. 모든 트리는 노드 수를 으로 했을 때 에지 수가 $N-1$이 되는 것으로 알려져 있습니다.

트리는 하나의 노드를 고정하고 나머지 노드를 아래로 늘어뜨린 **뿌리 모양 트리** 형태로 나타낼 수 있습니다. 가장 위의 고정 노드를 **루트(뿌리)**라고 부르며, 루트 외에 차수가 1인 노드를 **리프(잎)**라고 부릅니다. 예를 들어, 다음 그림 오른쪽의 그래프에서는 노드 1이 루트, 노드 5, 6, 7이 리프입니다.

또한 뿌리 모양 트리에서 한 단계 위의 노드를 **부모**라고 부르며, 한 단계 아래의 노드를 **자녀**라고 부릅니다. 예를 들어 노드 4의 부모는 노드 1, 노드 4의 자녀는 노드 6, 7입니다. 가계도와 비슷합니다.

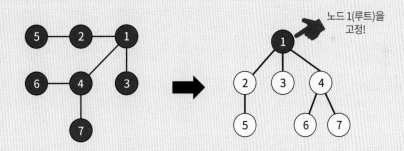

문제 A61 | **Adjacent Vertices** (실행 시간 제한 1초, 난이도 ★2)

노드 수 N, 에지 수 M인 그래프가 있습니다. 노드에는 1부터 N까지의 번호가 매겨져 있으며, i번째 에지는 노드 A_i와 B_i를 연결합니다.

각각의 k에 대해 '노드 k와 인접한(→ 칼럼 5) 노드의 번호'를 모두 출력하는 프로그램을 작성하십시오.

입력 형식

$N\ M$
$A_1\ B_1$
$A_2\ B_2$
$\vdots$
$A_M\ B_M$

출력 형식

N행으로 출력하십시오. k번째 행에는 노드 k와 인접한 노드의 번호를 출력 예의 형식에 따라 출력하십시오(출력 순서는 관계없습니다).

제약

- $2 \leq N \leq 100000$
- $1 \leq M \leq 100000$
- $1 \leq A_i < B_i \leq N$

입력 예 1	출력 예 1
5 4	1: {2}
1 2	2: {1, 3}
2 3	3: {2, 4, 5}
3 4	4: {3}
3 5	5: {3}

예를 들어, 2번째 행에 관해서는 2: {1, 3}이 아니라 2: {3, 1}로 출력해도 정답입니다.

그래프를 구현하는 방법

컴퓨터상에서 그래프를 표현하는 방법으로는 **인접 행렬 표현**과 **인접 리스트 표현**이라는 두 가지 방법이 유명합니다. 먼저, 인접 행렬 표현은 에지 유무 정보를 $N \times N$의 2차원 배열을 사용해서 표현하는 방법 입니다. 에지가 있는 곳에 1, 없는 곳에 0을 기록합니다.

예를 들어, 다음 그림의 노드 3과 노드 4 사이에는 에지가 있으므로 A[3][4] = 1이 됩니다. 또한, 노드 2 와 노드 4 사이에는 에지가 없으므로 A[2][4] = 0이 됩니다.

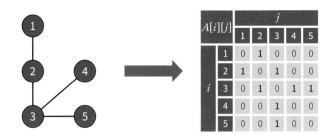

한편, 인접 리스트 표현은 각 노드에 대해 '인접한 노드의 리스트[1]'만을 기록하는 방법입니다. 구체적으로는 노드 v와 인접하고 있는 노드의 리스트를 $G[v]$에 기록합니다. 예를 들어, 다음 그림의 노드 3과 인접하고 있는 노드는 {2, 4, 5}이므로 $G[3]$ = {2, 4, 5}가 됩니다.

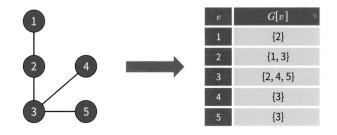

인접 리스트 표현의 큰 특징은 **메모리 사용량 측면에서 뛰어나다는 점입니다**. 인접 행렬 표현에 필요한 메모리 영역은 $O(N^2)$이며, 노드 수와 에지 수가 100000인 그래프를 기록하는 것만으로 수십 GB를 사용합니다. 한편, 인접 리스트 표현에 필요한 메모리 영역은 $O(N + M)$이며, 수 MB밖에 사용하지 않습니다.

이런 이유로 9.1절부터 9.10절까지의 모든 소스 코드에서는 인접 리스트 형식을 이용합니다[2]. 먼저, 예제를 푸는 프로그램을 구현함으로써 인접 리스트 형식에 익숙해집시다.

---

1   리스트는 C++에서는 vector 타입, Python에서는 보통의 배열을 사용해서 구현할 수 있습니다.

2   물론 구현하는 알고리즘에 따라서는 인접 행렬 표현 쪽이 나은 좋은 경우도 있습니다. 칼럼 7에서 다루는 Warshall–Floyd **알고리즘**이 그 한 가지입니다.

해답 예(C++)

```cpp
01  #include <iostream>
02  #include <vector>
03  using namespace std;
04
05  int N, M;
06  int A[100009], B[100009];
07  vector<int> G[100009]; // 인접 리스트
08
09  int main() {
10      // 입력
11      cin >> N >> M;
12      for (int i = 1; i <= M; i++) {
13          cin >> A[i] >> B[i];
14          G[A[i]].push_back(B[i]); // '노드 A[i]에 인접한 노드'로 B[i]를 추가
15          G[B[i]].push_back(A[i]); // '노드 B[i]에 인접한 노드'로 A[i]를 추가
16      }
17
18      // 출력
19      for (int i = 1; i <= N; i++) {
20          cout << i << ": {";
21          for (int j = 0; j < G[i].size(); j++) {
22              if (j >= 1) cout << ", ";
23              cout << G[i][j];
24          }
25          cout << "}" << endl;
26      }
27      return 0;
28  }
```

문제 B61 | 응용 문제

정보대학 1학년 A반에는 N명의 학생이 재적 중이며, 1부터 N까지의 번호가 붙어 있습니다. 이 클래스에는 M개의 친구 관계가 있으며, 각 $i(1 \leq i \leq M)$에 대해 학생 A_i와 학생 B_i가 서로 친구입니다.

가장 친구가 많은 학생의 번호를 출력하는 프로그램을 작성하십시오. 해당자가 여럿인 경우에는 어떤 것을 출력해도 정답입니다.

힌트 학생을 '노드', 친구 관계를 '에지'로 치환해서 생각해 봅시다.

문제 A62	Depth First Search	(실행 시간 제한 1초, 난이도 ★3)

노드 수 N, 에지 수 M인 그래프가 주어져 있습니다. 노드에는 1부터 N까지의 번호가 주어져 있으며, i번째 에지는 노드 A_i와 B_i 양방향으로 연결되어 있습니다. 그래프 전체가 연결(→ 칼럼 5)되어 있는지 아닌지를 판정하십시오.

입력 형식

$N\ M$
$A_1\ B_1$
$\vdots$
$A_M\ B_M$

출력 형식

그래프 전체가 연결되어 있으면 The graph is connected., 그렇지 않으면 The graph is not connected.를 출력하십시오.

제약

- $1 \le N \le 100000$
- $0 \le M \le \min(100000, N(N-1)/2)$
- $1 \le A_i < B_i \le N$

	입력 예 1	출력 예 1
	6 6	The graph is conneted.
	1 2	
	1 3	
	2 4	
	3 4	
	4 5	
	4 6	

깊이 우선 탐색이란

깊이 우선 탐색은 '갈 수 있는 데까지 간 뒤, 막다른 길이면 한 걸음 되돌아 간다'는 저돌적인 사고에 기반해 그래프를 탐색하는 알고리즘입니다. 영어로는 Depth First Search라고 하며, 줄여서 DFS라 부르기도 합니다.

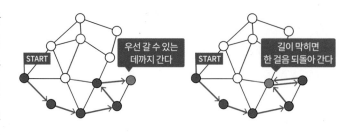

깊이 우선 탐색 아이디어를 사용하면, 다음과 같이 그래프의 연결 판정을 수행할 수 있습니다. 이 알고리즘에서는 방문한 노드에 파란색 마크를 붙여 나갑니다.

순서 1: 최초에는 모든 노드를 흰색으로 칠한 상태로 시작한다.

순서 2: 노드 1을 방문하고 파란색으로 칠한다. 그 뒤, 다음 행동을 반복한다.

인접한 흰색 노드가 있는 경우	인접한 흰색 노드가 없는 경우
현재 위치에 인접한 흰색 노드 nex를 하나 선택한다. 노드 nex로 이동하고 파란색을 칠한다.	한 걸음 되돌아 간다. 단, 노드 1에 있을 때는 뒤돌아 가지 않고 행동을 종료한다.

순서 3: 행동을 마친 시점에서 모든 노드가 파란색으로 칠해졌다면 그래프는 연결되어 있다.

입력 예 1에서의 흐름은 다음 그림과 같습니다. 그리고 이 그림에서는 노드 nex로 '인접한 흰색 노드 중 번호가 가장 작은 것'을 선택합니다.[3]

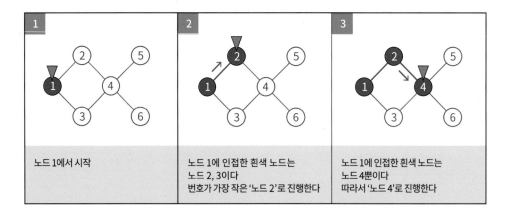

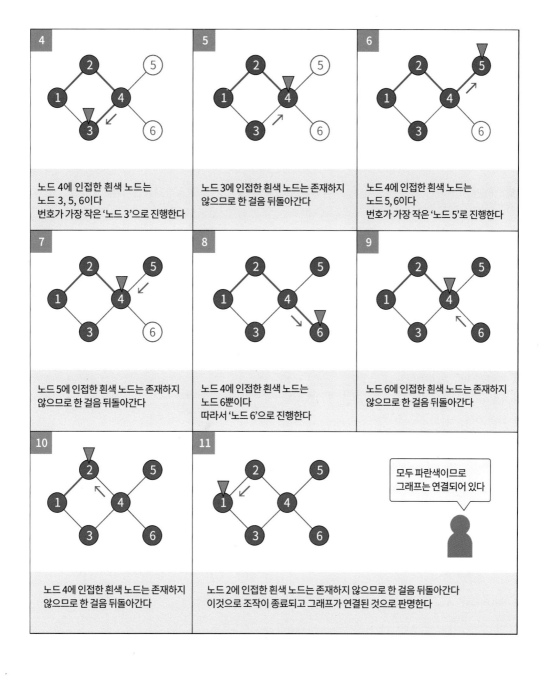

4

노드 4에 인접한 흰색 노드는
노드 3, 5, 6이다
번호가 가장 작은 '노드 3'으로 진행한다

5

노드 3에 인접한 흰색 노드는 존재하지
않으므로 한 걸음 뒤돌아간다

6

노드 4에 인접한 흰색 노드는
노드 5, 6이다
번호가 가장 작은 '노드 5'로 진행한다

7

노드 5에 인접한 흰색 노드는 존재하지
않으므로 한 걸음 뒤돌아간다

8

노드 4에 인접한 흰색 노드는
노드 6뿐이다
따라서 '노드 6'으로 진행한다

9

노드 6에 인접한 흰색 노드는 존재하지
않으므로 한 걸음 뒤돌아간다

10

노드 4에 인접한 흰색 노드는 존재하지
않으므로 한 걸음 뒤돌아간다

11

노드 2에 인접한 흰색 노드는 존재하지 않으므로 한 걸음 뒤돌아간다
이것으로 조작이 종료되고 그래프가 연결된 것으로 판명한다

모두 파란색이므로
그래프는 연결되어 있다

깊이 우선 탐색 구현 방법

깊이 우선 탐색은 재귀 함수(→ 칼럼 4)를 사용해 다음과 같이 구현할 수 있습니다. 본질적인 부분인 함수 dfs의 구현은 8줄에 불과합니다. 반면, 재귀 함수의 동작은 다소 복잡하지만,

- 노드 nex로 진행할 때는 dfs(nex)를 재귀 호출
- 한 걸음 뒤돌아 갈 때는 return 한다

고 생각하면 이해하기 쉬울 것입니다. 그리고 프로그램의 계산량은 $O(N+M)$입니다.

해답 예(C++)

```cpp
01 #include <iostream>
02 #include <vector>
03 #include <string>
04 using namespace std;
05
06 int N, M, A[100009], B[100009];
07 vector<int> G[100009];
08 bool visited[100009]; // 노드 x가 파란색일 경우, visited[x] = true
09
10 void dfs(int pos) {    // pos는 현재 위치
11     visited[pos] = true;
12     for (int i = 0; i < G[pos].size(); i++) {
13         int nex = G[pos][i];
14         if (visited[nex] == false) dfs(nex);
15     }
16     return;
17 }
18
19 int main() {
20     // 입력
21     cin >> N >> M;
22     for (int i = 1; i <= M; i++) {
23         cin >> A[i] >> B[i];
24         G[A[i]].push_back(B[i]);
25         G[B[i]].push_back(A[i]);
26     }
```

```
27      // 깊이 우선 탐색
28      for (int i = 1; i <= N; i++) visited[i] = false;
29      dfs(1);
30      // 답 출력
31      string Answer = "The graph is connected.";
32      for (int i = 1; i <= N; i++) {
33          if (visited[i] == false) Answer = "The graph is not connected.";
34      }
35      cout << Answer << endl;
36      return 0;
37  }
```

문제 B62	응용 문제

노드 수 N, 에지 수 M인 연결된 그래프(→ 칼럼 5)가 주어져 있습니다. 이 그래프에 대해 노드 1부터 노드 N까지의 단순 패스를 하나 출력하십시오.

힌트 이동 경로의 궤적(앞의 그림의 파란선 부분)을 어떻게 기록할 것인가가 어려운 부분입니다.

9.3 너비 우선 탐색

문제 A63 Shortest Path 1 (실행 시간 제한 1초, 난이도 ★3)

가중치가 없는 무향 그래프에 대한 최단 경로 문제를 푸십시오. 구체적으로 다음과 같은 그래프가 주어졌을 때, 노드 1부터 각 노드까지 최단 경로 길이(➡ 칼럼5)를 구하십시오.

- 노드 수는 N, 에지 수는 M이다.

- i번째 에지는 노드 A_i와 노드 B_i를 연결한다.

입력 형식

$$N \quad M$$
$$A_1 \quad B_1$$
$$A_2 \quad B_2$$
$$\vdots$$
$$A_M \quad B_M$$

출력 형식

N행으로 출력하십시오. k번째 행에는 노드 1부터 노드 k까지의 최단 경로 길이를 출력하십시오. 단, 노드 k까지 이동할 수 없는 경우에는 대신 -1을 출력하십시오.

제약

- $2 \leq N \leq 100000$

- $1 \leq M \leq 100000$

- $1 \leq A_i < B_i \leq N$

입력 예 1	출력 예 1
6 6	0
1 2	1
1 3	1
2 4	2
3 4	3
4 5	3
4 6	

너비 우선 탐색이란

너비 우선 탐색은 **시작에 가까운 노드부터 순서대로 탐색해 가는 알고리즘**입니다. 예를 들어 노드 1부터 각 노드까지의 최단 경로 길이를 구하고자 하는 경우, 너비 우선 탐색에서는 노드 1에 0을 쓰고, 0 옆에 1을 쓰고, 1 옆에 2를 쓰고, 2 옆에 3을 씁니다.

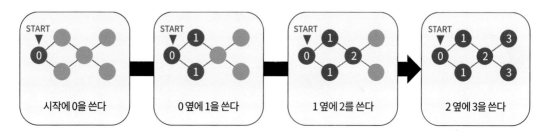

너비 우선 탐색 구현

그럼 너비 우선 탐색은 어떻게 구현하면 좋을까요? 물론 앞에서 설명한 것처럼 직접 수를 쓰는 것도 좋지만, 큐(→ 8.2절)를 사용한 다음과 같은 구현 방법이 일반적입니다.

순서 1: 노드 1에서 x까지의 최단 거리 길이의 확정값을 dist[x] = ?로 초기화한다.

순서 2: 큐에 노드 1을 추가하고, dist[1] = 0으로 한다.

- 큐의 맨 앞 요소 pos를 얻고, 그것을 삭제한다.
- pos와 인접한 모든 미확정 노드 to에 대해 'dist[to] = dist[pos] + 1로 변경한 뒤, 큐에 to를 추가'하는 조작을 수행한다.

※ 여기서는 dist[x] = ?와 같은 노드를 미확정 노드라 부른다.

예를 들어, 입력 예 1에서의 흐름은 다음 그림과 같습니다. 그리고 이 그림에서는 최단 경로 길이가 이미 확정된 노드를 녹색으로, 미확정 노드를 회색으로, 새롭게 확정하는 노드를 파란색으로 표시합니다.

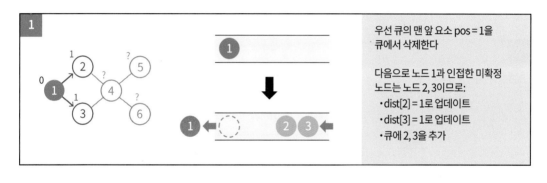

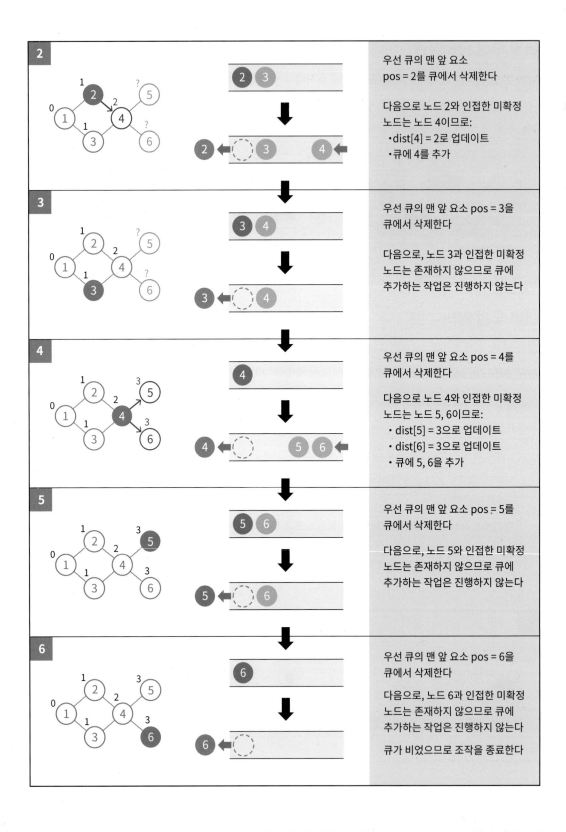

알고리즘의 정당성과 계산량

마지막으로, 큐를 사용한 알고리즘은 왜 올바르게 동작할까요? 이것은 다음과 같이 **최단 거리가 작은 노드부터 큐에 추가되는 것**으로 설명할 수 있습니다.

- 먼저, 최단 거리 0인 노드가 큐에 추가된다.

- 다음으로, 최단 거리 1인 노드가 큐에 추가된다(dist[pos] = 0일 때).

- 다음으로, 최단 거리 2인 노드가 큐에 추가된다(dist[pos] = 1일 때).

- 다음으로, 최단 거리 3인 노드가 큐에 추가된다(dist[pos] = 2일 때).

여기까지의 내용을 구현하면 **해답 예**와 같이 됩니다. 계산량은 $O(N+M)$입니다.

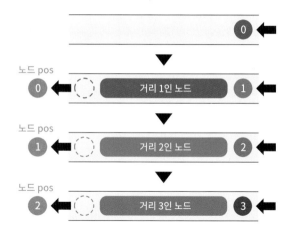

해답 예(C++)

```cpp
01  #include <iostream>
02  #include <queue>
03  #include <vector>
04  using namespace std;
05
06  int N, M, A[100009], B[100009];
07  int dist[100009];
08  vector<int> G[100009];
09  queue<int> Q;
10
11  int main() {
```

```
12      // 입력
13      cin >> N >> M;
14      for (int i = 1; i <= M; i++) {
15          cin >> A[i] >> B[i];
16          G[A[i]].push_back(B[i]);
17          G[B[i]].push_back(A[i]);
18      }
19
20      // 너비 우선 탐색(dist[i]=?가 아니라 dist[i]=-1로 초기화하는 것에 주의)
21      for (int i = 1; i <= N; i++) dist[i] = -1;
22      Q.push(1);
23      dist[1] = 0;
24      while (!Q.empty()) {
25          int pos = Q.front(); Q.pop();
26          for (int i = 0; i < G[pos].size(); i++) {
27              int to = G[pos][i];
28              if (dist[to] == -1) {
29                  dist[to] = dist[pos] + 1;
30                  Q.push(to);
31              }
32          }
33      }
34
35      // 출력
36      for (int i = 1; i <= N; i++) cout << dist[i] << endl;
37      return 0;
38  }
```

문제 B63   응용 문제

$H \times W$인 매트릭스로 표현된 미로가 주어졌습니다. 왼쪽 위 칸부터 오른쪽 아래 칸까지 가장 짧게 몇 수에 이동할 수 있는지 계산량 $O(HW)$로 구하는 프로그램을 작성하십시오. 입력 형식/출력 형식은 AtCoder의 문제 페이지를 참조하십시오.

힌트 칸 (i, j)의 노드 번호를 $(i-1) \times W + j$로 설정합시다!

9.4 | 데이크스트라 알고리즘

가중치가 있는 무향 그래프에 대한 최단 경로 문제를 푸십시오. 구체적으로, 다음과 같은 그래프가 주어졌을 때 노드 1부터 각 노드까지의 최단 경로의 길이(→ 칼럼 5)를 구하십시오.

- 노드 수는 N, 에지 수는 M이다.
- i번째 에지는 노드 A_i와 노드 B_i를 연결하며, 길이는 C_i다.

그리고 이후 설명에서는 노드 1부터 노드 k까지의 최단 경로의 길이를 $\mathrm{dist}[k]$로 나타냅니다.

입력 형식

$$N \ M$$
$$A_1 \ B_1 \ C_1$$
$$\vdots$$
$$A_M \ B_M \ C_M$$

출력 형식

N행으로 출력하십시오. k번째 행에는 $\mathrm{dist}[k]$의 값을 출력하십시오. 단, 노드 k까지 이동할 수 없는 경우에는 대신 –1을 출력하십시오.

제약

- $2 \le N \le 100000$
- $1 \le M \le \min(100000, N(N-1)/2)$
- $1 \le A_i < B_i \le N$
- $1 \le C_i \le 100000$

입력 예 1	출력 예 1
6 7	0
1 2 15	15
1 4 20	77
2 3 65	20
2 5 4	19
3 6 50	27
4 5 30	
5 6 8	

데이크스트라 알고리즘^{Dijkstra algorithm}을 다루기 전에

가중치가 있는 그래프의 최단 경로 길이는 시작에 가까운
노드부터 순서대로 최단 경로 길이를 구함으로써 계산할 수
있습니다. 먼저, 입력 예 1에 대응하는 다음 그래프를 예로
생각해 봅시다. 가장 가까운 노드는 명확하게 노드 1이며,
$dist[1] = 0$이 됩니다.

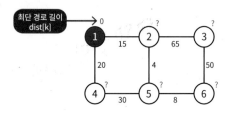

그렇다면 2번째로 가까운 노드는 어디일까요? 노드 1에서 노드 2로 이동하면 누계 거리가
$dist[1]+15 = 15$가 됩니다. 한편, 이미 확정된 노드 1에서 미확정 노드에 누계 거리 14 이하로 이동하
는 방법은 없습니다. 따라서 다음으로 가까운 위치는 2이며, $dist[2] = 15$입니다.

또한, 3번째로 가까운 노드는 어디일까요? 노드 2에서 노드 5로 이동하면 누계 거리가 $dist[2]+4 = 19$
가 됩니다. 한편, 이미 확정된 노드 1 및 노드 2에서 미확정 노드에 누계 거리 18 이하로 이동하는 방법
은 없습니다. 따라서 다음으로 가까운 위치는 노드 5이며, $dist[5] = 19$입니다.

4번째 이후도 마찬가지로 계산하면 다음 그림과 같이 됩니다. 노드 1부터의 최단 거리는 노드 1부터 순
서대로 0, 15, 77, 20, 19, 27임을 알 수 있습니다.

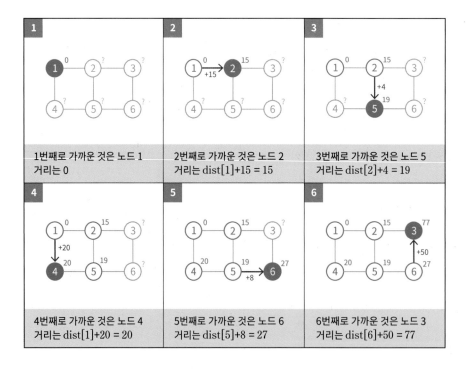

데이크스트라 알고리즘이란

물론 앞에서 설명한 방법으로도 최단 거리를 구할 수 있습니다. 하지만 N, $M \leq 100000$에서도 풀 수 있는 빠른 알고리즘은 아닙니다.

여기에서 조금 방법을 바꿔 **거리의 확정값 dist 대신 거리의 잠정값 cur를 업데이트하는** 것을 생각해 봅시다. 그러면 입력 예 1에 대해 최단 거리를 다음 그림과 같이 구할 수 있습니다. 동적 계획 알고리즘을 이미 익힌 분이라면 '받는 전이 형식(→ 4.7절)이 보내는 전이 형식이 되었다'고 생각해도 좋습니다.

이 그림에서 최초 시점에서는 $cur = [0, \infty, \infty, \infty, \infty, \infty]$가 되어 있어 각 단계에서 '최단 거리를 확정시킨 노드'에 인접한 노드의 cur 값을 업데이트하고 있습니다. 그리고 3번째 칸에서는 그 시점에서의 $cur[4]$의 값 20보다 19 + 30 = 49가 크므로 $cur[4]$의 값이 바뀌지 않는다는 것에 주의합니다.

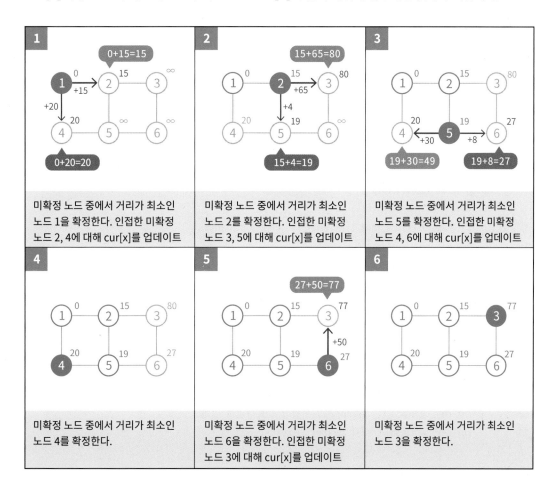

데이크스트라 알고리즘 구현

이 알고리즘은 **데이크스트라 알고리즘**이라 불리며, 다음 두 가지 조작을 기초로 하고 있습니다.

- **조작 A**: 미확정 노드 중에서 cur 값이 가장 작은 노드 pos를 구한다.

- **조작 B**: 노드 pos에 인접한 노드에 대해 cur 값을 업데이트한다.

이 내용을 구현하면 코드 9.1과 같이 됩니다. 이 프로그램에서는 가중치가 있는 그래프를 다루기 때문에 (인접하는 노드의 번호, 길이) 쌍을 요소로 하는 인접 리스트 $G[i]$를 사용합니다(인접 리스트의 정의나 입력 등과 관련된 내용은 371페이지의 해답 예 1~22번 행을 참조하십시오).

코드 9.1 데이크스트라 알고리즘 구현

```
01  // 변수 kakutei[i]는 노드 i의 최단 거리가 결정되었는지 아닌지를 나타낸다
02  for (int i = 1; i <= N; i++) kakutei[i] = false;
03  for (int i = 1; i <= N; i++) cur[i] = 2000000000;
04
05  // 최단 거리를 업데이트해 나간다
06  cur[1] = 0;
07  while (true) {
08      // [조작 A] 다음으로 확정할 노드 pos를 구한다
09      int pos = -1;
10      int MinDist = 2000000000;
11      for (int i = 1; i <= N; i++) {
12          if (kakutei[i] == true || MinDist <= cur[i]) continue;
13          pos = i;
14          MinDist = cur[i];
15      }
16      if (pos == -1) break; // 다음으로 확정할 노드가 없는 경우, 조작 종료
17
18      // [조작 B] pos와 인접한 노드의 cur 값을 업데이트
19      kakutei[pos] = true;
20      for (int i = 0; i < G[pos].size(); i++) {
21          int nex = G[pos][i].first;   // 인접한 노드의 번호
22          int cost = G[pos][i].second; // 인접한 노드까지의 길이
23          cur[nex] = min(cur[nex], cur[pos] + cost);
24      }
25  }
```

데이크스트라 알고리즘 개선

코드 9.1은 확실히 올바른 답을 구할 수 있지만, 계산량이 $O(N^2)$로 느립니다. 조작 A를 1번 수행하는데 계산량 $O(N)$이 필요하기 때문입니다. 이때, 조작 A에서 'cur가 최소인 노드'를 빠르게 구하기 위해 우선순위 큐(→ 8.3절)를 사용하는 방법이 있습니다. 구체적으로는 각 종류의 조작에 대해 다음과 같은 조작을 수행합니다.

종류	수행하는 조작	우선순위 큐 에 대해 수행하는 조작
조작 A	미확정 노드 중에서 cur가 최소인 노드 pos를 구한다	먼저 Q의 최솟값이 확정 완료 노드인 동안 Q의 최솟값을 계속해서 삭제한다[4]. 이 조작을 수행한 후의 Q의 최솟값이 쌍 (cur [pos], pos)이다.
조작 B	인접한 미확정 노드에 대해 cur를 업데이트	cur[x]가 업데이트 될 때마다 Q에 쌍 (cur[x], x)를 추가한다.

이 알고리즘을 입력 예1의 경우에 적용시키면 다음 그림과 같이 됩니다. 그렇다면 왜 이 방법으로 조작 A가 잘 동작하고, pos가 잘못된 값이 되지 않을까요? 그 이유는 cur[x] = ∞가 아닌 모든 미확정 노드 X에 대해 쌍 (cur [x], x)가 우선순위 큐에 들어가는 것으로 설명할 수 있습니다. 확정 완료 노드가 섞이는 경우도 있지만, 이것은 조작 A의 최초에 삭제하면 문제없습니다.

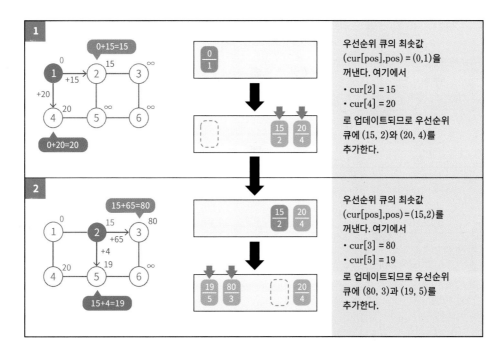

4　우선순위 큐의 첫 번째 인수는 cur이므로 cur가 작은 노드일수록 '작다'고 판정합니다. 또한, 입력 예 1에 대한 그림에서는 Q의 최솟값이 확정 완료 노드인 것으로 보이는 상황은 존재하지 않는 것에 주의합니다.

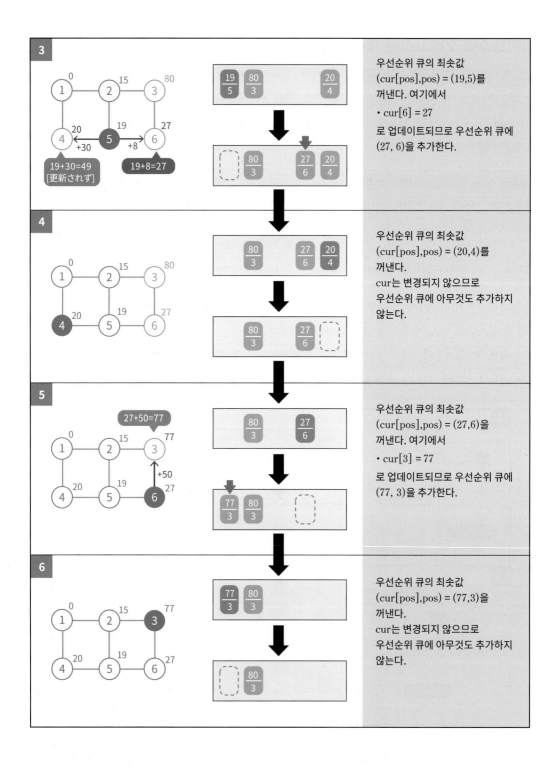

3

우선순위 큐의 최솟값
(cur[pos],pos) = (19,5)를
꺼낸다. 여기에서

• cur[6] = 27

로 업데이트되므로 우선순위 큐에
(27, 6)을 추가한다.

4

우선순위 큐의 최솟값
(cur[pos],pos) = (20,4)를
꺼낸다.
cur는 변경되지 않으므로
우선순위 큐에 아무것도 추가하지
않는다.

5

우선순위 큐의 최솟값
(cur[pos],pos) = (27,6)을
꺼낸다. 여기에서

• cur[3] = 77

로 업데이트되므로 우선순위 큐에
(77, 3)을 추가한다.

6

우선순위 큐의 최솟값
(cur[pos],pos) = (77,3)을
꺼낸다.
cur는 변경되지 않으므로
우선순위 큐에 아무것도 추가하지
않는다.

데이크스트라 알고리즘의 계산량

각 노드의 차수를 모두 더하면 $2M$이므로 배열 cur 값이 변경되는 횟수는 아무리 많아도 $2M$입니다. 따라서 우선순위 큐의 추가도 많아야 $2M$번만 실행됩니다. 여기에서 데이크스트라 알고리즘의 계산량이 $O(M\log M)$인 것을 알 수 있습니다. 또한, 다중 에지(같은 2개의 노드 사이를 연결하는 여러 에지)가 존재하지 않는 경우, 명확하게 $M \leq N^2$을 만족합니다. 따라서 계산량은 $O(M \times \log N^2)$ $=O(M \times 2\log N)=O(M\log N)$으로 억제할 수 있습니다.

데이크스트라 알고리즘의 주의점

데이크스트라 알고리즘은 **길이가 음인 에지가 존재하는 경우에는 올바르게 동작하지 않으므로** 대신 벨만–포드 알고리즘 등을 사용해야 합니다. 벨만–포드 알고리즘에 관한 설명은 칼럼 6을 참조하기 바랍니다.

해답 예(C++)

```cpp
01 #include <iostream>
02 #include <queue>
03 #include <vector>
04 #include <algorithm>
05 using namespace std;
06
07 // 입력/그래프
08 int N, M, A[100009], B[100009], C[100009];
09 vector<pair<int, int>> G[100009];
10
11 // 데이크스트라 알고리즘
12 int cur[100009]; bool kakutei[100009];
13 priority_queue<pair<int, int>, vector<pair<int, int>>, greater<pair<int, int>>> Q;
14
15 int main() {
16     // 입력
17     cin >> N >> M;
18     for (int i = 1; i <= M; i++) {
19         cin >> A[i] >> B[i] >> C[i];
20         G[A[i]].push_back(make_pair(B[i], C[i]));
21         G[B[i]].push_back(make_pair(A[i], C[i]));
22     }
23
24     // 배열 초기화
25     for (int i = 1; i <= N; i++) kakutei[i] = false;
```

```
26      for (int i = 1; i <= N; i++) cur[i] = 2000000000;
27
28      // 시작 지점을 큐에 추가
29      cur[1] = 0;
30      Q.push(make_pair(cur[1], 1));
31
32      // 데이크스트라 알고리즘
33      while (!Q.empty()) {
34          // 다음에 확정할 노드를 구한다
35          int pos = Q.top().second; Q.pop();
36
37          // Q의 최소 요소가 '이미 확정한 노드'인 경우
38          if (kakutei[pos] == true) continue;
39
40          // cur[x] 값을 업데이트한다
41          kakutei[pos] = true;
42          for (int i = 0; i < G[pos].size(); i++) {
43              int nex = G[pos][i].first;
44              int cost = G[pos][i].second;
45              if (cur[nex] > cur[pos] + cost) {
46                  cur[nex] = cur[pos] + cost;
47                  Q.push(make_pair(cur[nex], nex));
48              }
49          }
50      }
51
52      // 답을 출력
53      for (int i = 1; i <= N; i++) {
54          if (cur[i] == 2000000000) cout << "-1" << endl;
55          else cout << cur[i] << endl;
56      }
57      return 0;
58 }
```

문제 B64 | 응용 문제

노드 수 N, 에지 수 M인 가중치 있는 무향 그래프가 있습니다. 노드 1부터 노드 N까지의 구체적인 최단 경로를 1개 출력하십시오. 계산량은 $O(M \log N)$을 만족해야 합니다.

힌트 동적 계획 알고리즘의 복원(→ 4.2절)을 떠올려 봅시다.

문제 A65	Road to Promotion	(실행 시간 제한 1초, 난이도 ★4)

주식회사 KYOPRO–MASTER에는 N명의 사원이 있으며, 지위 순으로 1부터 N까지의 번호가 붙어 있습니다. 사장(사원 1) 이외에는 직속 상사가 1명이며, 사원 i의 직속 상사는 사원 A_i입니다. 각 사원에 대해 부하가 몇 명 있는지 출력하십시오. 단, 사원 y가 사원 x의 부하라는 것은 $x \ne y$로 나타낼 수 있으며, 사원 y의 직속 상사를 따라 올라가면 사원 x에 도달할 수 있다는 것을 나타냅니다(다음에 예를 나타냈습니다).

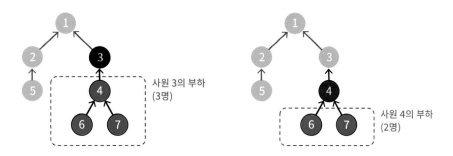

입력 형식

N
$A_2\,A_3\,\cdots\,A_N$

출력 형식

사원 1, 2, $\cdots$, N의 부하의 수를 공백으로 구분해서 출력하십시오.

제약

- $2 \le N \le 100000$
- $1 \le A_i \le N-1\,(2 \le i \le N)$

입력 예 1	출력 예 1
7	6 1 3 2 0 0 0
1 1 3 2 4 4	

우선 알고 있는 것에서 풀어 보자

사원 x의 **직속 부하**가 사원 p_1, p_2, $\cdots$, p_k일 때 사원 x의 부하 수는 다음 식으로 나타낼 수 있습니다.

- (사원 p_1의 부하의 수 + 1) + $\cdots$ + (사원 p_k의 부하의 수 + 1)

예를 들어, 사원 A의 직속 부하가 사원 B, C, D이고, 사원 B의 부하가 3명, 사원 C의 부하가 2명, 사원 D의 부하가 2명인 경우, 사원 A의 부하 수는 (3 + 1) + (2 + 1) + (2 + 1) = 10명이 됩니다. 그림으로 나타내면 다음과 같습니다.

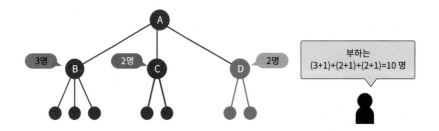

그럼 입력 예의 경우에 알 수 있는 것부터 생각해 봅시다. 먼저 명확히 사원 5, 6, 7의 부하의 수는 0명입니다. 또한, 사원 4의 부하의 수, 직속 부하(사원 6, 7)의 답을 이미 알고 있으므로 (0 + 1) + (0 + 1) = 2명으로 계산할 수 있습니다.

사원 3 이후도 마찬가지로 계산하면 다음 그림과 같이 되며, 사원 3의 답은 3명, 사원 2의 답은 1명, 사원 1의 답은 6명임을 알 수 있습니다.

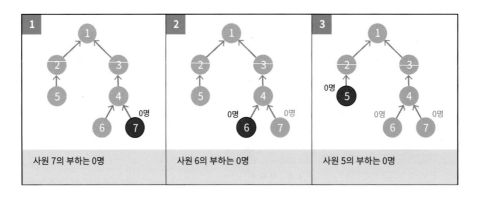

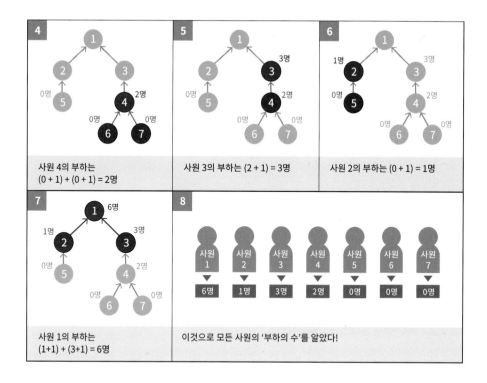

사원 4의 부하는
(0 + 1) + (0 + 1) = 2명

사원 3의 부하는 (2 + 1) = 3명

사원 2의 부하는 (0 + 1) = 1명

사원 1의 부하는
(1+1) + (3+1) = 6명

이것으로 모든 사원의 '부하의 수'를 알았다!

일반적인 경우에는?

마지막으로 일반적인 경우에 답을 구하려면 어떻게 하면 좋을까요? 이 질문에서는 **직속 상사의 번호는
자신의 번호보다 작다**라는 제약이 있으므로 사원 N, …, 2, 1순으로 부하의 수를 계산해 나가면 됩니다
이것을 구현하면 다음 **해답 예**와 같습니다. 계산량은 $O(N)$입니다.

해답 예(C++)

```
01  #include <iostream>
02  #include <vector>
03  using namespace std;
04  int N, A[100009], dp[100009];
05  vector<int> G[100009];
06
07  int main() {
08      // 입력
09      cin >> N;
10      for (int i = 2; i <= N; i++) {
11          cin >> A[i];
```

```
12          G[A[i]].push_back(i); // '상사→부하' 방향으로 에지를 추가
13      }
14      // 동적 계획 알고리즘(dp[x]는 사원 x의 부하의 수)
15      for (int i = N; i >= 1; i--) {
16          dp[i] = 0;
17          for (int j = 0; j < G[i].size(); j++) dp[i] += (dp[G[i][j]] + 1);
18      }
19      // 공백으로 구분해서 출력
20      for (int i = 1; i <= N; i++) {
21          if (i >= 2) cout << " ";
22          cout << dp[i];
23      }
24      cout << endl;
25      return 0;
26 }
```

보충: 번호의 제약이 없는 경우에는?

예제에서는 '직속 상사의 번호는 자신의 번호보다 작다'는 제약이 있었습니다. 하지만 이런 제약이 없는 경우에는 사원 $N, \cdots, 2, 1$순으로 답을 구할 수 있다고 단정할 수 없습니다.

여기에서 9장의 전반에 다루었던 알고리즘이 도움이 됩니다. 예를 들어, 너비 우선 탐색을 사용해 사원 1부터 사원 x까지의 최단 경로 거리 를 계산하고, 그 값이 큰 사원부터 답을 구할 수 있습니다. 또한, 깊이 우선 탐색을 사용해 푸는 방법도 있습니다. 지원 페이지(→ 0.4절)에서 구현 예를 제공하므로 활용하기 바랍니다.

문제 B65	응용 문제

주식회사 KYOPRO-MASTER에는 $N(\leq 100000)$명의 사원이 있으며, 1부터 N까지의 번호가 붙어 있습니다. 라이벌 회사에 근무하고 있는 경진 씨는 다음의 $N-1$개의 정보를 입수했습니다.

> i번째 정보: 사원 A_i와 사원 B_i는 직속 상사와 부하 관계다. 여기서 사원 A_i와 B_i 중 누가 상사인지는 모른다.

사원 T가 사장이고, 그 이외의 $N-1$명 전원이 누군가 1명의 직속 부하일 때 각 사원의 '계급'을 구하는 프로그램을 작성하십시오. 단, 부하가 없는 사원의 계급은 0이며, 부하가 있는 사원의 계급은 직속 부하 계급의 최댓값에 1을 더한 값으로 합니다.

힌트 번호의 제약이 없으므로 깊이 우선 탐색 등을 사용해야 합니다.

9.6 Union-Find 트리

Connect Query (실행 시간 제한 1초, 난이도 ★3)

노드 수 N인 그래프에 대해 다음 두 종류의 쿼리를 고속으로 처리하십시오.

- **쿼리 1**: 노드 u와 노드 v를 양방향으로 연결하는 에지를 추가한다.

- **쿼리 2**: 노드 u와 노드 v가 같은 연결 성분에 속하는지 답한다.

단, 최초에는 그래프에 에지가 하나도 없으며, 주어진 쿼리의 수는 Q개입니다.

입력 형식

$Query_i$는 i번째 쿼리의 정보를 나타냅니다. 쿼리 1은 1 u v, 쿼리 2는 2 u v의 형식으로 주어집니다. 자세한 내용은 입력 예를 참조하십시오.

$$N \quad Q$$
$$Query_1$$
$$Query_2$$
$$\vdots$$
$$Query_Q$$

출력 형식

쿼리 2의 답을 순서대로 출력하십시오.

제약

- $2 \leq N \leq 100000$

- $1 \leq Q \leq 100000$

입력 예 1	출력 예 1
3 4	No
1 1 2	Yes
2 1 3	
1 2 3	
2 2 3	

Union-Find란

Union-Find는[5] 그룹 구분을 효율적으로 관리할 수 있는 데이터 구조입니다. 구체적으로는 다음 두 종류의 쿼리를 고속으로 처리할 수 있습니다.

- **통합 쿼리**: 요소 u를 포함하는 그룹과 요소 v를 포함하는 그룹을 통합한다.
- **회답 쿼리**: 요소 u와 요소 v가 같은 그룹에 있는지 답한다.

여기에서 **통합 쿼리**는 예제의 **쿼리 1**에 대응하고, **회답 쿼리**는 예제의 **쿼리 2**에 대응합니다. 그림으로 나타내면 다음과 같습니다.

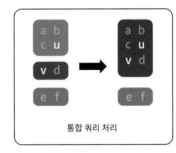

통합 쿼리 처리

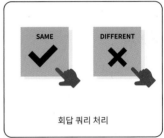

회답 쿼리 처리

Union-Find의 구조

그럼 Union-Find에서는 어떤 형태로 데이터를 다룰까요? 결론부터 말하자면, 다음 조건을 만족하는 **루트 트리**(→칼럼 5) 구조로 되어 있습니다.

- 동일 그룹에 속하는 노드의 루트는 같다.
- 다른 그룹에 속하는 노드의 루트는 다르다.

예를 들어, 1부터 7까지의 정수가 {1, 5, 7}과 {2, 3, 4, 6}으로 나뉘어 있는 경우, Union-Find의 구조 예는 다음 그림과 같습니다.

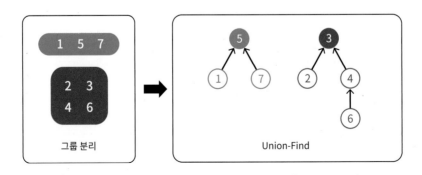

그룹 분리   Union-Find

---

5   DSU(Disjoint Set Union)라고도 불립니다.

회답 쿼리 처리

먼저, **회답 쿼리**에 답하는 방법부터 설명합니다. 노드 X의 루트를 $root(X)$로 나타낼 때 요소 u와 요소 v가 같은 그룹인지는 다음과 같이 판정할 수 있습니다.

- $root(u)=root(v)$인 경우: 같은 그룹

- $root(u) \neq root(v)$인 경우: 다른 그룹

예를 들어 다음 그림의 경우에는 요소 2와 6은 같은 그룹입니다. 왜냐하면 노드 2와 6의 루트는 모두 노드 3이기 때문입니다. 즉, $root(2) = root(6)$이 성립합니다.

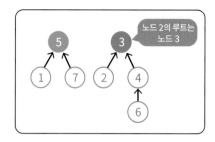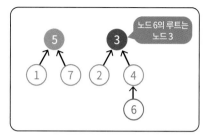

통합 쿼리 처리

다음으로 **통합 쿼리**는 '2개 그룹의 루트를 연결'하는 방법으로 처리할 수 있습니다. 예를 들어, 다음 그림의 경우 노드 5의 부모(→ 칼럼 5)를 노드 3으로 설정하면 됩니다.

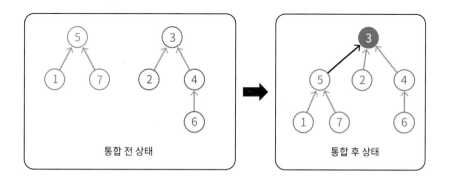

조금 더 엄밀히 써 봅시다. 노드 x의 부모를 $par[x]$라고 할 때 '노드 u를 포함하는 그룹'과 '노드 v를 포함하는 그룹'은 다음 처리에 의해 통합할 수 있습니다.

- $par[root(u)]=root(v)$로 한다

즉, 노드 v를 포함하는 그룹의 루트가 통합 후의 루트가 됩니다. 또한, 역 패턴으로서 par[root(v)]=root(u)로 할 수도 있습니다.

통합 과정 예

지금까지 설명한 내용을 이해했습니까? **통합 쿼리**를 반복해서 그룹이 모이는 과정을 다음 그림으로 나타냈으니 꼭 활용하기 바랍니다. 또한, 그림 맨 아래에서 2번째와 같이 요소 u와 요소 v의 그룹이 동일한 경우에는 부모를 바꿀 필요는 없습니다.

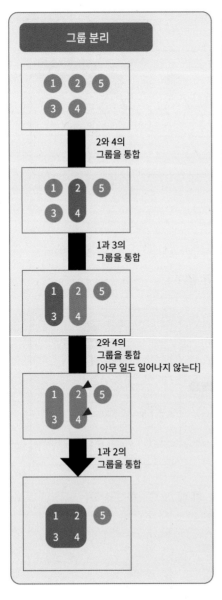

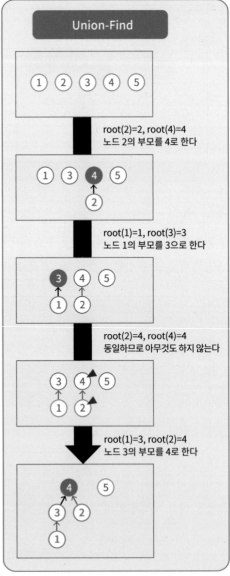

단순한 Union-Find의 계산량

그럼 Union-Find의 계산량을 평가합니다. 먼저, 앞에서 설명한 것처럼 Union-Find는 노드 x의 루트를 구하는 함수 $\text{root}(x)$를 기초로 합니다. 이것은 코드 9.2와 같이 구현할 수 있으며, 계산 횟수는 **(노드 x에서 루트까지의 거리)**에 비례합니다.

코드 9.2 노드 x의 루트를 반환하는 함수

```
01  // 노드 x의 루트를 반환하는 함수
02  // 주: 부모를 갖지 않는 노드의 경우에는 'par[x] = -1'로 기록한다
03  int root(int x) {
04      while (true) {
05          if (par[x] == -1) break; // 1개 앞(부모)이 없으면 여기가 루트
06          x = par[x];              // 1 개 앞(부모)으로 진행한다
07      }
08      return x;
09  }
```

하지만 Union-Find의 통합 쿼리에 따라서는 다음 그림과 같이 '루트까지의 거리'가 $N-1$이 되는 경우도 있습니다. 그렇기 때문에 $\text{root}(x)$를 구하는 데 $O(N)$이 필요하게 되어 이 문제의 실행 시간 제한을 만족하지 못하게 됩니다.

개선된 Union-Find

그럼, Union-Find의 계산량을 줄이려면 어떻게 하면 좋을까요? 사실 **노드 수가 많은 그룹을 위로 가져가도록** 개선하는 것만으로 계산량이 $O(N)$에서 $O(\log N)$까지 감소하는 것으로 알려져 있습니다[6]. 이 방법을 'Union by Size'라고 합니다.

예를 들어 다음 그림의 경우, 파란색 그룹의 노드 수가 9, 빨간색 그룹의 노드 수가 2입니다. 따라서 Union by Size에서는 노드 수가 많은 파란색 그룹을 위로 가져 갑니다.

---

6 이 책의 범위 밖이지만, Union by Size와 '경로 압축'이라 불리는 테크닉을 조합하면 계산량은 $O(a(N))$이 됩니다. 여기에서 $a(N)$은 애커만 함수의 역함수이며, $N = 100000$에서도 4를 넘지 않습니다.

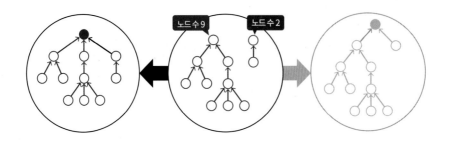

마지막으로 Union by Size 알고리즘은 다음 변수를 사용해서 구현할 수 있습니다.

- $siz[x]$: '노드 x를 루트로 하는 트리'의 노드 수

통합 쿼리를 처리할 때 $siz[x]$ 값을 업데이트해야 하지만, 9.5절의 예제와 같은 덧셈을 하면 됩니다. 자세한 내용은 해답 예 안의 unite 함수를 참조하십시오.

해답 예(C++)

```cpp
01  #include <iostream>
02  #include <vector>
03  using namespace std;
04
05  class UnionFind {
06  public:
07      int par[100009];
08      int siz[100009];
09
10      // N 노드의 Union-Find를 작성
11      void init(int N) {
12          for (int i = 1; i <= N; i++) par[i] = -1; // 최초에는 부모가 없다
13          for (int i = 1; i <= N; i++) siz[i] = 1;  // 최초에는 그룹의 노드 수가 1
14      }
15
16      // 노드 x의 루트를 반환하는 함수
17      int root(int x) {
18          while (true) {
19              if (par[x] == -1) break; // 1개 앞(부모)이 없으면 여기가 루트
20              x = par[x];              // 1 개 앞(부모)으로 진행한다
21          }
22          return x;
```

```
23        }
24
25        // 요소 u와 v를 통합하는 함수
26        void unite(int u, int v) {
27            int RootU = root(u);
28            int RootV = root(v);
29            if (RootU == RootV) return; // u와 v가 같은 그룹일 때는 처리를 수행하지 않는다
30            if (siz[RootU] < siz[RootV]) {
31                par[RootU] = RootV;
32                siz[RootV] = siz[RootU] + siz[RootV];
33            }
34            else {
35                par[RootV] = RootU;
36                siz[RootU] = siz[RootU] + siz[RootV];
37            }
38        }
39
40        // 요소 u와 v가 같은 그룹인지 반환하는 함수
41        bool same(int u, int v) {
42            if (root(u) == root(v)) return true;
43            return false;
44        }
45 };
46
47 int N, Q;
48 int Query[100009], u[100009], v[100009];
49
50 int main() {
51     // 입력
52     cin >> N >> Q;
53     for (int i = 1; i <= Q; i++) cin >> Query[i] >> u[i] >> v[i];
54
55     // 쿼리 처리
56     UnionFind UF;
57     UF.init(N);
58     for (int i = 1; i <= Q; i++) {
59         if (Query[i] == 1) {
60             UF.unite(u[i], v[i]);
```

```
61              }
62          if (Query[i] == 2) {
63              if (UF.same(u[i], v[i]) == true) cout << "Yes" << endl;
64              else cout << "No" << endl;
65          }
66      }
67      return 0;
68 }
```

발전: 개선된 Union-Find 계산량 해석

먼저 트리의 루트에서 가장 먼 노드까지의 거리를 **레벨**이라고 부릅시다. 예를 들어 다음 그림에서는 노드 5를 루트로 하는 트리의 레벨은 1이며, 노드 3을 루트로 하는 트리의 레벨은 2이고, 노드 8을 루트로 하는 트리의 레벨은 0입니다.

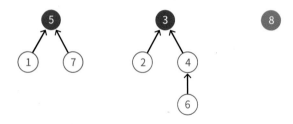

그럼, 각 레벨의 트리를 만들려면 최소 몇 개의 노드가 필요할까요? 명확히 레벨 0의 경우는 노드 1개입니다. 또는 $x \geq 1$인 경우, 레벨 x의 트리를 만드는 데는 '레벨 $x-1$의 트리'와 '다른 트리'를 통합해야 합니다. 그리고 전자의 노드 수가 많아져서는 안 되므로,

- **레벨 1**: 최소한 레벨 0의 2배, $1 \times 2 = 2$노드

- **레벨 2**: 최소한 레벨 1의 2배, $2 \times 2 = 4$노드

- **레벨 3**: 최소한 레벨 2의 2배, $4 \times 2 = 8$노드

- **레벨 4**: 최소한 레벨 3의 2배, $8 \times 2 = 16$노드

가 필요합니다. 그리고 일반적으로 x에 대해서는 2^x개의 노드가 필요합니다. 이상과 같이, 레벨 $\log N$을 넘는 트리는 절대로 만들 수 없으며, 1 쿼리당 계산량은 $O(\log N)$으로 억제되는 것을 알 수 있습니다.

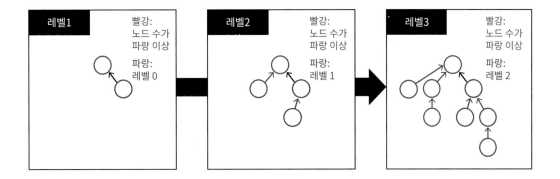

문제 B66	응용 문제

ALGO나라에는 N개의 역과 M개의 철도 노선이 있습니다. 역에는 1부터 N까지의 번호가 붙어 있으며, i번째 노선은 역 A_i와 역 B_i를 양방향으로 연결합니다.

오늘 ALGO나라에 태풍이 상륙하기 때문에 몇 개의 노선은 운영 휴무가 되는 경우가 있습니다. 그에 관해 다음 두 종류의 쿼리를 처리하십시오.

- **쿼리 1**: x번째의 노선이 운행 휴무가 된다.

- **쿼리 2**: 현 시점에 역 s에서 역 t로 이동할 수 있는지 답한다.

주어진 쿼리의 수를 Q개라고 할 때 계산량은 $O((N+M+Q)\log N)$을 만족해야 합니다.

힌트 어떻게 하면 쿼리 1의 '에지를 제거하는 조작'을 '에지를 추가하는 조작'으로 바꿀 수 있을까요?

MST

노드 수 N, 에지 수 M인 그래프가 있습니다. 노드에는 1부터 N까지의 번호가 붙어 있고, 에지 i는 노드 A_i와 B_i를 양방향으로 연결하며 그 길이는 C_i입니다. 이 그래프의 **최소 전역 트리**(뒤에서 설명)에 대한 에지 길이의 총합을 구하십시오.

입력 형식

$$N \quad M$$
$$A_1 \quad B_1 \quad C_1$$
$$\vdots$$
$$A_M \quad B_M \quad C_M$$

출력 형식

최소 전역 트리에 대한 에지의 길이의 총합을 출력하십시오.

제약

- $2 \leq N \leq 100000$
- $1 \leq M \leq 100000$
- $1 \leq C_i \leq 10000$
- 이 그래프는 연결돼 있다(→ 칼럼 5).

	입력 예 1	출력 예 1
7 9		55
1 2 12		
1 3 10		
2 6 160		
2 7 15		
3 4 1		
3 5 4		
4 5 3		
4 6 120		
6 7 14		

최소 전역 트리란

전역 트리는 M개의 에지 중에서 몇 개를 선택해서 만든, 모든 노드가 연결되어 있는 트리입니다. 하지만 같은 그래프라고 하더라도 2개 이상의 전역 트리를 생각할 수 있는 경우도 있습니다.

그래서 전역 트리 중에서도 '길이의 총합'이 최소가 되는 것을 **최소 전역 트리**라 부릅니다[7]. 예를 들어, 다음 그림에서는 합계 길이가 55인 오른쪽이 최소 전역 트리입니다.

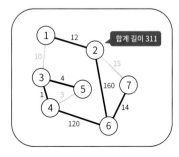
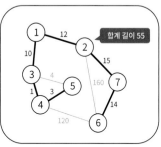

최소 전역 트리의 개념은 다소 어렵지만, 노드를 '역', 에지를 '노선의 건설 비용'이라 생각하면 상상하기 쉬울 것입니다. 최소 비용으로 모든 역을 연결하는 방법이, 구하는 최소 전역 트리입니다.

최소 전역 트리를 구하는 알고리즘

그럼, 최소 전역 트리는 어떻게 구할까요? 사실 '**짧은 에지부터 추가해 간다**'는 단순한 탐욕 알고리즘을 사용하면 반드시 올바른 답을 구할 수 있는 것으로 알려져 있습니다. 알고리즘의 구체적인 흐름을 다음 그림에 나타냈습니다.

이 방법은 **크루스칼 알고리즘**Kruskal's algorithm이라 불리며, 배열의 정렬(→ 3.1절)과 Union-Find(→ 9.6절)를 사용해 구현할 수 있습니다. 계산량은 $O(M\log M+N)$입니다.

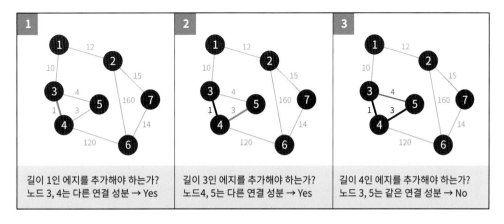

---

7   최소 전역 트리의 합계 길이는 유일하게 결정되지만, 최소 전역 트리를 구성하는 에지의 선택 방법은 한 가지라고 단정할 수 없음에 주의합니다. 예를 들어 모든 에지의 길이가 1인 그래프의 경우, 어떤 에지를 선택하는 방법을 택해도 합계 길이가 $N-1$이 됩니다.

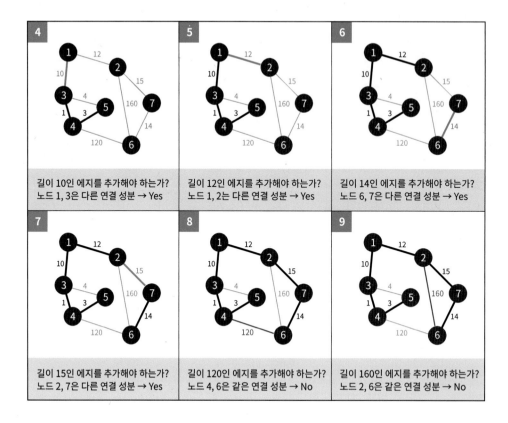

해답 예(C++)

```
01  #include <iostream>
02  #include <vector>
03  #include <algorithm>
04  using namespace std;
05
06  // Union-Find 클래스의 구현은 9.6절 참조
07  int N, M;
08  int A[100009], B[100009], C[100009];
09  UnionFind UF;
10
11  int main() {
12      // 입력
13      cin >> N >> M;
14      for (int i = 1; i <= M; i++) cin >> A[i] >> B[i] >> C[i];
```

```
15
16      // 에지를 길이의 오름차순으로 정렬한다
17      vector<pair<int, int>> EdgeList;
18      for (int i = 1; i <= M; i++) EdgeList.push_back(make_pair(C[i], i));
19      sort(EdgeList.begin(), EdgeList.end());
20
21      // 최소 전역 트리를 구한다
22      int Answer = 0; UF.init(N);
23      for (int i = 0; i < EdgeList.size(); i++) {
24          int idx = EdgeList[i].second;
25          if (UF.same(A[idx], B[idx]) == false) {
26              UF.unite(A[idx], B[idx]);
27              Answer += C[idx];
28          }
29      }
30      cout << Answer << endl;
31      return 0;
32  }
```

문제 B67 | 응용 문제

노드 수 N, 에지 수 M인 그래프가 주어져 있습니다. 이 그래프의 최대 전역 트리(길이의 총합이 최대가 되는 전역 트리)에 대해 에지의 길이의 총합을 출력하는 프로그램을 작성하십시오. 계산량은 $O(M \log M + N)$을 만족해야 합니다.

힌트 최소 전역 트리에서는 짧은 에지부터 순서대로 추가했습니다. 최대 전역 트리는 어떨까요?

문제 A68	Maximum Flow	(실행 시간 제한 1초, 난이도 ★6)

N개의 탱크와 M개의 파이프가 있습니다. j번째 파이프는 탱크 A_j에서 B_j 방향으로 매초 C_j리터까지 물을 보낼 수 있습니다.

탱크 1부터 탱크 N까지 매초 최대 몇 리터의 물을 보낼 수 있습니까? 단, 탱크에 물을 모을 수 없다고 생각해도 관계없습니다.

입력 형식

$$N\ M$$
$$A_1\ B_1\ C_1$$
$$\vdots$$
$$A_M\ B_M\ C_M$$

출력 형식

매초 최대 몇 리터를 보낼 수 있는지 정수로 출력하십시오.

제약

- $2 \leq N \leq 400$
- $1 \leq M \leq 400$
- $0 \leq C_j \leq 5000$ (특히 C_j는 정수임에 주의)
- 답은 5000 이상의 정수다.

입력 예 1	출력 예 1
6 7	8
1 2 5	
1 4 4	
2 3 4	
2 5 7	
3 6 3	
4 5 3	
5 6 5	

최대 플로 문제란

최대 플로 문제는 가중치가 있는 유향 그래프로 나타낸 파이프라인에 대해 시작부터 목표까지 보내는 물의 총량을 최대화하는 문제입니다.

최대 플로 문제는 '물의 흐름'에 국한되지 않고, 실제 사회의 다양한 과제에 응용할 수 있습니다. 예를 들어, 각 네트워크의 통신량 상한이 주어졌을 때 2대의 컴퓨터 사이에 더 많은 데이터를 통신하는 방법을 구하는 문제가 바로 최대 플로 문제 그 자체입니다.

또한, 각 교통 수단의 하루당 운송 능력이 주어졌을 때 도쿄에서 오사카까지 하루에 최대 몇 명을 운송할 수 있는가를 구하는 문제도 응용의 예입니다. 황금 연휴 등에는 매우 중요한 문제입니다.

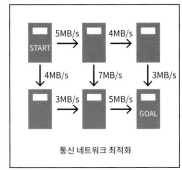

통신 네트워크 최적화

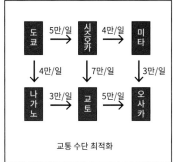

교통 수단 최적화

최대 플로 문제의 공식화

최대 플로 문제는 다음 두 가지 조건을 만족하도록 각 파이프의 **유량** f_j를 구하는 문제로 공식화할 수 있습니다. 유량 이외의 정보는 전혀 고려할 필요가 없습니다.

- **조건 1**: $0 \le f_j \le C_j \ (j = 1, 2, \cdots, M)$
- **조건 2**: 시작과 목표를 제외한 각 노드에 대해 들어가는 수량과 나오는 수량이 같다.

따라서 다음 페이지 이후의 해설에서는 각 에지에 대해 '유량/상한값'을 표기한 그림을 사용합니다. 또한, 시작부터 나오는 물의 양을 **총 유량**이라 부르며, 그 값을 최대로 하는 흐름의 방법을 **최대 플로**라 부릅니다. 예를 들어, 입력 예 1에 대응하는 다음 그림에서 총 유량은 8입니다.

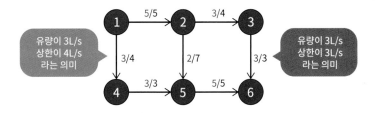

직감적인 방법

그러면 최대 플로 문제는 어떻게 풀면 좋을까요? 직관적으로는 '**적당한 경로를 선택하고 흘릴 수 있는 만큼 흘린다**'는 절차를 반복하는 방법을 생각할 수 있습니다.

하지만 그 방법에서는 입력 예시 1의 시점에 실패하고 맙니다. 적절한 방법을 사용하면 초당 8리터를 흘려보낼 수 있음에도 불구하고 처음에 1 → 2 → 5 → 6이라는 패스를 선택하면 초당 5리터밖에 흘려보내지 못하기 때문입니다.

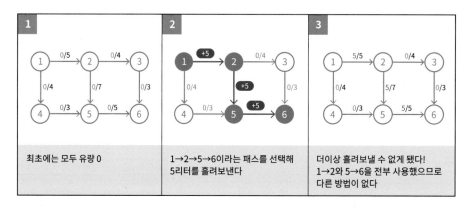

잔차 그래프에 관해

그래서 중요한 것이 **잔차 그래프**^Residual Graph^라는 키워드입니다. 잔차 그래프란 남은 용량을 순방향의 에지로 추가하고, 사용을 마친 용량을 역방향의 에지로 추가한 그래프입니다. 위 그림의 3번째 칸에 대한 구체적인 예를 그림으로 나타내면 다음과 같습니다.

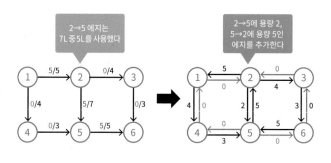

잔차 그래프의 장점은 **과거에 흘려보낸 플로를 되돌릴 수 있다**는 점입니다[8]. 예를 들어, 위 그림의 예에서 생각해 봅시다. 잔차 그래프상에는 1 → 4 → 5 → 2 → 3 → 6이라는 경로가 존재하고, 경로상 가중치의 최솟값은 3이므로 '잔차 그래프의 용량이 음이 되지 않을 만큼'의 유량 3을 흘려보냅니다.

그러면 다음 페이지의 그림에 나타낸 것처럼 역방향의 에지를 통한 에지 2 → 5의 유량은 3 감소하고, 그 이외 에지의 유량은 3 증가합니다. 그리고 총 유량은 3 증가한 8이 됩니다.

---

8 역방향의 에지를 지나는 것은 원래 그래프의 유량을 줄이는(되돌리는) 것에 대응합니다.

사람에 따라서는 플로를 되돌린다는 파괴적인 조작을 해도 정말로 플로로서 성립하는가 하고 생각할지도 모릅니다. 하지만 사실 391페이지의 **조건 1**, **조건 2**를 모두 만족한 상태 그대로입니다.

조건 1의 경우, 잔차 그래프의 모든 에지는 용량이 음이 되지 않는 것으로 설명할 수 있습니다. **조건 2**는 시작과 목표 이외의 모든 노드에 대해서도 '들어가는 수량의 변화분'과 '나오는 수량의 변화분'이 같은 것으로 설명할 수 있습니다. 예를 들어 노드 3의 경우, 들어가는 유량은 3, 나오는 유량은 3 변화합니다. 또한, 노드 2의 경우 들어가는 유량은 0, 나오는 유량은 0 변화합니다.

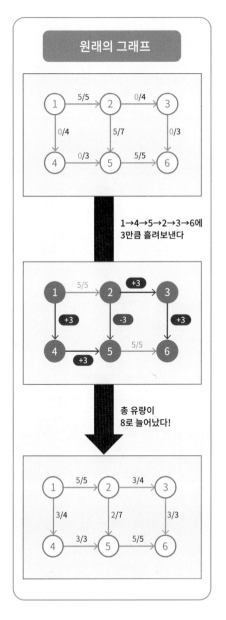

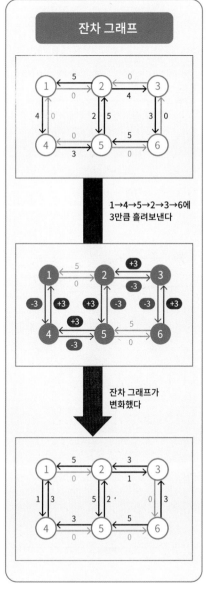

포드-풀커슨 알고리즘Ford-Fulkerson algorithm이란

그럼 9장에서 가장 어려운 부분인 **포드-풀커슨 알고리즘**을 설명합니다. 포드-풀커슨 알고리즘은 다음과 같은 절차에 따라 최대 플로를 구하는 알고리즘입니다.

> **순서 1**: 잔차 그래프상의 (용량 0인 에지를 지나지 않는) 노드 1부터 N까지의 패스를 찾는다.
>
> **순서 2**: 패스에 대한 용량의 최솟값을 F로 했을 때 패스상에 유량 F만큼 흘려보낸다. 여기서 역방향의 에지에 관해서는 원래 그래프의 유량을 F만큼 줄이는 것에 주의한다.
>
> **순서 3**: 순서 1에서 패스를 찾지 못할 때까지 순서 1, 순서 2를 반복한다.

플로를 되돌리는 조작이 가능해졌으므로 최초에 설명한 방법보다는 좋은 답을 낼 수 있을 것 같습니다. 하지만 정말로 최적 해를 낼 수 있을까요? 답은 Yes입니다[9]. 입력 예 1과는 다른 케이스에서의 계산 과정을 다음 그림에 나타냈으니 꼭 활용하기 바랍니다.

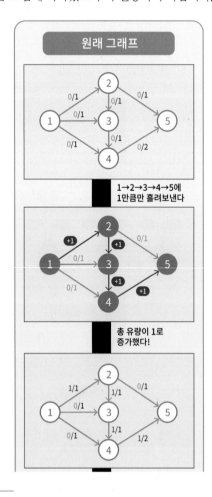

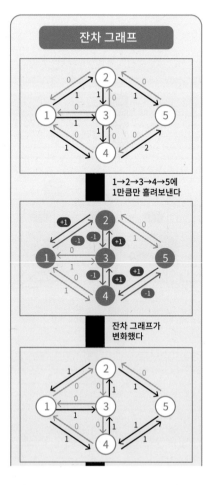

---

9 자세한 증명은 인터넷 등에서 조사해 보기 바랍니다.

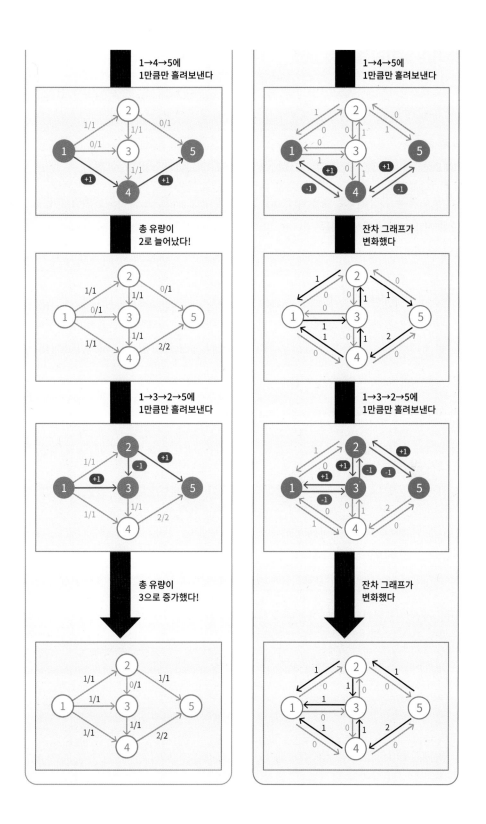

포드-풀커슨 알고리즘의 계산량

포드–풀커슨 알고리즘은 다음의 **Find 조작**이 기초가 됩니다. 이 조작은 깊이 우선 탐색을 사용하면 계산량 $O(M)$으로 처리할 수 있습니다.

> **Find 조작**
> 잔차 그래프상에서 용량 0인 에지를 지나지 않는 '노드 1부터 N까지의 패스'를 찾는 조작

한편, 최대 플로의 총 유량을 F로 했을 때 Find 조작을 수행하는 횟수는 많아도 F번입니다. 왜냐하면 1번에 총 유량이 1 이상 증가하기 때문입니다. 따라서 포드–풀커슨 알고리즘의 계산량은 $O(FM)$이라고 평가할 수 있습니다.

포드-풀커슨 알고리즘의 구현

그럼 포드–풀커슨 알고리즘을 구현해 봅시다. 먼저 가중치가 있는 그래프를 인접 리스트 형식으로 관리하고 싶을 때는 기본적으로 도착지와 용량 두 가지만 있으면 됩니다(→ 9.4절). 하지만 여기에서는

- 잔차 그래프상의 에지 $u{\to}v$의 용량을 줄인다.
- 잔차 그래프상의 에지 $v{\to}u$의 용량을 늘린다.

라는 조작을 함께 수행합니다. 이 조작을 수행하려면 에지 $u{\to}v$에 대해 역 에지 $v{\to}u$를 얻을 수 있도록 해야 하므로 다음 3가지 정보를 가져야 합니다.

변수명	관리하는 정보
$G[u][i]$.to	(잔차 그래프상의) 에지의 도착지
$G[u][i]$.cap	(잔차 그래프상의) 에지의 용량
$G[u][i]$.rev	에지 $u{\to}G[u][i].to$의 역에지 $G[u][i].to{\to}u$가 $G[G[u][i].to]$의 몇 번째에 존재하는가

특히 G[u][i].rev는 복잡하므로 구체적인 예를 하나 들어봅니다.

예를 들어, 인접 리스트에 대한 도착지가 다음과 같은 경우를 생각한다.

- $G[1]=\{2,4\}$

- $G[2]=\{1,3\}$

- $G[3]=\{2,4\}$

- $G[4]=\{1,3\}$

이때, $G[2][1].rev$의 값은 0이다. 왜냐하면 $G[2][1]$로 관리되는 에지는 2→3이며, 그 역에지인 3→2가 $G[3]$의 0번째[10]에 존재하기 때문이다.

이런 세 가지 정보를 가지면 에지 pos→$G[pos][i].to$와 그 역에지 $G[pos][i].to$→pos의 용량을 동시에 변경하는 조작은 코드 9.3과 같이 단 2행으로 구현할 수 있습니다.

코드 9.3 잔차 그래프의 에지 용량을 변경한다(해답 예 50~51번째 행에 대응)

```
50  G[pos][i].cap -= flow; // 에지의 용량을 flow 감소시킨다
51  G[G[pos][i].to][G[pos][i].rev].cap += flow; // 역에지의 용량을 flow 증가시킨다
```

이상의 내용을 정리하면 포드-풀커슨 알고리즘 전체의 구현은 **해답 예**와 같습니다. 난이도가 높으므로 콘테스트 등에서는 해답 예를 복사해 붙여넣어도 좋을 것입니다.

해답 예(C++)

```
01  #include <iostream>
02  #include <vector>
03  #include <algorithm>
04  using namespace std;
05
06  struct Edge {
07      int to, cap, rev;
08  };
09
10  class MaximumFlow {
11  public:
12      int size_ = 0;
13      bool used[409];
```

---

10   C++와 Python에서는 배열과 리스트는 0번째부터 시작합니다.

```
14      vector<Edge> G[409];

15

16      // 노드 수 N인 잔차 그래프를 준비
17      void init(int N) {
18          size_ = N;
19          for (int i = 0; i <= size_; i++) G[i].clear();
20      }

21

22      // 노드 a에서 b로 향하는 상한 c 리터/초의 에지를 추가
23      void add_edge(int a, int b, int c) {
24          int Current_Ga = G[a].size(); // 현 시점에서의 G[a]의 요소 수
25          int Current_Gb = G[b].size(); // 현 시점에서의 G[b]의 요소 수
26          G[a].push_back(Edge{ b, c, Current_Gb });
27          G[b].push_back(Edge{ a, 0, Current_Ga });
28      }

29

30      // 깊이 우선 탐색(F는 시작부터 pos에 도달하는 과정의 "잔차 그래프의 에지의 용량"의 최솟값)
31      // 반환값은 흘려보낸 플로의 양(흘려보내지 못한 경우는 0을 반환한다)
32      int dfs(int pos, int goal, int F) {
33          // 목표에 도착: 플로를 흘려보낼 수 있다!
34          if (pos == goal) return F;
35          used[pos] = true;

36

37          // 탐색한다
38          for (int i = 0; i < G[pos].size(); i++) {
39              // 용량 0인 에지는 사용할 수 없다
40              if (G[pos][i].cap == 0) continue;

41

42              // 이미 방문한 노드에 가도 의미가 없다
43              if (used[G[pos][i].to] == true) continue;

44

45              // 목적지까지의 패스를 찾는다
46              int flow = dfs(G[pos][i].to, goal, min(F, G[pos][i].cap));

47

48              // 플로를 흘려보낼 수 있는 경우, 잔차 그래프의 용량을 flow만큼만 증가시킨다
49              if (flow >= 1) {
50                  G[pos][i].cap -= flow;
51                  G[G[pos][i].to][G[pos][i].rev].cap += flow;
52                  return flow;
53              }
```

```
54              }
55
56              // 모든 에지를 탐색해도 찾지 못했다ㄱㄱㄱ
57              return 0;
58          }
59
60          // 노드 s에서 노드 t까지의 최대 플로의 총 유량을 반환한다
61          int max_flow(int s, int t) {
62              int Total_Flow = 0;
63              while (true) {
64                  for (int i = 0; i <= size_; i++) used[i] = false;
65                  int F = dfs(s, t, 1000000000);
66
67                  // 플로를 흘려보낼 수 없다면 조작 종료
68                  if (F == 0) break;
69                  Total_Flow += F;
70              }
71              return Total_Flow;
72          }
73      };
74
75      int N, M;
76      int A[409], B[409], C[409];
77      MaximumFlow Z;
78
79      int main() {
80          // 입력
81          cin >> N >> M;
82          for (int i = 1; i <= M; i++) cin >> A[i] >> B[i] >> C[i];
83
84          // 에지를 추가
85          Z.init(N);
86          for (int i = 1; i <= M; i++) {
87              Z.add_edge(A[i], B[i], C[i]);
88          }
89
90          // 답을 출력
91          cout << Z.max_flow(1, N) << endl;
92          return 0;
93      }
```

보충: 최소 컷 문제

마지막으로 최대 플로 문제와 깊이 연관된 **최소 컷 문제**를 소개합니다.

> 노드 수 N, 에지 수 M인 유향 그래프가 있습니다. j번째 에지는 노드 A_j에서 B_j로 향하며, 이 에지는 C_j원으로 삭제할 수 있습니다. 노트 1부터 노드 N까지 도달하지 못하게 하기 위해서는 최소 몇 원이 필요합니까?

예를 들어, 다음 그림의 경우 답은 8원입니다. 에지 1→2 및 에지 4→5를 삭제하면, 5 + 3 = 8원의 지불로 완료됩니다.

그럼, 이 문제는 어떻게 풀면 좋을까요? 조금 충격적일지도 모르지만 사실 최소 컷 문제와 최대 플로 문제의 답은 일치한다는 **최대 플로 최소 컷 정리**가 이미 알려져 있습니다. 따라서 앞에서 설명한 **해답 예**와 완전히 동일한 프로그램으로 정답을 구할 수 있습니다.

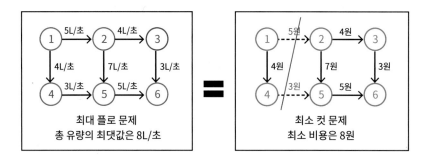

최대 플로 문제
총 유량의 최댓값은 8L/초

최소 컷 문제
최소 비용은 8원

| 문제 B68 | 응용 문제 |

> ALGO 철도에는 N개의 역이 있고, 1부터 N까지의 번호가 붙어 있습니다. 현재 ALGO 철도에서는 특급 열차를 만들려는 계획이 있으며, N개의 역 중 0개 이상을 특급역으로 지정해야 합니다. 여기에서 역 i를 특급역으로 지정한 경우는 P_i원의 이익이 예상됩니다(P_i는 음의 값일 수도 있습니다).
>
> 한편, 특급 열차를 만듦에 있어 이용자로부터 M개의 제안을 받았습니다. j번째 제안은 역 A_j를 특급역으로 지정한다면 역 B_j도 특급역으로 지정해야 한다'는 것입니다. 모든 제안을 받아들이는 경우, 최대 얼마의 이익을 낼 수 있습니까?
>
> **힌트** 어려운 지식을 요하는 문제입니다. 'Project Selection Problem'로 검색해 봅시다.

9.9 이분 매칭 문제

문제 A69   Bipartite Matching   (실행 시간 제한 1초, 난이도 ★6)

정보고교 1학년 A반에는 N명의 학생이 있으며, 1부터 N까지의 번호가 붙어 있습니다. 교실의 자리도 N개가 있으며, 1부터 N까지의 번호가 붙어 있습니다.

오늘은 반에서 자리를 바꾸게 되었습니다. '학생 ○○는 시력이 좋지 않아 앞쪽을 선호한다'는 요청이 주어졌을 때, 최대 몇 명의 요청이 이루어질 수 있는지 구하십시오.

입력 형식

학생 i가 자리 j에 앉아도 좋다면 $c_{i,j} = \#$, 그렇지 않다면 $c_{i,j} = .$ 이 됩니다.

$$
\begin{array}{l}
N \quad M \\
C_{1,1} \quad C_{1,2} \quad C_{1,N} \\
C_{2,1} \quad C_{2,2} \quad C_{2,N} \\
\quad \vdots \\
C_{N,1} \quad C_{N,2} \quad C_{N,N}
\end{array}
$$

출력 형식

최대 몇 명의 요청이 이루어질 수 있는지 정수로 출력하십시오.

제약

- $1 \leq N \leq 150$
- $C_{i,j}$는 # 또는 .이다

	입력 예 1	출력 예 1
	5	4
	#....	
	#.#..	
	....#	
	....#	
	..##	

이분 매칭 문제란

9.8절에서 소개한 포드-풀커슨 알고리즘의 응용 예로 **이분 매칭 문제**가 있습니다. 이것은 이분 그래프(→ 칼럼 5)가 주어졌을 때 같은 노드로부터 나오는 에지는 하나밖에 선택할 수 없는 조건에서 최대 몇 개의 에지를 선택할 수 있는가를 구하는 문제입니다.

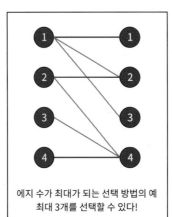

에지 수가 최대가 되는 선택 방법의 예
최대 3개를 선택할 수 있다!

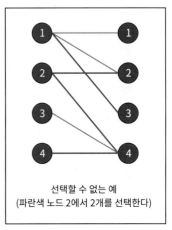

선택할 수 없는 예
(파란색 노드 2에서 2개를 선택한다)

이분 매칭 문제는 실생활의 다양한 곳에서 응용할 수 있습니다. 예를 들어, '남성 ○○과 여성 △△이라면 결혼해도 좋다'와 같은 정보가 주어졌을 때 최대 몇 쌍을 결혼시킬 수 있는지 구하는 문제는 이분 매칭 문제 그 자체입니다.

그리고 자리 바꾸기도 응용 예의 하나입니다. 예를 들어 입력 예 1의 경우, 학생과 자리의 관계는 다음 그림의 오른쪽과 같은 이분 그래프로 나타낼 수 있습니다. 이 이분 그래프에 대한 매칭의 최대 개수는 4개이므로 최대 4명의 희망이 이루어질 수 있습니다.

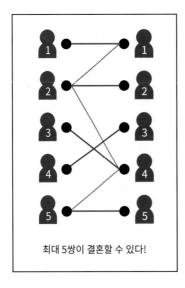

최대 5쌍이 결혼할 수 있다!

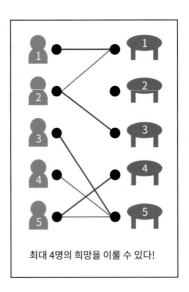

최대 4명의 희망을 이룰 수 있다!

이분 매칭을 구하는 방법

그럼 매칭의 최대 개수는 어떻게 구하면 좋을까요? 먼저, 이분 그래프의 에지에 방향을 붙인 뒤, 다음 조작을 수행합니다.

- 시작 시점 s를 추가하고, s에서 파란색 노드로 향하는 에지를 추가한다.
- 목표 지점 t를 추가하고, 빨간색 노드에서 t로 향하는 에지를 추가한다.

이때, 매칭의 최대 개수는 모든 에지의 용량을 1로 했을 때의 's부터 t까지의 최대 플로의 총 유량'과 일치합니다[11]. 예를 들어 입력 예 1에서는 다음 그림과 같습니다.

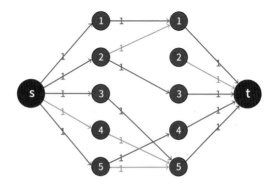

이분 매칭의 계산량

9.8절에서 설명한 것처럼 최대 플로의 총 유량을 F라 하고, 에지의 수를 M으로 할 때, 포드–풀커슨 알고리즘[12]으로 최대 플로를 계산할 때의 계산량은 $O(FM)$입니다.

그리고 이 문제에서 만들 그래프의 경우, 명확하게 $F \leq N$을 만족합니다. 왜냐하면 시작 시점 s에서 나오는 에지를 모두 사용해도 총 유량의 최댓값이 N이기 때문입니다. 게다가 에지의 수에 관해서도 $M \leq N^2 + 2N$을 만족하기 때문에 계산량은 $O(N^3)$입니다.

---

11 플로의 유량 1이 매칭 1개에 대응하는 것으로 설명할 수 있습니다. 예를 들어, 그림의 s → 3 → 5 → t라는 패스는 파란색 노드 3과 빨간색 노드 5의 매칭에 대응합니다.

12 더 속도가 빠른 Dinic 알고리즘을 사용해서 최대 플로를 구하면 이분 매칭 문제를 계산량 $O(N^{2.5})$로 풀 수 있습니다.

이분 매칭의 구현

마지막으로 구현상의 주의점에 관해 설명합니다. 최대 플로를 구하는 `MaximumFlow` 클래스(→ 9.8절)에서는 노드 번호로 '파란색의 1', '빨간색의 3' 등을 그대로 설정할 수는 없으며, 하나의 정수로 표현해야 합니다. 그렇기 때문에 노드 번호를 다음 표와 같이 재설정합니다.

i번째 파란색 노드	j번째 빨간색 노드	시작 지점 s	목표 지점 t
i	$N+J$	$2N+1$	$2N+2$

해답 예(C++)

```cpp
01 #include <iostream>
02 #include <vector>
03 #include <algorithm>
04 using namespace std;
05
06 int N; char c[159][159];
07 MaximumFlow Z; // MaximumFlow 클래스는 9.8절 참조
08
09 int main() {
10     // 입력
11     cin >> N;
12     for (int i = 1; i <= N; i++) {
13         for (int j = 1; j <= N; j++) cin >> c[i][j];
14     }
15
16     // 클래스를 구성한다
17     Z.init(2 * N + 2);
18     for (int i = 1; i <= N; i++) {
19         for (int j = 1; j <= N; j++) {
20             if (c[i][j] == '#') Z.add_edge(i, N + j, 1);
21         }
22     }
23     for (int i = 1; i <= N; i++) {
24         Z.add_edge(2 * N + 1, i, 1); // 's → 파란색'의 에지
25         Z.add_edge(N + i, 2 * N + 2, 1); // '빨간색 → t'의 에지
26     }
27
```

```
28      // 답 출력
29      cout << Z.max_flow(2 * N + 1, 2 * N + 2) << endl;
30      return 0;
31  }
```

문제 B69 응용 문제

KYOPRO 공장에는 $N(\leq 50)$명의 사원이 재적되어 있습니다. 하지만 사원이 모든 시간대에 근무할 수 있다고는 단정할 수 없습니다. 사원 i가 일할 수 있는 시간의 정보는 C_i로 표현되며, j 시간대($0 \leq j \leq 23$)에 일할 수 있을 때 $C_{i,j}=1$, 일할 수 없을 때 $C_{i,j}=0$이 됩니다.

또한, 사원에게 일을 너무 많이 시키면 블랙기업이라는 평가를 받게 되므로 모든 사원은 하루 10시간까지만 근무를 시킬 수 있습니다. 이런 조건에서 모든 시간대에 M명 이상이 근무하도록 시프트를 조합하는 것이 가능한지 판정하십시오.

힌트 종업원을 파란색 노드, 시간대를 빨간색 노드로 한 이분 그래프를 생각합시다!

문제 A70 | Lanterns (실행 시간 제한 1초, 난이도 ★5)

N개의 램프가 책상 위에 놓여 있습니다. i번째 램프의 최초 상태는 정수 A_i로 나타내며, $A_i=0$일 때 OFF, $A_i=1$일 때 ON입니다.

경진 씨는 램프에 대해 M 종류의 조작을 수행할 수 있습니다. j번째 조작은 램프 X_j, Y_j, Z_j의 상태를 동시에 반전시키는 것입니다. 여기에서 반전이란 OFF인 램프를 ON, ON인 램프를 OFF로 하는 것을 나타냅니다.

최소 몇 번의 조작으로 모든 램프의 상태를 ON으로 만들 수 있는지 구하십시오. 단, 같은 종류의 조작을 여러 차례 반복해도 괜찮습니다.

입력 형식

$$N \ \ M$$
$$A_1 \ \ A_2 \ \cdots \ A_N$$
$$X_1 \ \ \ Y_1 \ \ \ Z_1$$
$$\vdots$$
$$X_M \ \ Y_M \ Z_M$$

출력 형식

답을 출력하십시오. 단, 여러 차례 조작한 뒤 모든 램프의 상태를 ON으로 하는 것이 불가능할 때는 대신 −1을 출력하십시오.

제약

- $3 \leq N \leq 10$
- $0 \leq M \leq 100$

	입력 예 1	출력 예 1
4 2	2	
0 1 1 0		
1 2 3		
2 3 4		

1번째 조작 후, 2번째 조작을 수행하면 됩니다.

해법 개요

이 문제는 이번 장에서 설명했던 '그래프 알고리즘'과 아무 관계가 없는 것처럼 보일 수도 있습니다. 하지만 이제부터 설명하는 2가지의 개선을 수행하면 가중치가 없는 유향 그래프의 최단 경로 문제로 귀착할 수 있습니다.

개선 1: 노드를 어떻게 할까?

첫 번째 개선은 2진법을 사용해서 램프의 상태를 정수 값으로 나타내고, 그 정수를 노드의 번호로 하는 것입니다. 구체적으로는, 램프 i의 상태가 c_i일 때의 노드 번호를 '2진법 표기 $c_N \cdots c_2 c_1$을 10진법으로 변환한 값'으로 설정합니다.

다음에 $N=3$일 때의 예를 나타냈습니다. 그림을 보고 이미지가 잘 떠오르지 않는다면 선택 방법의 정수 표현(→ 칼럼 2)으로 돌아가 확인해 봅시다.

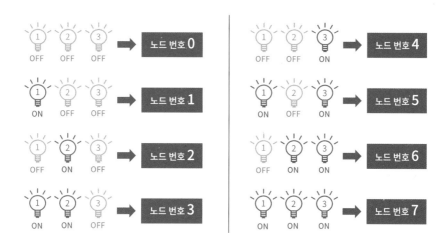

개선 2: 에지를 어떻게 할까?

두 번째 개선은 '1회 조작에 의한 상태 전이'를 길이 1인 에지로 나타내는 것입니다. 예를 들어, 입력 예 1의 경우 노드 0에서 나오는 에지는 어떻게 추가하면 좋을까를 생각해 봅시다. 모든 램프가 OFF인 상태에서는 1회의 조작에서

- 1번째 조작을 수행한다: 상태 (ON, ON, ON, OFF), 즉 노드 7[13]
- 2번째 조작을 수행한다: 상태(OFF, ON, ON, ON), 즉 노드 14

---

13 여기에서 상태 (ON, ON, ON, OFF)란 램프 1이 ON, 램프 2가 ON, 램프 3이 ON, 램프 4가 OFF인 것을 나타냅니다.

중 하나로 전이할 수 있으므로 노드 0부터는 노드 7 및 노드 14로 향하는 에지를 추가하면 됩니다. 다른 노드에 대해서도 마찬가지 조작을 수행하면 다음 그림과 같은 그래프가 만들어집니다. 파란색 에지는 1번째 조작, 빨간색 에지는 2번째 조작에 대응합니다.

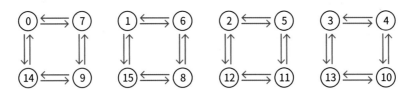

해법 정리

마지막으로 이 문제의 답은 시작부터 목표(노드 번호 2^N-1)까지의 최단 경로 길이와 일치합니다. 왜냐하면 1회의 조작은 1개의 에지에 대응하므로 '조작 횟수의 최솟값'은 '지나는 에지 수의 최솟값', 즉 최소 경로 길이에 대응하기 때문입니다.

따라서 가중치가 없는 그래프의 최단 경로 거리를 구하는 알고리즘인 너비 우선 탐색(→ 9.3절)을 사용하면 이 문제를 효율적으로 풀 수 있습니다. 그래프의 노드 수는 2^N, 에지 수는 $2^N \times M$이므로 계산량은 $O(2^N \times M)$이 됩니다.

해답 예(C++)

```cpp
01  #include <iostream>
02  #include <vector>
03  #include <queue>
04  using namespace std;
05
06  int N, A[19];
07  int M, X[109], Y[109], Z[109];
08  int dist[1033];
09  vector<int> G[1033];
10
11  // 노드 pos의 상태에서 'idx 번째 조작'을 수행했을 때의 노드 번호를 반환한다
12  int GetNext(int pos, int idx) {
13      int State[19]; // State[i]는 램프 i의 상태
14
15      // 2진법으로 고치는 방법은 1.4절을 참조
```

```
16    for (int i = 1; i <= N; i++) {
17        int wari = (1 << (i - 1));
18        State[i] = (pos / wari) % 2;
19    }
20    State[X[idx]] = 1 - State[X[idx]]; // 램프 X[idx]를 반전
21    State[Y[idx]] = 1 - State[Y[idx]]; // 램프 Y[idx]를 반전
22    State[Z[idx]] = 1 - State[Z[idx]]; // 램프 Z[idx]를 반전
23
24    // 10진법으로 변환하는 방법도 1.4절을 참조
25    int ret = 0;
26    for (int i = 1; i <= N; i++) {
27        if (State[i] == 1) ret += (1 << (i - 1));
28    }
29    return ret;
30 }
31
32 int main() {
33    // 입력
34    cin >> N >> M;
35    for (int i = 1; i <= N; i++) cin >> A[i];
36    for (int j = 1; j <= M; j++) cin >> X[j] >> Y[j] >> Z[j];
37
38    // 그래프에 에지를 추가
39    for (int i = 0; i < (1 << N); i++) {
40        for (int j = 1; j <= M; j++) {
41            int NextState = GetNext(i, j);
42            G[i].push_back(NextState);
43        }
44    }
45
46    // 시작 지점, 목표 지점의 노드 번호를 구한다
47    int Goal = (1 << N) - 1;  // (1<<N)은 '2의 N 제곱'
48    int Start = 0;
49    for (int i = 1; i <= N; i++) {
50        if (A[i] == 1) Start += (1 << (i - 1));
51    }
52
53    // 배열 초기화／시작 시점을 큐에 넣는다
```

```
54      queue<int> Q;
55      for (int i = 0; i < (1 << N); i++) dist[i] = -1;
56      dist[Start] = 0;
57      Q.push(Start);
58
59      // 너비 우선 탐색
60      while (!Q.empty()) {
61          int pos = Q.front(); Q.pop();
62          for (int i = 0; i < G[pos].size(); i++) {
63              int nex = G[pos][i];
64              if (dist[nex] == -1) {
65                  dist[nex] = dist[pos] + 1;
66                  Q.push(nex);
67              }
68          }
69      }
70
71      // 답을 출력
72      cout << dist[Goal] << endl;
73      return 0;
74  }
```

칼럼 6 벨만-포드^{Bellman-Ford} 알고리즘

9.4절에서 설명했던 데이크스트라 알고리즘은 '음의 에지가 존재할 때 최단 경로 길이를 구할 수 없다'는 문제점이 있었습니다. 하지만 벨만-포드 알고리즘을 사용하면 음의 에지가 존재해도 노드 1부터 각 노드까지의 최단 경로 길이를 계산할 수 있습니다[14].

그리고 이후의 설명에서는 그래프의 노드 수를 N, 에지 수를 M으로 하고, e번째의 에지는 노드 A_e에서 B_e로 향하는 길이 C_e인 유향 에지인 것으로 표기합니다. 또한, 노드 1부터 노드 i까지의 최단 경로 거리의 잠정값을 dist$[i]$로 나타냈습니다.

벨만-포드 알고리즘이란

벨만-포드 알고리즘은 '최단 경로 길이의 잠정값을 이웃한 에지에 전파시킨다'는 조작을 반복해서 수행하는 알고리즘입니다. 즉, 다음의 전파 처리를 반복 수행합니다.

- **전파 처리**: $e = 1, 2, \cdots, M$에 대해 dist$[B_e]$를 min(dist$[B_e]$, dist$[A_e] + C_e$)로 업데이트

구체적인 유향 그래프에 대해 벨만-포드 알고리즘을 사용하면 다음 그림과 같습니다. 5번째 전파처리에서는 dist$[i]$가 바뀌지 않으므로 5번째에서 조작을 종료합니다.

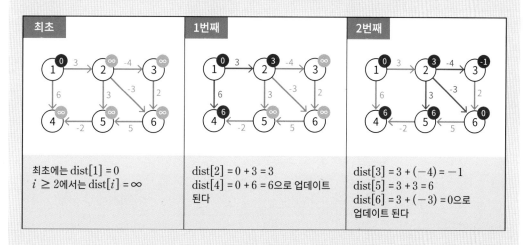

최초	1번째	2번째
최초에는 dist$[1] = 0$ $i \geq 2$에서는 dist$[i] = \infty$	dist$[2] = 0 + 3 = 3$ dist$[4] = 0 + 6 = 6$으로 업데이트 된다	dist$[3] = 3 + (-4) = -1$ dist$[5] = 3 + 3 = 6$ dist$[6] = 3 + (-3) = 0$으로 업데이트 된다

---

14 엄밀하게는 노드 1부터 도달할 수 있는 **음의 닫힌 경로**(에지의 가중치 합계가 0 미만이 되는 닫힌 경로)가 존재하는 경우, 벨만-포드 알고리즘은 적용할 수 없습니다. 하지만 이런 경우에는 음의 닫힌 경로를 반복해서 돌아다님으로써 최단 경로 길이를 한없이 작게 만들 수 있습니다.

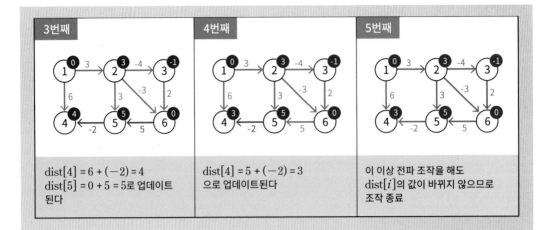

3번째

dist[4] = 6 + (−2) = 4
dist[5] = 0 + 5 = 5로 업데이트
된다

4번째

dist[4] = 5 + (−2) = 3
으로 업데이트된다

5번째

이 이상 전파 조작을 해도
dist[i]의 값이 바뀌지 않으므로
조작 종료

벨만–포드 알고리즘의 계산량과 구현

그럼, 몇 번의 전파 처리를 수행하면 dist[i] 값이 변하지 않을까요? 답은 N − 1번입니다. 왜냐하면 유향 그래프에 음의 닫힌 경로가 존재하지 않는 경우, 최단 경로는 절대로 같은 노드를 지나지 않는, 즉 최대 N − 1개의 에지만 지나기 때문입니다[15].

예를 들어, 다음 그림 왼쪽의 $1 \rightarrow 2 \rightarrow 3 \rightarrow 4 \rightarrow 2 \rightarrow 5$라는 경로는 노드 2를 두 번 지나기 때문에 최단 경로가 될 수 없습니다($2 \rightarrow 3 \rightarrow 4 \rightarrow 2$ 부분을 컷하는 것이 이득입니다).

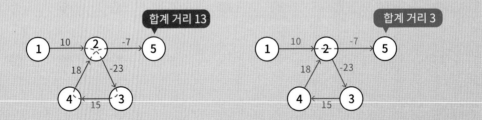

따라서 코드 9.4와 같이 구현하면 계산량 $O(NM)$으로 노드 1부터 각 노드까지의 최단 경로 거리를 구할 수 있습니다.

코드 9.4 벨만-포드 알고리즘의 구현

```
01  // dist[i]의 값은 ∞ 대신 매우 큰 값으로 설정
02  dist[1] = 0;
```

---

15 역으로 N번째의 전파 처리로도 dist[i]의 값이 변한다면 그래프에는 음의 닫힌 경로가 존재합니다.

```
03  for (int i = 2; i <= N; i++) dist[i] = 1000000000;
04
05  // 벨만-포드 알고리즘
06  for (int i = 1; i <= N - 1; i++) {
07      for (int j = 1; j <= M; j++) {
08          dist[B[j]] = min(dist[B[j]], dist[A[j]] + C[j]);
09      }
10  }
11
12  // 답을 출력
13  for (int i = 1; i <= N; i++) cout << dist[i] << endl;
```

이 칼럼에서는 **모든 노드 간 최단 경로 문제**를 생각합니다. 이것은 노드 수 N의 가중치가 있는 그래프에 대해 모든 2 노드 사이의 최단 경로 길이를 구하는 문제입니다. 어떻게 하면 효율적으로 풀 수 있을까요?

먼저, 노드 i부터 j까지의 최단 경로 길이의 잠정값을 나타내는 배열 $d[i][j]$를 준비합니다. 여기에서 $d[i][j]$의 초깃값은 다음과 같이 설정합니다.

- $i=j$일 때: $d[i][j]=0$
- 노드 i와 j를 직접 연결하는 에지가 있을 때: $d[i][j]=$ (에지의 가중치)
- 그 외의 경우: $d[i][j]=\infty$

그러면 코드 9.5와 같은 알고리즘으로 최단 경로 길이를 계산할 수 있습니다(최종 $d[i][j]$의 값이 답). 이 방법은 와샬-플로이드 알고리즘이라 불립니다[16].

코드 9.5 와샬-플로이드 알고리즘 구현

```
01  for (int k = 1; k <= N; k++) {
02      for (int i = 1; i <= N; i++) {
03          for (int j = 1; j <= N; j++) {
04              d[i][j] = min(d[i][j], d[i][k] + d[k][j]);
05          }
06      }
07  }
```

그럼 왜 이 방법으로 풀 수 있을까요? 조금 어렵지만, 각 루프가 완료된 시점에서 $d[i][j]$의 값이 다음과 같이 되는 것으로 설명할 수 있습니다.

- $k=1$이 완료된 시점에서는 노드 1만을 경유하면 되는 최단 경로 길이
- $k=2$가 완료된 시점에서는 노드 1, 2만을 경유하면 되는 최단 경로 길이
- $k=3$이 완료된 시점에서는 노드 2, 3, 4만을 경유하면 되는 최단 경로 길이
- $k=4, 5, …, N$에 대해서도 동일

---

16 데이크스트라 알고리즘으로도 풀 수 있지만, Warshall–Floyd 알고리즘 쪽이 구현이 단순합니다. 그리고 Warshall–Floyd 알고리즘은 가중치가 음인 에지가 있어도 잘 동작합니다.

특히, $k = N$이 완료된 시점에서는 '노드 1, 2, ..., N만을 경유하면 되는 최단 경로 길이'가 되어 구해야 할 답과 일치합니다. 지면 관계상 더 자세한 설명은 생략하지만, 흥미가 있는 분은 이 책 마지막의 참고 문헌[10]을 참조하기 바랍니다.

9장 정리

9.0 그래프란

그래프란 무엇인가?

대상과 대상을 연결하는 관계를 나타내는 구조다

노드와 에지로 구성된다

그래프의 종류

- 무향 그래프 vs. 유향 그래프
- 가중치가 있는 그래프 vs. 가중치가 없는 그래프

9.1 그래프 구현 방법

인접 행렬이란

2차원 배열을 사용해 에지의 유무를 기록

인접 리스트란

각 노드에 대해 '인접한 노드 리스트'를 기록

메모리 사용량은 $O(N+M)$로 효율적

9.2 깊이 우선 탐색

깊이 우선 탐색이란

진행할 수 있는 곳까지 진행해서 막다른 길이 되면 한 걸음 되돌아감으로써 그래프를 탐색하는 알고리즘

구현 방법과 계산량

재귀 함수를 사용한 $O(N+M)$

9.3 너비 우선 탐색

너비 우선 탐색이란

시작에 가까운 노드부터 순서대로 그래프를 탐색해 가는 알고리즘(최단 거리도 구할 수 있다)

구현 방법과 계산량

큐를 사용해서 $O(N+M)$

9.4 데이크스트라 알고리즘

데이크스트라 알고리즘이란

가중치가 있는 그래프의 최단 경로 길이를 구하는 알고리즘

우선순위 큐를 사용하면 계산량 $O(M\log N)$

9.5 트리에 대한 DP

테크닉 개요

루트가 있는 트리 아래쪽부터 계산해가면 트리에도 동적 계획 알고리즘을 적용할 수 있다

9.6 Union-Find

Union-Find란

다음 두 가지 쿼리를 효율적으로 처리하는 데이터 구조

- 2개의 그룹을 통합
- 2개의 요소가 같은 그룹에 있는 지 판정

9.7 최소 전역 트리 문제

최소 전역 트리란

몇 개의 에지를 선택해서 만들어진 '모든 노드가 연결되어 있는 트리' 중 길이의 합계가 가장 짧은 것

최소 전역 트리를 구하는 방법

짧은 에지부터 탐욕적으로 추가

9.8 최대 플로 문제

최대 플로 문제란

시작 지점부터 목표 지점까지 매초 몇 L의 물을 흘려보낼 수 있는지를 구한다

포드-풀커슨 알고리즘이란

잔차 그래프에서 탐욕적으로 흘려보낸다

9.9 이분 매칭 문제

이분 매칭 문제란

같은 노드에서 나가는 에지를 1개만 선택할 수 있을 때 이분 그래프에 대해 최대 몇 개의 에지를 선택할 수 있는가?

최대 플로 문제로 귀착할 수 있다

10장

종합 문제

이 책에서는 1장부터 9장까지 다양한 알고리즘과 고찰 테크닉에 관해 설명했습니다. 지금까지 내용이 길었습니다. 정말 수고하셨습니다.

하지만 콘테스트에서는 출제되는 문제에 '어떤 알고리즘을 사용하는 것이 좋은가'를 직접 찾아야 합니다. 그렇기 때문에 누구나 지식이 있더라도 해법을 알지 못하는 상황을 경험합니다. 특히, 여러 알고리즘을 조합해서 해결해야 하는 문제는 더욱 그렇습니다.

그래서 필자는 문제에 도전할 때 **조금씩 힌트를 발견해 나가는 것**이 매우 중요하다고 생각합니다. 10장에서는 우선 힌트를 발견하는 대표적인 방법을 설명합니다.

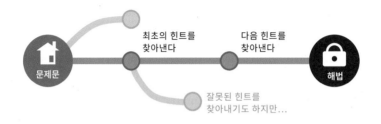

특수한 경우를 생각한다

N이 작은 경우나 $A = [1, 1, 1, \cdots, 1]$ 같은 특수한 경우를 생각하면 단번에 상황이 좋아지기도 합니다. 예를 들어, 2^N의 한 자리를 계산량 $O(1)$로 구할 수 있는 문제를 생각합시다. 먼저 N이 작은 경우에 대한 답을 구하면 다음과 같습니다.

N의 값	1	2	3	4	5	6	7	8	9	10	11	12	13	14
답	2	4	8	6	2	4	8	6	2	4	8	6	2	4

이 결과로부터 N이 커져도 '2→4→8→6→……'으로 규칙적으로 이어지는 것은 아닐까라는 예측을 할 수 있습니다. 이 테크닉은 10.1절에서 다룹니다.

문제 설정으로부터 생각한다

프로그래밍 경진대회에서는 문제 설정부터 해법을 예측할 수 있는 경우가 있습니다. 예를 들어, 최단 거리를 구하는 문제라면 너비 우선 탐색(→ 9.3절)이나 데이크스트라 알고리즘(→ 9.4절)이 머리에 떠오를 것입니다. 이 테크닉은 10.3절에서 다룹니다.

제약으로부터 생각한다

경진대회 프로그램 문제에서는 제약이 해법의 힌트가 되는 경우도 적지 않습니다. 특수한 구체적인 예를 다음에 나타냈습니다(이 기법은 10.2절에서 다룹니다).

하지만 이 법칙이 항상 맞는다고는 할 수 없음에 주의하십시오. 예전 사례를 보면 $N \leq 20$이라는 제약에도 불구하고 가정했던 해법의 계산량이 $O(2^N)$ 등이 아니라 $O(N^7)$이었던 적도 있습니다.

제약	계산량 예	이용하는 알고리즘의 예
$N \leq 20$	$O(2^N)$	비트 완전 탐색 등
$N \leq 30$	$O(2^{N/2})$	집합에 대한 절반 전체 열거 등
$N \leq 400$	$O(N^3)$	for 문의 완전 탐색/ 동적 계획 알고리즘/ Warshall–Floyd 알고리즘 등
$N \leq 10^{18}$	$O(1), O(\log N)$	수학 문제/ 반복 제곱 알고리즘/ 바이너리 서치 등

단순한 해법으로부터 생각한다

실행 시간 제한을 만족하지 못한다고 하더라도 완전 탐색 등의 '단순한 해법'으로부터 생각하는 것은 중요합니다. 왜냐하면 단순한 해법이 정답을 얻는 힌트가 되는 경우가 적지 않기 때문입니다.

예를 들어, 단순한 해법의 계산량이 $O(N^2)$이라고 합시다. 제약이 $N \leq 200000$이라면 정확하지 않은 답이지만, 그것을 정말 조금 개선하는 것만으로 계산량 $O(N\log N)$의 해법에 이를 수 있는 경우도 있습니다. 이 테크닉은 10.6절에서 다룹니다.

문제 설정을 바꿔본다

원래 문제의 해법을 전혀 모르더라도 '설정을 조금 단순하게 만든 문제'를 생각함으로써 정답에 대한 힌트를 얻을 수 있기도 합니다. 구체적인 예는 다음과 같습니다.

- '최대 몇 문제를 풀 수 있는가?'가 아니라 '모든 문제를 풀 수 있는가?'를 생각한다.
- '답의 최댓값은 몇 인가?'가 아니라 '답은 △△ 이상인가?'를 생각한다.

이 테크닉은 10.5절에서 다룹니다.

분해해서 생각한다

프로그래밍 경진대회 문제에서는 2개 이상의 요소를 동시에 생각하면 어려워지는 경우가 많습니다. 그렇기 때문에 분해할 수 있는 것은 분해하는 방법이 효과적입니다. 잘 모르겠지만, 구체적인 예를 포함해 10.4절에서 설명하므로 참고하기 바랍니다.

| 문제 A71 | Homework | (실행 시간 제한 1초, 난이도 ★3) |

여러분은 여름 방학 숙제 N개를 매일 1개씩 끝내야만 합니다. 숙제에는 1부터 N까지의 번호가 붙어 있으며, 숙제 i의 난이도는 정수 A_i로 나타냅니다.

그리고 여름 방학 i번째 날($1 \le i \le N$)의 기온은 B_i도라고 예상할 수 있습니다 **'난이도×기온'**의 총합만큼의 노력이 든다고 할 때 모든 숙제를 마치기 위해 필요한 노력의 최솟값은 몇입니까?

입력 형식

$$N$$
$$A_1 \ A_2 \ \cdots \ A_N$$
$$B_1 \ B_2 \ \cdots \ B_N$$

출력 형식

필요한 노력으로 생각할 수 있는 최솟값을 구하십시오.

제약

- $2 \le N \le 60$
- $1 \le A_i \le 100$
- $1 \le B_i \le 45$

입력 예 1	출력 예 1
3	2090
10 20 30	
35 40 33	

1번째 날에 숙제 2, 2번째 날에 숙제 1, 3번째 날에 숙제 3을 마친 경우, 필요한 노력은 $(20 \times 35) + (10 \times 40) + (30 \times 33) = 2090$이 되며, 이것이 최솟값입니다.

작은 경우에서 실험

먼저, 작은 경우로 $N=3$, $A=[10,20,30]$, $B=[35,40,33]$일 때의 답을 생각해 봅시다. 여름 방학 숙제를 마치는 방법은 다음 6가지입니다.

- 기온이 33도인 날에 난이도 30인 숙제를 마친다.

- 기온이 35도인 날에 난이도 20인 숙제를 마친다.

- 기온이 40도인 날에 난이도 10인 숙제를 마친다.

이와 같은 방법을 선택하면 노력은 2090이 되며 이것이 최소입니다.

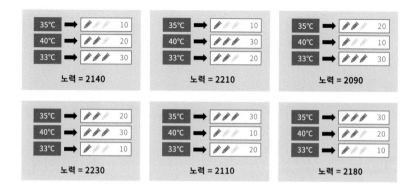

또한 $N=3$, $A=[1,10,100]$, $B=[20,30,40]$인 경우에는 다음의 방법이 최적입니다.

- 기온이 20도인 날에 난이도 100인 숙제를 마친다.

- 기온이 30도인 날에 난이도 10인 숙제를 마친다.

- 기온이 40도인 날에 난이도 1인 숙제를 마친다.

이 시점에서 기온이 높은 날에 단순한 숙제를 하는 편이 이득인 것을 직감할 수 있습니다.

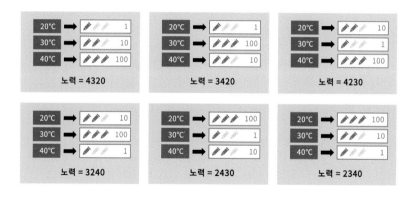

직감은 성립하는가?

그렇다면 어떤 경우에도 직감대로 될까요? 답은 Yes이며, 그 이유는 다음과 같이 설명할 수 있습니다.

가장 먼저 다음 2가지 조건을 만족할 때 x, y일차의 숙제를 반대로 하는 것이 노력의 양이 적다[1].

- **조건 1**: (x일차의 기온) < (y일차의 기온)

- **조건 2**: (x번째 날의 난이도) < (y번째 날의 난이도)

다음으로, '기온이 높은 날일수록 단순한 숙제를 한다' 이외의 방법을 선택한 경우, 2가지 조건을 만족하는 쌍 (x, y)가 적어도 하나는 존재한다.

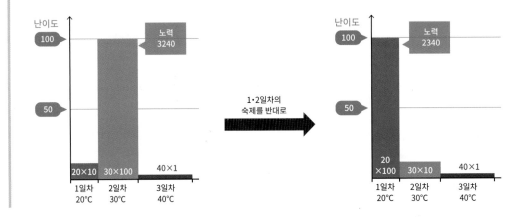

해법 정리

따라서 다음 절차를 수행하는 **해답 예**와 같은 프로그램을 작성하면 정답을 얻을 수 있습니다. 계산량은 정렬이 병목이 되며, $O(N\log N)$입니다.

순서 1: 배열 $[A_1, A_2, \cdots, A_N]$을 오름차순으로 정렬

순서 2: 배열 $[B_1, B_2, \cdots, B_N]$을 내림차순으로 정렬

순서 3: 배열 $A_1B_1 + A_2B_2 + \cdots + A_NB_N$의 값을 출력

---

1   숙제 순서를 반대로 하지 않는 경우의 (x, y일차의) 노력은 $A_xB_x + A_yB_y$가 됩니다. 한편, 반대로 하면 노력이 $A_xB_y + A_yB_x$가 됩니다. (전자) − (후자)의 값을 계산하면 $(A_x - A_y)(B_x - B_y)$가 됩니다. $A_x < A_y$, $B_x < B_y$가 성립할 때 이 값은 올바릅니다.

해답 예(C++)

```cpp
01  #include <iostream>
02  #include <algorithm>
03  using namespace std;
04
05  int N, A[69], B[69];
06  int Answer = 0;
07
08  int main() {
09      // 입력
10      cin >> N;
11      for (int i = 1; i <= N; i++) cin >> A[i];
12      for (int i = 1; i <= N; i++) cin >> B[i];
13
14      // 배열 정렬(reverse 함수는 배열을 역순으로 하는 함수)
15      sort(A + 1, A + N + 1);
16      sort(B + 1, B + N + 1); reverse(B + 1, B + N + 1);
17
18      // 답을 구한다
19      for (int i = 1; i <= N; i++) Answer += A[i] * B[i];
20      cout << Answer << endl;
21      return 0;
22  }
```

세로 H행, 가로 W열인 매트릭스가 있습니다. 위쪽부터 i번째 행, 왼쪽부터 j번째 열의 칸 (i, j)의 색상은 $c_{i,j}$이며, $c_{i,j} = .$일 때 흰색, $c_{i,j} = $ #일 때 검은색으로 칠해져 있습니다.

'어떤 행 또는 어떤 열을 선택하고, 모두 검은색으로 칠한다'는 조작을 K번까지 실행할 수 있습니다. 최대 몇 개의 칸을 검은색으로 칠할 수 있습니까?

입력 형식

> H W K
> $C_{1,1}$ $C_{1,2}$ $\cdots$ $C_{1,W}$
> $\vdots$
> $C_{H,1}$ $C_{H,2}$ $\cdots$ $C_{H,W}$

출력 형식

최대 몇 개의 칸을 검은색으로 칠할 수 있는지 출력하십시오.

제약

- $1 \leq H \leq 10$
- $1 \leq W \leq 100$
- $1 \leq K \leq \min(H, W)$

입력 예 1	출력 예 1
4 10 3	37
##...#.##.	
.#....#...	
##.####..#	
#..#####.	

단순한 해법

우선 생각할 수 있는 해법은 조작 방법을 완전 탐색하는 것입니다. 조작 순서는 결과에 영향을 미치지 않고[2], 같은 행이나 같은 열에 대해 두번 조작하는 것은 낭비이므로 $H+W$개 있는 행/열 중에서 K개의 '조작하는 행/열'을 선택하는 방법을 완전 탐색하면 됩니다.

하지만 $(H, W, K) = (10, 100, 10)$인 경우, 110개 중에서 10개를 선택하는 방법은 10^{13}개를 넘으므로 이들을 전부 조사하는 것은 1초 이내에 실행이 완료되지 않습니다.

제약에 착안한다

여기에서 $H \leq 10$이라는 특수 제약에 착안해 봅시다. $2^{10} = 1024$이므로 행을 선택하는 방법만이라면 완전 탐색하는 것도 현실적이라고 할 수 있습니다

또한, 행의 선택 방법이 결정되면 최적의 열 선택 방법도 단순하게 결정됩니다. '행에 대한 조작'을 먼저 완료한 칸을 D로 했을 때 D에 대해 '흰색 칸이 많은 열'부터 순서대로 선택하면 됩니다.

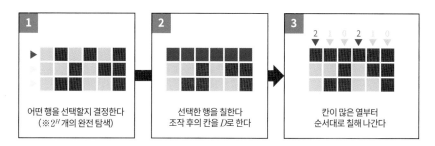

예를 들어, 입력열 1에서 '행에 대해서는 2번째 행만 검은색으로 칠한다[3]'로 결정한 경우를 생각해 봅니다. 이때 2번째 행을 칠한 뒤의 칸 D는 다음 그림처럼 됩니다. 이 시점에서 남은 조작 횟수는 3 − 1 = 2번이므로 흰색 칸이 많은 상위 2개의 열인 3번째 열, 10번째 열을 검은색으로 칠하는 것이 최적입니다. 검은 칸의 개수는 5개 늘어나며 전부 34개입니다.

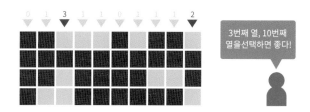

---

2 예를 들어, 1번째 행 뒤에 2번째 행을 조작해도, 2번째 행 뒤에 1번째 행을 조작해도, 최종적인 검은색 칸의 수는 동일합니다.

3 입력 열 1의 경우 사실은 1, 2, 3번째 행을 선택하는 것이 최적이지만, 여기서는 설명의 편의를 위해 2번째 행만을 선택한 패턴으로 생각했습니다.

따라서 행 선택 방법을 2^H개 완전 탐색해서 각각에 대해 '최적의 열을 선택하는 방법'을 구하면 정답을 얻을 수 있습니다. 함수 paintRow와 같이 정렬을 사용해 구현한 경우 최적의 열 선택 방법을 구하는 데 계산량 $O(HW + W\log W)$가 걸리므로 전체적으로는 $O(2^H \times (HW + W\log W))$입니다. 그리고 행의 선택 방법을 완전 탐색하는 부분이 어려운 부분인데, 비트 완전 탐색(→ 칼럼 2)을 사용하면 비교적 단순하게 구현할 수 있습니다.

해답 예(C++)

```
01  #include <iostream>
02  #include <vector>
03  #include <algorithm>
04  using namespace std;
05
06  int H, W, K;
07  int Answer = 0;
08  char c[19][109], d[19][109]; // 배열 d는 칸 D에 대응
09
10  // 남은 remaining_steps번의 '열에 대응하는 조작'으로 최대 몇 개의 칸을 검은색으로 칠할 수 있는지 반환하는 함수
11  int paintRow(int remaining_steps) {
12      // 각 열에 대한 '흰색 칸의 개수'를 계산하고 내림차순으로 정렬한다
13      vector<pair<int, int>> Column;
14      for (int j = 1; j <= W; j++) {
15          int cnt = 0;
16          for (int i = 1; i <= H; i++) {
17              if (d[i][j] == '.') cnt += 1;
18          }
19          Column.push_back(make_pair(cnt, j));
20      }
21      sort(Column.begin(), Column.end());
22      reverse(Column.begin(), Column.end());
23
24      // 열에 대한 조작을 수행한다
25      for (int j = 0; j < remaining_steps; j++) {
26          int idx = Column[j].second;
27          for (int i = 1; i <= H; i++) d[i][idx] = '#';
28      }
29
30      // 검은색 칸의 개수를 센다
31      int ret = 0;
32      for (int i = 1; i <= H; i++) {
```

```
33             for (int j = 1; j <= W; j++) {
34                 if (d[i][j] == '#') ret += 1;
35             }
36         }
37     return ret;
38 }
39
40 int main() {
41     // 입력
42     cin >> H >> W >> K;
43     for (int i = 1; i <= H; i++) {
44         for (int j = 1; j <= W; j++) cin >> c[i][j];
45     }
46
47     // 비트 완전 탐색
48     for (int t = 0; t < (1 << H); t++) {
49         // 우선은 칸을 초기매트릭스에 설정
50         for (int i = 1; i <= H; i++) {
51             for (int j = 1; j <= W; j++) d[i][j] = c[i][j];
52         }
53
54         // 행에 대해 조작을 수행한다
55         // 변수 remaining_steps는 남은 조작 횟수
56         int remaining_steps = K;
57         for (int i = 1; i <= H; i++) {
58             int wari = (1 << (i - 1));
59             if ((t / wari) % 2 == 0) continue;
60             remaining_steps -= 1;
61             for (int j = 1; j <= W; j++) d[i][j] = '#'; // i번째 행을 검은색으로 칠한다
62         }
63
64         // 열에 대한 조작을 수행한다
65         if (remaining_steps >= 0) {
66             int SubAnswer = paintRow(remaining_steps);
67             Answer = max(Answer, SubAnswer);
68         }
69     }
70
71     // 출력
72     cout << Answer << endl;
73     return 0;
74 }
```

Marathon Route (실행 시간 제한 1초, 난이도 ★5)

ALGO시에는 N개의 교차점과 M개의 경로가 있습니다. i번째 경로는 교차점 A_i와 교차점 B_i를 양방향으로 연결하고 있으며, 길이는 C_i입니다. 그리고 $D_i = 1$인 도로에는 나무가 1그루 심겨 있습니다.

ALGO 시의 시장인 경진 씨는 교차점 1과 교차점 N을 연결하는 마라톤 코스를 만들고자 합니다. 그는 참가자들이 피곤하지 않게 합계 거리를 가능한 한 짧게 하고자 합니다. 그리고 참가자들이 자연을 즐길 수 있게 합계 거리가 같다면 코스에 심어 있는 나무의 수를 가능한 한 많게 하고자 합니다. 어떤 마라톤 코스를 생각할 수 있습니까?

입력 형식

N M
A_1 B_1 C_1 D_1
$\vdots$
A_M B_M C_M D_M

출력 형식

마라톤 코스의 합계 거리와 코스에 있는 나무의 수를 공백으로 구분해서 출력하십시오.

제약

- $2 \leq N \leq 8000$

- $1 \leq M \leq 100000$

- $1 \leq C_i \leq 100$(특히, C_i는 정수인 점에 주의)

- D_i는 0 또는 1이다.

	입력 예 1	출력 예 1
3 3		90 2
1 2 70 1		
2 3 20 1		
1 3 90 0		

문제 설정으로부터 생각하자!

먼저 문제문의 정보로부터 힌트를 찾아봅시다. 가장 먼저 ALGO시는 가중치가 있는 그래프로 표현할 수 있습니다. 다음으로, 문제문 안에는 '합계 거리를 짧게 한다'는 키워드가 나옵니다. 여기에서 가중치 그래프의 최단 거리란 무엇일까요? 바로 **데이크스트라 알고리즘**입니다.

하지만 이 문제는 단순히 최단 거리 문제가 아닙니다. 마라톤 코스의 길이가 같은 경우, 코스상 나무의 수를 최대화해야 합니다. 대체 어떻게 해야 할까요?

나무는 '작은 보너스'

사실은 '나무가 심어진 도로'의 길이를 0.0001만큼만 줄이면, 나무가 많은 경로를 최단 경로로 선택할 수 있습니다. 예를 들어, ALGO 시의 구조가 다음 그림의 왼쪽과 같은 경우를 생각할 수 있습니다. 이 때, 마라톤 코스의 길이를 최소로 하는 경로는 다음 2개입니다.

- **경로 1**: 교차점 1 → 2 → 7 → 8(합계 거리 23)
- **경로 2**: 교차점 1 → 3 → 6 → 8(합계 거리 23)

한편, 다음 그림의 오른쪽과 같이 그래프를 수정한 경우, **경로 1**의 합계 거리는 23.0000, **경로 2**의 합계 거리는 22.9998이 되어 나무가 많은 **경로 2**쪽이 0.0002만큼 짧아집니다.

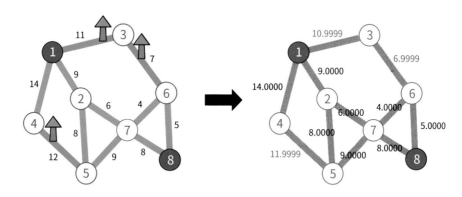

해답까지 가는 길

그래프의 에지를 줄인다는 생각을 하기는 쉽지 않지만, 나무가 심어진 도로를 통과하는 것을 '작은 보너스'라고 생각하면 해법에 조금 더 쉽게 도달할 수 있습니다.

여기서 보너스에 의한 길이의 감소분 ϵ은 어느 정도가 적절할까요? 예를 들어, $\epsilon = 0.01$인 경우, 마라톤 코스의 길이가 1만큼 짧아져도 코스상 나무의 수가 101그루보다 적으면 최단 경로로 간주되지 않습니다. 반면, $\epsilon = 0.0001$이라면 문제가 없습니다. 왜냐하면 이 질문의 제약에서 $N \le 8000$이므로 코스상 나무의 수가 8000을 넘을 수는 없기 때문입니다[4].

구현에 관해

마지막으로 구현상 주의점에 관해 설명합니다. 지금까지는 '길이를 0.0001로 줄인다'는 방침으로 설명했지만, double 타입 등의 부동 소수점 타입은 오차에 의한 버그가 발생하기 쉬우므로 가능하다면 정수 타입을 사용하는 편이 안전합니다.

그렇기 때문에 **해답 예**에서는 '도로의 길이를 모두 10000배 한 뒤, 나무가 심겨 있는 도로의 길이를 1만큼 줄인다'는 방침을 사용합니다.

해답 예(C++)

```
01  #include <iostream>
02  #include <queue>
03  #include <vector>
04  #include <algorithm>
05  using namespace std;
06
07  // 입력/그래프를 나타내는 변수
08  int N, M, A[100009], B[100009], C[100009], D[100009];
09  vector<pair<int, int>> G[8009];
10
11  // 데이크스트라 알고리즘에서 사용하는 변수
12  long long cur[8009]; bool kakutei[8009];
13  priority_queue<pair<long long, int>, vector<pair<long long, int>>, greater<pair<long long, int>>> Q;
14
15  int main() {
16      // 입력
17      cin >> N >> M;
18      for (int i = 1; i <= M; i++) {
19          cin >> A[i] >> B[i] >> C[i] >> D[i];
20          if (D[i] == 1) {
21              G[A[i]].push_back(make_pair(B[i], 10000 * C[i] - 1));
22              G[B[i]].push_back(make_pair(A[i], 10000 * C[i] - 1));
```

---

4 이것은 최단 경로에서는 같은 노드를 두 번 지나지 않는다는 것으로 설명할 수 있습니다.

```
23          }
24          else {
25              G[A[i]].push_back(make_pair(B[i], 10000 * C[i]));
26              G[B[i]].push_back(make_pair(A[i], 10000 * C[i]));
27          }
28      }
29
30      // 배열 초기화
31      for (int i = 1; i <= N; i++) kakutei[i] = false;
32      for (int i = 1; i <= N; i++) cur[i] = (1LL << 60);
33
34      // 시작 지점을 큐에 추가
35      cur[1] = 0;
36      Q.push(make_pair(cur[1], 1));
37
38      // 데이크스트라 알고리즘
39      while (!Q.empty()) {
40          // 다음에 확정시킬 노드를 구한다
41          int pos = Q.top().second; Q.pop();
42          if (kakutei[pos] == true) continue;
43
44          // cur[nex]의 값을 업데이트한다
45          kakutei[pos] = true;
46          for (int i = 0; i < G[pos].size(); i++) {
47              int nex = G[pos][i].first;
48              int cost = G[pos][i].second;
49              if (cur[nex] > cur[pos] + cost) {
50                  cur[nex] = cur[pos] + cost;
51                  Q.push(make_pair(cur[nex], nex));
52              }
53          }
54      }
55
56      // 답을 출력
57      // 마라톤 코스의 거리: cur[N]/10000을 소수점 이하를 자른 값
58      // 코드상 나무의 수: cur[N]과 Distance*10000의 차이
59      long long Distance = (cur[N] + 9999) / 10000;
60      long long NumTrees = Distance * 10000 - cur[N];
61      cout << Distance << " " << NumTrees << endl;
62      return 0;
63 }
```

문제 A74	Board Game	(실행 시간 제한 1초, 난이도 ★5)

1부터 N까지의 정수가 하나씩 쓰인 $N \times N$ 매트릭스 P가 주어져 있습니다. 경진 씨는

- 인접한 2개의 행을 교환한다

- 인접한 2개의 열을 교환한다

라는 2종류의 조작을 반복함으로써 모든 k에 대해 '정수 k가 위쪽부터 k번째 행, 왼쪽부터 k번째 열 칸에 존재'하게 하고 싶습니다. 최소 몇 번의 조작이 필요합니까?

입력 형식

$P[i][j]$는 위쪽부터 i번째 행, 왼쪽부터 j번째 열에 쓰인 정수를 나타냅니다. 단, $P[i][j] = 0$인 칸에는 정수가 쓰여 있지 않습니다. 여기서 각 행/열에는 '정수가 쓰인 칸'이 딱 1개 존재하는 것을 보증합니다.

$$
\begin{vmatrix}
N \\
P_{1,1} \quad P_{1,2} \quad P_{1,N} \\
P_{2,1} \quad P_{2,2} \quad P_{2,N} \\
\vdots \\
P_{N,1} \quad P_{N,2} \quad P_{N,N}
\end{vmatrix}
$$

출력 형식

최소 조작 횟수를 출력하십시오.

제약

- $2 \leq N \leq 100$

입력 예 1	출력 예 1
4	5
0 0 2 0	
3 0 0 0	
0 0 0 4	
0 1 0 0	

먼저 입력 예에서 생각하자

단번에 일반적인 경우를 생각하는 것은 난이도가 높으므로 먼저 입력 예 1의 답이 몇 번에 가능한지 생각해 봅시다. 다음 그림과 같이 조작하면 5번에 목적한 매트릭스가 됩니다. 하지만 4번 이내에는 불가능함을 증명하는 것은 '행을 교환하는 조작'과 '열을 교환하는 조작'을 동시에 다루어야 하기 때문에 어렵습니다.

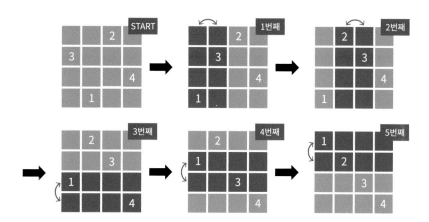

분해해서 생각하자

그래서 행의 조작과 열의 조작을 어떻게든 분해할 수 없는지 생각해 봅니다. 먼저, i번째 행에 쓰인 유일한 정수를 X_i, j번째 열에 쓰인 유일한 정수를 Y_j로 할 때 다음 2가지를 말할 수 있습니다.

- i번째 행과 $i+1$번째 행을 교환한 경우: X_i와 X_{i+1}만 교환되며 Y는 필요하지 않다.
- j번째 열과 $j+1$번째 열을 교환한 경우: Y_j와 Y_{j+1}만 교환되며 X는 필요하지 않다.

이 사실은 '행에 대한 조작'과 '열에 대한 조작'을 나누어서 생각하기 좋다는 것을 의미합니다. 입력 예 1의 조작 예를 다음 그림에 나타냈습니다.

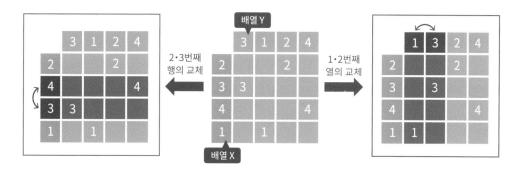

그리고 목적한 매트릭스의 상태는 $X=[1,2,3,4]$이고 $Y=[1,2,3,4]$인 상태와 완전히 같습니다. 따라서 입력 예 1에 대한 최소 조작 횟수는

- **값 1**: 최소 몇 번의 '인접 요소의 교환'으로 배열 X를 $[1,2,3,4]$로 할 수 있는가?

- **값 2**: 최소 몇 번의 '인접 요소의 교환'으로 배열 Y를 $[1,2,3,4]$로 할 수 있는가?

의 총합이 됩니다. 여기에서 배열 X의 초깃값은 $[2,3,4,1]$이므로 **값 1**은 3번입니다. 또한, 배열 Y의 초깃값은 $[3,1,2,4]$이므로 **값 2**는 2번입니다. 따라서 답은 $3+2=5$번임을 알 수 있습니다.

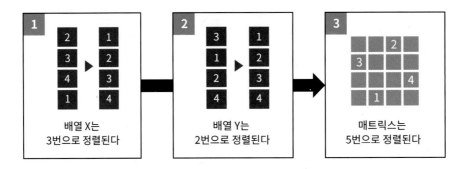

일반적인 경우를 생각하자

드디어 일반적인 경우에 대한 해법을 설명합니다. 먼저, 배열 X와 Y는 나누어 생각할 수 있으므로 최소 조작 횟수는 다음의 2가지를 더한 값이 됩니다.

- **값 1**: 최소 몇 번의 '인접 요소의 교환'으로 배열 X를 $[1,2,\cdots,N]$으로 정렬할 수 있는가?

- **값 2**: 최소 몇 번의 '인접 요소의 교환'으로 배열 Y를 $[1,2,\cdots,N]$으로 정렬할 수 있는가?

또한, **값 1**은 배열 X의 전도 수와 일치하고, **값 2**는 배열 Y의 전도 수와 일치합니다(전도 수에 관해서는 뒤에서 설명). 따라서 배열 X, Y의 전도 수를 더한 값을 출력하면 정답입니다. 또한, 다음 해답 예에서는 완전 탐색을 사용해 전도 수를 구할 수 있으며, 계산량은 $O(N^2)$입니다.

해답 예(C++)

```
01  #include <iostream>
02  using namespace std;
03
04  int N, P[109][109];
```

```
05  int X[109], InversionX = 0;
06  int Y[109], InversionY = 0;
07
08  int main() {
09      // 입력
10      cin >> N;
11      for (int i = 1; i <= N; i++) {
12          for (int j = 1; j <= N; j++) {
13              cin >> P[i][j];
14              if (P[i][j] != 0) { X[i] = P[i][j]; Y[j] = P[i][j]; }
15          }
16      }
17
18      // X의 전도 수, Y의 전도 수를 구한다
19      for (int i = 1; i <= N; i++) {
20          for (int j = i + 1; j <= N; j++) {
21              if (X[i] > X[j]) InversionX += 1;
22              if (Y[i] > Y[j]) InversionY += 1;
23          }
24      }
25
26      // 출력
27      cout << InversionX + InversionY << endl;
28      return 0;
29  }
```

보충: 전도 수에 관해

순서 관계가 역전되어 있는 쌍의 개수를 **전도 수**(→ 응용 문제 8.9)라 부릅니다. 즉, 전도 수란 $1 \leq i < j \leq N$이고, $A_i > A_j$를 만족하는 쌍 (i, j)의 개수입니다. 구체적인 예는 다음과 같습니다.

- [2, 3, 4, 1]의 전도 수는 3
- [3, 1, 2, 4]의 전도 수는 2
- [4, 3, 2, 1]의 전도 수는 6

전도 수는 배열을 $[1, 2, 3, \cdots, N]$으로 하기 위해 필요한 '인접 요소의 교환 횟수'의 최솟값과 일치합니다. 즉, $A_i > A_{i+1}$을 만족하는 i에 대해, A_i와 A_{i+1}을 교환하면, 반드시 전도 수가 1만 감소하기 때문입니다. $A = [4, 3, 2, 1]$일 때의 구체적인 예를 다음 그림으로 나타냈습니다.

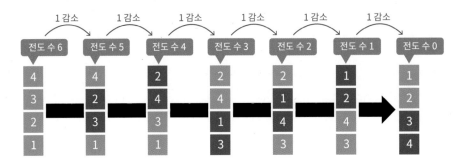

Examination (실행 시간 제한 1초, 난이도 ★6)

경진 씨는 N개의 문항이 있는 기말 시험을 치게 되었습니다. 각 문제에는 1부터 N까지의 번호가 붙어 있으며, 문제 i는 연속한 시간 T_i(분) 동안 생각하면 정답을 구할 수 있습니다.

하지만 각 문제에는 마감 시간이 정해져 있어 문제 i는 시험 개시 시각부터 D_i분을 넘기면 대답을 할 수 없게 됩니다. 경진 씨가 최적의 행동을 한다고 했을 때 최대 몇 문제의 정답을 맞힐 수 있는지 구하십시오.

입력 형식

$$
\begin{array}{ll}
N & \\
T_1 & D_1 \\
\vdots & \\
T_N & D_N
\end{array}
$$

출력 형식

최대 몇 문제의 정답을 구할 수 있는지 정수로 출력하십시오.

제약

- $1 \leq N \leq 100$

- $1 \leq T_i \leq 1440$

- $1 \leq D_i \leq 1440$(특히, T_i, D_i는 정수인 것에 주의)

입력 예 1	출력 예 1
4	4
20 70	
30 50	
30 100	
20 60	

문제 2 → 문제 4 → 문제 1 → 문제 3 순으로 풀면 모든 문제의 정답을 구할 수 있습니다.

문제 설정을 바꾸어 본다

'최대 몇 문제의 정답을 구할 수 있는가?'라는 원래 문제를 고찰해도 좋지만, 이 경우는 문제를 푸는 순서/푸는 문제의 선택 방법 2가지를 동시에 생각해야 합니다. 그래서 조금 어렵습니다.

그래서 '최대 몇 문제의 정답을 구할 수 있는가?'가 아니라 '모든 문제에 정답을 구할 수 있는가?'라는 판정 문제를 생각해 봅시다. 이 판정 문제는 **마감일이 빠른 문제부터 순서대로 푼다(이하, 방법 X라고 부른다)**라는 매우 직관적인 탐욕 알고리즘으로 해결할 수 있습니다. 예를 들어 케이스 1의 경우, 방법 X를 사용했을 때 모든 문제의 정답을 구하므로 답은 Yes입니다. 하지만 케이스 2의 경우, 방법 X를 사용해도 문제 3의 마감을 만족하지 못하므로 답은 No입니다.

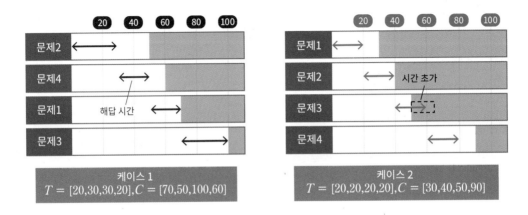

케이스 1
$T = [20,30,30,20], C = [70,50,100,60]$

케이스 2
$T = [20,20,20,20], C = [30,40,50,90]$

만약을 위해 '이 탐욕 알고리즘을 사용해 모든 문제의 정답을 구하지 못한 경우, 어떤 방법을 사용해도 무리다'라는 것을 증명해 봅시다. **먼저 케이스 2의 경우를 증명합니다.**

애초에 케이스 2에서는 문제 1, 2, 3 중 가장 마지막에 푸는 문제는 반드시 시간 초과가 된다. 왜냐하면 3개의 문제를 푸는 데 20 + 20 + 20 = 60분이 필요한데, 3개의 문제 모두 마감 시간이 60분보다 짧기 때문이다.

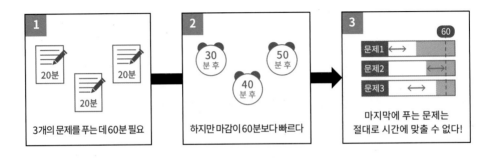

일반적인 케이스에서의 증명도 거의 비슷합니다. 방법 X를 사용해 모든 문제의 정답을 구하지 못하는 경우, 처음으로 시간을 초과하는 문제가 1개 존재합니다. 이 문제 번호를 ID로 했을 때 '마감이 문제 ID와 같거나 빠른 것' 중 최후에 푸는 문제는 반드시 시간 초과가 됩니다. 이상과 같이 어떤 방법을 사용해도 모든 문제에 정답을 구하는 것이 불가능하다는 것을 증명했습니다.

그리고 동적 계획 알고리즘으로

여기까지의 고찰에 따라 '푸는 문제를 결정하면, 다음은 마감이 빠른 순으로 풀어가는 것이 최적이다'라는 것을 판명했습니다.

따라서 예제는 다음과 같은 문제로 바꿀 수 있습니다. 또한, 이후 설명에서는 $D_1 \leq \cdots \leq D_N$이라 가정합니다(마감이 빠른 순으로 문제가 정렬되어 있습니다).

> 경진 씨는 다음을 순서대로 수행해야 합니다. 단, 마감을 초과하는 경우 그 문제를 풀기로 선택할 수 없습니다. 또한, 최초의 현재 시각은 0입니다.
>
> - **순서 1**: 문제 1을 풀 수 있는지 결정한다. 풀 수 있는 경우, 현재 시각이 T_1만큼 늘어난다.
> - **순서 2**: 문제 2를 풀 수 있는지 결정한다. 풀 수 있는 경우, 현재 시각이 T_2만큼 늘어난다.
> - **순서 3**: 문제 3을 풀 수 있는지 결정한다. 풀 수 있는 경우, 현재 시각이 T_3만큼 늘어난다.
> - **순서 4**: 이후에도 같은 선택을 수행한다.
>
> 적절한 선택을 수행했을 때 경진 씨는 최대 몇 문제를 풀 수 있는지 구하십시오.

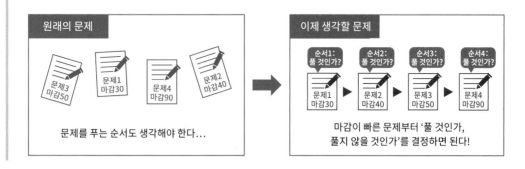

이것은 배낭 문제(→ 4.4절)와 비슷한 동적 계획 알고리즘의 전형적인 문제입니다. dp[i][j]를 '순서 i를 종료한 시점에서의 현재 시각이 j일 때, 기존에 최대 몇 문제에 답했는가?'라고 하면 dp[i][j]의 값은 다음과 같이 계산할 수 있습니다.

- $dp[i][j] = dp[i-1][j]$ ($j < T_i$ 또는 $j > D_i$)
- $dp[i][j] = \max(dp[i-1][j], dp[i-1][j-T_i] + 1)$ ($T_i \leq j \leq D_i$)

왜냐하면 $dp[i][j]$가 가리키는 상태로 전이하는 방법으로 다음 두 가지를 생각할 수 있기 때문입니다.

방법 A	순서 $i-1$ 시점에서 시각 j이고, 문제 i를 풀지 않는다
방법 B	순서 $i-1$ 시점에서 시각 $j-T_i$이고, 문제 i를 푼다

따라서 N개의 문제를 D_i의 오름차순으로 정렬한 뒤 동적 계획 알고리즘을 수행하면, 정답을 구할 수 있습니다. D_i의 상한 값을 $\max D$로 했을 때의 계산량은 $O(N \times \max D)$입니다.

해답 예(C++)

```
01   #include <iostream>
02   #include <vector>
03   #include <algorithm>
04   using namespace std;
05
06   int N, T[109], D[109];
07   int dp[109][1449], Answer = 0;
08
09   int main() {
10       // 입력
11       cin >> N;
12       for (int i = 1; i <= N; i++) cin >> T[i] >> D[i];
13       // D[i]의 오름차순으로 정렬한다
14       vector<pair<int, int>> Problems;
15       for (int i = 1; i <= N; i++) Problems.push_back(make_pair(D[i], T[i]));
16       sort(Problems.begin(), Problems.end());
17       for (int i = 1; i <= N; i++) {
18           D[i] = Problems[i - 1].first;
19           T[i] = Problems[i - 1].second;
20       }
21
22       // 배열 초기화
23       for (int i = 1; i <= N; i++) {
24           for (int j = 0; j <= 1440; j++) dp[i][j] = -1;
25       }
26       // 동적 계획 알고리즘
27       dp[0][0] = 0;
28       for (int i = 1; i <= N; i++) {
```

```
29          for (int j = 0; j <= 1440; j++) {
30              if (j > D[i] || j < T[i]) dp[i][j] = dp[i - 1][j];
31              else dp[i][j] = max(dp[i - 1][j], dp[i - 1][j - T[i]] + 1);
32          }
33      }
34      // 답을 출력
35      for (int i = 0; i <= 1440; i++) Answer = max(Answer, dp[N][i]);
36      cout << Answer << endl;
37      return 0;
38  }
```

너비가 W미터인 KYOPRO천에는 N개의 징검다리가 일직선으로 늘어서 있으며, 서쪽부터 순서대로 1부터 N까지의 번호가 붙여져 있습니다. 발판 $i(1 \leq i \leq N)$는 서쪽 끝에서부터 X_i미터 위치에 있습니다.

경진 씨는 동쪽 방향으로 점프를 반복해서 서쪽 끝에서 동쪽 끝으로 이동하려고 합니다. 하지만 한 번의 점프로 이동할 수 있는 거리는 길어서도 짧아서도 안 되며, L미터 이상 R미터 이하여야 합니다. 행동 방법은 모두 몇 가지입니까?

입력 형식

$$N \quad W \quad L \quad R$$
$$X_1 \quad X_2 \quad \cdots \quad X_N$$

출력 형식

답을 1000000007로 나눈 나머지를 출력하십시오.

제약

- $1 \leq N \leq 150000$
- $0 < X_1 < X_2 < \cdots X_N < W \leq 10^9$

	입력 예 1	출력 예 1
	5 65 7 37	7
	5 15 30 50 55	

이 문제에 관해

이 문제는 2장 '누적 합', 3장 '바이너리 서치', 4장 '동적 계획 알고리즘', 5장 '수학적 문제'에서 다루었던 알고리즘을 조합해서 푸는 종합적인 문제입니다. 이 책에서 학습한 내용을 이 문제로 복습하고 실력을 확실하게 다져 나갑시다.

단순한 DP에서 생각한다

먼저 비슷한 구조를 가진 문제로, 예제 4.10을 떠올려 봅시다. 예제 4.10은 동적 계획 알고리즘을 사용해서 풀 수 있었습니다. 이 문제에서도 동적 계획 알고리즘을 이용해,

- 징검다리 1까지 이동하는 방법의 수 dp[1]을 구한다

- 징검다리 2까지 이동하는 방법의 수 dp[2]를 구한다

- 징검다리 3까지 이동하는 방법의 수 dp[3]을 구한다

- dp[4], dp[5], $\cdots$, dp[N]에 관해서도 반복한다

의 순서로 답을 조금씩 계산해 나가는 것을 생각합니다.

배열 dp의 계산 방법

그럼, dp[i] 값은 어떻게 계산하면 좋을까요? 4장에서 여러 차례 설명한 것처럼, 최후의 행동을 생각하면 판단이 쉬워집니다. 예를 들어 징검다리 6으로 이동하기 위한 가장 마지막 행동으로,

- 징검다리 3에서 직접 점프한다

- 징검다리 4에서 직접 점프한다

- 징검다리 5에서 직접 점프한다

의 3가지가 있는 경우, dp[6]＝dp[3]＋dp[4]＋dp[5]가 됩니다. 이런 절차를 구현하면 코드 10.1과 같이 되며, 계산량은 $O(N^2)$입니다. 또한, 구현을 간략하게 하기 위해 이 프로그램에서는 서쪽 가장자리를 발판 0, 동쪽 가장자리를 발판 $N+1$로 간주합니다.

코드 10.1 동적 계획 알고리즘 구현

```
01  // 이하의 프로그램에서는 X[0]=0, X[N+1]=W를 가정한다
02  dp[0] = 1;
03  for (int i = 1; i <= N + 1; i++) {
04      for (int j = 0; j < i; j++) {
```

```
05          // if문의 조건식은 '징검다리 j로부터 징검다리 i로 직접 점프할 수 있는가?'를 판정한다
06          if (X[i] - R <= X[j] && X[j] <= X[i] - L) dp[i] += dp[j];
07          dp[i] %= 1000000007;
08      }
09 }
10
11 // 답을 출력
12 cout << dp[N + 1] << endl;
```

알고리즘 개선

이 문제의 제약은 $N \leq 150000$이므로 계산량 $O(N^2)$은 아직 느립니다. 여기서 $dp[i]$의 계산 속도를 높이는 것을 생각해 봅시다. 먼저,

- **변수 posL**: $X_j \geq X_i - R$을 만족하는 가장 작은 j

- **변수 posR**: $X_j \leq X_i - L$을 만족하는 가장 큰 j

라고 했을 때, '징검다리 i로 이동하기 직전의 징검다리'에서 얻을 수 있는 것은 징검다리 posL부터 징검다리 posR까지의 연속한 구간이 됩니다. 예를 들어 입력 예 1의 경우, '징검다리 6으로 이동하기 직전의 징검다리'로는 징검다리 3, 4, 5가 있습니다. 확실히 연속된 구간입니다.

그리고 누적 합으로

따라서 $dp[i] = dp[posL] + \cdots + dp[posR]$이 됩니다. 이 값은 누적 합(→ 2장)을 사용해 계산량 $O(1)$로 구할 수 있습니다. 구체적으로는 $dp[1]$에서 $dp[x]$까지의 총합을 $sum[x]$라고 했을 때,

$$dp[i] = dp[posL] + dp[posL + 1] + \cdots + dp[posR]$$
$$= sum[posR] - sum[posL - 1])$$

이 됩니다. 입력 예 1에 대한 계산 과정을 다음 그림에 나타냈습니다.

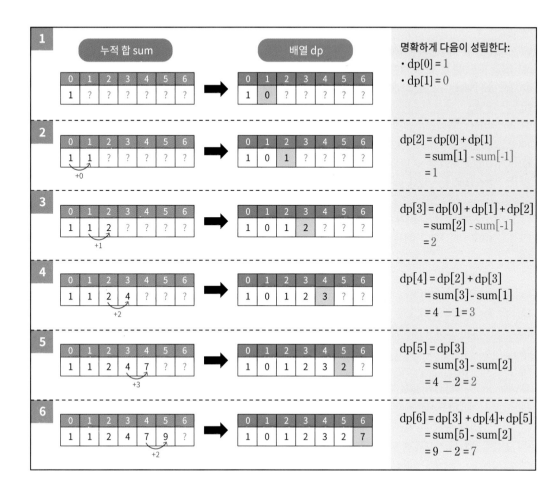

해법 정리

마지막으로 앞에서 설명한 posL, posR의 값은 바이너리 서치(→ 3.1절)를 사용해서 구할 수 있으므로 알고리즘의 계산량은 $O(N\log N)$이 됩니다. 또한, 다음의 **해답 예**에서는 오버플로를 방지하기 위해 계산 도중에 매번 1000000007로 나눈 나머지를 얻습니다. 나머지를 얻는 구체적인 방법에 관해서는 5.3절을 참조하십시오.

해답 예(C++)

```
01  #include <iostream>
02  #include <algorithm>
03  using namespace std;
```

```
04
05  const long long mod = 1000000007;
06  long long N, W, L, R, X[150009];
07  int dp[150009], sum[150009];
08
09  int main() {
10      // 입력
11      cin >> N >> W >> L >> R;
12      for (int i = 1; i <= N; i++) cin >> X[i];
13
14      // 서쪽 끝을 징검다리 0, 동쪽 끝을 징검다리 N+1로 간주한다
15      X[0] = 0; X[N + 1] = W;
16
17      // 동적 계획 알고리즘/출력
18      dp[0] = 1; sum[0] = 1;
19      for (int i = 1; i <= N + 1; i++) {
20          int posL = lower_bound(X, X + N + 2, X[i] - R) - X;
21          int posR = lower_bound(X, X + N + 2, X[i] - L + 1) - X; posR--;
22
23          // dp[i]의 값을 누적 합으로 계산(뺄셈 한 뒤 나머지를 구하는 것에 주의!)
24          dp[i] = sum[posR];
25          if (posL >= 1) dp[i] -= sum[posL - 1];
26          dp[i] = (dp[i] + mod) % mod;
27
28          // 누적 합 sum[i]를 업데이트
29          sum[i] = sum[i - 1] + dp[i];
30          sum[i] %= mod;
31      }
32      cout << dp[N + 1] << endl;
33      return 0;
34  }
```

| 문제 A77 | Yokan Party | (실행 시간 제한 2초, 난이도 ★4) |

좌우 길이가 L[cm]인 양갱이 있습니다. 양갱에는 N개의 절취선이 그어져 있고, i번째 절취선은 왼쪽에서 A_i[cm]의 위치에 있습니다. 여러분은 N개의 절취선 중 K개를 선택해서 양갱을 $K+1$개의 조각으로 나누고 싶습니다.

가장 짧은 조각의 길이를 '점수'라고 했을 때 점수로 생각할 수 있는 최댓값을 출력하십시오. 예를 들어, 다음 그림과 같이 자르는 경우, 점수는 12입니다.

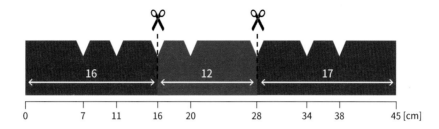

입력 형식

$$N \quad L$$
$$K$$
$$A_1 \quad A_2 \quad \cdots \quad A_N$$

출력 형식

점수로 생각할 수 있는 최댓값을 출력하십시오.

제약

- $1 \leq K \leq N \leq 100000$
- $0 < A_1 < A_2 < \cdots A_N < L \leq 10^9$

	입력 예 1	출력 예 1
	7 45	12
	2	
	7 11 16 20 28 34 41	

이 문제에 관해

이 책의 가장 마지막 예제인 'Yokan Party'는 프로그래밍 경진대회 중상급자용 소재[5]인 '프로그래밍 경진대회 전형 90문제'(→ 11.4절)의 첫 번째 문제로 출제되었던 것입니다.

돌아보면, 이 책에서는 누적 합/바이너리 서치/동적 계획 알고리즘에서 시작해 다양한 알고리즘과 고찰 테크닉을 소개했습니다. 어려운 부분이 있었을지도 모르지만, 무언가 하나라도 도움이 되는 지식을 얻었다면 필자로서는 매우 기쁩니다. 하지만 프로그래밍 경진대회는 이것뿐만이 아닙니다. 이 책에서 다룬 내용 너머에는 한층 더 재미있고 광활한 세계가 기다리고 있습니다. 그러므로 이 책을 다 읽은 뒤에도 더 높은 단계에 도전해 보기를 바랍니다.

해설: 단계 1

이 문제에서는 점수의 최댓값을 구해야 합니다. 하지만 갑자기 최댓값을 생각하는 것은 어렵습니다. 입력 예 1에 대해 자르는 방법의 예를 다음 그림에 나타냈지만, 최적에 가깝게 자르는 방법만 해도 대단히 많으므로 어디부터 손대야 할지 모르는 분도 있을 것이라 생각합니다.

그래서 '점수의 최댓값은 얼마인가?'가 아니라 '점수의 최댓값은 12 이상인가?'라는 판정 문제를 생각해 봅니다. 즉, 각 조각의 길이가 12 이상이 되는 조건을 지키면서 가능한 한 많이 잘랐을 때 K번 이상 자를 수 있는지를 생각합니다.

이 판정 문제는 비교적 간단하게 풀 수 있습니다. 왜냐하면 **왼쪽부터 순서대로 보면서 길이가 12 이상이 되면 자른다**는 매우 직관적인 탐욕 알고리즘으로, 가장 많이 자를 수 있기 때문입니다. 입력 예 1의 경우를 다음 그림으로 나타냈습니다.

단, 가장 마지막은 주의해야 합니다. 7번째 칸에서는 이미 녹색 조각의 길이가 12에 도달했지만, 여기서 자르면 가장 마지막 조각의 길이가 4가 되어 조건을 만족하지 않게 됩니다. 그렇기 때문에 나머지 길이가 12 미만이면 자르지 않도록 개선해야 합니다.

---

5 이 소재는 난이도순으로 나열되어 있지 않으므로 1번째 문제가 가장 간단하다고 단정할 수 없습니다(실제로 90문제 중에서는 중간 정도의 난이도입니다). 그렇기 때문에 자력으로 Yokan Party에 대한 해답이 생각나지 않더라도 침울해할 필요는 없습니다.

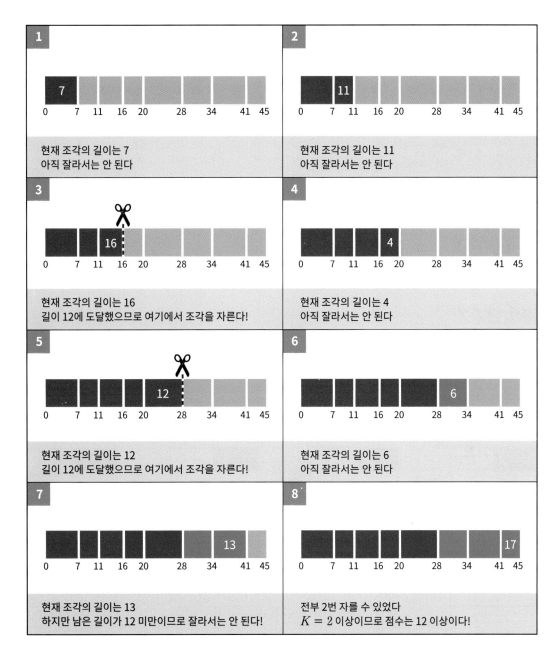

따라서 '점수의 최댓값은 $X(=12)$ 이상입니까?'라는 판정 문제에 답하는 함수는 코드 10.2와 같이 구현할 수 있습니다. 계산량은 $O(N)$입니다.

코드 10.2 점수의 최댓값이 x 이상인지 판정하는 함수

```
01  // 점수의 최댓값이 12 이상인지를 판정하고자 하는 경우, check(12)를 호출하면 된다
02  bool check(int x) {
03      int Count = 0, Last_Kireme = 0; // Count는 현 시점에서 몇 번 잘랐는가를 나타낸다
04      for (int i = 1; i <= N; i++) {
05          if (A[i] - Last_Kireme >= x && L - A[i] >= x) {
06              Count += 1;
07              Last_Kireme = A[i];
08          }
09      }
10      if (Count >= K) return true;
11      return false;
12  }
```

해설: 단계 2

다음으로 '점수의 최댓값은 x 이상인가?'라는 형식의 질문을 몇 번 수행함으로써 효율적으로 답을 구하려면 어떻게 하면 좋을까요? 결론적으로는 **바이너리 서치 알고리즘**을 사용하면 됩니다. 예를 들어, 점수의 최댓값 범위가 9 이상 16 이하인 것을 이미 판명했고, 실제 답이 12인 경우 알고리즘의 흐름은 다음 그림과 같습니다.

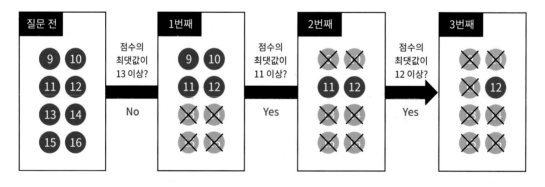

이 알고리즘을 구현하면 다음과 같이 됩니다. 또한, 제약에 따라 점수의 최댓값의 범위는 1 이상 10^9 이하이므로 right=1000000000으로 설정해야 하는 점에 주의합니다.

해답 예(C++)

```cpp
01 #include <iostream>
02 using namespace std;
03
04 int N, L, K, A[100009];
05
06 bool check(int x) {
07     int Count = 0, Last_Kireme = 0; // Count는 현 시점에서 몇 번 잘랐는가를 나타낸다
08     for (int i = 1; i <= N; i++) {
09         if (A[i] - Last_Kireme >= x && L - A[i] >= x) {
10             Count += 1;
11             Last_Kireme = A[i];
12         }
13     }
14     if (Count >= K) return true;
15     return false;
16 }
17
18 int main() {
19     // 입력
20     cin >> N >> L >> K;
21     for (int i = 1; i <= N; i++) cin >> A[i];
22
23     // 바이너리 서치(left: 현재의 하한/ right: 현재의 상한)
24     long long left = 1, right = 1'000'000'000;
25     while (left < right) {
26         long long mid = (left + right + 1) / 2;
27         bool Answer = check(mid);
28         if (Answer == false) right = mid - 1; // 답이 전반 부분으로 좁혀진다
29         if (Answer == true) left = mid;       // 답이 후반 부분으로 좁혀진다
30     }
31
32     // 출력
33     cout << left << endl;
34     return 0;
35 }
```

종합 문제 정리

마지막으로 10장 전체를 정리합니다. 프로그래밍 경진대회에서는 어려운 문제가 출제되는 경우도 있지만, 반드시 모르는 알고리즘을 요구한다고는 단정할 수 없습니다. 설령 세계에서 10명밖에 풀지 못하는 정말로 어려운 문제라고 하더라도 이 책에서 다룬 알고리즘과 고찰 테크닉만을 조합해 풀 수 있는 경우가 결코 적지 않습니다.

하지만 어떤 알고리즘을 선택할 것인지, 그리고 알고리즘을 어떻게 조합할 것인지를 생각하는 것은 모든 프로그래머에게 있어 큰 관문입니다. 그래서 필자는 **조금씩 힌트를 찾아나가는 것**이 중요하다고 생각합니다. 10.0절에서 소개한 '힌트를 찾는 방법'을 활용해 더 많은 문제에 도전해 봅시다.

이 책의 정리

01 알고리즘과 계산량

- 프로그래밍 경진대회 형식 [1.1]
- for 문의 완전 탐색 [1.2, 1.3]
- 2 진법 [1.4]
- 완전 탐색 개선 [1.5]

02 누적 합

- 1 차원 누적 합 [2.1, 2.2]
- 2 차원 누적 합 [2.3, 2.4]
- 누적 합으로 생각한다 [2.5]

03 바이너리 서치

- 배열의 바이너리 서치 [3.1]
- 답에서 바이너리 서치 [3.2]
- 자벌레 알고리즘 [3.3]
- 이분 완전 열거 [3.4]
- 좌표 압축 [3.5]

10 종합 문제

- 작은 케이스를 생각한다 [10.1]
- 제약으로부터 생각한다 [10.2]
- 문제 설정으로부터 생각한다 [10.3]
- 분해해서 생각한다 [10.4]
- 문제를 조금 바꾼다 [10.5]
- 단순한 해법을 생각한다 [10.6]

경진대회 프로그래밍 해법 맵

10 항목

실력 UP

04 동적 계획 알고리즘

- 기본적인 DP [4.1]
- DP 복원 [4.2]
- 부분합 문제 [4.3]
- 배낭 문제 [4.4]
- 최장 공통 부분열 문제 [4.5]
- 구간 DP [4.6]
- 보내는 전이 형식 [4.7]
- 비트 DP [4.8]
- 최장 증가 부분열 문제 [4.9]
- 열거 DP [4.10]

09 그래프 알고리즘

- 그래프 구현 [9.1]
- DFS 와 BFS [9.2, 9.3]
- 데이크스트라 알고리즘 [9.4]
- 트리에 대한 DP [9.5]
- Union-Find [9.6]
- 최소 전역 트리 [9.7]
- 최대 플로 문제 [9.8]
- 이분 매칭 문제 [9.9]

05 수학적 문제

- 소수 판정 알고리즘 [5.1]
- 최대공약수 [5.2]
- 나머지 계산 [5.3, 5.4, 5.5]
- 포함 - 배제 원리 [5.6]
- 게임 필승 알고리즘 [5.7]
- Nim 과 Grundy 수 [5.8, 5.9]
- Minimax 알고리즘 [5.10]

08 데이터 구조와 쿼리 처리

- 스택 [8.1]
- 큐 [8.2]
- 우선순위 큐 [8.3]
- 연상 배열 [8.4]
- 집합 관리 [8.5]
- 해시 [8.6]
- 더블링 [8.7]
- 세그먼트 트리 [8.8, 8.9]

07 휴리스틱

- 탐욕 알고리즘 [7.1]
- 국소 탐색 알고리즘 [7.2]
- 담금질 알고리즘 [7.3]
- 빔 서치 [7.4]

06 고찰 테크닉

- 홀짝을 생각하라 [6.1]
- 더한 횟수를 생각하라 [6.2]
- 상한 값을 생각하라 [6.3]
- 한 수 앞을 생각하라 [6.4]
- 개수를 생각하라 [6.5]
- 뒤에서부터 생각하라 [6.6]
- 값을 제한한 뒤 완전 탐색 [6.7]
- 문제를 바꾸어 표현하라 [6.8]
- 데이터 보유 방법을 개선하라 [6.9]
- 불변량에 착안하라 [6.10]

능력 시험 문제

마지막으로 능력 시험 문제 20문제를 게재합니다. 소위 게임에서의 '보스전'에 해당하는 부분입니다. 기본적인 문제도 있지만, 3~4 단계의 고찰을 필요로 하는 상급자라도 도전해야 하는 어려운 문제도 있으므로 풀 수 있는 문제부터 도전해 봅시다. 또한, 각 문제에는 1~99까지의 '레벨'이 붙어있으므로 참고하기 바랍니다. 해설은 0.4절에서 설명한 것처럼 지원 페이지를 참조하기 바랍니다.

문제 C01　Tax Rate　(레벨 1)

어떤 상점의 세후(세금을 제외한) 가격은 N원입니다. 소비세율이 10%일 때 이 상점의 세금 포함 가격이 몇 원인지 출력하는 프로그램을 작성하십시오. 단, N은 100의 배수입니다.

문제 C02　Two Balls　(레벨 10)

N개의 공이 책상 위에 놓여 있습니다. i번째 공의 무게는 A_i그램입니다. 2개의 다른 공을 선택했을 때 무게의 합계로 생각할 수 있는 최댓값은 몇 그램입니까? 답을 출력하는 프로그램을 작성하십시오. $N \leq 100$을 만족하는 경우 1초 이내에 실행이 완료돼야 합니다.

문제 C03　Stock Queries　(레벨 20)

주식회사 KYOPRO-MARKET은 상장 후 D일이 지났습니다. 1일차의 주가는 X원이며, $i=1,2,3,\cdots,D$에 대해 i일차의 주가는 전날보다 A_i원만큼 올랐습니다(A_i가 음수인 경우, 주가가 낮아진 것을 의미합니다).

'S_j일차의 주가와 T_j일차의 주가 중 어느 쪽이 높습니까?'라는 형식의 질문이 Q개 주어졌을 때 각 질문에 답하는 프로그램을 작성하십시오. 계산량은 $O(N+Q)$를 만족해야 합니다.

문제 C04　Divisor Enumeration　(레벨 20)

N의 약수를 오름차순으로 출력하는 프로그램을 작성하십시오. $N \leq 10^{13}$을 만족하는 경우 1초 이내에 실행이 완료돼야 합니다.

| 문제 C05 | Lucky Numbers | (레벨 30) |

4, 7만으로 구성된 10자리의 정수를 럭키 넘버라고 부릅니다. 작은 것부터 세었을 때 N번째 럭키 넘버는 무엇입니까? 단, N의 값은 1 이상 1024 이하입니다.

| 문제 C06 | Regular Graph | (레벨 40) |

N 노드의 연결된 무향 그래프가 있습니다. 모든 노드의 차수가 2인 것을 하나 출력하는 프로그램을 작성하십시오. $3 \le N \le 100$을 만족하는 경우 1초 이내에 실행이 완료돼야 합니다.

| 문제 C07 | ALGO-MARKET | (레벨 45) |

ALGO-MARKET에서는 N개의 물품을 팔고 있습니다. i번째 물품의 가격은 C_i원입니다. 'X_j원을 가지고 있을 때 최대 몇 개의 물품을 살 수 있습니까?'라는 형식의 질문이 Q개 주어졌을 때 각 질문에 대한 답을 출력하십시오. N, $Q \le 100000$을 만족하는 경우 3초 이내에 실행이 완료돼야 합니다.

| 문제 C08 | ALGO4 | (레벨 50) |

뽑기 'ALGO4'의 추첨권에는 0000부터 9999까지의 4자리 번호가 쓰여 있습니다. 이 뽑기에는 1등부터 3등이 있습니다. 1등은 4자리의 번호 중 하나입니다. 2등은 1등의 번호와 다른 자리가 1개인 번호입니다. 3등(꽝)은 1등, 2등 이외의 모든 번호입니다. 예를 들어, 1등 번호가 '1234'인 경우, '1534'나 '1230' 등은 2등이지만, '4321'이나 '1253'은 3등입니다.

경진 씨는 뽑기의 추첨권을 $N(\le 100)$장 가지고 있으며, 각각에 대해 당첨되었는지를 조사했습니다. i번째 추첨권의 번호는 S_i이며, 등수는 T_i였습니다. 1등 번호는 무엇인지 출력하십시오. 단, 답을 하나로 정할 수 없는 경우에는 대신 "Can't Solve"를 출력하십시오.

문제 C09 Summer Vacation   (레벨 55)

경진 씨의 여름 방학은 N일간이며, i일차에 공부를 하면 A_i만큼 실력이 향상됨을 알았습니다. 하지만 그는 게을러서 2일 연속으로 공부하고 싶어 하지 않습니다. 경진 씨가 여름 방학 동안에 실력을 얼마나 향상시킬 수 있는지 그 최댓값을 출력하는 프로그램을 작성하십시오. $N \leq 500000$을 만족하는 경우 2초 이내에 실행이 완료돼야 합니다.

문제 C10 A Long Grid   (레벨 65)

세로 2행, 가로 W열인 매트릭스가 있습니다. 모든 인접하는 2개의 칸이 같은 색이 되지 않도록 칸을 4종류의 색으로 칠하는 방법은 몇 가지입니까? 답을 1000000007로 나눈 나머지를 출력하십시오. $W \leq 10^{18}$을 만족하는 경우에 1초 이내에 실행이 완료돼야 합니다.

문제 C11 Election   (레벨 70)

오늘 KYOPRO 나라에서는 총선거가 열렸습니다. N개의 당에서 입후보를 했고, i번째 당은 A_i표를 얻었습니다. 비례대표제에 따라 K개의 의석을 배분할 때 각 당은 몇 개의 의석을 획득합니까? 단, 비례대표제에서는 다음 표와 같이 '표 수 ÷ 의석 수'가 큰 쪽부터 의석을 할당합니다(최고 평균 방식이라고 불립니다). $N \leq 100000$, $K \leq 10^9$를 만족하는 경우 3초 이내에 실행이 완료돼야 합니다.

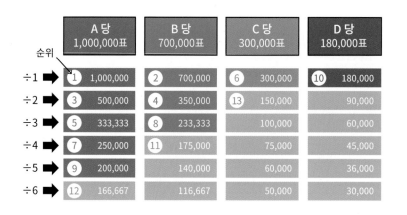

문제 C12   The Novel Writer   (레벨 70)

작가인 경진 씨는 N페이지의 소설을 집필했습니다. 이 소설에는 M개의 단서(복선 등)가 있으며, i번째 단서는 A_i번째 페이지와 B_i번째 페이지입니다. 지금 그는 소설을 K개의 장으로 분할하려고 합니다. 같은 장에 존재하는 단서의 개수를 '소설의 완성도'라고 할 때, 소설의 완성도의 최댓값은 얼마입니까? $N \le 288$, $M \le 50$, $K \le 10$을 만족하는 경우 3초 이내에 실행이 완료돼야 합니다.

문제 C13   Select 2   (레벨 75)

N장의 카드가 있고, 각 카드에는 정수 A_1, A_2, $\cdots$, A_N이 쓰여 있습니다. 서로 다른 카드 2장을 선택하는 방법 중에서 2장의 카드에 쓰인 정수의 곱을 1000000007로 나눈 나머지가 P가 되는 것은 몇 가지입니까? $N \le 100000$, $0 \le A_i \le 10^{18}$, $0 \le P \le 1000000006$을 만족하는 경우 1초 이내에 실행이 완료돼야 합니다.

문제 C14   Commute Route   (레벨 75)

KYOPRO시에는 N개의 교차점과 M개의 도로가 있으며, i번째 도로는 도시 A_i와 B_i를 양방향으로 연결하고, 그 길이는 C_i입니다. 경진 씨는 도시 1부터 도시 N까지 최단 거리로 이동하고 싶습니다. 경진 씨가 지날 가능성이 있는 도시의 수는 몇 개입니까(도시 1과 도시 N도 포함)? N, $M \le 100000$을 만족하는 경우 1초 이내에 실행이 완료돼야 합니다.

문제 C15   Many Meetings   (레벨 85)

주식회사 KYOPRO-MARKET에서 오늘 N개의 회의가 예정되어 있습니다. i번째의 회의는 시각 L_i[초]에 시작해 시각 R_i[초]에 종료합니다.

$i = 1, 2, \cdots, N$에 대해, 'i번째 회의에는 반드시 출석해야만 할 때 최대 몇 개의 회의에 출석해야만 합니까?'라는 질문에 대한 답을 출력하십시오. 단, 회의는 연장될 가능성도 있으므로 2개의 출석하는 회의 사이에는 K초 이상 공백이 필요합니다. $N \le 100000$을 만족하는 경우 1초 이내에 실행이 완료돼야 합니다.

문제 C16	Flights	(레벨 85)

KYPORO 왕국에는 N개의 공항이 있으며, 각 공항에는 1부터 N까지의 번호가 붙어 있습니다. 오늘은 M개의 비행이 예정되어 있습니다. i번째 비행은 공항 A_i를 시각 S_i에 출발해, 공항 B_i에 시각 T_i에 도착합니다.

경진 씨는 오늘 가능한 한 많은 비행기에 탑승하고자 합니다. 한 번 탑승에 K분이 걸린다고 할 때 최대 몇 대의 비행기에 탈 수 있는지 출력하십시오. $N, M \leq 100000, 0 \leq S_i < T_i \leq 10^9$를 만족하는 제약에서 5초 이내에 실행이 완료돼야 합니다. 단, 경진 씨는 어떤 공항에서 출발해도 관계없습니다.

문제 C17	Strange Data Structure	(레벨 90)

다음 네 종류의 쿼리를 처리하는 프로그램을 작성하십시오. 쿼리의 수를 Q라고 했을 때 계산량은 $O(Q)$를 만족해야 합니다.

- **쿼리 A**: 행렬의 가장 마지막에 X_i씨가 줄을 선다.
- **쿼리 B**: 행렬의 중앙에 X_i씨가 들어간다. 즉, 행렬에 줄을 서 있는 사람이 N명일 때 N이 홀수일 때는 $(N+1)/2$번째 사람 뒤에, N이 짝수일 때는 $N/2$번째 사람 뒤에 X_i씨가 들어간다.
- **쿼리 C**: 행렬의 가장 앞에 있는 사람이 열에서 빠져나온다.
- **쿼리 D**: 행렬의 가장 앞에 있는 사람의 이름을 답한다.

문제 C18	Pick Two	(레벨 95)

길이 $2N$인 정수열 $A = [A_1, A_2, \cdots, A_{2N}]$이 있습니다. 여러분은 이 열에 대해 '이웃에 있는 2개의 요소를 동시에 삭제한다'는 조작을 N번 반복해서 열을 비우고 싶습니다. 정수 X, y를 동시에 삭제할 때 드는 비용이 $|X - y|$라면 합계 비용의 최솟값은 얼마입니까? $N \leq 200$을 만족하는 경우 2초 이내에 실행이 완료돼야 합니다(출처: 프로그래밍 경진대회 전형 90문제 019 – PICK TWO).

문제 C19　Gasoline Optimization Problem　(레벨 95)

ALGO 도로는 직선형의 도로이며, 그 길이는 L킬로미터입니다. 이 도로에는 N개의 주유소가 있습니다. 도로의 한쪽 끝을 시작 지점으로 하고, 다른 한쪽 끝을 목표 지점으로 했을 때 i번째 주유소는 시작 지점에서 A_i킬로미터 위치에 있고, 가격은 리터당 C_i원입니다.

연비가 1km/L이고 최대 K리터의 휘발유를 저장할 수 있는 차를 이용할 때 시작부터 목표까지 가기 위해서는 최소 얼마를 지불해야 합니까? 단, 최초에는 휘발유가 가득 차 있는 것으로 합니다. 입력된 값은 모두 정수이며, N, $L \le 700000$을 만족하는 경우 10초 이내에 실행이 완료돼야 합니다.

문제 C20　Mayor's Challenge　(레벨 99)

KYOPRO시는 세로 N행, 가로 N열의 매트릭스로 나타냅니다. 이 시에는 K개의 지구가 있으며, i번째 지구의 인구는 A_i, 지역 사무소 직원 수는 B_i입니다. 또한, 위쪽부터 i번째 행, 왼쪽부터 j번째 열의 칸 (i, j)는 $C_{i,j}$번째 지구에 속해 있습니다($C_{i,j} = 0$일 때는 시 영역 외). 여기서 KYOPRO 시 전체 및 모든 지구는 연결되어 있습니다. 단, 연결되어 있다는 것은 모든 칸에서 모든 칸으로 상하좌우에 인접한 칸으로 이동을 반복해서 할 수 있음을 의미합니다.

KYOPRO시의 시장인 경진 씨는 몇 개의 지구를 합병해서 시 전체를 개의 '특별구'로 나누려고 합니다 (다음 그림은 $K=24$, $L=4$의 예). 여기서 모든 특별구는 연결돼야 합니다(연결되지 않아도 0점은 아니지만, 연결되어 있는 편이 점수가 높습니다).

또한, 격차가 발생하는 것은 그리 좋지 않으므로 인구 차와 지역 사무소 직원 수의 차가 가능한 한 작게 하고 싶습니다. 구체적으로는 특별구 인구의 최댓값을 p_{max}, 인구의 최솟값을 p_{min}, 지역 사무소 직원 수의 최댓값을 q_{max}, 지역 사무소 직원 수의 최솟값을 q_{min}으로 했을 때 점수는 다음 식으로 계산됩니다. 단, 모든 특별구가 연결되어 있을 때 $G=1$, 그렇지 않을 때는 $G=0.001$로 합니다.

$$10^6 \times G \times \min \left(\frac{p_{min}}{p_{max}}, \frac{q_{min}}{q_{max}} \right)$$

시장 대신 점수가 가능한 한 크게 되도록 특별구를 나누는 방법을 출력하는 프로그램을 작성하십시오. 그리고 이 문제는 휴리스틱 유형의 과제이므로 반드시 최적의 답을 출력할 필요는 없습니다. 또한, 테스트 케이스 생성 방법 등의 정보는 자동 채점 시스템을 참조하십시오.

0	0	0	0	0	0	0	0	0	1	0	0	0
0	0	0	0	0	0	0	2	1	1	1	0	0
0	0	0	0	0	2	2	2	1	3	3	0	0
0	0	0	0	4	2	2	2	2	5	3	3	0
0	0	0	4	4	4	6	6	5	8	8	7	7
0	0	0	4	11	9	9	10	10	8	8	0	0
0	11	11	11	11	12	12	10	10	13	13	0	0
0	11	0	14	14	18	15	15	16	17	17	0	0
0	0	0	0	0	18	19	19	20	17	17	0	0
0	0	22	22	18	18	19	20	20	21	23	23	0
0	0	22	22	22	22	22	24	21	21	23	0	0
0	0	0	0	0	22	22	24	24	21	23	23	0
0	0	0	0	0	0	0	24	0	0	0	0	0

➡

(우측 그림: 영역별로 구분된 격자, 레이블 **3**, **2**, **1**, **4**)

마무리

실력을 더욱 향상하려면

다양한 콘테스트에 참가하자

실력을 향상하는 가장 효과적인 방법은 콘테스트에 나가 실전 연습을 하는 것입니다. 특히, 주 1회라는 높은 빈도로 개최되는 '정기 콘테스트'에 참가하는 경우[1], 단기간에 여러 차례 연습할 수 있습니다. 이번 절에서는 어떤 정기 콘테스트가 있는지 살펴봅니다.

AtCoder에 참가하자

가장 유명한 것은 매주 토요일 또는 일요일 21시부터 정기적으로 개최되는 AtCoder입니다. 0.2절에서 AtCoder Beginner Contest에 관해 설명했는데, 그 외에도 다양한 콘테스트가 있습니다. 2022년 8월 기준, 주로 다음 네 가지 종류의 콘테스트가 개최됩니다.

콘테스트	설명	시간
AtCoder Beginner Contest(ABC)	초급자/중급자용 콘테스트입니다	100분
AtCoder Regular Contest(ARC)	상급자용 콘테스트입니다	120분
AtCoder Grand Contest(AGC)	최상급자용 콘테스트입니다	180분 정도
AtCoder Heuristic Contest(AHC)	최적화 계열 콘테스트입니다(→ 7장)	4시간 이상

기타 정기 콘테스트

세계에는 AtCoder 이외에도 다양한 정기 콘테스트가 있습니다. 유명한 것을 다음에 정리했으니 AtCoder만으로 성이 차지 않는 분들은 참조하기 바랍니다.

콘테스트	설명
CodeForces	세계 최대 규모의 프로그래밍 콘테스트(평균 참가자 수는 2만 명 정도). 콘테스트 빈도는 높지만, 한국 시간 기준으로 밤 11시~새벽 2시경에 개최되는 경우가 많다.
TopCoder	참가자 수는 적지만, 정기적으로 개최되는 Single Round Match(SRM)에서는 '격추 단계'가 매우 재미있다.
GeeksForGeeks	월, 주, 일 단위로 다양한 문제들을 제공한다. Monthly Job-a-thon, Bi-Wizard Coding 등 취업이나 학업과 연계된 기회도 제공한다.

실력을 향상하는 또 한 가지 방법은 '기출 문제를 푸는 것'입니다.

---

[1] 0.2절에서도 다룬 것처럼 프로그래밍 경진대회 콘테스트에는 이 외에도 일본 정보 올림픽/대학 대항 프로그램이 콘테스트 등이 있습니다(이들은 연 1회 개최됩니다).

기출 문제를 풀자

AtCoder 등의 여러 콘테스트 사이트에서는 자동 채점 시스템(→ 0.4절)을 제공하며, 24시간 언제라도 기출 문제에 도전할 수 있습니다. 그렇기 때문에 바쁜 분들에게도 추천할 수 있는 연습 방법입니다. 이번 절에서는 기출 문제를 풀 때 사용할 수 있는 몇 가지 편리한 웹사이트를 소개합니다.

AtCoder Problems(https://kenkoooo.com/atcoder/)

AtCoder Problems는 AtCoder의 기출 문제에 관한 정보를 열람할 수 있는 편리한 웹사이트입니다. 사용자 ID를 입력하면 자신의 제출 상황, 정답 상황 등을 확인할 수 있습니다.

또한, 각 문제의 난이도도 색상으로 표시되므로 '자신에게 맞는 문제는 무엇인가?', '이 문제는 레벨이 너무 높지는 않은가?' 등에 관해서도 알 수 있습니다. 색상은 AtCoder의 등급에 대응하며, 단순한 것부터 순서대로 **회색 〈 카키색 〈 녹색 〈 하늘색 〈 파란색 〈 노란색 〈 주황색 〈 빨간색**으로 되어 있습니다.

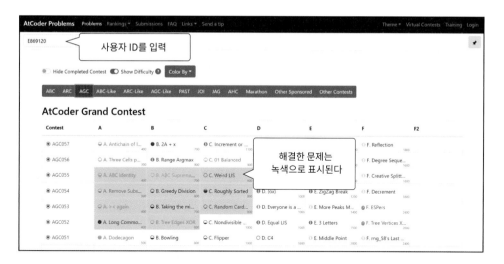

AOJ(AtCdoe-JOI(https://joi.goodbaton.com/))

AOJ/AtCoder-JOI는 일본 정보 올림피아드(→ 0.2절)의 기출 문제 난이도나 자신의 제출 상황을 확인할 수 있는 웹사이트입니다. 이 역시 AtCoder Problems와 마찬가지로, '자신의 레벨에 맞는 문제를 풀고 싶다!'는 측면에서도 도움이 됩니다.

KOI과거 대회 기록(https://koi.or.kr/archives/)

한국 정보 올림피아드의 과거 문제를 풀어볼 수 있는 사이트입니다. 부문에 따른 문제와 정답을 별도로 제공 자신의 레벨에 맞추어 문제를 풀어볼 수 있습니다.

마무리 3 라이브러리를 준비하자

프로그래밍 경진대회에서는 문제를 많이 푸는 것뿐만 아니라, 빠르게 푸는 것도 중요합니다. 하지만 문제에 따라서는 프로그램 구현에 상당한 시간을 요하는 경우도 있습니다.

그래서 시간을 조금이라도 절약하는 방법의 하나로 **라이브러리**[2](프로그램의 부품)를 미리 준비해 두는 방법이 있습니다. 예를 들어, 8.8절의 해답 예의 SegmentTree 클래스를 미리 준비했다고 가정합시다. 이 때, 세그먼트 트리를 이용하는 문제에서는 세그먼트 트리를 처음부터 구현하는 데 필요한 시간(대략 5분 이상)을 절약할 수 있습니다.

AtCoder Library(ACL) 소개

일반적인 콘테스트에서는 라이브러리를 직접 준비할 필요는 없습니다. 예를 들어, AtCoder의 경우, AtCoder Library(ACL)를 무상으로 제공합니다. 이 책에서 다룬 알고리즘과 데이터 구조 중 ACL에도 포함되어 있는 예는 다음과 같습니다.

- 나머지 계산(→ 5.3절)

- 반복 제곱 알고리즘(→ 5.4절)

- 세그먼트 트리(→ 8.8절)

- Union-Find(→ 9.6절)

- 최대 플로 계산(→ 9.8절)

그 밖에도 여러 기능이 있으므로 자세히 알고 싶은 분은 다음 웹사이트(공식 문서)를 참조하십시오.

- https://atcoder.github.io/ac-library/document_ja/index.html

ACL의 주의점

ACL은 원칙적으로 AtCoder 콘테스트에 제출할 때 및 AtCoder의 기출 문제를 풀 때 이용하는 것을 가정합니다. 다른 콘테스트에서는 사용할 수 없다는 점에 주의합니다.

AtCoder에서는 프로그래밍 경진대회에 자주 나오는 테크닉을 90개의 문제에 모은 중상급자용 소재인

---

2   또한 일본 정보 올림픽의 최종 선발(→ **0.2절**) 등 애초에 라이브러리 사전 준비를 금지하는 콘테스트도 있습니다.

'프로그래밍 경진대회 전형 90문제'로의 초대

'프로그래밍 경진대회 전형 90문제[3]'를 제공합니다(https://atcoder.jp/contests/typical90).

프로그래밍 경진대회 전형 90문제의 특징

이 책은 알고리즘 등의 지식 습득을 중심으로 하는 한편, 전형 90문제는 '알고리즘을 어떻게 사용하는가?'에 중점을 두고 있습니다. 그렇기 때문에 기본 지식을 직접 묻는 것이 아니라, 고찰에 이르기까지의 사고 테크닉이나 알고리즘을 어떻게 조합할 수 있는지를 묻는 질문이 많습니다.

10장 '종합 문제'와 같은 실전 레벨의 문제가 중심이지만, 이 책을 독파할 정도의 지식을 몸에 익혔다면 반드시 도전해볼 것을 권장합니다.

연습 진행 방법

이 교재에서는 난이도순이나 분야별로 문제가 구별되어 있지는 않지만, 각 문제에는 ★1개~ ★7개로 난이도가 매겨져 있습니다. 그렇기 때문에 문제 번호 순서가 아니라, 난이도가 낮은 순으로 푸는 것을 권장합니다.

그리고 해설은 원칙적으로 1페이지로 간략하게 정리되어 있기 때문에 알기 어려운 부분도 있을 것입니다. 하지만 해설의 행간을 읽는 것 역시 연습입니다. 이 책을 독파한 여러분이라면 충분히 이해할 수 있을 것이므로 '프로그래밍 경진대회 전형 90문제'에도 도전해 보기 바랍니다.

---

3 필자가 2021년 4월부터 7월에 걸쳐 작성한 교재입니다.

숙달된다는 것

프로그래밍 경진대회에서 강해지는 것은 많은 참가자의 꿈이지만, 쉽게 실력이 오르는 사람은 없습니다. 필자도 연습 과정에서 몇 번이나 좌절을 경험했습니다. 하지만 최종적으로는 그것을 극복하고, 국제 정보 올림픽(IOI)에서 금메달을 땄습니다. 이 책의 마지막으로 실력이 향상되기까지의 과정을 설명합니다.

첫 번째 좌절

필자는 중학교 1학년쯤 일본 정보 올림픽(JOI/→ 0.2절)에 참가하고 싶다고 생각한 것을 계기로 프로그래밍 경진대회를 시작했습니다. 책을 읽고 알고리즘을 공부하거나 AtCoder나 AIZU ONLINE JUDGE에 수록된 문제를 매일 5시간씩 해결했습니다.

그 결과, 당시는 JOI의 참가자 수가 지금만큼 많지 않기도 했고, 예선과 본선을 운 좋게 통과할 수 있었습니다. 하지만 최종 선발에서는 12문제 중 1문제도 완전히 답하지 못했습니다. 봄 합숙 참가자 중에서 20명 중 17위라는 하위 성적을 얻었고, 일본 최상위 선수들과의 실력 차이라는 험난한 현실과 맞닥뜨렸습니다.

첫 번째 좌절을 어떻게 극복했는가

여기서 관두면 지는 것이라 생각해 경기를 마친 다음 날부터 패배 원인을 분석했습니다. 그 결과, 12문제 중 '해법은 알았지만 프로그램 구현이 제한 시간을 만족하지 못한 문제'가 꽤 있었기 때문에 **푸는 속도가 관건**이라는 것을 깨달았습니다.

그 후 문제를 풀 때 타이머로 시간을 측정하거나 모의 콘테스트 형식으로 연습하는 등 나름 스스로 특화된 대책을 수립했습니다. 그리고 중학교 2학년 때 JOI에서 순위상 6위까지 오를 수 있었습니다.

두 번째 좌절

중학교 3학년이 된 후에도 AtCoder의 기출 문제를 푸는 등의 연습을 했습니다. 휴일에는 1일 15시간 이상을 프로그래밍 경진대회에 쏟기도 했습니다. 노력의 결실이 있어 AtCoder에서 레드 코더(→ 0.2절)가 될 수 있었습니다.

하지만 며칠 뒤에 열린 JOI 최종 선발에서는 5위가 되어 아쉽게도 그다음 일본 대표 선수로는 선발되지 못했습니다. 당시는 '대표가 될 확률이 높다'고 낙관적으로 생각하고 있었기 때문에 충격 또한 컸습니다.

두 번째 좌절을 어떻게 극복했는가

첫 번째 좌절을 겪었을 때와 마찬가지로 패배 원인을 분석해 보기로 했습니다. 그 결과 AtCoder와 JOI 의 **문제 경향에 차이가 있다는 것**을 알았습니다. 당시는 AtCoder를 위한 대책에 중점을 두고 있었으므로 비교적 구현량이 많은 JOI 문제를 잘 다루지는 못했습니다.

그래서 JOI 및 그 관련 대회(국제 정보 올림픽 등)의 기출 문제를 집중적으로 풀기로 했습니다. JOI에 참가할 수 있는 가장 마지막 해에는 JOI의 15년 동안의 기출 문제를 한 문제도 빼놓지 않고 모두 자력으로 풀었으며, 4~5번 푼 문제도 있었습니다.

지금까지의 이야기를 정리하면, 필자는 '패배로부터 약점을 분석하고, 그에 특화한 연습을 반복하는 것'을 통해 실력을 차근차근 키워갈 수 있었습니다. 프로그래밍 경진대회의 상위 랭킹 달성 방법은 사람에 따라 다르지만, 한 가지 방법으로서 참고해 주기 바랍니다.

독자 분에게 드리는 메시지

여러분 중에는 아직 그만큼 힘을 들이지 않은 분이나 이 책이 어려웠던 분도 있을 것입니다. 하지만 모두 똑같습니다. 프로그래밍 경진대회에서 처음부터 강한 사람은 거의 없습니다. 물론 필자도 초급자였던 시기가 있고, 알고리즘이란 무엇인가를 아는 것(1장의 내용!)에서 시작했습니다. 그러므로 자신감을 갖고 연습을 계속하기 바랍니다. 자연히 숙달되는 길이 열릴 것입니다.

마지막으로, 여러분이 지금도 더 많은 지식을 학습하고 경진대회 프로그램을 즐긴다면 필자로서는 더할 나위 없이 행복할 것입니다.

이제 다음 단계를 시작해 봅시다!

감사의 글

이 책을 집필하면서 많은 분의 도움을 받았습니다. 마이나비 출판의 야마구치 마사키(山口正樹)씨는 Qiita에 투고된 아티클이나 '프로그래밍 경진대회 전형 90문제' 등의 기획을 보고 필자를 만나주셨습니다. 이 만남이 없었더라면 이 책은 세상에 나오지 못했을 것입니다.

또한, 다음 19분께서는 바쁜 가운데도 다양한 관점에서 원고에 대한 코멘트와 함께 자동 채점 시스템 작성에도 도움을 주셨습니다. 덕분에 책의 퀄리티/명료함/정확함이 크게 개선되었습니다(일본어의 오십음도순, 존칭 생략).

아오야마 야스오(青山昂生)	양쯔마 케이토(揚妻慶斗)	이케다 카즈키(池田和暉)
이노우에 세이다이(井上誠大)	우에노 타카히데유키(上野貴映之)	이쿠히라 다이고(生平大悟)
오이즈미 츠바사(大泉翼)	스기에 유우야(杉江祐哉)	나카무라 사토시(中村聡志)
니시카와 토모히로(西川智裕)	히라키 야스요시(平木康傑)	히라츠카 슌야(平塚駿也)
모로토 유지(諸戸雄治)	야마가타 타츠토(山縣龍人)	야마구치 유우타로(山口勇太)
요네다 히로토시(米田寛峻)	와타투키 코오마사(綿貫晃雅)	kaede2020　　kirimin

그리고 집필하던 4개월 동안 지속적으로 응원해 준 가족에게 감사를 전합니다. 마지막으로 이 책을 구입해주신 모든 여러분께 진심으로 감사드립니다.

2022년 8월 30일

참고 문헌

이 책을 집필하는 과정에서 참고한 서적은 책은 다음과 같습니다. 대략 난이도순으로 되어 있습니다(이 책의 난이도는 [9]~[10] 정도입니다).

1. 「アルゴリズム図鑑絵で見てわかる26のアルゴリズム」石田保輝, 宮崎修一 [著]/ ISBN:978-4-7981-4977-6/ 翔泳社/ 2017年

2. 「アルゴリズム的思考力が身につく!プログラミングコンテスト AtCoder 入門」大槻兼資 [著]/ AtCoder株式会社 [監修]/ ISBN:978-4-04-604408-X/ KADOKAWA/ 2022年

3. 「JOI 公式テキスト Python で問題解決」北村祐稀 [著]／一般社団法人 日本情報オリンピック委員会 [監修]/ 筧捷彦, 山口利恵 [編集]/ ISBN:978-4-407-35944-7/ 実教出版/ 2022年

4. 「問題解決のための『アルゴリズム×数学』が基礎からしっかり身につく本」米田優峻 [著]/ ISBN:978-4-297-12521-8/ 技術評論社/ 2021年

5. 「最強最速アルゴリズマー養成講座 プログラミングコンテスト TopCoder 攻略ガイド」高橋直大 [著]/ ISBN:978-4-7973-6717-1/ SB クリエイティブ/ 2012年

6. 「アルゴリズム実技検定 公式テキスト [エントリー～中級編]」岩下真也, 中村謙弘 [著]/ AtCoder 株式会社, 高橋直大 [監修]/ ISBN:978-4-8399-7277-6/ マイナビ出版/ 2021年

7. 「アルゴリズムビジュアル大事典」渡部有隆, ニコライ・ミレンコフ [著]/ ISBN:978-4-8399-6827-4/ マイナビ出版/ 2020年

8. 「パズルで鍛えるアルゴリズム力」大槻兼資 [著]/ ISBN:978-4-297-12679-6／技術評論社/ 2022年

9. 「プログラミングコンテスト攻略のためのアルゴリズムとデータ構造」渡部有隆 [著]/ Ozy, 秋葉拓哉 [協力]/ ISBN:978-4-8399-5295-2/ マイナビ/ 2015年

10. 「問題解決力を鍛える!アルゴリズムとデータ構造」大槻兼資 [著]/ 秋葉拓哉 [監修]/ ISBN:978-4-06-512844-2/ 講談社/ 2020年

11. 「しっかり学ぶ数理最適化 モデルからアルゴリズムまで」梅谷俊治 [著]/ ISBN:978-4-06-521270-7／講談社/ 2020年

12. 「プログラミングコンテストチャレンジブック 第2版」秋葉拓哉, 岩田陽一, 北川宜稔 [著]/ ISBN:978-4-8399-4106-2/ マイナビ/ 2012年

또한 이 책을 집필하면서 참고한 인터넷 아티클 등은 다음과 같습니다(최종 열람일: 2022년 8월 21일).

13. 「AtCoder」 https://atcoder.jp/

14. 「AIZU ONLINE JUDGE (AOJ)」 https://onlinejudge.u-aizu.ac.jp/home

15. 「アルゴ式」 https://algo-method.com/

16. 「情報オリンピック日本委員会」 https://www.ioi-jp.org/

17. 「高校数学の美しい物語」 https://manabitimes.jp/math

18. 「アルゴリズムの世界地図」/ Qiita https://qiita.com/square1001/items/6d414167ca95c97bd8b2

19. 「直感でわかる、ヒューリスティック問題の羅針盤 〜貪欲法から山登り法まで〜」/ Qiita https://qiita.com/square1001/items/84604f79f55ff10d99b0

20. 「アルゴリズムで実社会を捉える 〜評価関数の作り方〜」/ Qiita https://qiita.com/tsukammo/items/de70b49dcd8912e78505

21. 「競プロ解法紹介 〜レベル別マラソンの戦い方〜」/ Qiita https://qiita.com/tsukammo/items/7041a00e429f9f5ac4ae

22. 「AtCoder に登録したら次にやること 〜これだけ解けば十分戦える!過去問精選 10 問〜」/ Qiita https://qiita.com/drken/items/fd4e5e3630d0f5859067

23. 「レッドコーダーが教える、競プロ・AtCoder 上達のガイドライン【初級編:競プロを始めよう】」/ Qiita https://qiita.com/e869120/items/f1c6f98364d1443148b3

24. 「厳選! C++ アルゴリズム実装に使える 25 の STL 機能」/ Qiita https://qiita.com/e869120/items/518297c6816adb67f9a5

알고리즘과
계산량

1.1 문제 B01   A+B Problem

이 문제에서는 2개의 정수 A와 B를 입력하고 $A + B$의 값을 출력해야 합니다.

C++에서는 cin을 사용해 입력을 수행하고, cout을 사용해 출력을 수행할 수 있으므로 다음과 같은 프로그램을 작성하면 정답을 얻을 수 있습니다.

해답 예(C++)

```
01  #include <iostream>
02  using namespace std;
03
04  int main() {
05      // 입력
06      int A, B;
07      cin >> A >> B;
08
09      // 출력
10      cout << A + B << endl;
11      return 0;
12  }
```

※ Python 코드는 지원 페이지를 참조하십시오.

1.2　문제 B02　Divisor Check

난이도: ★1 해당

이 문제에서는 다음과 같이 A 이상 B 이하의 정수를 완전 탐색해서 올바른 답을 구할 수 있습니다.

- A는 100의 약수인가?
- $A+1$은 100의 약수인가?
- $A+2$는 100의 약수인가? ⎫ 하나라도 Yes이면 답은 Yes
- ⋮
- B는 100의 약수인가? ⎭

완전 탐색 알고리즘을 C++로 구현하면 다음과 같이 됩니다. 여기에서 정수 X가 100의 약수인지의 여부는 100 % x == 0 여부에 따라 판정할 수 있는 점에 주의합니다.

해답 예(C++)

```
01  #include <iostream>
02  using namespace std;
03
04  int main() {
05      // 입력
06      int A, B;
07      cin >> A >> B;
08
09      // 답을 구한다
10      bool Answer = false;
11      for (int i = A; i <= B; i++) {
12          if (100 % i == 0) Answer = true;
13      }
14
15      // 출력
16      if (Answer == true) cout << "Yes" << endl;
17      else cout << "No" << endl;
18      return 0;
19  }
```

※ Python 코드는 지원 페이지를 참조하십시오.

1.3 문제 B03 Supermarket 1 난이도: ★2 해당

이 문제를 완전 탐색으로 푸는 프로그램은 삼중 for 문을 사용해서 다음과 같이 구현할 수 있습니다. 각 변수는 다음과 같습니다.

변수명	설명
i	선택한 상품 중 1번째의 번호(즉, 가격은 A_i원)
j	선택한 상품 중 2번째의 번호(즉, 가격은 A_j원)
k	선택한 상품 중 3번째의 번호(즉, 가격은 A_k원)

그리고 각 (i, j, k)에 대해서는 합계 가격이 1000원이 되는지, 다시 말해 $A_i + A_j + A_k = 1000$을 만족하는지를 조사합니다. 또한, 선택한 상품은 모두 달라야 하므로 i, j, k가 다른지 조건 분기로 체크합니다.

```cpp
01  #include <iostream>
02  using namespace std;
03
04  int main() {
05      // 입력
06      int N, A[109];
07      cin >> N;
08      for (int i = 1; i <= N; i++) cin >> A[i];
09
10      // 답을 구한다
11      bool Answer = false;
12      for (int i = 1; i <= N; i++) {
13          for (int j = 1; j <= N; j++) {
14              for (int k = 1; k <= N; k++) {
15                  if (A[i] + A[j] + A[k] == 1000) { // 합계 가격은 1000원인가?
16                      if (i!=j && j!=k && i!=k) {    // 상품은 모두 다른가?
17                          Answer = true;
18                      }
19                  }
20              }
21          }
22      }
```

```
23
24      // 출력
25      if (Answer == true) cout << "Yes" << endl;
26      else cout << "No" << endl;
27      return 0;
28   }
```

하지만 **상품 번호의 오름차순으로 변수 i, j, k를 할당하도록 하면**[1] 3개의 값 i, j, k가 모두 다른지 판정하지 않아도 되므로 구현이 간략해집니다. 구체적으로는 다음과 같은 루프를 수행하면 됩니다.

- j는 $i+1$ 이상 N 이하의 범위에서 루프
- k는 $j+1$ 이상 N 이하의 범위에서 루프

완전 탐색 알고리즘을 C++로 구현하면 다음과 같으며, 계산량은 $O(N^3)$입니다. 제약은 $N \le 100$이므로 실행 시간 제한인 1초는 여유롭게 만족합니다.

해답 예(C++)

```
01   #include <iostream>
02   using namespace std;
03
04   int main() {
05      // 입력
06      int N, A[109];
07      cin >> N;
08      for (int i = 1; i <= N; i++) cin >> A[i];
09
10      // 답을 구한다
11      bool Answer = false;
12      for (int i = 1; i <= N; i++) {
13          for (int j = i + 1; j <= N; j++) {
14              for (int k = j + 1; k <= N; k++) {
15                  if (A[i] + A[j] + A[k] == 1000) Answer = true;
16              }
```

---

1   예를 들어, 등은 탐색하지 않습니다.

```
17          }
18      }
19
20      // 출력
21      if (Answer == true) cout << "Yes" << endl;
22      else cout << "No" << endl;
23      return 0;
24  }
```

※ Python 코드는 지원 페이지를 참조하십시오.

1.4　문제 B04　Binary Representation 2　　난이도: ★2 해당

책의 1.4절에서도 설명한 것처럼 다음과 같은 방법으로 2진법을 10진법으로 변환할 수 있습니다.

> 2진법의 아래 자리부터 순서대로 '1의 자리', '2의 자리', '4의 자리', '8의 자리'로 2배씩 되게 붙여나간다. 이때, '숫자　자리'의 총합이 10진법으로 변환한 값이 된다.

예를 들어, 2진법의 '1010001'을 10진법으로 변환하면 $64 + 16 + 1 = 81$이 됩니다. 그림으로 나타내면 다음과 같습니다.

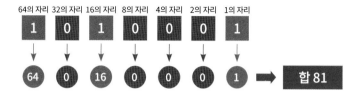

이 알고리즘을 구현하면 다음 해답 예가 됩니다. 이 프로그램에서는 입력을 문자열 N으로 받으며, C++의 문자열은 0번째 문자부터 시작하므로 '숫자 x 자리'로서는

```
N[i] * (1 << (N.size() - 1 - i))
```

을 더하고 있습니다. 여기에서 N[i]은 문자열의 i번째 문자를 나타내고, (1 << x)는 2의 x제곱을 의미합니다.

해답 예(C++)

```
01  #include <iostream>
02  #include <string>
03  using namespace std;
04
05  int main() {
06      // 입력
07      string N;
08      cin >> N;
09
```

```
10      // 답을 구한다
11      int Answer = 0;
12      for (int i = 0; i < N.size(); i++) {
13          int keta;
14          int kurai = (1 << (N.size() - 1 - i));
15          if (N[i] == '0') keta = 0;
16          if (N[i] == '1') keta = 1;
17          Answer += keta * kurai;
18      }
19
20      // 출력
21      cout << Answer << endl;
22      return 0;
23  }
```

※ Python 코드는 지원 페이지를 참조하십시오.

해답/해설 **2**장

누적 합

2.1 문제 B06 Lottery

이 문제를 푸는 가장 단순한 방법은 완전 탐색입니다. L번째부터 R번째까지의 당첨의 수, 꽝의 수를 for 문으로 세면 계산량 $O(R-L)$로 '당첨과 꽝 중 어느 쪽이 많은가'라는 질문에 답할 수 있습니다.

하지만 이 문제의 제약은 N, $Q \leq 100000$이므로 안타깝지만 실행 시간 제한을 만족할 수 없습니다. 그렇다면 어떻게 하면 좋을까요?

누적 합을 사용하자

먼저, **당첨의 수, 꽝의 수 각각에 대한 누적 합을 얻는 것**을 생각해 봅시다. 구체적으로는 1번째부터 i번째까지의 당첨의 수 Atari[i], 1번째부터 i번째까지의 꽝의 수 Hazre[i]를 먼저 계산합니다. 입력 예 1일 때의 배열의 값은 다음과 같습니다.

i	0	1	2	3	4	5	6	7
Atari[i]	0	0 →+1	1 →+1	2	2 →+1	3	3	3
Hazre[i]	0 →+1	1	1	1 →+1	2	2 →+1	3 →+1	4
결과		×	○	○	×	○	×	×

그러면 L번째부터 R번째까지의 당첨의 수, 꽝의 수는 각각 다음과 같이 계산할 수 있습니다.

- 당첨의 수: Atari[R] - Atari[L-1]
- 꽝의 수: Hazre[R] - Hazre[L-1]

따라서 해답 예와 같이 구현하면 빠르게 답을 구할 수 있습니다. 계산량은 $O(N+Q)$입니다.

해답 예(C++)

```
01  #include <iostream>
02  using namespace std;
03
04  int N, A[100009];
05  int Q, L[100009], R[100009];
06  int Atari[100009], Hazre[100009];
```

```
07
08  int main() {
09      // 입력
10      cin >> N;
11      for (int i = 1; i <= N; i++) cin >> A[i];
12      cin >> Q;
13      for (int i = 1; i <= Q; i++) cin >> L[i] >> R[i];
14
15      // 당첨의 수, 꽝의 수의 누적 합을 구한다
16      Atari[0] = 0;
17      Hazre[0] = 0;
18      for (int i = 1; i <= N; i++) {
19          Atari[i] = Atari[i - 1]; if (A[i] == 1) Atari[i] += 1;
20          Hazre[i] = Hazre[i - 1]; if (A[i] == 0) Hazre[i] += 1;
21      }
22
23      // 질문에 답한다
24      for (int i = 1; i <= Q; i++) {
25          int NumAtari = Atari[R[i]] - Atari[L[i] - 1];
26          int NumHazre = Hazre[R[i]] - Hazre[L[i] - 1];
27          if (NumAtari > NumHazre) cout << "win" << endl;
28          else if (NumAtari == NumHazre) cout << "draw" << endl;
29          else cout << "lose" << endl;
30      }
31      return 0;
32  }
```

※ Python 코드는 지원 페이지를 참조하십시오.

2.2 문제 B07 Convenience Store 2 난이도: ★3 해당

이 문제에서는 $t=0,\ 1,\ \cdots,\ T-1$에 대해 '시각 $t+0.5$에는 몇 명이 일하고 있는지를 나타내는 Answer[t]'를 구해야 합니다.

그럼 Answer[t]의 값은 어떻게 계산하면 좋을까요? 시각 L부터 시각 R까지 일하는 사람에 대해서는 $t=L,\ L+1,\ \cdots,\ R-1$에 대해 '시각 $t=0.5$의 근로자 수'를 1씩만 증가시키므로 다음 프로그램으로 올바르게 계산할 수 있습니다.

```
01  // 입력
02  cin >> T >> N;
03  for (int i = 1; i <= N; i++) cin >> L[i] >> R[i];
04
05  // 답을 구한다
06  for (int i = 0; i < T i++) Answer[i] = 0;
07  for (int i = 1; i <= N; i++) {
08      for (int j = L[i]; j < R[i]; j++) Answer[j] += 1;
09  }
10
11  // 출력
12  for (int d = 0; d < T; d++) cout << Answer[d] << endl;
```

하지만 이 프로그램의 계산량은 $O(NT)$입니다. 문제의 제약은 $N,\ T \leq 10^5$이므로 안타깝지만 실행 시간 제한을 만족할 수 없습니다.

차이를 계산하자

그래서 각 시간의 근로자 수 Answer[t] 대신, **이전 시각의 근로자 수와의 차이 B[t]**를 계산하는 것을 생각합니다. 시각 L부터 시각 R까지 일하는 사람에 대해서는 B[L]에 +1을 하고, B[R]에 −1을 하면 됩니다.

t	0	1	2	3	4	5	6	7
근로자 수			+1	+1	+1	+1		
차이 B[t]			+1				−1	

근로 시간(2~6)

그러면 B[t]의 누적 합을 구할 수 있는 답 Anser[t]가 됩니다. 예를 들어 $N=2$, $T=10$, $(L, R)=(2, 6)$, $(3, 9)$일 때는 다음 그림과 같이 계산할 수 있습니다

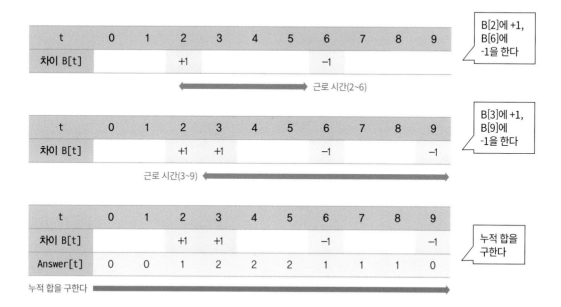

따라서 이 문제를 고속으로 푸는 프로그램은 다음 해답 예와 같습니다. 계산량은 $O(N+T)$이며, 실행 시간 제한은 여유롭게 만족합니다.

해답 예(C++)

```
01   #include <iostream>
02   using namespace std;
03
04   int N, T;
05   int L[500009], R[500009];
06   int Answer[500009], B[500009];
07
08   int main() {
09       // 입력
10       cin >> T >> N;
11       for (int i = 1; i <= N; i++) cin >> L[i] >> R[i];
12
13       // 전일비에 가산
```

```
14      for (int i = 0; i <= T; i++) B[i] = 0;
15      for (int i = 1; i <= N; i++) {
16          B[L[i]] += 1;
17          B[R[i]] -= 1;
18      }
19
20      // 누적 합을 구한다
21      Answer[0] = B[0];
22      for (int d = 1; d <= T; d++) Answer[d] = Answer[d - 1] + B[d];
23
24      // 출력
25      for (int d = 0; d < T; d++) cout << Answer[d] << endl;
26      return 0;
27  }
```

※ Python 코드는 지원 페이지를 참조하십시오.

2.3 문제 B08 Counting Points 난이도: ★4 해당

우선 생각할 수 있는 해법은 각 점에 대해 'x 좌표가 a 이상 c 이하이고, y 좌표가 b 이상 d 이하인가'를 직접 조사하는 것입니다.

하지만 이 해법으로는 하나의 질문에 답하는 데 계산량 $O(N)$이 걸립니다. 질문은 Q개이므로 전체 계산량은 $O(NQ)$가 되어 안타깝게도 실행 시간 제한을 만족하지 못합니다.

2차원 누적 합을 생각하자

이 문제에서는 점의 좌표 X_i, Y_i가 1 이상 1500 이하인 정수이므로 다음과 같은 배열 S[i][j](크기 약 1500×1500)를 준비합니다.

> S[i][j]: 좌표 (i, j)에는 몇 개의 점이 존재하는가?

예를 들어 점이 좌표 (1, 1), (3, 4), (4, 3)에 존재하는 경우, 배열 S[i][j]는 다음 그림의 왼쪽과 같이 됩니다.

여기서 질문에 답인 'x 좌표가 a 이상 c 이하이고, y 좌표가 b 이상 d 이하인 점의 개수'는 다음 그림의 오른쪽과 같은 정사각형 영역의 총합이 되므로 **2차원 누적 합**을 사용해서 계산할 수 있습니다.

	1	2	3	4	5
1	1	0	0	0	0
2	0	0	0	0	0
3	0	0	0	1	0
4	0	0	1	0	0
5	0	0	0	0	0

배열 S[i][j]의 값

		b ▼		d ▼	
	1	0	0	0	0
a ▶	0	0	0	0	0
	0	0	0	1	0
c ▶	0	0	1	0	0
	0	0	0	0	0

답은 어떤 부분의 총합인가?

구체적으로는 배열 S[i][j]의 2차원 누적 합을 T[i][j]라 했을 때 질문의 답은 다음 식으로 나타낼 수 있습니다.

$$T[c][d] + T[a-1][b-1] - T[a-1][d] - T[c][b-1]$$

따라서 다음 해답 예와 같은 프로그램으로 계산량 $O(1)$에 각 질문에 답할 수 있습니다.

해답 예(C++)

```
01    #include <iostream>
02    using namespace std;
03
04    // 입력으로 주어진 변수
05    int N, X[100009], Y[100009];
06    int Q, A[100009], B[100009], C[100009], D[100009];
07
08    // 각 좌표에 있는 점의 개수 S[i][j], 2차원 누적 합 T[i][j]
09    int S[1509][1509];
10    int T[1509][1509];
11
12    int main() {
13        // 입력
14        cin >> N;
15        for (int i = 1; i <= N; i++) cin >> X[i] >> Y[i];
16        cin >> Q;
17        for (int i = 1; i <= Q; i++) cin >> A[i] >> B[i] >> C[i] >> D[i];
18
19        // 각 좌표에 있는 점의 개수를 센다
20        for (int i = 1; i <= N; i++) S[X[i]][Y[i]] += 1;
21
22        // 누적 합을 구한다
23        for (int i = 0; i <= 1500; i++) {
24            for (int j = 0; j <= 1500; j++) T[i][j] = 0;
25        }
26        for (int i = 1; i <= 1500; i++) {
27            for (int j = 1; j <= 1500; j++) T[i][j] = T[i][j - 1] + S[i][j];
28        }
29        for (int i = 1; i <= 1500; i++) {
30            for (int j = 1; j <= 1500; j++) T[i][j] = T[i - 1][j] + T[i][j];
31        }
32
```

```
33      // 답을 구한다
34      for (int i = 1; i <= Q; i++) {
35          cout << T[C[i]][D[i]] + T[A[i] - 1][B[i] - 1] - T[A[i] - 1][D[i]] - T[C[i]][B[i] - 1]
<< endl;
36      }
37      return 0;
38  }
```

※ Python 코드는 지원 페이지를 참조하십시오.

2.4 문제 B09 Papers

난이도: ★4 해당

먼저, 다음 배열을 생각합니다. T[i][j]가 1 이상인 (i, j)의 개수가 구해야 할 답(종이가 1장 이상 놓여 있는 영역의 넓이)입니다.

> T[i][j]: 좌표 $(i+0.5, j+0, 5)$에는 몇 장의 종이가 놓여있는가?

예를 들어, 모서리의 좌표가 (1, 1), (3, 3)인 종이와 모서리의 좌표가 (2, 2), (4, 4)인 종이가 놓여있을 때 T[i][j]의 값은 다음 그림과 같이 됩니다.

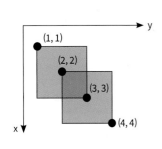

	0	1	2	3	4
0	1	0	0	0	0
1	0	1	1	0	0
2	0	1	2	1	0
3	0	0	1	1	0
4	0	0	0	0	0

종이가 놓여있는 형태[2] | 배열 T[i][j]의 값

T[i][j] 계산

그럼 T[i][j]의 값은 어떻게 계산하면 좋을까요? 물론, 각 종이에 대해 '대응하는 부분에 +1을 더한다'는 방법도 좋지만, 계산에 시간이 걸립니다.

---

1 설명 편의상 상하 방향을 x, 좌우 방향으로 y축으로 했습니다.

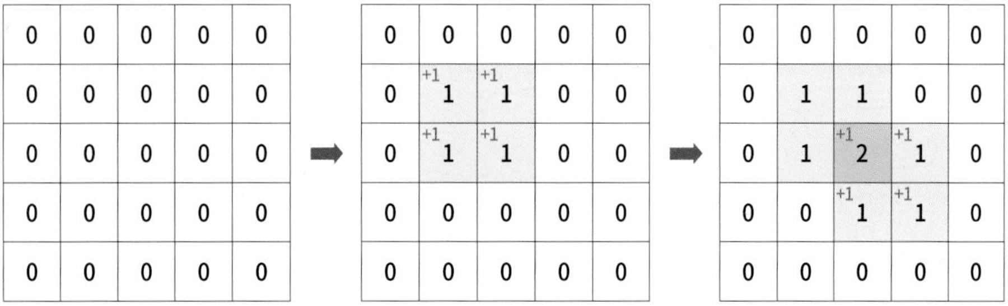

여기에서는 책 2.4절에서 설명한 것처럼, 네 모서리에 +1, −1을 더하는 조작을 한 뒤, 마지막으로 2차원 누적 합을 구하면 더욱 빠르게 T[i][j]의 값을 계산할 수 있습니다. 구체적인 예는 다음 그림과 같습니다.

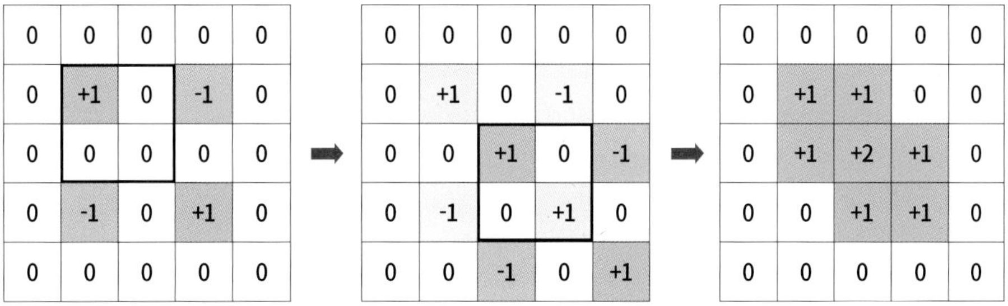

이상의 알고리즘을 구현하면 해답 예와 같이 됩니다. +1/−1을 더하는 위치가 문제 A09와 미묘하게 다른 점에 주의하기 바랍니다.

예를 들어, 문제 A09에서는 배열의 $(c+1, d+1)$번째에 +1을 했지만, 여기서는 배열의 (c, d)번째에 +1을 하고 있습니다.

해답 예(C++)

```
01   #include <iostream>
02   using namespace std;
03
04   // 입력으로 주어진 변수
05   int N;
06   int A[100009], B[100009], C[100009], D[100009];
07
08   // 좌표 (i+0.5, j+0.5)에 놓여있는 종이의 수 T[i][j]
09   int T[1509][1509];
```

```
10
11   int main() {
12       // 입력
13       cin >> N;
14       for (int i = 1; i <= N; i++) cin >> A[i] >> B[i] >> C[i] >> D[i];
15
16       // 각 종이에 대해 +1/-1을 더한다
17       for (int i = 0; i <= 1500; i++) {
18           for (int j = 0; j <= 1500; j++) T[i][j] = 0;
19       }
20       for (int i = 1; i <= N; i++) {
21           T[A[i]][B[i]] += 1;
22           T[A[i]][D[i]] -= 1;
23           T[C[i]][B[i]] -= 1;
24           T[C[i]][D[i]] += 1;
25       }
26
27       // 2차원 누적 합을 구한다
28       for (int i = 0; i <= 1500; i++) {
29           for (int j = 1; j <= 1500; j++) T[i][j] = T[i][j - 1] + T[i][j];
30       }
31       for (int i = 1; i <= 1500; i++) {
32           for (int j = 0; j <= 1500; j++) T[i][j] = T[i - 1][j] + T[i][j];
33       }
34
35       // 넓이를 구한다
36       int Answer = 0;
37       for (int i = 0; i <= 1500; i++) {
38           for (int j = 0; j <= 1500; j++) {
39               if (T[i][j] >= 1) Answer += 1;
40           }
41       }
42       cout << Answer << endl;
43       return 0;
44   }
```

※ Python 코드는 지원 페이지를 참조하십시오.

바이너리 서치

3.1 | 문제 B11 Binary Search 2 난이도: ★3 해당

이 문제는 다음과 같은 방침으로 풀 수 있습니다.

- 순서 1: 배열 $A = [A_1, A_2, \cdots, A_N]$을 오름차순으로 정렬한다.

- 순서 2: 바이너리 서치를 사용해서 각 질문에 답한다.

C++의 경우 순서 1은 sort 함수를 사용해 처리할 수 있습니다. 그리고 순서 2는 lower_bound 함수를 사용해 처리할 수 있습니다.

또한, 20번째 행의 lower_bound(A + 1, A + N + 1, X) - A 값에 관해 책의 3.1절의 보충 설명에서는 '$A_i \geq X$를 만족하는 가장 작은 i이다'라고 쓰여 있습니다. 이것은 '배열 A 안에 X보다 작은 요소가 몇 개 있는가'와 일치하는 것에 주의합니다.

해답 예(C++)

```cpp
01  #include <iostream>
02  #include <algorithm>
03  using namespace std;
04
05  int N, A[100009];
06  int Q, X[100009];
07
08  int main() {
09      // 입력
10      cin >> N;
11      for (int i = 1; i <= N; i++) cin >> A[i];
12      cin >> Q;
13      for (int i = 1; i <= Q; i++) cin >> X[i];
14
15      // 배열 X를 정렬
16      sort(A + 1, A + N + 1);
17
18      // 질문에 답한다
19      for (int i = 1; i <= Q; i++) {
```

```
20        int pos1 = lower_bound(A + 1, A + N + 1, X[i]) - A;
21        cout << pos1 - 1 << endl;
22    }
23    return 0;
24 }
```

※ Python 코드는 지원 페이지를 참조하십시오.

3.2 | 문제 B12 Equation   난이도: ★4 해당

이 문제는 **답에서 바이너리 서치**를 해서 풀 수 있습니다. 먼저, $N=1$일 때의 답을 구하는 것을 생각해 봅시다. 우선, 답이 0 이상 1 이하의 범위인 것을 알고 있다고 가정합시다.

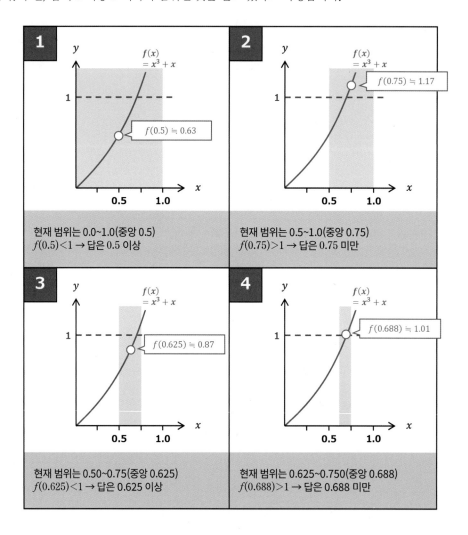

이렇게 단 4번의 비교로 범위를 0.625~0.688로 좁혔습니다.

그럼, 이 문제에서는 몇 번을 비교해야 할까요? 먼저, 제약에 따라 $N \leq 10^5$이므로 명확하게 답은 0 이상 100 이하입니다($f(100)=1000100$이므로 이미 10^5을 넘었습니다).

또한, 답과 출력의 절대 오차가 0.001 미만이면 정답이므로 **원래 100이었던 너비를 바이너리 서치를 통해 0.001 미만까지 좁혀야 합니다.** 여기서 20번의 비교를 수행한 경우는 다음과 같이 됩니다.

범위의 너비는 $100 \div 2^{20} = 0.000095\cdots \langle 0.001$이기 때문에 충분하다.

따라서 다음의 해답 예와 같이 20번의 루프를 수행하는 프로그램을 작성하면 정답을 얻을 수 있습니다.

해답 예(C++)

```cpp
01  #include <iostream>
02  using namespace std;
03
04  // 함수 f
05  double f(double x) {
06      return x * x * x + x;
07  }
08
09  int main() {
10      // 입력
11      int N;
12      cin >> N;
13
14      // 바이너리 서치
15      double Left = 0, Right = 100, Mid;
16      for (int i = 0; i < 20; i++) {
17          Mid = (Left + Right) / 2.0;
18          double val = f(Mid);
19
20          // 탐색 범위를 좁힌다
21          if (val > 1.0 * N) Right = Mid; // 왼쪽 절반으로 좁힌다
22          else Left = Mid;                // 오른쪽 절반으로 좁힌다
23      }
24
25      // 출력
26      printf("%.12lf\n", Mid);
27      return 0;
28  }
```

※ Python 코드는 지원 페이지를 참조하십시오.

3.3 문제 B13 Supermarket 2 난이도: ★4 해당

먼저, '선택할 물품의 왼쪽 끝의 번호를 i로 했을 때 오른쪽 끝의 번호는 어디까지 허용되는가'를 R_i로 가정합니다. 예를 들어, $A = [10, 20, 30, 40]$, $K = 50$인 경우 $R_1 = 2$, $R_2 = 3$, $R_3 = 3$, $R_4 = 4$입니다.

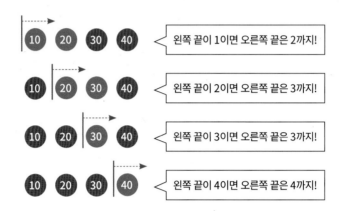

이때, 이 문제의 답은(몇 가지 선택 방법이 있는가) 다음 식으로 나타낼 수 있습니다.

$$(R_1 - 1 + 1) + (R_2 - 2 + 1) + \cdots + (R_N - N + 1)$$

왼쪽 끝이 1일
때의 패턴 수 왼쪽 끝이 2일
때의 패턴 수 왼쪽 끝이 N일
때의 패턴 수

자벌레 알고리즘으로 R_i를 구한다

이 문제에서는 명확하게 $R_1 \le R_2 \le \cdots \le R_N$을 만족하므로 R_1의 값은 다음 자벌레 알고리즘(→ 책 87페이지)에 따라 구할 수 있습니다.

> - $R_i = R_{i-1}$부터 시작($i = 1$인 경우는 $R_1 = 1$부터)
> - 합계가 K를 아슬아슬하게 넘지 않을 때까지 R_1을 1씩 증가시킨다.

문제는 '이 이상으로 R_1를 늘리면 합계 가격이 K원을 넘는가 아닌가'를 고속으로 판정하는 것인데, 이것은 2장에서 학습한 누적 합을 사용하면 됩니다. 누적 합 $A_1 + A_2 + \cdots + A_i$의 값을 S_i로 했을 때, L번째부터 R번째의 물품의 합계 가격은 $S_R - S_{L-1}$이 되며, 이 값은 계산량 $O(1)$로 구할 수 있습니다.

따라서 다음 해답 예와 같이 구현하면 계산량 $O(N)$으로 답을 구할 수 있습니다. 또한, 자벌레 알고리즘에서는 'R_l를 1 증가시키는 조작'이 합계 약 N번만 수행된다는 점에 주의합니다.

해답 예(C++)

```
01  #include <iostream>
02  using namespace std;
03
04  long long N, K;
05  long long A[100009];
06  long long S[100009]; // 누적 합
07  long long R[100009]; // 왼쪽 끝이 결정되었을 때 오른쪽 끝은 어디까지 갈 수 있는가
08
09  // A[l]부터 A[r]까지의 합곗값
10  long long sum(int l, int r) {
11      return S[r] - S[l - 1];
12  }
13
14  int main() {
15      // 입력
16      cin >> N >> K;
17      for (int i = 1; i <= N; i++) cin >> A[i];
18
19      // 누적 합을 구한다
20      S[0] = 0;
21      for (int i = 1; i <= N; i++) S[i] = S[i - 1] + A[i];
22
23      // 자벌레 알고리즘
24      for (int i = 1; i <= N; i++) {
25          if (i == 1) R[i] = 0;
26          else R[i] = R[i - 1];
27          while (R[i] < N && sum(i, R[i] + 1) <= K) {
28              R[i] += 1;
29          }
30      }
31
32      // 답을 구한다
33      long long Answer = 0;
```

```
34      for (int i = 1; i <= N; i++) Answer += (R[i] - i + 1);
35      cout << Answer << endl;
36      return 0;
37  }
```

※ Python 코드는 지원 페이지를 참조하십시오.

3.4 문제 B14 Another Subset Sub 난이도: ★5 해당

이 문제는 이분 완전 열거를 사용한 다음과 같은 방침으로 해결할 수 있습니다.

- **순서 1**: '전반 $N/2$장 중에서 몇 장인가를 선택했을 때 카드에 쓰인 정수의 총합으로 무엇을 얻을 수 있는가?'를 완전 탐색으로 구한다.

- **순서 2**: '후반 $N/2$장 중에서 몇 장인가를 선택했을 때 카드에 쓰인 정수의 총합으로 무엇을 얻을 수 있는가?'를 완전 탐색으로 구한다.

- **순서 3**: 순서 1, 2의 결과를 합성해서 답을 구한다.

이 설명만으로는 충분하지 않을 것이므로, 예를 들어 $N=6$, $K=100$, $A=[10, 27, 35, 38, 45, 50]$인 경우를 생각해 봅시다. 순서 1의 결과를 P, 순서 2의 결과를 Q로 했을 때,

- $P=[0, 10, 27, 35, 37, 45, 62, 72]$

- $Q=[0, 38, 45, 50, 83, 88, 95, 131]$

이 됩니다. 그림으로 나타내면 다음과 같습니다.

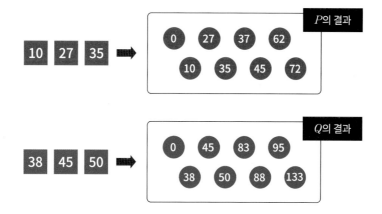

여기서 만약 **P, Q로부터 합계가 100이 되도록 하나씩 꺼내는 방법**이 존재하면, 이 문제의 답은 Yes가 됩니다. 그렇다면 이것은 어떻게 판단할 수 있을까요?

P에서 선택한 요소를 x라 했을 때 Q에서는 $100-x$를 선택해야 하며, 이것이 가능한지는 배열을 바이

너리 서치로 판정할 수 있으므로[1], 대략 $8\log 8$번 정도의 계산만 하면 됩니다(이번 케이스에서는 P, Q의 요소 수가 모두 8입니다).

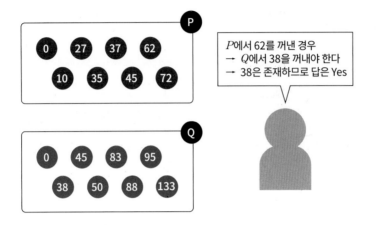

일반적인 케이스에서는?

여기에서는 $N = 6$의 예를 들어 설명했습니다. 하지만 일반적인 케이스에서도 동일하게 풀 수 있습니다. 이것을 구현하면 해답 예와 같이 되며, 각 단계에서의 계산량은 다음과 같습니다.

- **순서 1**: 비트 완전 탐색을 사용해서 $O(N \times 2^{N/2})$
- **순서 2**: 비트 완전 탐색을 사용해서 $O(N \times 2^{N/2})$
- **순서 3**: P, Q의 요소 수는 $2^{N/2}$이므로 $O(2^{N/2} \log 2^{N/2}) = O(N \times 2^{N/2})$

따라서 프로그램 전체의 계산량은 $O(N \times s^{N/2})$입니다. 이 문제의 제약은 $N \le 30$이므로 $2^{15} = 32768$보다 충분히 여유롭게 만족합니다.

해답 예(C++)

```cpp
01  #include <iostream>
02  #include <vector>
03  #include <algorithm>
04  using namespace std;
```

---

1 Q가 작은 순으로 정렬되어 있어야 한다는 점에 주의합니다.

```
05
06    // '배열 A에 있는 카드에서 몇 장을 선택했을 때의 합계'로서 생각할 수 있는 것을 열거
07    // 비트 완전 탐색을 사용한다
08    vector<long long> Enumerate(vector<long long> A) {
09        vector<long long> SumList;
10        for (int i = 0; i < (1 << A.size()); i++) {
11            long long sum = 0; // 현재의 합곗값
12            for (int j = 0; j < A.size(); j++) {
13                int wari = (1 << j);
14                if ((i / wari) % 2 == 1) sum += A[j];
15            }
16            SumList.push_back(sum);
17        }
18        return SumList;
19    }
20
21    long long N, K;
22    long long A[39];
23
24    int main() {
25        // 입력
26        cin >> N >> K;
27        for (int i = 1; i <= N; i++) cin >> A[i];
28
29        // 카드를 반씩 나눈다
30        vector<long long> L1, L2;
31        for (int i = 1; i <= N / 2; i++) L1.push_back(A[i]);
32        for (int i = N / 2 + 1; i <= N; i++) L2.push_back(A[i]);
33
34        // 각각에 대해 '얻을 수 있는 카드의 합계'를 완전 열거
35        vector<long long> Sum1 = Enumerate(L1);
36        vector<long long> Sum2 = Enumerate(L2);
37        sort(Sum1.begin(), Sum1.end());
38        sort(Sum2.begin(), Sum2.end());
39
40        // 바이너리 서치로 Sum1[i] + Sum2[j] = K가 되는 것이 존재하는지 찾는다
41        for (int i = 0; i < Sum1.size(); i++) {
42            int pos = lower_bound(Sum2.begin(), Sum2.end(), K - Sum1[i]) - Sum2.begin();
```

```
43          if (pos < Sum2.size() && Sum2[pos] == K - Sum1[i]) {
44              cout << "Yes" << endl;
45              return 0;
46          }
47      }
48      cout << "No" << endl;
49      return 0;
50  }
```

※ Python 코드는 지원 페이지를 참조하십시오.

해답/해설 **4**장

동적 계획 알고리즘

4.1 | 문제 B16 Frog 1 난이도: ★2 해당

이 문제는 발판 1부터 발판 N까지의 최소 비용을 무작정 구하려면 어렵습니다. 하지만 $i = 1, 2, \cdots, N$ 순으로 '발판 1부터 발판 i까지의 최소 거리는 얼마인가?'를 생각하면 계산량 $O(N)$으로 풀 수 있습니다.

관리하는 배열

> dp[i]: 발판 1에서 발판 i까지 이동하기 위한 최소 비용

배열 dp의 계산

먼저, 명확하게 dp[1]=0 및 dp[2]=$|H_1 - H_2|$가 성립합니다. 다음으로 dp[3]이후에는 **최후의 행동에서 경우를 나누어** 생각하면 발판 i에 이동하는 방법은 다음 두 가지입니다.

- 방법 A: 1번에 발판 $i-1$에서 발판 i로 이동한다.
- 방법 B: 1번에 발판 $i-2$에서 발판 i로 이동한다.

여기에서 방법 A를 선택했을 때의 합계 비용은 dp$[i-1]+|H_{i-1} - H_i|$, 방법 B를 선택했을 때의 합계 비용은 dp$[i-2]+|H_{i-1} - H_i|$이므로 dp[3] 이후의 값은 다음 식으로 계산할 수 있습니다.

```
dp[i] = min(dp[i-1] + abs(H[i-1]-H[i]), dp[i-2] + abs(H[i-2]-H[i]))
```

구체적인 예

예를 들어, $N=5$, $A=[8, 6, 9, 2, 1]$인 경우 다음과 같은 계산에 따라 답이 dp[5]=7임을 알 수 있습니다. 그리고 화살표에 쓰인 정수는 1번의 이동 비용($|H_{i-1} - H_i|$ 또는 $|H_{i-2} - H_i|$)입니다.

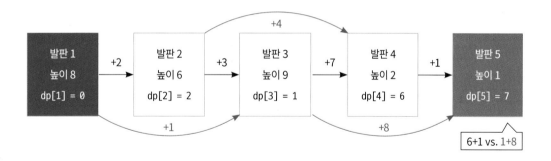

해답 예(C++)

```
01  #include <iostream>
02  #include <cmath>
03  #include <algorithm>
04  using namespace std;
05
06  int N, H[100009];
07  int dp[100009];
08
09  int main() {
10      // 입력
11      cin >> N;
12      for (int i = 1; i <= N; i++) cin >> H[i];
13
14      // 동적 계획 알고리즘
15      dp[1] = 0;
16      dp[2] = abs(H[1] - H[2]);
17      for (int i = 3; i <= N; i++) {
18          dp[i] = min(dp[i - 1] + abs(H[i - 1] - H[i]), dp[i - 2] + abs(H[i - 2] - H[i]));
19      }
20
21      // 출력
22      cout << dp[N] << endl;
23      return 0;
24  }
```

※ Python 코드는 지원 페이지를 참조하십시오.

4.2 문제 B17 Forg 1 with Restoration 난이도: ★3 해당

$dp[i]$의 값을 계산한 후에는 문제 A17과 마찬가지로 **목표 지점부터 생각**함으로써 '구체적인 경로'를 얻을 수 있습니다. 구체적으로는 지금 방 i에 있을 때 다음과 같이 됩니다.

- $dp[i]=dp[i-1]+|h_{i-1}-h_i|$인 경우: 방 $i-1$로 진행하는 것이 최적
- $dp[i]=dp[i-2]+|h_{i-2}-h_i|$인 경우: 방 $i-2$로 진행하는 것이 최적

구체적인 예

예를 들어, $N=5$, $h=[8, 6, 9, 2, 1]$인 경우 다음과 같은 계산에 따라 $1 \rightarrow 2 \rightarrow 4 \rightarrow 5$라는 경로가 최적인 것을 알 수 있습니다.

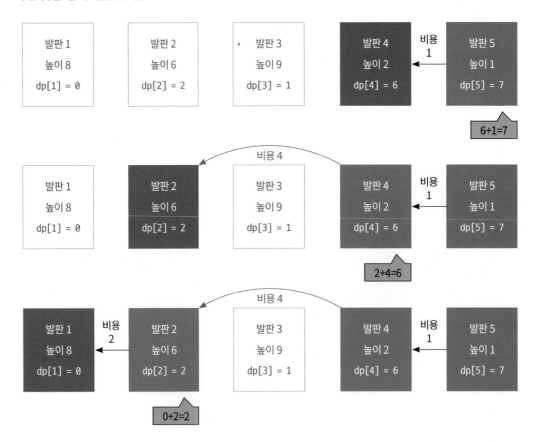

해답 예(C++)

```cpp
01  #include <iostream>
02  #include <cmath>
03  #include <vector>
04  #include <algorithm>
05  using namespace std;
06
07  int N, H[100009];
08  int dp[100009];
09  vector<int> Answer;
10
11  int main() {
12      // 입력
13      cin >> N;
14      for (int i = 1; i <= N; i++) cin >> H[i];
15
16      // 동적 계획 알고리즘
17      dp[1] = 0;
18      dp[2] = abs(H[1] - H[2]);
19      for (int i = 3; i <= N; i++) {
20          dp[i] = min(dp[i - 1] + abs(H[i - 1] - H[i]), dp[i - 2] + abs(H[i - 2] - H[i]));
21      }
22
23      // 동적 계획 알고리즘 복원
24      int Place = N;
25      while (true) {
26          Answer.push_back(Place);
27          if (Place == 1) break;
28
29          // 어느 쪽으로 이동할지 구한다
30          if (dp[Place - 1] + abs(H[Place - 1] - H[Place]) == dp[Place]) Place = Place - 1;
31          else Place = Place - 2;
32      }
33      reverse(Answer.begin(), Answer.end());
34
35      // 답을 구한다
36      cout << Answer.size() << endl;
```

```
37      for (int i = 0; i < Answer.size(); i++) {
38          if (i) cout << " ";
39          cout << Answer[i];
40      }
41      cout << endl;
42      return 0;
43  }
```

※ Python 코드는 지원 페이지를 참조하십시오.

4.3 | 문제 B18 Subset Sub 2   난이도: ★4 해당

응용 문제 4.2와 마찬가지로 '카드 N을 선택해야 하는가?', '카드 $N-1$을 선택해야 하는가?', '카드 $N-2$를 선택해야 하는가?'라는 순서로 답을 구해 나가면 합계를 S로 하는 카드를 선택하는 방법을 알 수 있습니다.

예를 들어, 카드 N을 선택해야 하는지는 다음과 같이 결정할 수 있습니다. 카드 $N-1$ 이후에도 동일합니다.

- dp$[N][S]$가 동그라미인 경우: 카드 N을 선택하지 않는다.[1]
- dp$[N][S-A_N]$이 동그라미인 경우: 카드 N을 선택한다.

※ 두 조건 중 하나는 반드시 만족한다.

구체적인 예

예를 들어 $N=5$, $S=5$, $A=[2, 2, 3]$의 경우, 다음과 같이 '카드 1과 3을 선택하면 좋음'을 알 수 있습니다.

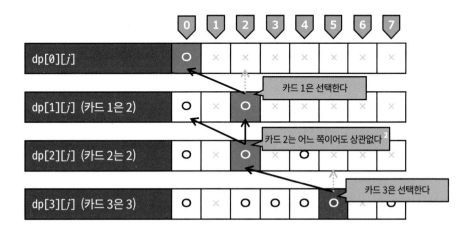

---

1 갑자기 dp$[N][S]$ 등이 나와 혼란스러울지도 모르지만, 동적 계획 알고리즘의 복원을 수행하기 전에 책 110페이지대로 배열 dp의 값을 계산해야 한다는 점에 주의합니다.

2 두 조건 모두라고 쓰기는 했으나, 여기에서는 '카드 2를 선택하지 않는' 방법을 선택한 것에 주의합니다.

해답 예(C++)

```cpp
01  #include <iostream>
02  #include <vector>
03  #include <algorithm>
04  using namespace std;
05
06  int N, S, A[69];
07  bool dp[69][10009];
08  vector<int> Answer;
09
10  int main() {
11      // 입력
12      cin >> N >> S;
13      for (int i = 1; i <= N; i++) cin >> A[i];
14
15      // 동적 계획 알고리즘 (i = 0)
16      dp[0][0] = true;
17      for (int i = 1; i <= S; i++) dp[0][i] = false;
18
19      // 동적 계획 알고리즘 (i >= 1)
20      for (int i = 1; i <= N; i++) {
21          for (int j = 0; j <= S; j++) {
22              if (j < A[i]) {
23                  if (dp[i - 1][j] == true) dp[i][j] = true;
24                  else dp[i][j] = false;
25              }
26              if (j >= A[i]) {
27                  if (dp[i - 1][j] == true || dp[i - 1][j - A[i]] == true) dp[i][j] = true;
28                  else dp[i][j] = false;
29              }
30          }
31      }
32
33      // 선택 방법이 존재하지 않는 경우
34      if (dp[N][S] == false) {
```

3　'어느 쪽이어도'라고 표현했으나, 여기에서는 '카드2를 선택하지 않는' 방법을 선택한 것에 주의합니다.

```
35          cout << "-1" << endl;
36          return 0;
37      }
38
39      // 답 복원(Place는 "현재의 총합")
40      int Place = S;
41      for (int i = N; i >= 1; i--) {
42          if (dp[i - 1][Place] == true) {
43              Place = Place - 0;     // 카드 i를 선택하지 않는다
44          }
45          else {
46              Place = Place - A[i]; // 카드 i를 선택한다
47              Answer.push_back(i);
48          }
49      }
50      reverse(Answer.begin(), Answer.end());
51
52      // 출력
53      cout << Answer.size() << endl;
54      for (int i = 0; i < Answer.size(); i++) {
55          if (i >= 1) cout << " ";
56          cout << Answer[i];
57      }
58      cout << endl;
59      return 0;
60  }
```

※ Python 코드는 지원 페이지를 참조하십시오.

4.4 | 문제 B19 Knapsack 2   난이도: ★4 해당

예제에서 다룬 배낭 문제는 W의 값이 작으므로 '어떤 물품까지 결정했는가', '현재의 합계 무게'의 두 가지를 가진 동적 계획 알고리즘을 생각했습니다.

한편, 여기서는 가격 v_i의 값이 작으므로 **'어떤 물품까지 결정했는가', '현재의 합계 가격'**의 두 가지를 가지면 잘 풀 수 있습니다.

관리하는 배열

dp[i][j]: 물품 1, 2, …, i 중에서 가격의 합계가 j가 되도록 선택하는 것을 생각한다. 이때, 합계 무게로 얻을 수 있는 최솟값은 무엇인가?

※ v_i의 합계는 최대 100000이므로, $j \le 100000$까지 생각하면 된다.

답이 되는 값

$dp[N][i] \le W$를 만족하는 최대 i가 구하는 답(합계 가격의 최댓값)이 됩니다.

배열 dp의 계산

먼저 명확하게 dp[0][0]=0이 됩니다. dp[0][1], dp[0][2],…의 값은 애초에 선택 방법이 존재하지 않으므로 ∞로 둡니다.

다음으로, $i \le 1$에 대한 dp[i][j]의 값은 어떻게 계산하면 좋을까요? 마지막 행동으로 경우를 나누면 dp[i][j]의 상태가 되는 방법으로 다음 두 가지가 있음을 알 수 있습니다.

선택 방법	합계 무게의 최솟값
방법 A: 물품 $i-1$ 시점에서의 합계 가격 j / 물품 i를 구입하지 않는다	$dp[i-1][j]$
방법 B: 물품 $i-1$ 시점에서의 합계 가격 $j-v_i$ / 물품 i를 구입한다	$dp[i-1][j-v_i]+w_i$

따라서 dp[i][j]의 값은 다음과 같이 계산할 수 있습니다.

```
dp[i][j] = min(dp[i-1][j], dp[i-1][j-v[i]]+w[i])
```

구체적인 예

예를 들어, $N=5$, $W=100$, $(w_1, v_1)=(55, 2)$, $(75, 3)$, $(40, 2)$인 경우 다음과 같이 해서 배열 $dp[5][4] \le 100$이므로 문제의 답(가격의 최댓값)은 4입니다.

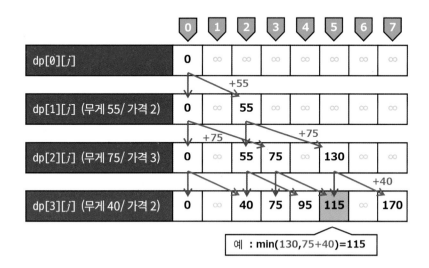

예 : min(130,75+40)=115

해답 예(C++)

```
01   #include <iostream>
02   #include <algorithm>
03   using namespace std;
04
05   long long N, W, w[109], v[109];
06   long long dp[109][100009];
07
08   int main() {
09       // 입력/배열 초기화
10       cin >> N >> W;
11       for (int i = 1; i <= N; i++) cin >> w[i] >> v[i];
12       for (int i = 0; i <= N; i++) {
13           for (int j = 0; j <= 100000; j++) dp[i][j] = 1'000'000'000'000'000LL;
14       }
15
16       // 동적 계획 알고리즘
```

```
17      dp[0][0] = 0;
18      for (int i = 1; i <= N; i++) {
19          for (int j = 0; j <= 100000; j++) {
20              if (j < v[i]) dp[i][j] = dp[i - 1][j];
21              else dp[i][j] = min(dp[i - 1][j], dp[i - 1][j - v[i]] + w[i]);
22          }
23      }
24
25      // 답 출력
26      long long Answer = 0;
27      for (int i = 0; i <= 100000; i++) {
28          if (dp[N][i] <= W) Answer = i;
29      }
30      cout << Answer << endl;
31      return 0;
32  }
```

※ Python 코드는 지원 페이지를 참조하십시오.

4.5 문제 B20 Edit Distance

난이도: ★6 해당

먼저, 문자열 S를 편집하는 조작은 **문자열 S, T를 일렬로 배열하는 조작**에 대응합니다. 구체적으로는 다음과 같습니다.

조작 1: 문자열 S부터 하나씩 문자를 삭제	S의 아래에 T의 문자를 놓지 않는다
조작 2: 문자열 S의 1개 문자를 변경	S와 T의 같은 위치에 다른 문자를 놓는다
조작 3: 문자열 S에 1개 문자를 삽입	T의 위에 S의 문자를 놓지 않는다

구체적인 예

예를 들어, 문자열 S = "tessoku"를 T = "tetsudou"로 변경하는 조작의 예[4]은 다음과 같은 문자열의 배열에 대응합니다.

조작 횟수는 문자를 놓지 않은 수와 문자가 일치하지 않는 수를 합한 4번입니다.

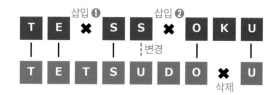

동적 계획 알고리즘으로

여기에서 조작 횟수의 최솟값, 즉 '문자를 놓지 않은 수와 문자가 일치하지 않는 수의 합계'(이하, 합계 비용)의 최솟값은 어떻게 계산하면 좋을까요? 먼저 다음과 같은 동적 계획 알고리즘을 생각할 수 있습니다.

> dp[i][j]: 문자열 S의 i번째 문자, 문자열 T의 j번째 문자까지 배열했을 때 그 시점에서의 합계 비용의 최솟값은 얼마인가?[5]

---

4 "tessoku" → "tetssoku"(삽입 ①)→ "tetssdoku"(삽입 ②)→ "tetsudoku"(변경) → "tetsudou"(삭제) 조작의 경우

예를 들어, S = "tessoku", T = "tetsudou"인 경우, dp[3][4] = 1이 됩니다. 왜냐하면 S의 3번째 문자까지(tes까지)와 T의 4번째 문자까지(tets까지)는 다음과 같이 비용 1로 배열할 수 있기 때문입니다.

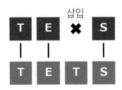

배열 dp의 계산

그럼, 배열 dp의 값을 계산하는 것을 생각해 봅시다. 먼저, 명확하게 dp[0][0] = 0입니다. 또한 dp[i][j]가 가리키는 상태로 전이하는 방법으로 다음 네 가지를 생각할 수 있습니다.

조작	합계 비용의 최솟값
삭제 조작(S의 아래에 T를 놓지 않는다)	dp[i-1][j]+1
삽입 조작(T의 아래에 S를 놓지 않는다)	dp[i][j-1]+1
변경 조작(S, T에 다른 문자를 놓는다)	dp[i-1][j-1]+1 ※ $S_i \neq T_j$인 경우
아무것도 변경하지 않는다(S, T에 같은 문자를 놓는다)	dp[i-1][j-1] ※ $S_i = T_j$인 경우

따라서 배열 dp의 값은 다음과 같이 계산하면 좋습니다.

$S_i = T_j$인 경우:

- dp[i][j] = min(dp[i-1][j]+1, dp[i][j-1]+1, dp[i-1][j-1])

$S_i \neq T_j$인 경우:

- dp[i][j] = min(dp[i-1][j]+1, dp[i][j-1]+1, dp[i-1][j-1]+1)

이상의 내용을 구현하면 해답 예와 같이 됩니다. 여기에서 구하는 답은 S, T의 길이를 각각 N, M으로 했을 때 dp[N][M]인 것에 주의하기 바랍니다.

---

5   문자열은 왼쪽부터 순서대로 나열하는 것으로 가정합니다.

해답 예(C++)

```cpp
01  #include <iostream>
02  #include <string>
03  #include <algorithm>
04  using namespace std;
05
06  int N, M, dp[2009][2009];
07  string S, T;
08
09  int main() {
10      // 입력
11      cin >> S; N = S.size();
12      cin >> T; M = T.size();
13
14      // 동적 계획 알고리즘
15      dp[0][0] = 0;
16      for (int i = 0; i <= N; i++) {
17          for (int j = 0; j <= M; j++) {
18              if (i >= 1 && j >= 1 && S[i - 1] == T[j - 1]) {
19                  dp[i][j] = min({ dp[i - 1][j] + 1, dp[i][j - 1] + 1, dp[i - 1][j - 1] });
20              }
21              else if (i >= 1 && j >= 1) {
22                  dp[i][j] = min({ dp[i - 1][j] + 1, dp[i][j - 1] + 1, dp[i - 1][j - 1] + 1 });
23              }
24              else if (i >= 1) {
25                  dp[i][j] = dp[i - 1][j] + 1;
26              }
27              else if (j >= 1) {
28                  dp[i][j] = dp[i][j - 1] + 1;
29              }
30          }
31      }
32
33      // 출력
34      cout << dp[N][M] << endl;
35      return 0;
36  }
```

※ Python 코드는 지원 페이지를 참조하십시오.

4.6 문제 B21 Longest Subpalindrome 난이도: ★6 해당

먼저, 문자열 중에서 회문을 추출하는 조작은 다음에 대응합니다.

> - 최초에 1개 또는 2개의 문자를 선택하고, 회문에 추가한다(2개의 문자를 선택한 경우에는 같은 문자여야 한다).
> - 그 뒤, 조금씩 범위를 넓혀가며 '범위 양끝의 문자가 같으면 그 문자들을 회문에 추가한다'는 조작을 반복한다.

예를 들어 문자열 "tanabata"에서 회문 "aabaa"를 추출하는 조작 순서는 다음과 같습니다.

그리고 이 그림에서는 회문으로서 추가된 부분을 검은색, 범위를 빨간색 화살표로 나타냈습니다.

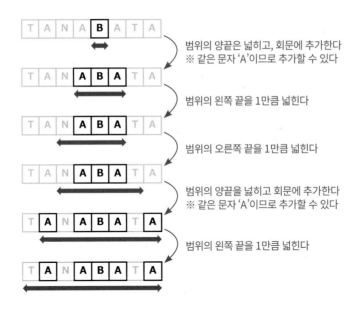

여기에서 최초에 2문자를 선택하는 경우에는 연속한 2문자라고 가정해도 문제없습니다. 왜냐하면 연속하지 않은 2문자를 선택하는 것은 최적이 아니기 때문입니다(사이의 1문자를 선택하면 회문의 길이가 1 증가합니다).[6]

---

6 예를 들어, 문자열 "kazan"의 2번째 문자, 4번째 문자를 처음에 선택하는 것은 최적이 아닙니다. 왜냐하면 3번째 문자인 'k'를 추가하면 회문의 길이가 1 증가하기 때문입니다.

동적 계획 알고리즘을 생각한다

여기서 가장 많은 문자를 회문으로서 추가하려면 어떻게 하면 좋을까요? 다음과 같은 동적 계획 알고리즘을 생각할 수 있습니다.

> dp[l][r]: 문자열의 1번째 문자부터 r번째 문자까지가 범위일 때 이미 최대 몇 문자를 회문으로서 추가할 수 있었는가?

배열 dp의 계산

먼저, 초기 상태는 다음과 같습니다.

- 1 문자를 선택한 경우: dp[i][i]=1
- 2 문자를 선택한 경우: dp[i][i+1]=2 ($S_i = S_{i+1}$인 경우)

다음으로 상태 전이를 생각합니다. dp[l][r]의 상태로 전이하는 방법으로 다음 세 가지를 생각할 수 있습니다.

조작	누적 문자 수 합계의 최댓값
왼쪽 끝을 1 넓힌다	dp[l+1][r]
오른쪽 끝을 1 넓힌다	dp[l][r-1]
왼쪽 끝, 오른쪽 끝을 1넓히고 회문에 추가한다	dp[l+1][r-1]+2 ※ $S_l = S_r$인 경우

따라서 dp[l][r]의 값은 다음과 같이 됩니다.

$S_l = T_t$인 경우:
- dp[l][r] = max(dp[l][r-1], dp[l+1][r], dp[l+1][r-1]+2)

$S_l \neq T_t$인 경우:
- dp[l][r] = max(dp[l][r-1], dp[l+1][r])

여기까지의 내용을 구현하면 해답 예와 같이 됩니다. 계산량은 $O(N^2)$입니다. 또한, 해답 예에서는 r-1
의 오름차순으로 dp[l][r]을 계산하고 있는 것에 주의합니다.

해답 예(C++)

```cpp
01  #include <iostream>
02  #include <algorithm>
03  using namespace std;
04
05  int N;
06  int dp[1009][1009];
07  string S;
08
09  int main() {
10      // 입력
11      cin >> N;
12      cin >> S;
13
14      // 동적 계획 알고리즘(초기 상태)
15      for (int i = 0; i < N; i++) dp[i][i] = 1;
16      for (int i = 0; i < N - 1; i++) {
17          if (S[i] == S[i + 1]) dp[i][i + 1] = 2;
18          else dp[i][i + 1] = 1;
19      }
20
21      // 동적 계획 알고리즘(상태 전이)
22      for (int LEN = 2; LEN <= N - 1; LEN++) {
23          for (int l = 0; l < N - LEN; l++) {
24              int r = l + LEN;
25
26              if (S[l] == S[r]) {
27                  dp[l][r] = max({ dp[l][r - 1], dp[l + 1][r], dp[l + 1][r - 1] + 2 });
28              }
29              else {
30                  dp[l][r] = max({ dp[l][r - 1], dp[l + 1][r] });
31              }
32          }
33      }
```

```
34
35      // 답을 구한다
36      cout << dp[0][N - 1] << endl;
37      return 0;
38  }
```

※ Python 코드는 지원 페이지를 참조하십시오.

4.7 | 문제 B22 Frog 1 with Restoration 난이도: ★3 해당

방 i에 있을 때의 한 수 앞의 행동으로서는 '방 $i+1$로 이동한다', '방 $i+2$로 이동한다'의 두 가지를 생각할 수 있습니다.

그렇기 때문에 방 1부터 방 i까지 이동하기 위한 최소 비용을 dp[i]라 했을 때, dp[i]의 값은 다음과 같이 계산할 수 있습니다(문제 A16과 달리, 보내는 전이 형식을 사용하고 있습니다).

> 가장 먼저 dp[1]=0으로 설정하고 dp[2], dp[3], ⋯, dp[N]=∞로 한다. 그 뒤, $i=1, 2, ⋯, N$ 순으로, 이하의 조작을 수행한다.
> - dp[$i+1$]을 min(dp[$i+1$], dp[i]+A_{i+1})d로 업데이트한다.
> - Dp[$i+2$]를 min(dp[$i+2$], dp[i]+A_{i+3})d로 업데이트한다.

해답 예(C++)

```
01  #include <iostream>
02  #include <algorithm>
03  using namespace std;
04
05  int N, A[100009], B[100009];
06  int dp[100009];
07
08  int main() {
09      // 입력
10      cin >> N;
11      for (int i = 2; i <= N; i++) cin >> A[i];
12      for (int i = 3; i <= N; i++) cin >> B[i];
13
14      // 배열 dp 초기화
15      dp[1] = 0;
16      for (int i = 2; i <= N; i++) dp[i] = 2000000000;
17
18      // 동적 계획 알고리즘
19      for (int i = 1; i <= N; i++) {
```

```
20          if (i <= N - 1) dp[i + 1] = min(dp[i + 1], dp[i] + A[i + 1]); // 방 i+1로 이동하는 경우
21          if (i <= N - 2) dp[i + 2] = min(dp[i + 2], dp[i] + B[i + 2]); // 방 i+2로 이동하는 경우
22      }
23
24      // 출력
25      cout << dp[N] << endl;
26      return 0;
27 }
```

※ Python 코드는 지원 페이지를 참조하십시오.

4.8 문제 B23 Traveling Salesman   난이도: ★5 해당

먼저 생각할 수 있는 방법은 이동 방법 $N!$가지를 완전 탐색하는 것입니다. 하지만 문제의 제약은 $N \leq$ 15이며, 15!은 10^{12}를 넘으므로 안타깝지만 실행 시간 제한을 맞출 수 없습니다.

동적 계획 알고리즘(비트 DP)을 생각한다

여기에서 다음과 같은 동적 계획 알고리즘을 생각할 수 있습니다. 이미 방문한 도시 i는 정수가 아니라 집합인 점에 주의합니다.

> dp[i][j]: 이미 방문한 도시의 집합이 i이고, 현재 위치가 j일 때 현 시점에서의 최소 이동 거리

그리고 프로그램상에서는 배열의 첨자로서 집합을 설정할 수 없으며, 정수로 해야 합니다.

정수로 하는 방법으로서는 책 136페이지(4.8절)에 기술한 것처럼 2진법을 사용하는 등의 방법이 있습니다(다음 그림 참조).

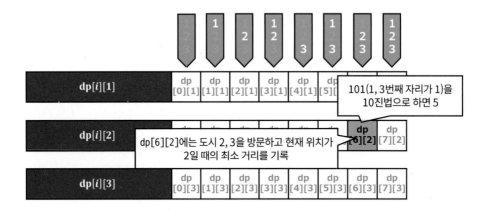

배열 dp는 어떻게 계산하는가?

먼저, 초기 상태는 dp[1][1]=0입니다[7]. 왜냐하면 **최초에는 도시 1부터 출발한다고 생각해도 일반성을 잃지 않기** 때문입니다.

다음으로, 상태 전이는 어떻게 수행하면 좋을까요? 보내는 전이 형식에 따라 생각해 봅시다. 다음에 방문할 도시를 k로 하고, 도시 j와 k의 사이의 거리를 dist(j, k)라 했을 때 다음과 같이 됩니다.

```
dp[i+(1<<k)][k] = min(dp[i+(1<<k)][k], dp[i][j] + dist(j,k));
     집합 i + 도시 k(값은 i+2ᵏ)
```

여기까지의 내용을 구현하면 다음의 해답 예가 됩니다. 답은 $dp[2^N - 1][1]$인 것에 주의합니다.

그리고 배열 dp의 요소 수는 $N \times 2^N$이며, 각 요소당 계산량 $O(N)$이 걸리므로 프로그램 전체의 계산량은 $O(N^2 \times 2^N)$입니다.

해답 예(C++)

```cpp
01  #include <iostream>
02  #include <cmath>
03  #include <algorithm>
04  using namespace std;
05
06  int N, X[19], Y[19];
07  double dp[1 << 16][19];
08
09  int main() {
10      // 입력
11      cin >> N;
12      for (int i = 0; i < N; i++) cin >> X[i] >> Y[i];
13
14      // 배열 dp 초기화
15      for (int i = 0; i < (1 << N); i++) {
16          for (int j = 0; j < N; j++) dp[i][j] = 1e9;
17      }
```

7　마지막에 '시작 지점'으로 돌아오기 때문에 여기에서는 시작 지점을 '방문한 도시의 집합'에 포함시키지 않습니다.

```
18
19      // 동적 계획 알고리즘(dp[지나간 도시][현재 있는 도시]로 되어 있다)
20      dp[0][0] = 0;
21      for (int i = 0; i < (1 << N); i++) {
22          for (int j = 0; j < N; j++) {
23              if (dp[i][j] >= 1e9) continue;
24
25              // 도시 j에서도 도시 k로 이동하고 싶다!
26              for (int k = 0; k < N; k++) {
27                  // 이미 도시 k를 지난 경우
28                  if ((i / (1 << k)) % 2 == 1) continue;
29
30                  // 상태 전이
31                  double DIST = sqrt(1.0 * (X[j] - X[k]) * (X[j] - X[k]) + 1.0 * (Y[j] - Y[k]) *
(Y[j] - Y[k]));
32                  dp[i + (1 << k)][k] = min(dp[i + (1 << k)][k], dp[i][j] + DIST);
33              }
34          }
35      }
36
37      // 답을 출력
38      printf("%.12lf\n", dp[(1 << N) - 1][0]);
39      return 0;
40  }
```

※ Python 코드는 지원 페이지를 참조하십시오.

4.9 문제 B24 Many Boxes

먼저, $X_1 < X_2 < \cdots < X_N$을 만족하는 경우를 생각합니다. 다소 충격적일지도 모르지만, 이런 경우에서 답은 **열** $[Y_1, Y_2, \cdots, Y_N]$**의 최장 증가 부분열 문제의 답**과 일치합니다.

왜냐하면 하나의 '상자를 선택하는 방법'이 하나의 '최장 증가 부분열'에 대응하기 때문입니다.[8] 상자 1, 3, 5를 선택하는 방법의 구체적인 예를 다음에 나타냈습니다(주: 최장 증가 부분열에 관해서는 책 141 페이지를 참조하십시오).

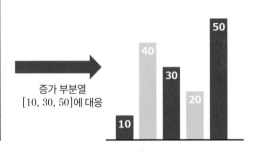

상자 번호	크기
상자 1	$(X_1, Y_1) = (10, 10)$
상자 2	$(X_2, Y_2) = (20, 40)$
상자 3	$(X_3, Y_3) = (30, 30)$
상자 4	$(X_4, Y_4) = (40, 20)$
상자 5	$(X_5, Y_5) = (50, 50)$

증가 부분열
$[10, 30, 50]$에 대응

그럼 $X_1 < X_2 < \cdots < X_N$을 만족하지 않는 경우는 어떨까요? 상자의 번호는 답과 관계없으므로 미리 X_i의 오름차순으로 정렬해두면 좋습니다.

단, 세로의 길이 X_i가 같은 경우에는 가로의 길이 Y_i가 긴 쪽을 앞에 두어야 하는 점에 주의합니다(다음 그림 참조).

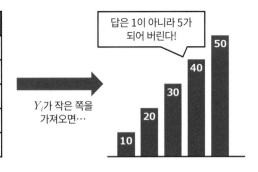

상자 번호	크기
상자 1	$(X_1, Y_1) = (10, 10)$
상자 2	$(X_2, Y_2) = (10, 20)$
상자 3	$(X_3, Y_3) = (10, 30)$
상자 4	$(X_4, Y_4) = (10, 40)$
상자 5	$(X_5, Y_5) = (10, 50)$

답은 1이 아니라 5가 되어 버린다!

Y_i가 작은 쪽을 가져오면…

---

8 반드시 증가 부분열이 되는 이유는 '상자를 상자의 안에 넣기 위해서는 세로의 길이와 가로의 길이가 모두 실제로 짧아져야 한다는 것'에서 알 수 있습니다.

해답 예(C++)

```
01   #include <iostream>
02   #include <vector>
03   #include <algorithm>
04   using namespace std;
05
06   int N, X[100009], Y[100009];
07   int LEN, L[100009];
08
09   // 배열 A의 최장 증가 부분열(LIS)의 길이를 계산한다
10   // 배열 dp를 사용하지 않는 구현 방법을 이용한다
11   int Get_LISvalue(vector<int> A) {
12       LEN = 0;
13       for (int i = 1; i <= A.size(); i++) L[i] = 0;
14
15       // 동적 계획 알고리즘
16       for (int i = 0; i < A.size(); i++) {
17           int pos = lower_bound(L + 1, L + LEN + 1, A[i]) - L;
18           L[pos] = A[i];
19           if (pos > LEN) LEN += 1;
20       }
21       return LEN;
22   }
23
24   int main() {
25       // 입력
26       cin >> N;
27       for (int i = 1; i <= N; i++) cin >> X[i] >> Y[i];
28
29       // 정렬
30       vector<pair<int, int>> tmp;
31       for (int i = 1; i <= N; i++) tmp.push_back(make_pair(X[i], -Y[i]));
32       sort(tmp.begin(), tmp.end());
33
34       // LIS를 구해야 할 배열은?
35       vector<int> A;
36       for (int i = 0; i < tmp.size(); i++) {
```

```
37          A.push_back(-tmp[i].second);
38      }
39
40      // 출력
41      cout << Get_LISvalue(A) << endl;
42      return 0;
43  }
```

※ Python 코드는 지원 페이지를 참조하십시오.

수학적 문제

5.1 문제 B26 Output Prime Numbers 난이도: ★2 해당

이 문제는 책 156페이지에서 설명한 '에라토스테네스의 체'를 사용해서 풀 수 있습니다.

이 문제의 제약은 $N = 1000000$이지만, 에라토스테네스의 체의 계산량은 $O(N \times \log\log N)$이므로 $\log\log 1000000 \fallingdotseq 3$에서 여유롭게 실행 시간 제약을 만족합니다.

해답 예(C++)

```cpp
01  #include <iostream>
02  using namespace std;
03
04  int N;
05  bool Deleted[1000009]; // 정수 x가 지워진 경우에만 Deleted[x]=true
06
07  int main() {
08      // 입력
09      cin >> N;
10
11      // 에라토스테네스의 체(i는 √N 이하의 최대 정수까지 루프를 돈다)
12      for (int i = 2; i <= N; i++) Deleted[i] = false;
13      for (int i = 2; i * i <= N; i++) {
14          if (Deleted[i] == true) continue;
15          for (int j = i * 2; j <= N; j += i) Deleted[j] = true;
16      }
17
18      // 답을 출력
19      for (int i = 2; i <= N; i++) {
20          if (Deleted[i] == false) cout << i << endl;
21      }
22      return 0;
23  }
```

※ Python 코드는 지원 페이지를 참조하십시오.

5.2 문제 B27 Calculate LCM

먼저, 정수 a, b의 최대 공약수와 최소 공배수에 대해 다음 특성이 반드시 성립합니다.

$a \times b = ($최대 공약수$) \times ($최소 공배수$)$

예를 들어, 25와 30의 최대 공약수는 5, 최소 공배수는 150이므로 확실히 '$25 \times 30 = 5 \times 150$'이 성립합니다[1]. 따라서 최소 공배수 값은 다음 알고리즘으로 빠르게 계산할 수 있습니다.

1. 유클리드 호제법을 사용해서 a, b의 최대 공약수를 계산한다.
2. (최소 공배수)$=a \times b \div ($최대 공약수$)$를 출력한다.

해답 예(C++)

```
01  #include <iostream>
02  using namespace std;
03
04  int GCD(int A, int B) {
05      while (A >= 1 && B >= 1) {
06          if (A >= B) {
07              A = (A % B); // A의 값을 변경하는 경우
08          }
09          else {
10              B = (B % A); // B의 값을 변경하는 경우
11          }
12      }
13      if (A != 0) return A;
14      return B;
15  }
16
17  int main() {
```

---

1 이것이 성립하는 이유의 증명은 다소 어렵습니다. https://manabitimes.jp/math/1032(일본어)를 참조하십시오.

```
18      long long A, B;
19      cin >> A >> B;
20      cout << A * B / GCD(A, B) << endl;
21      return 0;
22  }
```

※ Python 코드는 지원 페이지를 참조하십시오.

5.3 문제 B28 Fibonacci Easy

자연스럽게 구현하면 다음과 같이 됩니다. 하지만 제약의 최댓값인 $N=10^7$의 경우, N번째 항인 a_N의 값은 200만 자리를 넘으므로 오버플로를 일으키게 됩니다.

```
01  a[1] = 1;
02  a[2] = 1;
03  for (int i = 3; i <= N; i++) a[i] = (a[i - 1] + a[i - 2]) % 1000000007;
04  cout << a[N] % 1000000007 << endl;
```

여기서, a_i의 값을 1번 계산할 때마다 나머지를 구하면 오버플로를 방지할 수 있습니다. 해답 예는 다음과 같습니다. $2 \times 1000000007 < 2^{31}$로부터 int 타입 등의 32비트 정수로도 충분하다는 점에 주의합니다.

해답 예(C++)

```cpp
01  #include <iostream>
02  using namespace std;
03
04  const int mod = 1000000007;
05  int N, a[10000009];
06
07  int main() {
08      // 입력
09      cin >> N;
10
11      // 피보나치 수열 계산
12      a[1] = 1;
13      a[2] = 1;
14      for (int i = 3; i <= N; i++) {
15          a[i] = (a[i - 1] + a[i - 2]) % mod;
16      }
17
18      // 출력
19      cout << a[N] << endl;
20      return 0;
21  }
```

※ Python 코드는 지원 페이지를 참조하십시오.

5.4 문제 B29 Power Hard   난이도: ★3 해당

문제 A29의 해답 예(책 170페이지)에서는 30번의 루프를 수행했습니다. 하지만 이번에는 제약이 $b \leq 10^{18}$이므로 루프 횟수를 60번까지 늘려야 합니다($10^{18} < 2^{60}$에서 60번이면 충분합니다).

그 외에 주의점으로 9번째 행의 변수 wari는 long long 타입 등의 64비트 정수로 해야 하는 점 등을 들 수 있습니다. 해답 예는 다음과 같습니다.

해답 예(C++)

```cpp
01  #include <iostream>
02  using namespace std;
03
04  // a의 b 제곱을 m으로 나눈 나머지를 반환하는 함수
05  // 변수 a는 a¹ → a² → a⁴ → a⁸ → a¹⁶ → …으로 변화
06  long long Power(long long a, long long b, long long m) {
07      long long p = a, Answer = 1;
08      for (int i = 0; i < 60; i++) {
09          long long wari = (1LL << i);
10          if ((b / wari) % 2 == 1) {
11              Answer = (Answer * p) % m; // 'a의 2ⁱ 제곱'이 곱해졌을 때
12          }
13          p = (p * p) % m;
14      }
15      return Answer;
16  }
17
18  int main() {
19      long long a, b;
20      cin >> a >> b;
21      cout << Power(a, b, 1000000007) << endl;
22      return 0;
23  }
```

※ Python 코드는 지원 페이지를 참조하십시오.

5.5 | 문제 B30   Combination 2   난이도: ★4 해당

칸 $(1, 1)$에서 칸 (H, W)까지 가기 위해서는 전부 $H+W-2$번의 이동을 수행해야 하며, 그중 $W-1$번이 오른쪽 방향이어야 합니다.

역으로, 오른쪽 방향의 이동 횟수가 $W-1$번이면 반드시 칸 (H, W)에서 골인합니다. 따라서 구하는 이동 방법의 수는 $H+W-2$개 중에서 $W-1$개를 선택하는 방법의 수인 $_{H+W-2}C_{W-1}$가지가 됩니다.

전부 $H+W-2$번의 이동(그중 $W-1$번이 오른쪽 방향)

구체적인 예

예를 들어, $H=3$, $W=3$인 경우를 생각해 봅시다. 왼쪽 위의 칸 $(1, 1)$에서 오른쪽 아래의 칸 $(3, 3)$까지 가기 위해서는 전부 4번의 이동이 필요하므로 그중에서 2번이 오른쪽 방향의 이동이어야 합니다.

역으로, 4번 중 2번이 오른쪽 방향이라면 반드시 칸 $(3, 3)$에 도달하므로 이동 방법의 수는 $_4C_2=6$가지가 됩니다.

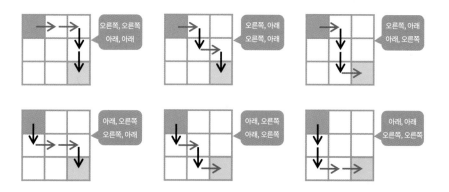

해답 예(C++)

```cpp
01  #include <iostream>
02  using namespace std;
03
04  // a의 b 제곱을 m으로 나눈 나머지를 반환하는 함수
05  // 변수 a는 a^1 → a^2 → a^4 → a^8 → a^16 → …으로 변화
06  long long Power(long long a, long long b, long long m) {
07      long long p = a, Answer = 1;
08      for (int i = 0; i < 30; i++) {
09          int wari = (1 << i);
10          if ((b / wari) % 2 == 1) {
11              Answer = (Answer * p) % m; // 'a의 2^i 제곱'이 곱해졌을 때
12          }
13          p = (p * p) % m;
14      }
15      return Answer;
16  }
17
18  // a ÷ b를 m으로 나눈 나머지를 반환하는 함수
19  long long Division(long long a, long long b, long long m) {
20      return (a * Power(b, m - 2, m)) % m;
21  }
22
23  // nCr % 1000000007을 반환하는 함수
24  long long ncr(int n, int r) {
25      const long long M = 1000000007;
26
27      // 순서 1: 분자 a를 구한다
28      long long a = 1;
29      for (int i = 1; i <= n; i++) a = (a * i) % M;
30
31      // 순서 2: 분모 b를 구한다
32      long long b = 1;
33      for (int i = 1; i <= r; i++) b = (b * i) % M;
34      for (int i = 1; i <= n - r; i++) b = (b * i) % M;
35
```

```
36      // 순서3: 답을 구한다
37      return Division(a, b, M);
38  }
39
40  int main() {
41      // 입력
42      long long H, W;
43      cin >> H >> W;
44
45      // 출력
46      cout << ncr(H + W - 2, W - 1) << endl;
47      return 0;
48  }
```

※ Python 코드는 지원 페이지를 참조하십시오.

5.6 문제 B31 Divisors Hard

난이도: ★3 해당

3개의 집합의 포함–배제 원리(→ 책 175페이지)에서 '3 또는 5 또는 7의 배수인 것의 개수'는 다음과 같이 계산할 수 있습니다.

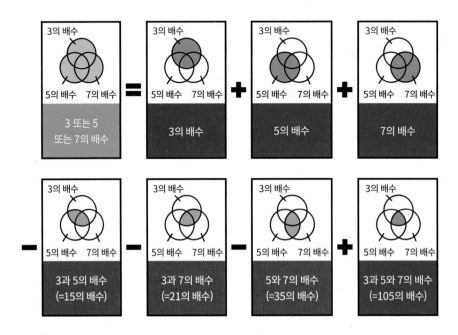

여기에서 1 이상 N 이하의 a의 배수의 개수는 $[N \div a]$개($[X]$는 X의 소수점 이하 버림)이므로 이 문제의 답은 다음 식으로 나타낼 수 있습니다.

$$\left[\frac{N}{3}\right] + \left[\frac{N}{5}\right] + \left[\frac{N}{7}\right] - \left[\frac{N}{15}\right] - \left[\frac{N}{21}\right] - \left[\frac{N}{35}\right] + \left[\frac{N}{105}\right]$$

이 값을 출력하는 해답 예와 같은 프로그램을 작성하면 정답을 얻을 수 있습니다. 계산량은 $O(1)$입니다.

해답 예(C++)

```
01   #include <iostream>
02   using namespace std;
03
04   int main() {
```

```
05      long long N;
06      cin >> N;
07
08      long long A1 = (N /    3); // 3으로 나누어 떨어지는 것의 개수
09      long long A2 = (N /    5); // 5으로 나누어 떨어지는 것의 개수
10      long long A3 = (N /    7); // 5으로 나누어 떨어지는 것의 개수
11      long long A4 = (N /   15); // 3, 5으로 나누어 떨어지는 것(=15의 배수)의 개수
12      long long A5 = (N /   21); // 3, 7으로 나누어 떨어지는 것(=21의 배수)의 개수
13      long long A6 = (N /   35); // 5, 7으로 나누어 떨어지는 것(=35의 배수)의 개수
14      long long A7 = (N / 105); // 3, 5, 7으로 나누어 떨어지는 것(=105의 배수)의 개수
15      cout << A1 + A2 + A3 - A4 - A5 - A6 + A7 << endl;
16      return 0;
17  }
```

※ Python 코드는 지원 페이지를 참조하십시오.

5.7 　문제 B32　Game 5　　　　　　　　　　난이도: ★4 해당

이 문제도 문제 A32(책 179페이지)와 마찬가지로 돌의 수가 0개일 때부터 순서대로 '승리 상태인가 패배 상태인가'를 구해 나가면 답을 알 수 있습니다. 알고리즘의 구체적인 흐름은 다음과 같습니다.

> $i=0, 1, 2, \cdots, N$ 순으로 다음 규칙에 따라 '돌이 i개일 때 승리 상태인가'를 구한다.
>
> **[규칙]**
>
> - 돌이 $i-a_1, \cdots, i-a_K$개 중 하나에서 패배 상태일 때: 승리 상태
>
> - 돌이 $i-a_1, \cdots, i-a_K$개 모두에서 승리 상태일 때: 패배 상태

이 알고리즘을 구현하면 해답 예와 같습니다. 계산량은 $O(NK)$입니다. 그리고 프로그램상에서는 '돌이 i개'가 승리 상태일 때 dp[i]=true, 패배 상태일 때 dp[i]=false로 설정합니다.

해답 예(C++)

```
18   #include <iostream>
19   using namespace std;
20
21   //배열 dp에 관해: dp[x]=true일 때 승리 상태, dp[x]=false일 때 패배 상태
22   int N, K, A[109];
23   bool dp[100009];
24
25   int main() {
26       // 입력
27       cin >> N >> K;
28       for (int i = 1; i <= K; i++) cin >> A[i];
29
30       // 승자를 계산한다
31       for (int i = 0; i <= N; i++) {
32           dp[i] = false;
33           for (int j = 1; j <= K; j++) {
34               if (i >= A[j] && dp[i - A[j]] == false) {
35                   dp[i] = true; // 패배 상태로 전이할 수 있다면 승리 상태
36               }
```

```
37        }
38      }
39
40      // 출력
41      if (dp[N] == true) cout << "First" << endl;
42      else cout << "Second" << endl;
43      return 0;
44  }
```

※ Python 코드는 지원 페이지를 참조하십시오.

5.8 문제 B33 Game 6

난이도: ★6 해당

이 문제는 '**몇 번째 행인가**'와 '**몇 번째 열인가**'를 **나누어 생각**함으로써 산의 수를 $2N$인 Nim으로 귀착시킬 수 있습니다. 구체적으로는 다음과 같습니다.

> 현재 i번째의 칸의 위치를 위쪽부터 a_i+1번째 행, 왼쪽부터 b_i+1번째 열로 한다. 이때, 1번의 조작에서는 다음을 할수 있다.
>
> - **칸 i를 왼쪽 방향으로 움직인다:** b_i를 1 이상 줄인다.
> - **칸 i를 위쪽 방향으로 움직인다:** a_i를 1 이상 줄인다.
> - **단, 매트릭스 범위 안이어야 하므로 a_i, b_i는 0 이상이다.**
>
> 즉, 1번의 조작은 '$[a_1, a_2, \cdots, a_N, b_1, b_2, \cdots, b_N]$ 중에서 하나를 선택하고, 음의 수가 되지 않는 범위에서 1 이상을 줄이는 것'에 대응합니다.
>
> 이것은 산의 수가 $2N$이며, 각 산의 돌의 수가 $[a_1, a_2, \cdots, a_N, b_1, b_2, \cdots, b_N]$인 Nim과 완전히 등가입니다.

예를 들어, 칸이 1개이고 그 칸이 위쪽에서부터 4번째 행, 왼쪽에서부터 6번째 열에 존재하는 경우, '돌이 3, 5개인 2개의 산의 Nim sum'과 등가입니다(물론, 3XOR 5 ≠ 0이므로 선수가 반드시 승리합니다[2]).

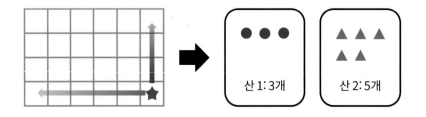

따라서 이 문제의 답은 $(A_1-1)\text{XOR} \cdots \text{XOR}(A_N-1)\text{XOR}(B_1-1)\text{XOR} \cdots \text{XOR}(B_N-1)=0$이면 후수가 반드시 승리, 그렇지 않으면 선수가 반드시 승리합니다. 해답 예는 다음과 같습니다.

---

2 Nim에서는 돌의 수를 모두 XOR한 값이 0이면 후수가 반드시 승리였던 것을 생각합시다. 책 183페이지를 참조하십시오.

해답 예(C++)

```
45  #include <iostream>
46  using namespace std;
47
48  int H, W;
49  int N, A[200009], B[200009];
50
51  int main() {
52      // 입력
53      cin >> N >> H >> W;
54      for (int i = 1; i <= N; i++) cin >> A[i] >> B[i];
55
56      // 전부 XOR한 값(Nim 합)을 구한다
57      int XOR_Sum = 0;
58      for (int i = 1; i <= N; i++) XOR_Sum = (XOR_Sum ^ (A[i] - 1));
59      for (int i = 1; i <= N; i++) XOR_Sum = (XOR_Sum ^ (B[i] - 1));
60
61      // 출력
62      if (XOR_Sum != 0) cout << "First" << endl;
63      if (XOR_Sum == 0) cout << "Second" << endl;
64      return 0;
65  }
```

※ Python 코드는 지원 페이지를 참조하십시오.

5.9 문제 B34 Game 7 난이도: ★5 해당

먼저, 산이 1개인 경우를 생각해 봅시다. $X=2$, $Y=3$일 때 돌의 수가 0개부터 39개일 때의 Grundy 수는 다음과 같습니다(책 188페이지와 같이 실제로 손으로 계산해 봅시다).

돌의 수	0	1	2	3	4	5	6	7	8	9
Grundy 수	0	0	1	1	2	0	0	1	1	2

돌의 수	10	11	12	13	14	15	16	17	18	19
Grundy 수	0	0	1	1	2	0	0	1	1	2

돌의 수	20	21	22	23	24	25	26	27	28	29
Grundy 수	0	0	1	1	2	0	0	1	1	2

돌의 수	30	31	32	33	34	35	36	37	38	39
Grundy 수	0	0	1	1	2	0	0	1	1	2

0, 0, 1, 1, 2가 주기적으로 반복됩니다. 그럼, 이 주기성은 돌의 수가 40개 이상이어도 성립할까요? 답은 Yes입니다. 조금 어렵지만 다음과 같이 증명할 수 있습니다.

> 돌이 $(i-3, i-2, i-1)$개인 Grundy 수의 값에서 돌이 $(i-2, i-1, i-0)$개인 Grudny 수를 구하는 것을 생각한다. 이때,[3]
>
> 1. (0, 0, 1) 다음은 (0, 1, 1)인 [0, 0에 없는 최소의 음이 아닌 정수는 1]
> 2. (0, 1, 1) 다음은 (1, 1, 2)인 [0, 1에 없는 최소의 음이 아닌 정수는 2]
> 3. (1, 1, 2) 다음은 (1, 2, 0)인 [1, 1에 없는 최소의 음이 아닌 정수는 0]
> 4. (1, 2, 0) 다음은 (2, 0, 0)인 [1, 2에 없는 최소의 음이 아닌 정수는 0]
> 5. (2, 0, 0) 다음은 (0, 0, 1)인 [2, 0에 없는 최소의 음이 아닌 정수는 1]
>
> 5번에서 다시 1로 돌아오므로 5개 주기로 '0 → 0 → 1 → 1 → 2'로 반복한다.

따라서 돌의 수가 A_1개일 때 Grundy 수는 다음 표와 같이 됩니다.

---

[3] 전이할 수 있는 '돌의 수가 $i-3$, $i-2$개인 상태'의 Grundy 수를 빨간색으로 나타냈습니다.

돌의 수 A_i을 5로 나눈 나머지	0	1	2	3	4
Grundy 수	0	0	1	1	2

산이 2개 이상인 경우

산이 2개 이상인 경우는 책 189페이지와 같이 각각의 산에 대한 Grundy 수를 계산함으로써 승패를 판정할 수 있습니다.

Grundy 수를 모두 XOR한 값 XOR_Sum이 0일 때 후수가 반드시 승리하며, 그렇지 않으면 선수가 반드시 승리합니다. 구현 예는 다음과 같습니다.

해답 예(C++)

```
01  #include <iostream>
02  using namespace std;
03
04  long long N, X, Y, A[100009];
05
06  int main() {
07      // 입력
08      cin >> N >> X >> Y;
09      for (int i = 1; i <= N; i++) cin >> A[i];
10
11      // Grundy 수를 계산
12      int XOR_Sum = 0;
13      for (int i = 1; i <= N; i++) {
14          if (A[i] % 5 == 0 || A[i] % 5 == 1) XOR_Sum ^= 0;
15          if (A[i] % 5 == 2 || A[i] % 5 == 3) XOR_Sum ^= 1;
16          if (A[i] % 5 == 4) XOR_Sum ^= 2;
17      }
18
19      // 출력
20      if (XOR_Sum != 0) cout << "First" << endl;
21      if (XOR_Sum == 0) cout << "Second" << endl;
22      return 0;
23  }
```

※ Python 코드는 지원 페이지를 참조하십시오.

문제풀이로 완성하는
알고리즘+자료구조

해답/해설 **6**장

고찰 테크닉

6.1 문제 B36 Switching Lights

난이도: ★2 해당

다소 성급하지만 결론부터 씁니다. 최초에 ON이 되어 있는 전구의 개수를 numON으로 할 때 답은 다음과 같습니다.

- numON의 홀짝과 K의 홀짝이 일치할 때: Yes

- numON의 홀짝과 K의 홀짝이 일치하지 않을 때: No

따라서 다음 페이지의 해답 예와 같은 프로그램을 통해 계산량 $O(N)$으로 올바른 답을 구할 수 있습니다.

해법의 증명

왜 홀짝이 일치하지 않으면 답이 No가 되는 것일까요? 그 이유는 '2개의 전구의 상태를 반전시킨다'는 조작을 수행해도 ON이 되어 있는 전구의 개수의 홀짝이 바뀌지 않는 것(개수의 변화는 −2/0/+2 중 하나)에서 알 수 있습니다.

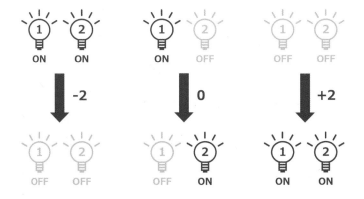

역으로, 홀짝이 일치하는 경우는 다음과 같은 조작을 수행해서 K개의 전구를 ON으로 할 수 있으므로 답은 Yes입니다.

numOn < K인 경우	OFF로 되어 있는 전구를 2개 선택해서 반전시키는 조작을 (K − numOn)/2번 수행한다
numOn > K인 경우	ON으로 되어 있는 전구를 2개 선택해서 반전시키는 조작을 (numON − K)/2번 수행한다

예를 들어, $A = (0, 0, 0, 1, 0, 0)$, $K = 5$의 경우 조작 예는 다음과 같습니다. 2번의 조작으로 ON인 전구가 5개가 됩니다.

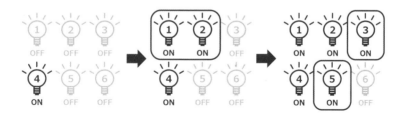

해답 예(C++)

```
01   #include <iostream>
02   #include <string>
03   using namespace std;
04
05   int N, K;
06   string S;
07
08   int main() {
09       // 입력
10       cin >> N >> K;
11       cin >> S;
12
13       // ON으로 되어 있는 것의 개수를 센다
14       int numON = 0;
15       for (int i = 0; i < N; i++) {
16           if (S[i] == '1') numON += 1;
17       }
18
19       // 답을 출력
20       if (numON % 2 == K % 2) cout << "Yes" << endl;
21       else cout << "No" << endl;
22       return 0;
23   }
```

※ Python 코드는 지원 페이지를 참조하십시오.

6.2 문제 B37 Sum of Digits ※ 이 문제는 예제보다 상당히 어렵습니다.   난이도: ★5 해당

이 문제를 푸는 가장 단순한 방법은 '1의 각 자리의 합은?', '2의 각 자리의 합은?'과 같이 하나씩 조사하는 것입니다.

물론, 이 방법으로 올바른 답을 구할 수는 있지만, 계산량은 $O(N)$으로 느리며[1], $N < 10^{15}$인 제약에서는 실행 시간 제한을 만족할 수 없습니다.

그래서 다음과 같은 알고리즘을 사용하면 더 빠르게 답을 도출할 수 있습니다.

[순서 1]

- 각 (i, j)에 대해 다음 값 $R_{i, j}$를 계산한다.
- 아래부터 i번째 숫자가 j가 되는 0 이상 N 이하의 정수는 몇 개인가?[2]

[순서 2]

- 구하는 답인 '각 자리의 합의 합계'는 '$j \times R_{i, j}$의 총합'이다.

여기에서 답이 $j \times R_{i, j}$의 총합이 되는 이유는 '아래부터 i번째 자리가 j일 때의 답에 대한 기여분'이 $j \times R_{i, j}$가 되기 때문입니다.

예를 들어, $N = 47$, $(i, j) = (0, 8)$인 경우를 생각해 봅시다. 아래부터 0번째 자리(즉, 1의 자리)가 8인 정수는 {8, 18, 28, 38}로 4개입니다.

그리고 1의 자리의 8이 '각 자리의 합의 합계'에 주는 영향은 8이 4번 더해지므로 $8 \times 4 = 32$입니다(이것이 $j \times R_{i, j}$의 의미입니다).

하지만 $R_{i, j}$의 값을 빠르게 구하는 부분이 어려운 곳이므로 $R_{0, j}$부터 순서대로 조금씩 생각해 봅시다.

---

1 구현에 따라서는 계산량이 $O(N \log N)$이 됩니다.

2 1 이상보다 0 이상 쪽이 프로그램 구현이 쉬우므로 0 이상의 개수를 생각합니다. 또한, 존재하지 않는 자리는 0인 것으로 생각합니다(예: 8의 10의 자리는 0).

일반적인 경우에서 $R_{i,j}$를 구한다(1)

먼저, 1의 자리의 개수 $R_{0,j}(0 \leq j \leq 9)$에 관해서는 어떨까요? 우선 $N = 723$일 때를 생각하면 다음과 같습니다.

> 다음 이유로 $R_{0,0} \sim R_{0,3}$이 73, $R_{0,4} \sim R_{0,9}$가 72가 된다.
> - 0~719의 범위에서는 1의 자리에 0~9가 72번씩 나온다.
> - 720~723의 범위에서는 1의 자리에 0~3이 1번씩 나온다.

일반적인 N의 경우도 마찬가지로 생각하면 다음 표와 같이 됩니다(0 **이상** $[N \div 10] \times 10$ **미만**, $[N \div 10] \times 10$ **이상** N **이하**의 두 가지로 나눠서 생각합니다).

조건	$R_{i,j}$의 값
$j \leq$ (1의 자리의 값)인 경우	$[N \div 10] + 1$개[3]
$j >$ (1의 자리의 값)인 경우	$[N \div 10]$개

일반적인 경우에서 $R_{i,j}$를 구한다(2)

다음으로 10의 자리의 개수 $R_{1,j}(0 \leq j \leq 9)$에 관해서는 어떨까요? 우선, $N = 723$일 때를 생각하면 다음과 같습니다.

> 다음 이유로 $R_{0,0} = R_{0,1} = 80$, $R_{0,2} = 74$, $R_{0,3} \sim R_{0,9}$가 70이 된다.
> - 0~699의 범위에서는 10의 자리에 0~9가 70번씩 나온다.
> - 700~719의 범위에서는 10의 자리에 0~1이 10번씩 나온다.
> - 720~723의 범위에서는 10의 자리에 2가 4번 나온다.

일반적인 N의 경우도 마찬가지로 생각하면 다음 표와 같이 됩니다(0 **이상** $[N \div 100] \times 100$ **미만**, $[N \div 100] \times 100$ **이상** $[N \div 10] \times 10$ **미만**, $[N \div 10] \times 10$ **이상** N **이하**의 세 가지로 나눠서 생각합니다).

---

3 $[X]$는 'X 이하의 소수점 이하 버림'입니다.

조건	$R_{i,j}$의 값
$j <$ (10의 자리의 값)인 경우	$[N \div 100] \times 10 + 10$개
$j =$ (10의 자리의 값)인 경우	$[N \div 100] \times 100 + (N \bmod 10 + 1)$개[4]
$j >$ (10의 자리의 값)인 경우	$[N \div 10] \times 10$개

일반적인 경우에서 $R_{i,j}$를 구한다(3)

마지막으로, 100의 자리 이상에 관해서도 마찬가지로 생각할 수 있습니다. 정수의 조합 (i, j)에 대한 $R_{i,j}$의 값은 다음과 같습니다.

조건	$R_{i,j}$의 값
$j <$ (10^i의 자리의 값)인 경우	$[N \div 10^{i+1}] \times 10^i + 10^i$개
$j =$ (10^i의 자리의 값)인 경우	$[N \div 10^{i+1}] \times 10^i + (N \bmod 10^i + 1)$개[5]
$j >$ (10^i의 자리의 값)인 경우	$[N \div 10^{i+1}] \times 10^i$개

따라서 이 문제를 푸는 프로그램은 해답 예와 같이 구현할 수 있습니다. 이 문제의 제약은 $N < 10^{15}$이므로 $i = 14$까지의 범위 안에서 $R_{i,j}$를 계산해야 하는 점에 주의합니다.

해답 예(C++)

```
01   #include <iostream>
02   #include <string>
03   using namespace std;
04
05   long long N;
06   long long R[18][10]; // R[i][j]는 '아래부터 i번째 자리가 j가 되는 N 이하의 정수의 개수'
07   long long Power10[18];
08
09   int main() {
10       // 입력
11       cin >> N;
12
```

---

4   $a \bmod b$는 'a를 b로 나누었을 때의 나머지'입니다.

5   $a \bmod b$는 'a를 b로 나누었을 때의 나머지'입니다.

```
13      // 10의 N 제곱을 구한다
14      Power10[0] = 1;
15      for (int i = 1; i <= 16; i++) Power10[i] = 10LL * Power10[i - 1];
16
17      // R[i][j]의 값을 계산
18      for (int i = 0; i <= 15; i++) {
19          // 아래부터 i번째 자리의 숫자를 구한다
20          long long Digit = (N / Power10[i]) % 10LL;
21
22          // R[i][j]의 값을 구한다
23          for (int j = 0; j < 10; j++) {
24              if (j < Digit) {
25                  R[i][j] = (N / Power10[i + 1] + 1LL) * Power10[i];
26              }
27              if (j == Digit) {
28                  R[i][j] = (N / Power10[i + 1]) * Power10[i] + (N % Power10[i]) + 1LL;
29              }
30              if (j > Digit) {
31                  R[i][j] = (N / Power10[i + 1]) * Power10[i];
32              }
33          }
34      }
35
36      // 답을 구한다
37      long long Answer = 0;
38      for (int i = 0; i <= 15; i++) {
39          for (int j = 0; j < 10; j++) Answer += 1LL * j * R[i][j];
40      }
41
42      // 출력
43      cout << Answer << endl;
44      return 0;
45  }
```

※ Python 코드는 지원 페이지를 참조하십시오.

6.3 문제 B38 Height of Grass

이 문제를 풀기 위한 중요한 포인트는 '**풀의 높이는 절대로 OO 이하다**'라는 하한값을 생각하는 것입니다. 먼저, $N=8$, $S=$ "AABABBB"인 경우에 대해 하한값을 구하는 것을 생각해 봅시다(그림으로 나타내면 다음과 같습니다).

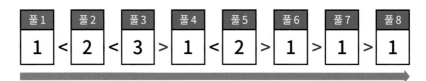

첫째, 조건 '<'에 따른 하한값을 계산하면 다음과 같이 됩니다. 예를 들어, 풀 2는 풀 1보다 커야 하므로 반드시 2cm 이상인 것을 알 수 있습니다. 또한, 풀 3은 풀 2보다 커야 하므로 반드시 3cm 이상인 것을 알 수 있습니다.

둘째, 조건 '>'에 따른 하한값을 계산하면 다음과 같이 됩니다. 예를 들어, 풀 7은 풀 8보다 커야 하므로 반드시 2cm 이상인 것을 알 수 있습니다. 또한, 풀 6은 풀 7보다 커야 하므로 반드시 3cm 이상인 것을 알 수 있습니다.

이 두 가지를 종합하면 풀의 높이는 다음 그림과 같이 되는 것을 알 수 있습니다(2개 하한선의 max를 얻습니다).

그럼, 풀의 높이가 [1, 2, 3, 1, 4, 3, 2, 1]인 경우는 조건을 만족할까요? 답은 Yes입니다. 따라서 '풀 높이의 합계로 얻을 수 있는 최솟값'은 $1+2+3+1+4+3+2+1=17$임을 알 수 있습니다.

일반적인 경우를 생각한다

일반적인 경우에도 마찬가지로 하한값을 구해 봅시다.

- '<'의 조건을 생각했을 때 풀 i의 높이의 하한값을 ret1[i]

- '>'의 조건을 생각했을 때 풀 i의 높이의 하한값을 ret1[i]

로 했을 때, 각각의 값은 다음과 같이 계산할 수 있습니다.

```
01  // '<'를 생각했을 때 하한값을 구한다
02  intstreak1 = 1; ret1[0] = 1; // streak1은 '몇 개의 A가 연속되어 있는가' + 1
03  for(inti= 0; i< N -1; i++) {
04      if(S[i] == 'A') streak1 += 1;
05      if(S[i] == 'B') streak1 = 1;
06      ret1[i+ 1] = streak1;
07  }
08
09  // '>'를 생각했을 때 하한값을 구한다
10  intstreak2 = 1; ret2[N -1] = 1; // streak2는 '몇 개의 B가 연속되어 있는가' + 1
11  for(inti= N -2; i>= 0; i--) {
12      if(S[i] == 'B') streak2 += 1;
13      if(S[i] == 'A') streak2 = 1;
14      ret2[i] = streak2;
15  }
```

그러면 풀 i의 높이가 max(ret1[i], ret2[i])일 때 모든 조건을 만족할까요? 증명은 생략했지만[6], 답은 Yes입니다. 따라서 해답 예와 같이 구현하면 정답을 얻을 수 있습니다.

---

6 '<'와 '>'의 경계로 나누어 생각하는 것이 증명의 포인트입니다.

해답 예(C++)

```cpp
01  #include <iostream>
02  #include <string>
03  #include <algorithm>
04  using namespace std;
05
06  int N, ret1[1 << 18], ret2[1 << 18];
07  string S;
08
09  int main() {
10      // 입력
11      cin >> N >> S;
12
13      // 답을 구한다
14      int streak1 = 1; ret1[0] = 1; // streak1은 '몇 개의 A가 연속되어 있는가' + 1
15      for (int i = 0; i < N - 1; i++) {
16          if (S[i] == 'A') streak1 += 1;
17          if (S[i] == 'B') streak1 = 1;
18          ret1[i + 1] = streak1;
19      }
20      int streak2 = 1; ret2[N - 1] = 1; // streak2는 '몇 개의 B가 연속되어 있는가' + 1
21      for (int i = N - 2; i >= 0; i--) {
22          if (S[i] == 'B') streak2 += 1;
23          if (S[i] == 'A') streak2 = 1;
24          ret2[i] = streak2;
25      }
26
27      // 출력
28      long long Answer = 0;
29      for (int i = 0; i < N; i++) Answer += max(ret1[i], ret2[i]);
30      cout << Answer << endl;
31      return 0;
32  }
```

※ Python 코드는 지원 페이지를 참조하십시오.

6.4 문제 B39 Taro's Job

난이도: ★3 해당

사실은 다음과 같은 탐욕 알고리즘을 사용함으로써 가장 많은 금액을 얻을 수 있습니다.

1일차부터 순서대로 생각한다. 각각의 날에 대해 '지금 선택할 수 있는 업무 중에서 급여가 가장 높은 것'을 선택한다.

예를 들어 $N=5, D=4, (X_i, Y_i) = (1, 100), (2, 400), (2, 300), (3, 400), (4, 200)$의 경우, 다음 그림과 같이 최댓값 1,200원을 얻을 수 있습니다.

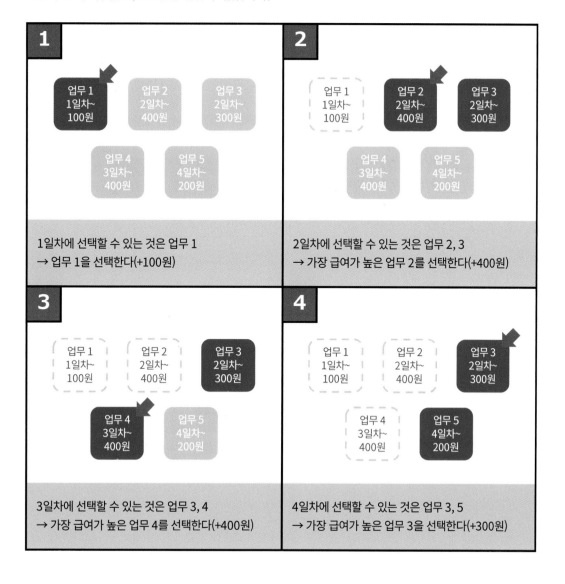

왜 탐욕 알고리즘이 동작하는가?

그렇다면 왜 '가장 급여가 높은 것을 계속 선택하는가?'라는 매우 직관적인 방법이 최적일까요? 조금 어렵지만, 다음과 같이 증명할 수 있습니다.

먼저, '가장 급여가 높은 업무를 계속 선택한다' 이외의 선택 방법을 택한 경우, 가장 급여가 높은 업무를 선택하지 않았던 '최초의 날'이 존재한다. 이 날을 d일로 한다.

그리고 d번째 일에 선택한 업무의 번호를 a로 하고, 해당 날짜에 선택할 수 있는 가장 급여가 높은 업무의 번호를 b로 한다(여기에서 $Y_b > Y_a$가 성립한다).

이때, 다음 두 가지에서 **만약 d일차에 업무 b를 선택하더라도 절대로 '얻을 수 있는 합계 금액'은 줄지 않는다**고 할 수 있다.

- $d+1$일차 이후에 업무 b를 선택하는 경우, 업무 a, b를 하는 날을 서로 바꾸어도 금액은 변하지 않는다.
- $d+1$일차 이후에 업무 b를 선택하지 않는 경우, d일차에 업무 a 대신 업무 b를 하면 합계 금액이 늘어난다.

따라서 모든 날에 대해 '가장 급여가 높은 업무'를 선택해도 절대 손해를 보지 않는다.

해답 예(C++)

```
01   #include <iostream>
02   using namespace std;
03
04   int N, D;
05   int X[2009], Y[2009];
06   bool used[2009]; // used[i]는 업무 i 선택 여부
07   int Answer = 0;
08
09   int main() {
10       // 입력
11       cin >> N >> D;
12       for (int i = 1; i <= N; i++) cin >> X[i] >> Y[i];
13
14       // 답을 구한다
15       for (int i = 1; i <= D; i++) {
16           int maxValue = 0; // 급여의 최댓값
17           int maxID = -1;    // 급여가 최대가 되는 업무의 번호
18           for (int j = 1; j <= N; j++) {
19               if (used[j] == true) continue;
20               if (maxValue < Y[j] && X[j] <= i) {
21                   maxValue = Y[j];
22                   maxID = j;
23               }
24           }
25
26           // 선택할 수 있는 업무가 있는 경우
27           if (maxID != -1) {
28               Answer += maxValue;
29               used[maxID] = true;
30           }
31       }
32
33       // 출력
34       cout << Answer << endl;
35       return 0;
36   }
```

※ Python 코드는 지원 페이지를 참조하십시오.

6.5   문제 B40 Divide by 100   난이도: ★3 해당

먼저, $A_x + A_y$의 값이 100의 배수가 되는 조건을 빠짐없이 나열하면 다음과 같습니다. 최초의 2개 이외에는 역순인 경우($A_x = 99$, $A = 1$ 등)도 포함되는 것에 주의합니다.

- (100으로 나눈 나머지가 0) + (100으로 나눈 나머지가 0)인 형태

- (100으로 나눈 나머지가 50) + (100으로 나눈 나머지가 50)인 형태

- (100으로 나눈 나머지가 1) + (100으로 나눈 나머지가 99)인 형태

- (100으로 나눈 나머지가 2) + (100으로 나눈 나머지가 98)인 형태

- (100으로 나눈 나머지가 3) + (100으로 나눈 나머지가 97)인 형태

- (100으로 나눈 나머지가 4) + (100으로 나눈 나머지가 96)인 형태

- $\vdots$

- (100으로 나눈 나머지가 49) + (100으로 나눈 나머지가 51)인 형태

여기에서 A_i를 100으로 나눈 나머지가 p가 되도록 하는 i의 개수를 cnt[p]라고 할 때, 각 조건을 만족하는 쌍 (x, y)의 개수는 다음 표와 같습니다.

조건	쌍 (x, y)의 개수
0+0	cnt[0]*(cnt[0]-1)/2
50+50	cnt[50]*(cnt[50]-1)/2
1+99	cnt[1]*cnt[99]
2+98	cnt[2]*cnt[98]
3+97	cnt[3]*cnt[97]
4+96	cnt[4]*cnt[96]
:	:
49+51	cnt[49]*cnt[51]

이 부분은 각각 $_{cnt[0]}C_2$개, $_{cnt[50]}C_2$개가 된다

이 값들을 더한 값이 답이므로 다음 해답 예와 같이 구현하면 됩니다. 계산 횟수는 $N+100$번 정도로 속도가 매우 빠릅니다.

해답 예(C++)

```cpp
01  #include <iostream>
02  using namespace std;
03
04  long long N, A[200009];
05  long long cnt[109];
06  long long Answer = 0;
07
08  int main() {
09      // 입력
10      cin >> N;
11      for (int i = 1; i <= N; i++) cin >> A[i];
12
13      // 개수를 센다
14      for (int i = 0; i < 100; i++) cnt[i] = 0;
15      for (int i = 1; i <= N; i++) cnt[A[i] % 100] += 1;
16
17      // 답을 구한다
18      for (int i = 1; i < 50; i++) Answer += cnt[i] * cnt[100 - i];
19      Answer += cnt[0] * (cnt[0] - 1LL) / 2LL;
20      Answer += cnt[50] * (cnt[50] - 1LL) / 2LL;
21
22      // 출력
23      cout << Answer << endl;
24      return 0;
25  }
```

※ Python 코드는 지원 페이지를 참조하십시오.

6.6   문제 B41   Reverse of Euclid   난이도: ★3 해당

이 문제를 푸는 중요한 포인트는 **최후의 조작부터 순서대로 생각한다**는 점입니다. 먼저, 최후의 한 수는 다음과 같습니다.

> $X < Y$인 경우, 최후의 한 수로 'x의 값을 $x + y$로 변경한다'는 조작을 선택하지 않는다. 왜냐하면 y보다 x가 커지기 때문이다. 따라서 최후의 한 수는 남아 있는 'y**의 값을** $x + y$**로 변경한다**'가 된다.
>
> $X > Y$인 경우, 최후의 한 수로 'y의 값을 $x + y$로 변경한다'는 조작을 선택하지 않는다. 왜냐하면 x보다 y가 커지기 때문이다. 따라서 최후의 한 수는 남아 있는 'x**의 값을** $x + y$**로 변경한다**'가 된다.

그리고 최후부터 2번째 수, 3번째 수, 4번째 수, ...에 관해서도 x와 y의 대소 관계에 따라 '수행할 조작'이 하나로 결정되므로 최후의 한 수의 경우와 같은 방침으로 조작 예를 구할 수 있습니다.

구체적인 예를 생각하자

예를 들어, $(X, Y) = (9, 16)$의 경우, 최후의 한 수부터 순서대로 생각하면 다음 그림과 같은 조작 예를 얻을 수 있습니다.

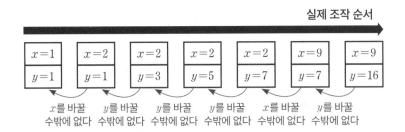

보충

거꾸로 생각했을 때의 조작 예는 유클리드 호제법과 거의 같으므로 (X, Y)의 최대 공약수가 1일 때는 $(x, y) = (1, 1)$로 조작이 끝납니다.

해답 예(C++)

```cpp
01  #include <iostream>
02  #include <vector>
03  #include <algorithm>
04  using namespace std;
05
06  int X, Y;
07
08  int main() {
09      // 입력
10      cin >> X >> Y;
11
12      // 거꾸로 생각해 간다
13      vector<pair<int, int>> Answer;
14      while (X >= 2 || Y >= 2) {
15          Answer.push_back(make_pair(X, Y));
16          if (X > Y) X -= Y;
17          else Y -= X;
18      }
19      reverse(Answer.begin(), Answer.end());
20
21      // 출력
22      cout << Answer.size() << endl;
23      for (int i = 0; i < Answer.size(); i++) {
24          cout << Answer[i].first << " " << Answer[i].second << endl;
25      }
26      return 0;
27  }
```

※ Python 코드는 지원 페이지를 참조하십시오.

6.7 | 문제 B42 Two Faced Cards 난이도: ★5 해당

먼저, (앞면의 총합의 절댓값) + (뒷면의 총합의 절댓값)을 최대로 하는 방법은 다음 네 가지가 있습니다.

- (앞면의 총합) + (뒷면의 총합)을 최대화한다.
- (앞면의 총합) − (뒷면의 총합)을 최대화한다.
- −(앞면의 총합) + (뒷면의 총합)을 최대화한다.
- −(앞면의 총합) − (뒷면의 총합)을 최대화한다.

각 경우에 관해 어떤 카드의 선택 방법을 선택하면 최대가 되는지 생각해 봅시다.

(앞면의 총합) + (뒷면의 총합)의 경우

먼저, (앞면의 총합) + (뒷면의 총합)의 값은 $A_i + B_i > 0$인 카드를 모두 선택하고, 그렇지 않는 카드를 모두 선택하지 않을 때 최대가 됩니다.

예를 들어 $(A_i, B_i) = (2, 8), (4, -5), (5, -3), (-4, 1), (-2, -3)$일 때, 1번째 카드와 3번째 카드를 선택하면 됩니다. (앞면의 총합) + (뒷면의 총합)은 10 + 2 = 12가 됩니다.

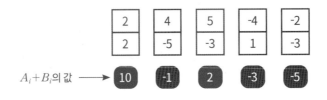

(앞면의 총합) − (뒷면의 총합)의 경우

다음으로 (앞면의 총합) − (뒷면의 총합)의 값은 $A_i - B_i > 0$인 카드를 모두 선택하고, 그렇지 않는 카드를 모두 선택하지 않을 때 최대가 됩니다.

예를 들어 $(A_i, B_i) = (2, 8), (4, -5), (5, -3), (-4, 1), (-2, -3)$일 때, 2, 3, 5번째 카드를 선택하면 됩니다. (앞면의 총합) − (뒷면의 총합)은 9 + 8 + 1 = 18이 됩니다.

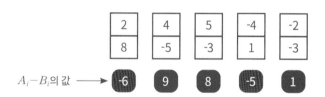

-(앞면의 총합) + (뒷면의 총합)의 경우

다음으로 -(앞면의 총합) + (뒷면의 총합)의 값은 $-A_i + B_i > 0$인 카드를 모두 선택하고, 그렇지 않는 카드를 모두 선택하지 않을 때 최대가 됩니다.

예를 들어 $(A_i, B_i) = (2, 8), (4, -5), (5, -3), (-4, 1), (-2, -3)$일 때, 1, 4번째 카드를 선택하면 됩니다. (앞면의 총합) − (뒷면의 총합)은 $6 + 5 = 11$이 됩니다.

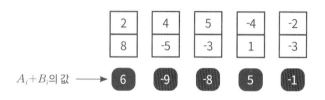

-(앞면의 총합) - (뒷면의 총합)의 경우

다음으로 -(앞면의 총합) − (뒷면의 총합)의 값은 $-A_i - B_i > 0$인 카드를 모두 선택하고, 그렇지 않는 카드를 모두 선택하지 않을 때 최대가 됩니다.

예를 들어 $(A_i, B_i) = (2, 8), (4, -5), (5, -3), (-4, 1), (-2, -3)$일 때, 2, 4, 5번째 카드를 선택하면 됩니다. (앞면의 총합) − (뒷면의 총합)은 $1 + 3 + 5 = 9$가 됩니다.

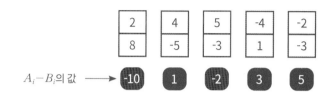

결국 구하는 답은?

마지막으로, 구해야 할 답은 네 가지 방법으로 얻은 값 중 최댓값이 됩니다. 예를 들어, 앞의 예에서라면 $\max(12, 18, 11, 9) = 18$입니다. 이렇게 '앞면과 뒷면을 목표로 하는 부호'를 완전 탐색해서 계산량 $O(N)$으로 올바른 답을 구할 수 있습니다.

해답 예(C++)

```cpp
01  #include <iostream>
02  #include <algorithm>
03  using namespace std;
04
05  long long N;
06  long long A[100009], B[100009];
07
08  // omote=1일 때 앞면의 총합이 양수, ura=1일 때 뒷면의 총합이 양수
09  // omote=2일 때 앞면의 총합이 음수, ura=2일 때 뒷면의 총합이 음수
10  long long solve(int omote, int ura) {
11      long long sum = 0;
12      for (int i = 1; i <= N; i++) {
13          long long card1 = A[i]; if (omote == 2) card1 = -A[i];
14          long long card2 = B[i]; if (ura == 2) card2 = -B[i];
15          // 카드 i는 선택해야 하는가?
16          if (card1 + card2 >= 0) {
17              sum += (card1 + card2);
18          }
19      }
20      return sum;
21  }
22
23  int main() {
24      // 입력
25      cin >> N;
26      for (int i = 1; i <= N; i++) cin >> A[i] >> B[i];
27
28      // 앞면의 총합의 음양과 뒷면의 총합의 음양을 완전 탐색
29      long long Answer1 = solve(1, 1);
30      long long Answer2 = solve(1, 2);
31      long long Answer3 = solve(2, 1);
32      long long Answer4 = solve(2, 2);
33
34      // 답을 출력
35      cout << max({ Answer1,Answer2,Answer3,Answer4 }) << endl;
36      return 0;
37  }
```

※ Python 코드는 지원 페이지를 참조하십시오.

6.8　문제 B43　Quiz Contest

난이도: ★2 해당

이 문제를 풀기 위한 중요한 포인트는 **오답의 수를 세는 것**입니다[7]. 학생 i의 오답의 수를 Incorrect[i] 로 했을 때 이 학생의 정답의 수는 M-Incorrect[i]가 되므로 오답의 수를 알면 정답의 수를 계산할 수 있습니다.

오답의 수를 세려면?

그럼, 오답의 수를 효과적으로 세려면 어떻게 해야 할까요? 각 문제에 대한 오답자는 1명뿐이므로 다음 과 같은 프로그램으로 계산량 $O(N+M)$으로 모든 학생에 대한 오답의 수를 알 수 있습니다.

```
01  for (int i = 1; i <= N; i++) Incorrect[i] = 0;
02  for (int i = 1; i <= M; i++) Incorrect[A[i]] += 1;
```

마지막으로, 입력과 출력 등을 포함한 전체 프로그램은 다음과 같습니다.

해답 예(C++)

```
01  #include <iostream>
02  using namespace std;
03
04  int N, M;
05  int A[200009];
06  int Incorrect[200009];
07
08  int main() {
09      // 입력
10      cin >> N >> M;
11      for (int i = 1; i <= M; i++) cin >> A[i];
12
13      // 오답 수를 센다
14      for (int i = 1; i <= N; i++) Incorrect[i] = 0;
15      for (int i = 1; i <= M; i++) Incorrect[A[i]] += 1;
```

7　왜 '오답의 수를 센다'는 발상이 되는가? 오답은 1명밖에 없으므로 오답을 세는 것이 빠르기 때문입니다. 테스트에서 최하위에 가까운 성적을 받았을 때 아래부터 세는 편이 빠른 것과 마찬가지입니다.

```
16
17    // 답을 출력
18    for (int i = 1; i <= N; i++) cout << M - Incorrect[i] << endl;
19    return 0;
20  }
```

※ Python 코드는 지원 페이지를 참조하십시오.

6.9 문제 B44 Grid Operations 난이도: ★3 해당

먼저 생각할 수 있는 방법은 교환 조작을 직접 수행하는 것입니다. 1번의 조작으로 $2N$개의 칸이 바뀌므로 1번당 계산량은 $O(N)$이 되며, 전체 계산량은 $O(NQ)$입니다. C++ 같은 고속의 프로그래밍 언어라면 이 해법으로도 충분히 시간 제한을 만족합니다. 하지만 조금 더 좋은 해법은 없을까요?

개선한 해법

여기에서 매트릭스 대신 **현재의 x 번째 행이 원래는 몇 번째 행인지**는 T[x]를 관리하면 더 빠르게 풀 수 있습니다. 먼저, x 번째 행과 y 번째 행을 바꾸는 교환 조작은 swap(T[x], T[y]) 한 번으로 처리할 수 있습니다.

또한, 위쪽부터 x 번째 행, 왼쪽부터 y 번째 열의 값을 얻는 취득 조작은 A[T[x]][y]를 출력하면 됩니다 (A는 원래의 매트릭스를 나타내는 2차원 배열).

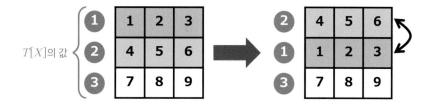

이 해법을 구현하면 해답 예와 같습니다. 계산량은 $O(N+Q)$로 매우 빠릅니다.

해답 예(C++)

```
01  #include <iostream>
02  using namespace std;
03
04  int N, A[509][509];
05  int Q, QueryType[200009], x[200009], y[200009];
06  int T[509];
07
08  int main() {
09      // 입력
10      cin >> N;
```

```
11    for (int i = 1; i <= N; i++) {
12        for (int j = 1; j <= N; j++) cin >> A[i][j];
13    }
14
15    // 배열 T를 초기화
16    for (int i = 1; i <= N; i++) T[i] = i;
17
18    // 쿼리 처리
19    cin >> Q;
20    for (int i = 1; i <= Q; i++) {
21        cin >> QueryType[i] >> x[i] >> y[i];
22        if (QueryType[i] == 1) {
23            swap(T[x[i]], T[y[i]]);
24        }
25        if (QueryType[i] == 2) {
26            cout << A[T[x[i]]][y[i]] << endl;
27        }
28    }
29    return 0;
30 }
```

※ Python 코드는 지원 페이지를 참조하십시오.

6.10 문제 B45 Blackboard 2 난이도: ★2 해당

먼저, 1번의 조작으로는 $a+b+c$의 값이 변하지 않습니다. 왜냐하면 조작에 따라 1개의 정수가 $+1$ 되고, 다른 1개의 정수가 -1 되기 때문에 합계는 ±0이 되기 때문입니다. 따라서 $a+b+c$의 값이 0이 아니라면 답은 반드시 No입니다.

$a+b+c=0$인 경우

역으로 $a+b+c=0$인 경우, 답은 반드시 Yes가 됩니다. 이것은 다음과 같이 증명할 수 있습니다.

> $a+b+c=0$인 경우, '양의 정수의 절댓값의 합계 s_+'와 '음의 정수의 절댓값의 합계 s_-'는 반드시 일치한다. 예를 들어, $(a, b, c)=(13, 7, -20)$의 경우 $s_+=s_-=20$이 되며, 확실히 일치한다.
>
> 따라서 '양의 정수를 하나 선택해서 +1, 음의 정수를 하나 선택해서 −1 한다'는 조작을 s_+번 수행하면 반드시 3개의 모든 정수가 0이 된다.

해답 예(C++)

```cpp
01   #include <iostream>
02   using namespace std;
03
04   long long a, b, c;
05
06   int main() {
07       // 입력
08       cin >> a >> b >> c;
09
10       // 출력
11       if (a + b + c == 0) cout << "Yes" << endl;
12       else cout << "No" << endl;
13       return 0;
14   }
```

※ Python 코드는 지원 페이지를 참조하십시오.

데이터 구조와 쿼리 처리

8.1 문제 B51 Bracket   ※ 이 문제는 예제보다 상당히 어렵습니다.   난이도: ★4 해당

먼저, 괄호 열 ((())())에 대해 대응 관계를 열거하는 것을 생각해 봅시다. 왼쪽부터 순서대로 조사하면 다음과 같이 4개의 대응 관계(3-4번째 문자, 2-5번째 문자, 6-7번째 문자, 1-8번째 문자)를 알 수 있습니다.

1

1
(

1번째 문자는 '('이다.

2

1 2
((

2번째 문자는 '('이다.

3

1 2 3
(((

3번째 문자는 '('이다.

4

1 2 3 4
((( )

4번째 문자는 ')'이다.
남아 있는 가장 오른쪽의
'('의 3번째 문자와 대응시킨다.

5

1 2 3 4 5
((( ))

5번째 문자는 ')'이다.
남아 있는 가장 오른쪽의
'('의 2번째 문자와 대응시킨다.

6

1 2 3 4 5 6
((( )) (

6번째 문자는 '('이다.

7

1 2 3 4 5 6 7
((( )) ( )

7번째 문자는 ')'이다.
남아 있는 가장 오른쪽의
'('의 6번째 문자와 대응시킨다.

8

1 2 3 4 5 6 7 8
((( )) ( ))

8번째 문자는 ')'이다.
남아 있는 가장 오른쪽의
'('의 1번째 문자와 대응시킨다.

9

3 2 6 1
4 5 7 8

이것으로 모든 대응에 관해
알았다!

어떻게 구현할 것인가?

앞에서 설명한 것처럼 괄호 열의 대응 관계는 **남아 있는 가장 오른쪽의 '('를 조사하는 것**에 따라 나열할 수 있습니다.

그럼, 남아 있는 가장 오른쪽의 '('는 어떻게 효과적으로 조사할 수 있을까요? 물론 직접 조사할 수도 있지만, 1문자당 계산량 $O(N)$, 즉 전체 계산량 $O(N^2)$가 필요하며, 실행 시간 제한을 만족할 수 없습니다.

그래서 스택에 **'지금 남아 있는 '('의 위치'를 왼쪽부터 순서대로 기록하면** 효과적입니다. 구체적인 알고리즘의 흐름은 다음과 같습니다.

> 왼쪽부터 순서대로 1문자씩 읽어가면서 다음을 수행한다.
> - i번째 문자가 '('일 때: 스택에 i를 추가한다.
> - i번째 문자가 ')'일 때: 스택의 가장 위와 i번째 문자가 대응하는 것을 알 수 있다. 그 뒤, 스택의 가장 위의 요소를 삭제한다.

예를 들어, 괄호 열이 ((())())인 경우, 알고리즘의 동작은 다음과 같습니다(처음 설명한 것과 같은 예입니다).

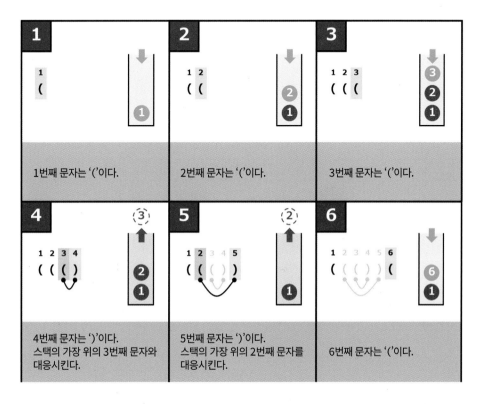

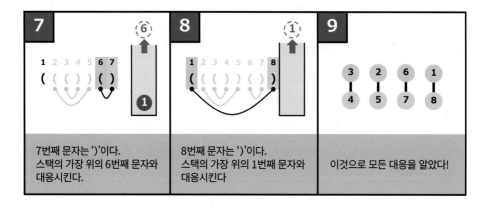

7번째 문자는 ')'이다.
스택의 가장 위의 6번째 문자와 대응시킨다.

8번째 문자는 ')'이다.
스택의 가장 위의 1번째 문자와 대응시킨다

이것으로 모든 대응을 알았다!

여기까지의 내용을 구현하면 다음 해답 예와 같습니다. 계산량은 $O(N)$입니다.

해답 예(C++)

```
01  #include <iostream>
02  #include <stack>
03  using namespace std;
04
05  int main() {
06      // 입력
07      string S;
08      cin >> S;
09
10      // 왼쪽부터 순서대로 확인해 나간다
11      // 문자열은 0번째 문자부터 시작하는 것에 주의
12      stack<int> Stack;
13      for (int i = 0; i < S.size(); i++) {
14          if (S[i] == '(') {
15              Stack.push(i + 1);
16          }
17          if (S[i] == ')') {
18              cout << Stack.top() << " " << i + 1 << endl;
19              Stack.pop();
20          }
21      }
22      return 0;
23  }
```

※ Python 코드는 지원 페이지를 참조하십시오.

8.2 문제 B52 Ball Simulation

난이도: ★3 해당

이 문제는 문제 제목처럼 직접 시뮬레이션해서 풀 수 있습니다. 구현 예는 다음과 같습니다. 계산량은 $O(N)$입니다.

해답 예(C++)

```
01  #include <iostream>
02  #include <queue>
03  using namespace std;
04
05  int N, X;
06  char A[100009];
07  queue<int> Q;
08
09  int main() {
10      // 입력
11      cin >> N >> X;
12      for (int i = 1; i <= N; i++) cin >> A[i];
13
14      // 시뮬레이션
15      Q.push(X); A[X] = '@';
16      while (!Q.empty()) {
17          int pos = Q.front(); Q.pop();
18          if (pos - 1 >= 1 && A[pos - 1] == '.') {
19              A[pos - 1] = '@';
20              Q.push(pos - 1);
21          }
22          if (pos + 1 <= N && A[pos + 1] == '.') {
23              A[pos + 1] = '@';
24              Q.push(pos + 1);
25          }
26      }
27
28      // 출력
29      for (int i = 1; i <= N; i++) cout << A[i];
30      cout << endl;
31      return 0;
32  }
```

※ Python 코드는 지원 페이지를 참조하십시오.

어떤 부분을 파란색으로 칠할 수 있는가?

그럼, 이 시뮬레이션에서는 어떤 부분이 파란색으로 칠해질 수 있을까요? 사실, 공 X에서 **왼쪽으로 진행했을 때 검은색에 부딪힐 때까지의 영역**과 공 X에서 **오른쪽으로 진행했을 때 검은색에 부딪힐 때까지의 영역**만 파란색으로 칠할 수 있습니다. 구체적인 예를 다음에 나타냈습니다.

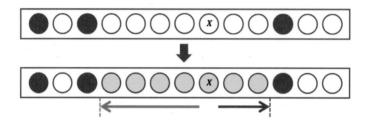

왜냐하면 먼저 공 X가 큐에 추가되고, 공 X와 인접한 공이 큐에 추가되고, 그 공에 인접한 공이 큐에 추가되고, …와 같이 **검은 '벽'에 부딪힐 때까지 연쇄적으로 '큐에 추가되는 영역'이 확대되어 가기** 때문입니다. 구체적인 예를 다음에 나타냈습니다.

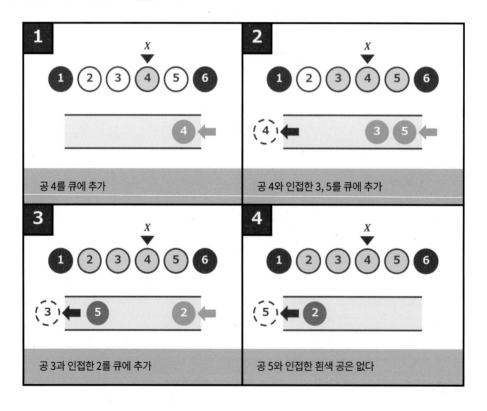

너비 우선 탐색과의 연관성

여기에서 수행한 시뮬레이션은 9.3절에서 학습한 '너비 우선 탐색'과 매우 비슷합니다. 너비 우선 탐색을 사용하면,

- 도로 네트워크에서 어떤 시작 시점부터 도착할 수 있는 교차점은 어디인가?

- 최소 몇 개의 도로를 지남으로써 시작에서 목표까지 도달할 수 있는가?

등의 다양한 실용적인 문제를 풀 수 있습니다. 흥미가 있는 분은 책 360~365페이지의 Euclid를 확인하십시오.

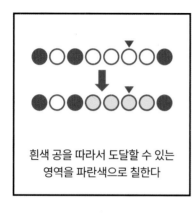

흰색 공을 따라서 도달할 수 있는
영역을 파란색으로 칠한다

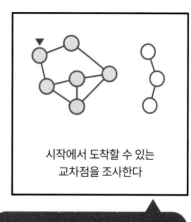

시작에서 도착할 수 있는
교차점을 조사한다

문제 설정도 상당히 비슷합니다

8.3 문제 B53 (B39) Taro's Job ※ 이 문제는 예제보다 상당히 어렵습니다. 난이도: ★4 해당

응용 문제 6.4의 해설에서 설명한 것처럼, 이 문제는 '지금 조사하는 업무 중에서 가장 급여가 높은 업무를 계속해서 선택한다'는 탐욕 알고리즘으로 풀 수 있습니다.

하지만 이 탐욕 알고리즘을 자연스럽게 구현하면 하루의 업무를 선택하는 데 계산량이 $O(N)$입니다. 날짜 수는 D일이므로 전체 계산량은 $O(ND)$가 되며, 안타깝지만 실행 시간 제한을 맞추지 못합니다.

개선한 해법

여기에서 하루의 업무를 계산량 $O(\log N)$으로 선택하기 위해 '지금 선택해야 할 업무의 급여 목록'을 우선순위 큐로 관리하는 것을 생각합니다.

예를 들어, $N=5$, $D=4$, $(X_i, Y_i)=(1, 100), (2, 400), (2, 300), (3, 400), (4, 200)$인 경우는 다음과 같이 됩니다.

또한, 사용하는 우선순위 큐는 최대 요소를 꺼내는 것에 주의합니다(즉, 추출 요소가 '선택해야 할 업무'가 됩니다).

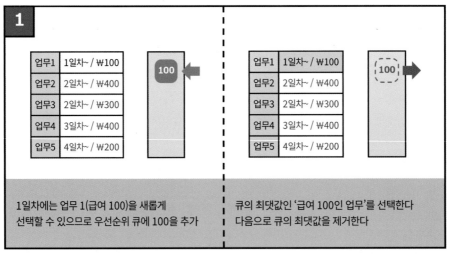

1

업무1	1일차~ / ₩100
업무2	2일차~ / ₩400
업무3	2일차~ / ₩300
업무4	3일차~ / ₩400
업무5	4일차~ / ₩200

1일차에는 업무 1(급여 100)을 새롭게 선택할 수 있으므로 우선순위 큐에 100을 추가

업무1	1일차~ / ₩100
업무2	2일차~ / ₩400
업무3	2일차~ / ₩300
업무4	3일차~ / ₩400
업무5	4일차~ / ₩200

큐의 최댓값인 '급여 100인 업무'를 선택한다 다음으로 큐의 최댓값을 제거한다

※ 표에서는 선택할 수 있는 업무를 검은색 문자, 선택할 수 없는 업무를 회색 문자로 표시했습니다

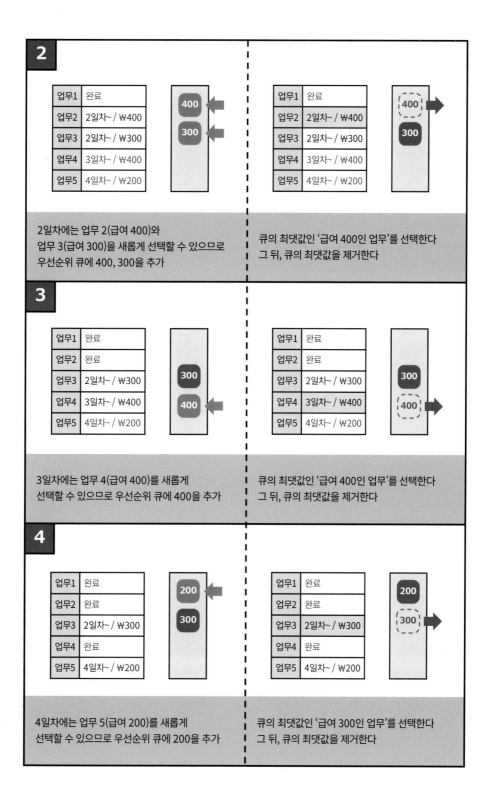

계산량에 관해

마지막으로 계산량은 얼마나 될까요? 우선순위 큐에 대한 추가는 업무의 개수와 같이 N번 수행되지만, 삭제는 날짜 수와 같은 D번 수행되므로 우선순위 큐에 대해 수행하는 작업은 $N+D$번이 됩니다.

따라서 알고리즘 전체의 계산량은 $O((N+D)\log N)$입니다. 다음은 구현 예입니다.

해답 예(C++)

```cpp
01  #include <iostream>
02  #include <vector>
03  #include <queue>
04  using namespace std;
05
06  long long N, D;
07  long long X[200009], Y[200009];
08  vector<long long> G[375]; // G[i]는 i일차부터 시작하는 업무의 급여 리스트
09  long long Answer = 0;
10
11  int main() {
12      // 입력
13      cin >> N >> D;
14      for (int i = 1; i <= N; i++) {
15          cin >> X[i] >> Y[i];
16          G[X[i]].push_back(Y[i]);
17      }
18
19      // 답을 구한다
20      priority_queue<long long> Q;
21      for (int i = 1; i <= D; i++) {
22          // i일차부터 시작하는 업무를 큐에 추가
23          for (int j : G[i]) Q.push(j);
24
25          // 해야 할 업무를 선택하고, 그 업무를 큐에서 삭제한다
26          if (!Q.empty()) {
27              Answer += Q.top();
28              Q.pop();
29          }
30      }
```

```
31
32      // 출력
33      cout << Answer << endl;
34      return 0;
35  }
```

※ Python 코드는 지원 페이지를 참조하십시오.

8.4 | 문제 B54 Counting Same Values   난이도: ★2 해당

이 문제는 다음과 같은 알고리즘으로 풀 수 있습니다. 계산량은 $O(N\log N)$입니다.

각 요소가 현 시점에서 몇 번 나타났는가를 관리하는 연상 배열 Map(초깃값 0)을 준비하고, $i = 1, 2, \cdots, N$ 순으로 다음 처리를 수행한다.

- **순서 1**: 답 Answer에 Map[X[i]]를 더한다.
- **순서 2**: Map[X[i]]에 1을 더한다.

이 알고리즘이 잘 동작하는 이유는 순서 1에서 더해진 Map[X[i]]의 값이 $X_j = X_i (j < i)$를 만족하는 j의 개수이기 때문입니다.

해답 예(C++)

```
01  #include <iostream>
02  #include <map>
03  using namespace std;
04
05  int N, A[100009];
06  map<int, int> Map;
07
08  int main() {
09      // 입력
10      cin >> N;
11      for (int i = 1; i <= N; i++) cin >> A[i];
12
13      // 답을 구한다
14      long long Answer = 0;
15      for (int i = 1; i <= N; i++) {
16          Answer += Map[A[i]];
17          Map[A[i]] += 1;
18      }
19
20      // 출력
21      cout << Answer << endl;
22      return 0;
23  }
```

※ Python 코드는 지원 페이지를 참조하십시오.

8.5 문제 B55 Difference

난이도: ★4 해당

먼저, '차의 최솟값'을 구하는 쿼리 2에 답하기 위해서는 다음 2개의 값을 알아야 합니다.

- 책상에 있는 x 이하의 카드 중 가장 큰 값 v1
- 책상에 있는 x 이상의 카드 중 가장 작은 값 v2

여기에서 v2의 값은 예제 A55(8.5절)에서 학습한 대로 lower_bound 함수를 사용하면 한 번에 구할 수 있습니다. 하지만 v1은 어떻게 구해야 할까요?

v1을 구하는 방법

해결 방법의 하나로[1] '카드의 값 (-1)'을 기록한 set를 준비하는 방법이 있습니다.

이 방법을 사용했을 때 set에 대해 '$-x$ 이상인 가장 작은 값'과 'x 이하인 가장 큰 값'에 대응하므로 v2의 값과 동일하게 해서 v1의 값을 구할 수 있습니다. 구현 예는 다음과 같습니다.

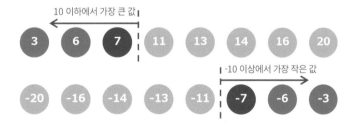

해답 예(C++)

```
01  #include <iostream>
02  #include <set>
03  #include <algorithm>
04  using namespace std;
05
06  long long Q, QueryType[100009], x[100009];
07  set<long long> Set1, Set2;
08
09  // r 이하의 최댓값을 반환한다
```

---

1 이 밖에도 itr++나 itr— 등 고도의 기능(책 313페이지에서 설명)을 사용하는 방법도 있습니다.

```
10  long long GetDown(long long r) {
11      auto itr = Set2.lower_bound(-r);
12
13      // r 이하가 존재하지 않는 경우, 매우 작은 값을 반환한다
14      if (itr == Set2.end()) return -1000000000000000LL;
15
16      // 존재하는 경우
17      return -(*itr);
18  }
19
20  // r 이상의 최솟값을 반환한다
21  long long GetUp(long long r) {
22      auto itr = Set1.lower_bound(r);
23
24      // r 이상이 존재하지 않는 경우, 매우 큰 값을 반환한다
25      if (itr == Set1.end()) return 1000000000000000LL;
26
27      // 존재하는 경우
28      return (*itr);
29  }
30
31  int main() {
32      // 입력
33      cin >> Q;
34      for (int i = 1; i <= Q; i++) cin >> QueryType[i] >> x[i];
35
36      // 쿼리 처리
37      for (int i = 1; i <= Q; i++) {
38          if (QueryType[i] == 1) {
39              Set1.insert(x[i]);
40              Set2.insert(-x[i]);
41          }
42          if (QueryType[i] == 2) {
43              long long v1 = GetDown(x[i]);
44              long long v2 = GetUp(x[i]);
45              long long Answer = min(x[i] - v1, v2 - x[i]);
46              if (Answer == 1000000000000000LL) cout << "-1" << endl;
47              else cout << Answer << endl;
48          }
49      }
50      return 0;
51  }
```

※ Python 코드는 지원 페이지를 참조하십시오.

8.6   문제 B56   Palindrome Queries   난이도: ★5 해당

먼저 회문의 조건은 '앞에서부터 읽어도, 뒤에서부터 읽어도 문자열이 같을 것'입니다.

그렇기 때문에 $S[l, r]$을 앞에서부터 순서대로 읽었을 때의 해시 값과 $S[l, r]$을 뒤에서부터 순서대로 읽었을 때의 해시 값이 같은 경우, $S[l, r]$은 거의 100% 회문임을 알 수 있습니다.

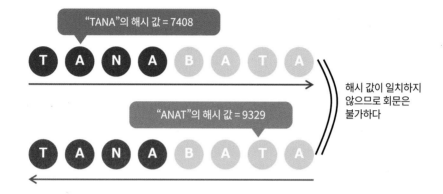

뒤로부터의 해시 값은 어떻게 구하는가?

여기에서 문자열 S의 길이를 N이라고 하고, 문자열 S를 역순으로 한 문자열을 S'이라고 했을 때 다음 2개의 값은 일치합니다.

- $S[l, r]$을 **뒤에서부터** 읽었을 때의 해시 값

- $S[N-r+1, N-l+1]$을 **앞에서부터** 읽었을 때의 해시 값

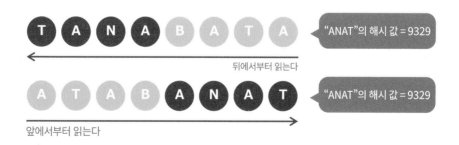

따라서 다음과 같은 프로그램으로 회문 여부를 판정하는 쿼리를 처리할 수 있습니다.

또한, 프로그램 안의 함수 GetHashLeft(1, r)은 $S[l, r]$을 앞에서부터 읽었을 때의 해시 값을 반환합니다.

그리고 프로그램 안의 함수 GetHashRight(l, r)은 $S[l, r]$을 뒤에서부터 읽었을 때의 해시 값을 반환합니다.

해답 예(C++)

```
52  #include <iostream>
53  #include <string>
54  #include <algorithm>
55  using namespace std;
56
57  // 입력으로 주어진 변수 등
58  int N, Q, L[100009], R[100009];
59  string S;
60  string SRev; // S 의 逆順
61
62  // 문자열을 정수로 변환한 값(각각 S, SRev에 대응)
63  int T[100009];
64  int TRev[100009];
65
66  // 해시 값 등
67  long long mod = 2147483647;
68  long long Power100[100009];
69  long long H[100009];     // S의 해시
70  long long HRev[100009]; // SRev의 해시
71
72  // 문자열의 l~r번째를 앞에서부터 읽었을 때의 해시 값을 반환하는 함수
73  long long GetHashLeft(int l, int r) {
74      long long val = H[r] - (Power100[r - l + 1] * H[l - 1] % mod);
75      if (val < 0) val += mod;
76      return val;
77  }
78
79  // 문자열의 l~r번째를 뒤에서부터 읽었을 때의 해시 값을 반환하는 함수
80  long long GetHashRight(int l, int r) {
81      int true_l = N + 1 - r;
82      int true_r = N + 1 - l;
83      long long val = HRev[true_r] - (Power100[true_r - true_l + 1] * HRev[true_l - 1] % mod);
84      if (val < 0) val += mod;
```

```
85        return val;
86   }
87
88   int main() {
89        // 입력
90        cin >> N >> Q;
91        cin >> S;
92        for (int i = 1; i <= Q; i++) cin >> L[i] >> R[i];
93        SRev = S;
94        reverse(SRev.begin(), SRev.end());
95
96        // S, SRev의 문자를 수치로 변환
97        for (int i = 1; i <= N; i++) T[i] = (int)(S[i - 1] - 'a') + 1;
98        for (int i = 1; i <= N; i++) TRev[i] = (int)(SRev[i - 1] - 'a') + 1;
99
100       // 100의 n 제곱을 미리 계산
101       Power100[0] = 1;
102       for (int i = 1; i <= N; i++) Power100[i] = (100LL * Power100[i - 1]) % mod;
103
104       // S의 해시 값을 미리 계산
105       H[0] = 1;
106       for (int i = 1; i <= N; i++) H[i] = (100LL * H[i - 1] + T[i]) % mod;
107
108       // SRev의 해시 값을 미리 계산
109       HRev[0] = 1;
110       for (int i = 1; i <= N; i++) HRev[i] = (100LL * HRev[i - 1] + TRev[i]) % mod;
111
112       // 쿼리 처리
113       for (int i = 1; i <= Q; i++) {
114            long long v1 = GetHashLeft(L[i], R[i]);
115            long long v2 = GetHashRight(L[i], R[i]);
116            // 왼쪽부터 읽었을 때/오른쪽부터 읽었을 때의 해시 값이 일치하면 회문
117            if (v1 == v2) cout << "Yes" << endl;
118            else cout << "No" << endl;
119       }
120       return 0;
121  }
```

※ Python 코드는 지원 페이지를 참조하십시오.

8.7   문제 B57 Calculator   난이도: ★5 해당

이 문제도 예제 A57(8.7절)과 마찬가지로, 다음 값을 미리 계산하는 '더블링'을 사용해 효율적으로 풀 수 있습니다.

- 정수 i에서 1번 조작한 뒤의 정수 $dp[0][i]$

- 정수 i에서 2번 조작한 뒤의 정수 $dp[1][i]$

- 정수 i에서 4번 조작한 뒤의 정수 $dp[2][i]$

- 정수 i에서 8번 조작한 뒤의 정수 $dp[3][i]$

- 16, 32, 64, …번 조작한 뒤도 동일

그럼 이 아이디어를 어떻게 구현하면 좋을까요?

더블링 구현(1)

우선, 사전 계산에 관해 생각합니다. 2^{d-1}번 후의 2^{d-1}번 후는 2^d번 후이므로 사전 계산 부분은 다음과 같이 구현할 수 있습니다.

여기서 이 문제의 제약은 $K \le 10^9$이며, $10^9 < 2^{30}$이므로 $dp[29][j]$까지를 사전에 계산해 두면 충분합니다.

```
01  for (int i = 1; i <= N; i++) dp[0][i] = i - (i의 각 자리의 합)
02
03  for (int d = 1; d <= 29; d++) {
04      for (int i = 1; i <= N; i++) dp[d][i] = dp[d - 1][dp[d - 1][i]];
05  }
```

더블링 구현(2)

다음으로, 각 정수에 대해 'K번의 조작을 수행한 뒤의 값'을 구하는 부분에 관해 생각합니다.

책 323페이지에서도 설명한 것처럼 **K를 2진법으로 나타냈을 때의 2^d의 자리가 1일 때에 한해 '조작을 2^d번 수행하는 것'을 수행하면 조작을 K번 수행할 수 있으므로** 이 부분은 다음과 같이 구현할 수 있습니다.

```
01  // 답을 구한다
02  for (int i = 1; i <= N; i++) {
```

```
03        int CurrentNum = i; // 현재의 정수
04        for (int d = 29; d >= 0; d--) {
05            if ((K / (1 << d)) % 2 != 0) CurrentNum = dp[d][CurrentNum];
06        }
07        cout << CurrentNum << endl;
08    }
```

마지막으로 이 내용을 종합하면 해답 예가 됩니다. 프로그램 전체의 계산량은 $O(N\log K)$입니다.

해답 예(C++)

```
01  #include <iostream>
02  #include <string>
03  using namespace std;
04
05  int N, K;
06  int dp[32][300009];
07
08  int main() {
09      // 입력
10      cin >> N >> K;
11
12      // 1번 조작한 뒤의 값을 구한다
13      for (int i = 1; i <= N; i++) {
14          string str = to_string(i);
15          dp[0][i] = i;
16          for (int j = 0; j < str.size(); j++) {
17              dp[0][i] -= (int)(str[j] - '0');
18          }
19      }
20
21      // 사전 계산
22      for (int d = 1; d <= 29; d++) {
23          for (int i = 1; i <= N; i++) dp[d][i] = dp[d - 1][dp[d - 1][i]];
24      }
25
26      // 답을 구한다
27      for (int i = 1; i <= N; i++) {
28          int CurrentNum = i; // 현재의 정수
```

```
29        for (int d = 29; d >= 0; d--) {
30            if ((K / (1 << d)) % 2 != 0) CurrentNum = dp[d][CurrentNum];
31        }
32        cout << CurrentNum << endl;
33    }
34    return 0;
35 }
```

※ Python 코드는 지원 페이지를 참조하십시오.

8.8 문제 B58 Jumping

※ 이 문제는 예제보다 상당히 어렵습니다. 난이도: ★6 해당

이 문제의 해설을 보기 전에, 먼저 문제 A76(예제 10.6)을 풀어볼 것을 권장합니다. 문제 B58과 매우 비슷한 문제지만, 난이도는 ★4 정도로 비교적 쉽습니다.

또한, 책을 처음부터 순서대로 읽은 분들은 10장까지 모두 읽은 뒤에 이 문제에 도전할 것을 권장합니다.

우선 생각할 수 있는 방법은 시작부터 목표까지 이동하는 방법을 완전 탐색하는 것입니다. 하지만 이동 방법은 최대 2^{N-2}가지 이므로 제약의 상한인 $N=100000$은 물론 $N=100$에서조차 속도는 절망적입니다.

동적 계획 알고리즘을 생각한다

여기에서 다음 배열에 동적 계획 알고리즘을 적용하는 것을 생각합니다.

dp[i]: 발판 1에서 발판 i까지 최소 몇 번의 점프로 이동할 수 있는가?

먼저, 초기 상태는 명확하게 dp[1] = 0입니다(시작 지점은 발판 1이므로). 다음 상태 전이를 생각합니다.

- posL: $X_{pos} \geq X_i - R$을 만족하는 가장 작은 pos
- posR: $X_{pos} \leq X_i - L$을 만족하는 가장 작은 pos

라고 했을 때 발판 i에 도달하기 위한 가장 마지막 행동은 '발판 posL, posL+1, ..., posR 중 하나에서 직접 점프한다'밖에 없습니다. 따라서 dp[i]의 값은 다음과 같이 됩니다.

dp[i] = min(dp[posL], dp[posL+1], ..., dp[posR]) + 1

따라서 다음 프로그램과 같이 목표 지점까지의 최소 점프 횟수를 알 수 있습니다. 계산량은 $O(N^2)$입니다. 또한, posL과 posR의 값은 배열의 바이너리 서치를 통해 구할 수 있습니다.

```
01  #include <iostream>
02  #include <algorithm>
03  using namespace std;
04
```

```
05   int N, L, R, X[100009];
06   int dp[100009];
07
08   int main() {
09       // 입력
10       cin >> N >> L >> R;
11       for (int i = 1; i <= N; i++) cin >> X[i];
12
13       // 동적 계획 알고리즘
14       dp[1] = 0;
15       for (int i = 2; i <= N; i++) {
16           int posL = lower_bound(X + 1, X + N + 1, X[i] - R) - X;
17           int posR = lower_bound(X + 1, X + N + 1, X[i] - L + 1) - X - 1;
18
19           // dp[posL]에서 dp[posR]까지의 최솟값을 구한다
20           dp[i] = 1000000000;
21           for (int j = posL; j <= posR; j++) dp[i] = min(dp[i], dp[j] + 1);
22       }
23
24       // 답을 출력
25       cout << dp[N] << endl;
26       return 0;
27   }
```

※ Python 코드는 지원 페이지를 참조하십시오.

동적 계획 알고리즘의 고속화

앞의 프로그램은 확실히 정답을 출력합니다. 하지만 dp[posL]에서 dp[posR]까지의 구간의 최댓값을 구하는 부분이 병목이 되며, 계산량이 $O(N^2)$이 됩니다. 이 문제의 제약은 $N \le 100000$이므로 이 상태로는 실행 시간 제한을 만족할 수 없습니다.

여기에서 dp[i]의 값을 세그먼트 트리로 관리하면 구간의 최댓값을 계산량 $O(\log N)$으로 구할 수 있으며 프로그램 전체의 계산량이 $O(N\log N)$까지 줄어듭니다. 다음은 구현 예입니다.

해답 예(C++)

```cpp
01  #include <iostream>
02  #include <algorithm>
03  using namespace std;
04
05  class SegmentTree {
06  public:
07      int dat[300000], siz = 1;
08
09      // 요소 dat의 초기화를 수행한다(최초에는 전부 0)
10      void init(int N) {
11          siz = 1;
12          while (siz < N) siz *= 2;
13          for (int i = 1; i < siz * 2; i++) dat[i] = 0;
14      }
15
16      // 쿼리 1에 대한 처리
17      void update(int pos, int x) {
18          pos = pos + siz - 1;
19          dat[pos] = x;
20          while (pos >= 2) {
21              pos /= 2;
22              dat[pos] = min(dat[pos * 2], dat[pos * 2 + 1]);
23          }
24      }
25
26      // 쿼리 2에 대한 처리
27      // u는 현재의 셀 번호, [a, b)는 셀에 대응하는 반개구간, [l, r)은 구할 반개구간
28      int query(int l, int r, int a, int b, int u) {
29          if (r <= a || b <= l) return 1000000000; // 전혀 포함하지 않는 경우
30          if (l <= a && b <= r) return dat[u]; // 완전히 포함되는 경우
31          int m = (a + b) / 2;
32          int AnswerL = query(l, r, a, m, u * 2);
33          int AnswerR = query(l, r, m, b, u * 2 + 1);
34          return min(AnswerL, AnswerR);
35      }
36  };
```

```
37
38   int N, L, R, X[100009];
39   int dp[100009];
40   SegmentTree Z;
41
42   int main() {
43       // 입력
44       cin >> N >> L >> R;
45       for (int i = 1; i <= N; i++) cin >> X[i];
46
47       // 세그먼트 트리 준비
48       Z.init(N);
49       dp[1] = 0;
50       Z.update(1, 0);
51
52       // 동적 계획 알고리즘
53       for (int i = 2; i <= N; i++) {
54           int posL = lower_bound(X + 1, X + N + 1, X[i] - R) - X;
55           int posR = lower_bound(X + 1, X + N + 1, X[i] - L + 1) - X - 1;
56           dp[i] = Z.query(posL, posR + 1, 1, Z.siz + 1, 1) + 1;
57           Z.update(i, dp[i]);
58       }
59
60       // 답을 출력
61       cout << dp[N] << endl;
62       return 0;
63   }
```

※ Python 코드는 지원 페이지를 참조하십시오.

8.9 문제 B59 Number of Inversions
난이도: ★5 해당

이 문제를 푸는 가장 단순한 방법은 모든 쌍 $(i, j)[1 \leq i < j \leq N]$에 대해 $A_i > A_j$인지를 직접 조사하는 것입니다. 하지만 이 방법은 계산량이 $O(N^2)$가 되며, 안타깝지만 실행 시간 제한을 만족할 수 없습니다.

개선한 해법

여기에서 **현 시점에서 정수 x는 몇 번 출현했는가를 나타내는 배열 dat[x]**를 관리하는 것을 생각합니다. 그러면 다음 그림과 같이 $A_i > A_j$가 되는 쌍 (i, j)의 개수를 계산할 수 있습니다($A = [5, 2, 4, 1, 3]$일 때의 예는 다음과 같습니다).

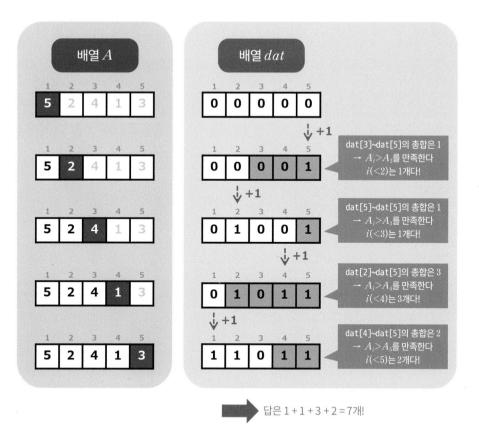

이 해법을 좀 더 자세히 기술하면 다음과 같습니다.

최초에는 dat[1], dat[2], ..., dat[N] = 0으로 초기화한다. 그 뒤, $j=1, ..., N$ 순으로 다음 처리를 수행한다.

- 답 Answer에 dat[A[j]+1] + ...+ dat[N]을 더한다.

- dat[A[j]]에 1을 더한다.

이 해법의 계산량은 얼마나 될까요? dat[A[j]+1]에서 dat[N]까지의 구간의 총합을 직접 계산하면 계산량은 $O(N^2)$가 되어 원래의 해법과 다르지 않습니다.

하지만 dat[i]의 값을 세그먼트 트리를 사용해서 관리하면 구간의 총합을 계산량 $O(\log N)$으로 구할 수 있으므로 전체 계산량은 $O(N \log N)$으로 멋지게 줄어듭니다.

마지막으로 이상의 해법을 구현하면 해법 예와 같습니다.

해답 예(C++)

```
01   #include <iostream>
02   #include <algorithm>
03   using namespace std;
04
05   class SegmentTree {
06   public:
07       int dat[600000], siz = 1;
08
09       // 요소 dat의 초기화를 수행한다(최초에는 전부 0)
10       void init(int N) {
11           siz = 1;
12           while (siz < N) siz *= 2;
13           for (int i = 1; i < siz * 2; i++) dat[i] = 0;
14       }
15
16       // 쿼리 1에 대한 처리
17       void update(int pos, int x) {
18           pos = pos + siz - 1;
19           dat[pos] = x;
20           while (pos >= 2) {
21               pos /= 2;
22               dat[pos] = dat[pos * 2] + dat[pos * 2 + 1]; // 8.8절에서 변경한 부분
```

```
23              }
24          }
25
26          // 쿼리 2에 대한 처리
27          int query(int l, int r, int a, int b, int u) {
28              if (r <= a || b <= l) return 0; // 8.8절에서 변경한 부분
29              if (l <= a && b <= r) return dat[u];
30              int m = (a + b) / 2;
31              int AnswerL = query(l, r, a, m, u * 2);
32              int AnswerR = query(l, r, m, b, u * 2 + 1);
33              return AnswerL + AnswerR; // 8.8절에서 변경한 부분
34          }
35      };
36
37      int N, A[150009];
38      SegmentTree Z;
39
40      int main() {
41          // 입력
42          cin >> N;
43          for (int i = 1; i <= N; i++) cin >> A[i];
44
45          // 세그먼트 트리 준비
46          Z.init(N);
47
48          // 답을 구한다
49          long long Answer = 0;
50          for (int i = 1; i <= N; i++) {
51              Answer += Z.query(A[i] + 1, N + 1, 1, Z.siz + 1, 1);
52              Z.update(A[i], 1);
53          }
54
55          // 출력
56          cout << Answer << endl;
57          return 0;
58      }
```

※ Python 코드는 지원 페이지를 참조하십시오.

해답/해설 **9**장

그래프 알고리즘

9.1 문제 B61 Influencer 난이도: ★2 해당

먼저 이 문제에 주어진 친구 관계는 다음 그림과 같은 가중치가 없는 무향 그래프로 표현할 수 있습니다.

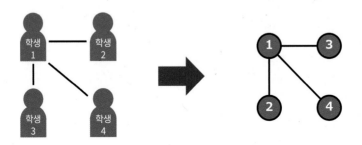

이때, '학생 i의 친구 관계'는 '그래프의 노드 i의 차수'와 일치하므로 차수가 가장 큰 노드의 번호를 출력하면 정답입니다.

인접 리스트 표현을 사용해 그래프를 관리했을 때의 구현 예는 다음과 같습니다. G[i].size()는 노드 i의 차수에 대응하는 것에 주의합니다.

해답 예(C++)

```
01   #include <iostream>
02   #include <vector>
03   using namespace std;
04
05   int N, M, A[100009], B[100009];
06   vector<int> G[100009];
07
08   int main() {
09       // 입력
10       cin >> N >> M;
11       for (int i = 1; i <= M; i++) {
12           cin >> A[i] >> B[i];
13           G[A[i]].push_back(B[i]); // '노드 A[i]에 인접한 노드'로 B[i]를 추가
14           G[B[i]].push_back(A[i]); // '노드 B[i]에 인접한 노드'로 A[i]를 추가
15       }
16
17       // 차수(=친구의 수)가 가장 최대인 학생의 번호를 구한다
```

```
18        int MaxFriends = 0; // 친구 수의 최댓값
19        int MaxID = 0;      // 번호
20        for (int i = 1; i <= N; i++) {
21            if (MaxFriends < (int)G[i].size()) {
22                MaxFriends = (int)G[i].size();
23                MaxID = i;
24            }
25        }
26
27        // 출력
28        cout << MaxID << endl;
29        return 0;
30    }
```

※ Python 코드는 지원 페이지를 참조하십시오.

보충: 그래프를 사용하지 않는 해법

9장의 주제는 '그래프 알고리즘'이므로 해답 예에서는 그래프를 사용해서 구현했습니다. 하지만 다음과 같이 그래프를 사용하지 않고 풀 수도 있습니다.

- 학생 i의 현재 친구의 수를 나타내는 배열 cnt[i]를 준비한다.

- $i = 1, 2, \cdots, M$에 대해 cnt[A[i]]와 cnt[B[i]]에 1을 더한다.

이를 구현하면 다음과 같습니다. 계산량은 $O(N + M)$입니다.

```
01   // 입력
02   int cnt[100009];
03   cin >> N >> M;
04   for (int i = 1; i <= N; i++) cnt[i] = 0;
05   for (int i = 1; i <= M; i++) {
06     cin >> A[i] >> B[i];
07     cnt[A[i]] += 1; cnt[B[i]] += 1;
08   }
09
10   // 친구 수가 최대인 학생의 번호를 구한다
11   int MaxFriends = 0; // 친구의 수의 최댓값
```

```
12   int MaxID = 0;      // 번호
13   for (int i = 1; i <= N; i++) {
14     if (MaxFriends < cnt[i]) {
15       MaxFriends = cnt[i];
16       MaxID = i;
17     }
18   }
19   cout << MaxID << endl;
```

9.2 | 문제 B62 Print a Path

난이도: ★4 해당

책 9.2절에서는 '진행할 수 있을 때까지 진행하고, 막다른 길이면 한 걸음 되돌아간다'는 깊이 우선 탐색을 사용해서 노드 1부터 각 노드까지 도달 가능한지 판정하는 방법을 소개했습니다. 그렇다면 노드 1부터 N까지의 구체적인 경로를 얻으려면 어떻게 해야 할까요?

경로를 얻는 방법

먼저, 다음과 같이 깊이 우선 탐색에서의 이동 경로의 궤적(책 356페이지 그림의 파란색 선 부분에 대응)을 관리하는 것을 생각합니다.

- 스택 Path를 준비한다.

- 노드 pos로 진행했을 때는 Path의 가장 위에 pos를 추가한다.

- 한걸음 되돌아갔을 때는 Path의 가장 위의 요소를 삭제한다.

이때, 노드 1부터 N까지의 경로는 '노드 N에 진행한 시점의 이동 경로의 궤적'이 됩니다. 구체적으로는 다음과 같습니다.

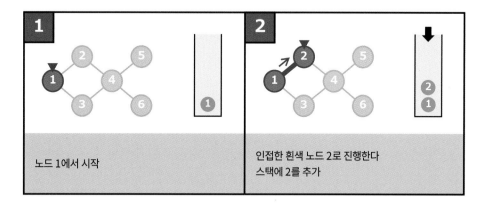

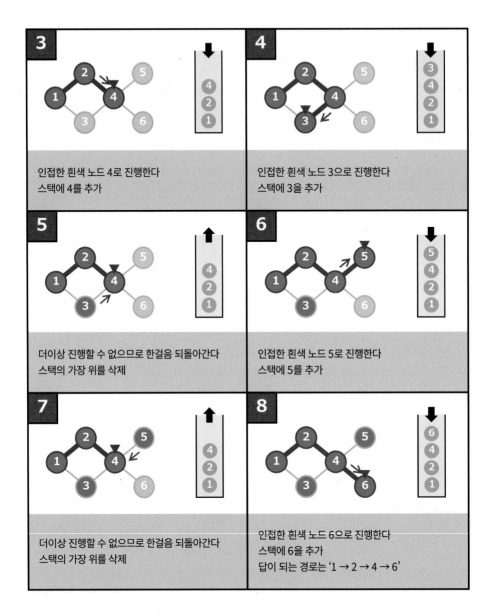

여기까지의 내용을 구현하면 다음 해답 예가 됩니다. 노드 N에 도달한 시점의 스택의 요소를 아래부터 순서대로 출력하면 됩니다.

해답 예(C++)

```cpp
01  #include <iostream>
02  #include <vector>
03  #include <stack>
04  #include <algorithm>
05  using namespace std;
06
07  int N, M, A[100009], B[100009];
08  vector<int> G[100009];      // 그래프
09  bool visited[100009];        // 노드 1이 파란색인가, 흰색인가
10  vector<int> Path, Answer;  // 이동 경로의 궤적
11
12  void dfs(int pos) {
13      // 목표 지점에 도착했다!
14      if (pos == N) {
15          Answer = Path;
16          return;
17      }
18
19      // 그 외의 경우
20      visited[pos] = true;
21      for (int i = 0; i < G[pos].size(); i++) {
22          int nex = G[pos][i];
23          if (visited[nex] == false) {
24              Path.push(nex); // 노드 nex를 경로에 추가
25              dfs(nex);
26              Path.pop(); // 노드 nex를 경로에서 삭제
27          }
28      }
29      return;
30  }
31
32  int main() {
33      // 입력
34      cin >> N >> M;
35      for (int i = 1; i <= M; i++) {
36          cin >> A[i] >> B[i];
```

```
37        G[A[i]].push_back(B[i]);
38        G[B[i]].push_back(A[i]);
39    }
40
41    // 깊이 우선 탐색
42    for (int i = 1; i <= N; i++) visited[i] = false;
43    Path.push(1); // 노드 1(시작 지점)을 경로에 추가
44    dfs(1);
45
46    // 스택의 요소를 '아래부터 순서대로' 기록
47    vector<int> Output;
48    while (!Answer.empty()) {
49        Output.push_back(Answer.top());
50        Answer.pop();
51    }
52    reverse(Output.begin(),Output.end());
53
54    // 답 출력
55    for (int i = 0; i < Output.size(); i++) {
56        if (i >= 1) cout << " ";
57        cout << Output[i];
58    }
59    cout << endl;
60    return 0;
61 }
```

※ Python 코드는 지원 페이지를 참조하십시오.

9.3 문제 B63 너비 우선 탐색

난이도: ★4 해당

먼저, 경로를 다음과 같은 그래프로 표현하는 것을 생각합니다. 칸이 노드, 인접한 칸의 관계가 에지에 해당합니다.

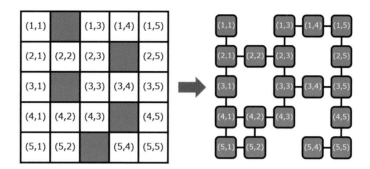

그러면 왼쪽 위의 칸부터 오른쪽 아래 칸까지의 가장 짧은 이동 수는 **노드 $(1, 1)$에서 노드 (H, W)까지의 최단 경로 길이**가 됩니다.

따라서 예제 A63(9.3절)에서와 같이 너비 우선 탐색으로 최단 경로 길이를 계산하면 정답을 얻을 수 있습니다.

그리고 다음 구현 예에서는 노드 (i, j)의 번호를 하나의 정수 $(i-1) \times W + j$로 나타낸 점에 주의합니다[1].

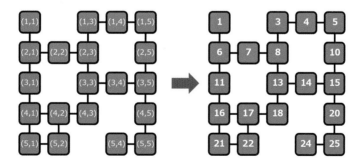

---

1 물론, 2차원 배열 vector<int> G[i][j]를 사용해 인접 리스트를 관리하면 노드 번호가 그대로라도 너비 우선 탐색을 수행할 수 있지만, 하나의 정수로 다루는 편이 구현하기 쉽습니다.

해답 예(C++)

```cpp
62   #include <iostream>
63   #include <vector>
64   #include <queue>
65   using namespace std;
66
67   // 입력
68   int H, W;
69   int sx, sy, start; // 시작 좌표(sx, xy)와 노드 번호 sx * H + sy
70   int gx, gy, goal;  // 목표 좌표 (gx, gy)와 노드 번호 gx * W + gy
71   char c[59][59];
72
73   // 그래프/최단 경로
74   int dist[2509];
75   vector<int> G[2509];
76
77   int main() {
78       // 입력
79       cin >> H >> W;
80       cin >> sx >> sy; start = sx * W + sy;
81       cin >> gx >> gy; goal = gx * W + gy;
82       for (int i = 1; i <= H; i++) {
83           for (int j = 1; j <= W; j++) cin >> c[i][j];
84       }
85
86       // 가로 방향 에지 [(i, j) - (i, j+1)]를 그래프에 추가
87       for (int i = 1; i <= H; i++) {
88           for (int j = 1; j <= W - 1; j++) {
89               int idx1 = i * W + j; // 노드 (i, j)의 노드 번호
90               int idx2 = i * W + (j + 1); // 노드 (i, j+1)의 노드 번호
91               if (c[i][j] == '.' && c[i][j + 1] == '.') {
92                   G[idx1].push_back(idx2);
93                   G[idx2].push_back(idx1);
94               }
95           }
96       }
97
```

```
98      // 세로 방향 에지 [(i, j) - (i+1, j)]를 그래프에 추가
99      for (int i = 1; i <= H - 1; i++) {
100         for (int j = 1; j <= W; j++) {
101             int idx1 = i * W + j;       // 노드 (i, j)의 노드 번호
102             int idx2 = (i + 1) * W + j; // 노드 (i+j, j)의 노드 번호
103             if (c[i][j] == '.' && c[i + 1][j] == '.') {
104                 G[idx1].push_back(idx2);
105                 G[idx2].push_back(idx1);
106             }
107         }
108     }
109
110     // 너비 우선 탐색 초기화
111     for (int i = 1; i <= H * W; i++) dist[i] = -1;
112     queue<int> Q;
113     Q.push(start); dist[start] = 0;
114
115     // 너비 우선 탐색
116     while (!Q.empty()) {
117         int pos = Q.front();
118         Q.pop();
119         for (int i = 0; i < G[pos].size(); i++) {
120             int to = G[pos][i];
121             if (dist[to] == -1) {
122                 dist[to] = dist[pos] + 1;
123                 Q.push(to);
124             }
125         }
126     }
127
128     // 답을 출력
129     cout << dist[goal] << endl;
130     return 0;
131 }
```

※ Python 코드는 지원 페이지를 참조하십시오.

9.4 | 문제 B64 Shortest Path

난이도: ★4 해당

4.2절에서는 동적 계획 알고리즘으로 구체적인 답을 구하는 방법으로 '거꾸로 순서대로 생각하는 방법'을 소개했습니다.

이번에도 마찬가지로 **목표 지점의 노드 N부터 순서대로 생각하면** 노드 1부터 노드 N까지의 구체적인 최단 경로를 구할 수 있습니다. 다음 예를 확인해 봅니다(책 366페이지의 입력 예와 같습니다).

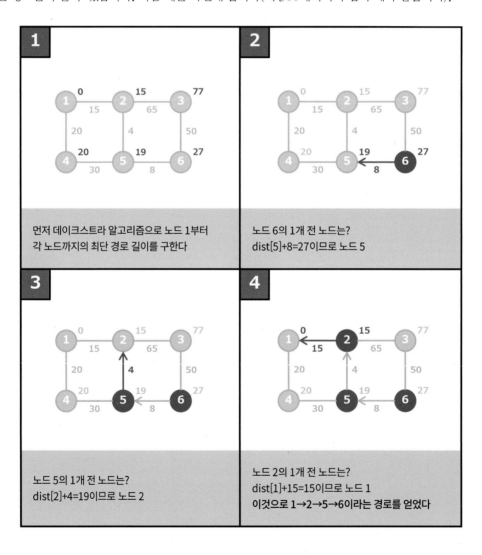

해답 예(C++)

```cpp
01  #include <iostream>
02  #include <queue>
03  #include <vector>
04  #include <algorithm>
05  using namespace std;
06
07  // 입력/그래프
08  int N, M, A[100009], B[100009], C[100009];
09  vector<pair<int, int>> G[100009];
10
11  // 데이크스트라 알고리즘
12  int cur[100009]; bool kakutei[100009];
13  priority_queue<pair<int, int>, vector<pair<int, int>>, greater<pair<int, int>>> Q;
14
15  int main() {
16      // 입력
17      cin >> N >> M;
18      for (int i = 1; i <= M; i++) {
19          cin >> A[i] >> B[i] >> C[i];
20          G[A[i]].push_back(make_pair(B[i], C[i]));
21          G[B[i]].push_back(make_pair(A[i], C[i]));
22      }
23
24      // 배열 초기화
25      for (int i = 1; i <= N; i++) kakutei[i] = false;
26      for (int i = 1; i <= N; i++) cur[i] = 2000000000;
27
28      // 시작 지점을 큐에 추가
29      cur[1] = 0;
30      Q.push(make_pair(cur[1], 1));
31
32      // 데이크스트라 알고리즘
33      while (!Q.empty()) {
34          // 다음에 확정시킬 노드를 구한다
35          int pos = Q.top().second; Q.pop();
36
37          // Q의 최소 요소가 '이미 확정한 노드'인 경우
38          if (kakutei[pos] == true) continue;
```

```
39
40          // cur[x] 값을 업데이트한다
41          kakutei[pos] = true;
42          for (int i = 0; i < G[pos].size(); i++) {
43              int nex = G[pos][i].first;
44              int cost = G[pos][i].second;
45              if (cur[nex] > cur[pos] + cost) {
46                  cur[nex] = cur[pos] + cost;
47                  Q.push(make_pair(cur[nex], nex));
48              }
49          }
50      }
51
52      // 답 복원(Place는 현재의 위치: 목표에서 출발)
53      vector<int> Answer;
54      int Place = N;
55      while (true) {
56          Answer.push_back(Place);
57          if (Place == 1) break;
58
59          // Place의 앞의 노드는 어떤 것이 좋은가?
60          for (int i = 0; i < G[Place].size(); i++) {
61              int nex = G[Place][i].first;
62              int cost = G[Place][i].second;
63              if (cur[nex] + cost == cur[Place]) {
64                  Place = nex;
65                  break;
66              }
67          }
68      }
69      reverse(Answer.begin(), Answer.end());
70
71      // 출력
72      for (int i = 0; i < Answer.size(); i++) {
73          if (i >= 1) cout << " ";
74          cout << Answer[i];
75      }
76      cout << endl;
77      return 0;
78 }
```

※ Python 코드는 지원 페이지를 참조하십시오.

9.5 | 문제 B65 Road to Promotion Hard   난이도: ★4 해당

먼저 간단하게 풀기 위해 문제 A65(책 9.5절)와 같이 사원 1이 상사이고, 번호가 작은 더 높은 경우를
생각합니다.

> 사원 x의 직속 부하의 계급이 각각 $r_1, r_2, \cdots, r_k$일 때 사원 x의 계급은 다음 식으로 나타낸다:
>
> $$(\text{사원 } x \text{의 계급}) = \max(r_1, r_2, \cdots, r_k) + 1$$
>
> 번호가 작은 쪽이 상사이므로 사원 $N, \cdots, 2, 1$순으로 위 식대로 계급을 계산하면 계산량 $O(N)$으로 답을 알 수 있다.

$N = 5$일 때의 구체적인 예는 다음과 같습니다.

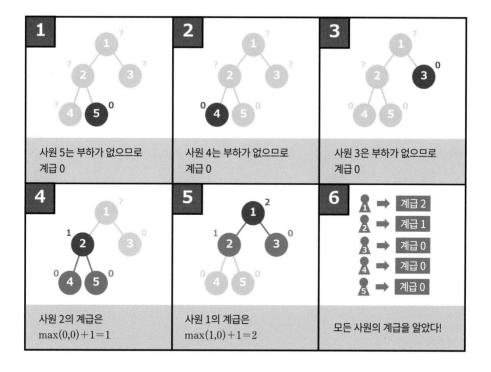

1 사원 5는 부하가 없으므로 계급 0

2 사원 4는 부하가 없으므로 계급 0

3 사원 3은 부하가 없으므로 계급 0

4 사원 2의 계급은 $\max(0,0)+1=1$

5 사원 1의 계급은 $\max(1,0)+1=2$

6
1 → 계급 2
2 → 계급 1
3 → 계급 0
4 → 계급 0
5 → 계급 0
모든 사원의 계급을 알았다!

일반적인 경우를 풀자

여기까지는 번호가 작은 쪽이 높다는 간단한 경우를 푸는 방법을 설명했습니다. 하지만 실제로는 꼭 그
렇다고 단정할 수 없으므로 사원 $N, \cdots, 2, 1$순으로 구하는 방법은 잘 동작하지 않습니다.

여기에서 깊이 우선 탐색을 사용해서 **사장에서 먼 쪽부터 순서대로 계급을 구해 나가면** 잘 구할 수 있습니다(주: 사장과의 거리가 가까운 쪽이 상사라는 특성을 사용합니다). 구현 예는 다음과 같습니다. 사장의 번호를 X로 했을 때 가장 먼저 dfs(X)가 호출됩니다[2].

```
01  // 깊이 우선 탐색을 수행하는 함수(pos는 현재 위치)
02  // 반환 값은 사원 pos의 계급
03  int dfs(int pos) {
04      // 가장 먼저 사원 pos의 계급을 0으로 설정한다
05      visited[pos] = true;
06      Answer[pos] = 0;
07
08      // 탐색한다
09      for (int i = 0; i < G[pos].size(); i++) {
10          int nex = G[pos][i];
11          if (visited[nex] == false) {
12              int ret = dfs(nex);
13              Answer[pos] = max(Answer[pos], ret + 1); // 계급을 업데이트한다
14          }
15      }
16
17      // 값을 반환한다
18      return Answer[pos];
19  }
```

여기에서 재귀 함수의 동작은 다소 복잡하므로 다음 예를 확인합니다(최초의 예와 동일). '**인접한 노드를 모두 방문하고 한걸음 되돌아왔을 때 계급을 계산하는**' 방식입니다.

---

2   G는 상하 관계를 나타내는 그래프의 인접 리스트, Answer[i]는 사원 i의 계급을 나타냅니다.

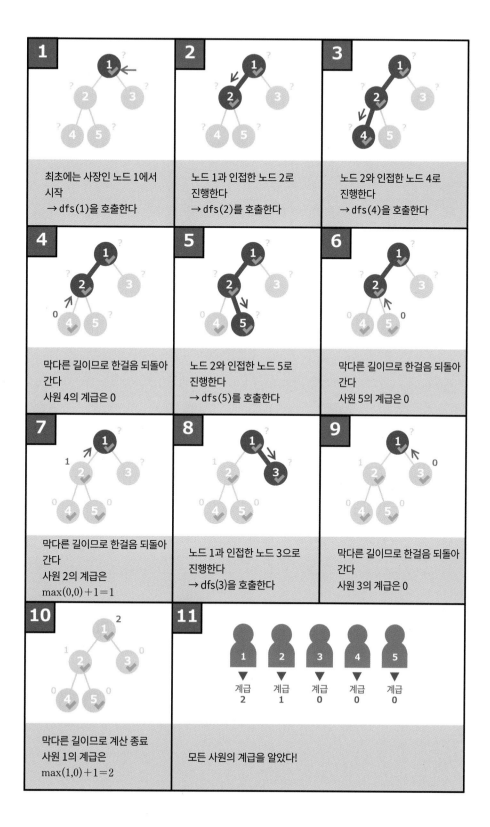

1

최초에는 사장인 노드 1에서 시작
→ dfs(1)을 호출한다

2

노드 1과 인접한 노드 2로 진행한다
→ dfs(2)를 호출한다

3

노드 2와 인접한 노드 4로 진행한다
→ dfs(4)을 호출한다

4

막다른 길이므로 한걸음 되돌아간다
사원 4의 계급은 0

5

노드 2와 인접한 노드 5로 진행한다
→ dfs(5)를 호출한다

6

막다른 길이므로 한걸음 되돌아간다
사원 5의 계급은 0

7

막다른 길이므로 한걸음 되돌아간다
사원 2의 계급은
$\max(0,0)+1=1$

8

노드 1과 인접한 노드 3으로 진행한다
→ dfs(3)을 호출한다

9

막다른 길이므로 한걸음 되돌아간다
사원 3의 계급은 0

10

막다른 길이므로 계산 종료
사원 1의 계급은
$\max(1,0)+1=2$

11

1	2	3	4	5
계급 2	계급 1	계급 0	계급 0	계급 0

모든 사원의 계급을 알았다!

마지막으로 입력 부분, 출력 부분, 그래프 인접 리스트를 만드는 부분 등을 추가하면 다음 해답 예가 됩니다.

해답 예(C++)

```
01  #include <iostream>
02  #include <vector>
03  #include <algorithm>
04  using namespace std;
05
06  // 입력된 변수, 답
07  int N, T, A[100009], B[100009];
08  int Answer[100009];
09
10  // 그래프/깊이 우선 탐색
11  vector<int> G[100009];
12  bool visited[100009];
13
14  // 깊이 우선 탐색을 수행하는 함수(pos는 현재 위치)
15  // 반환 값은 사원 pos의 계급
16  int dfs(int pos) {
17      // 최초, 사원 pos의 계급은 0으로 설정한다
18      visited[pos] = true;
19      Answer[pos] = 0;
20
21      // 탐색한다
22      for (int i = 0; i < G[pos].size(); i++) {
23          int nex = G[pos][i];
24          if (visited[nex] == false) {
25              int ret = dfs(nex);
26              Answer[pos] = max(Answer[pos], ret + 1); // 계급을 업데이트한다
27          }
28      }
29
30      // 값을 반환한다
31      return Answer[pos];
32  }
33
34  int main() {
35      // 입력
36      cin >> N >> T;
```

```
37        for (int i = 1; i <= N - 1; i++) {
38            cin >> A[i] >> B[i];
39            G[A[i]].push_back(B[i]); // A[i]→B[i]의 방향에 에지를 추가
40            G[B[i]].push_back(A[i]); // B[i]→A[i]의 방향에 에지를 추가
41        }
42
43        // 깊이 우선 탐색
44        dfs(T);
45
46        // 출력
47        for (int i = 1; i <= N; i++) {
48            if (i >= 2) cout << " ";
49            cout << Answer[i];
50        }
51        cout << endl;
52        return 0;
53    }
```

※ Python 코드는 지원 페이지를 참조하십시오.

9.6 문제 B66 Typhoon

※ 이 문제는 예제보다 상당히 어렵습니다.

난이도: ★5 해당

먼저, 역을 노드로 하고 철도 노선을 에지로 하는 그래프를 생각하면 쿼리 1, 2는 각각 다음과 같은 처리에 대응합니다.

쿼리 1: x번째 노선이 운행 휴무가 된다	x번째 에지가 사라진다
쿼리 2: 역 s에서 역 t로 이동할 수 있는지 답한다	노드 s와 노드 t가 같은 연결 성분인지 답한다

이 처리는 Union-Find로 수행할 수 있는 쿼리(책 378페이지)와 매우 비슷하지만, 안타깝게도 에지를 삭제하는 조작은 할 수 없습니다. 그럼 어떻게 하면 좋을까요?

일반적인 경우를 풀자

해결책의 하나로 **쿼리를 역순으로 처리**하는 방법이 있습니다. 역순이 되면 '에지가 사라지는 조작'은 '에지를 추가하는 조작'으로 바뀌므로 Union-Find로 처리할 수 있는 형태가 됩니다.

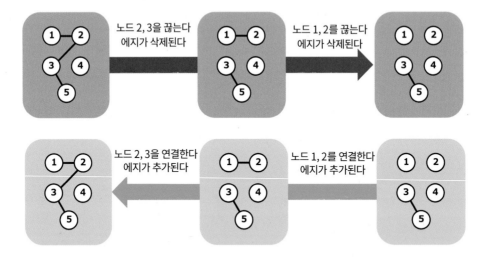

이 아이디어를 구현하면 해답 예와 같습니다. 그리고 가장 마지막 쿼리 시점에서도 운행 휴무가 되지 않은 노선이 존재하는 경우가 있으므로 이런 에지를 사전에 추가해 두어야 하는 것에 주의합니다.

해답 예(C++)

```cpp
01  #include <iostream>
02  #include <vector>
03  using namespace std;
04
05  class UnionFind {
06  public:
07      int par[100009];
08      int siz[100009];
09
10      // N 노드의 Union-Find를 작성
11      void init(int N) {
12          for (int i = 1; i <= N; i++) par[i] = -1; // 최초에는 부모가 없다
13          for (int i = 1; i <= N; i++) siz[i] = 1;  // 최초에는 그룹의 노드 수가 1
14      }
15
16      // 노드 x의 루트를 반환하는 함수
17      int root(int x) {
18          while (true) {
19              if (par[x] == -1) break; // 1개 앞(부모)이 없으면 여기가 루트
20              x = par[x];              // 1 개 앞(부모)로 진행한다
21          }
22          return x;
23      }
24
25      // 요소 u와 v를 통합하는 함수
26      void unite(int u, int v) {
27          int RootU = root(u);
28          int RootV = root(v);
29          if (RootU == RootV) return; // u와 v가 같은 그룹일 때는 처리를 수행하지 않는다
30          if (siz[RootU] < siz[RootV]) {
31              par[RootU] = RootV;
32              siz[RootV] = siz[RootU] + siz[RootV];
33          }
34          else {
```

```
35              par[RootV] = RootU;
36              siz[RootU] = siz[RootU] + siz[RootV];
37          }
38      }
39
40      // 요소 u와 v가 같은 그룹인지 반환하는 함수
41      bool same(int u, int v) {
42          if (root(u) == root(v)) return true;
43          return false;
44      }
45  };
46
47  // 입력으로 주어진 변수, 답
48  int N, M, A[100009], B[100009];
49  int Q, QueryType[100009], x[100009], u[100009], v[100009];
50  string Answer[100009];
51
52  // 그 외의 변수
53  UnionFind UF;
54  bool cancelled[100009];
55
56  int main() {
57      // 입력
58      cin >> N >> M;
59      for (int i = 1; i <= M; i++) cin >> A[i] >> B[i];
60      cin >> Q;
61      for (int i = 1; i <= Q; i++) {
62          cin >> QueryType[i];
63          if (QueryType[i] == 1) cin >> x[i];
64          if (QueryType[i] == 2) cin >> u[i] >> v[i];
65      }
66
67      // 최초에 운행 휴무로 되어 있는 노선을 구한다
68      for (int i = 1; i <= M; i++) cancelled[i] = false;
69      for (int i = 1; i <= Q; i++) {
70          if (QueryType[i] == 1) cancelled[x[i]] = true;
71      }
72
```

```
73        // Union-Find 초기화(해당 날의 가장 마지막 상태로 한다)
74        UF.init(N);
75        for (int i = 1; i <= M; i++) {
76            if (cancelled[i] == false && UF.same(A[i], B[i]) == false) {
77                UF.unite(A[i], B[i]);
78            }
79        }
80
81        // 쿼리를 거꾸로 처리
82        for (int i = Q; i >= 1; i--) {
83            if (QueryType[i] == 1) {
84                //역 A[x[i]]와 역 B[x[i]]를 연결하는 노선이 개통
85                if (UF.same(A[x[i]], B[x[i]]) == false) UF.unite(A[x[i]], B[x[i]]);
86            }
87            if (QueryType[i] == 2) {
88                if (UF.same(u[i], v[i]) == true) Answer[i] = "Yes";
89                else Answer[i] = "No";
90            }
91        }
92
93        // 출력
94        for (int i = 1; i <= Q; i++) {
95            if (QueryType[i] == 2) cout << Answer[i] << endl;
96        }
97        return 0;
98    }
```

※ Python 코드는 지원 페이지를 참조하십시오.

9.7 | 문제 B67 Max MST   난이도: ★5 해당

그래프의 최대 전역 트리는 **큰 변부터 순서대로 추가해 나가는** 매우 단순한 탐욕 알고리즘으로 구할 수 있습니다.

왜냐하면 '그래프 G의 최대 전역 트리'와 '각 변의 길이를 $10000-x$로 바꾼 그래프 G'의 최대 전역 트리'가 일치하기 때문입니다[3].

그리고 최소 전역 트리는 책 387페이지에서 설명한 것처럼 작은 변부터 순서대로 추가해 나가는 탐욕 알고리즘(크루스칼 알고리즘)으로 구할 수 있기 때문입니다.

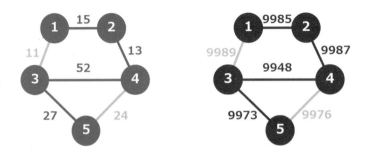

해답 예(C++)

```
01   #include <iostream>
02   #include <vector>
03   #include <algorithm>
04   using namespace std;
05
06   // Union-Find 클래스의 구현은 9.6절 참조
07   int N, M;
08   int A[100009], B[100009], C[100009];
09   UnionFind UF;
10
11   int main() {
```

---

3 이것은 '그래프 G에서 선택한 변의 가중치의 총합이 w이고, 그래프 에서도 완전히 같은 에지를 선택했을 때 그래프 G'에서의 에지의 가중치의 총합이 $10000(N-1)-w$가 되고, w의 값이 클수록 작아지는 것'으로 설명할 수 있습니다(N은 노드 수).
   예를 들어, 위 그림의 예와 같이 노드가 5개인 경우 그래프 G'의 가중치의 총합이 $40000-w$가 되어 이 값은 w가 최대일 때 최소가 됩니다.

```
12      // 입력
13      cin >> N >> M;
14      for (int i = 1; i <= M; i++) cin >> A[i] >> B[i] >> C[i];
15
16      // 에지의 길이의 내림차순으로 정렬한다
17      vector<pair<int, int>> EdgeList;
18      for (int i = 1; i <= M; i++) EdgeList.push_back(make_pair(C[i], i));
19      sort(EdgeList.begin(), EdgeList.end());
20      reverse(EdgeList.begin(), EdgeList.end()); // 문제 A67과 다른 유일한 부분
21
22      // 최대 전역 트리를 구한다
23      int Answer = 0; UF.init(N);
24      for (int i = 0; i < EdgeList.size(); i++) {
25          int idx = EdgeList[i].second;
26          if (UF.same(A[idx], B[idx]) == false) {
27              UF.unite(A[idx], B[idx]);
28              Answer += C[idx];
29          }
30      }
31      cout << Answer << endl;
32      return 0;
33  }
```

※ Python 코드는 지원 페이지를 참조하십시오.

9.8 문제 B68 ALGO Express
※ 이 문제는 예제보다 상당히 어렵습니다. **난이도: ★7 해당**

이 문제의 경우 갑자기 N이 큰 경우나 P_i가 음인 경우를 생각하면 어려워지므로 우선 다음의 경우를 생각해 봅시다.

ALGO 철도에는 N=3개의 역이 있고, 각 역에 대해 다음의 비용이 든다(특급역으로 지정하지 않은 경우도 비용이 드는 것에 주의한다).

선택	역 1의 비용	역 2의 비용	역 3의 비용
특급역으로 지정한 경우	60원	90원	70원
특급역으로 지정하지 않은 경우	80원	40원	10원

또한, 다음 M=2개의 조건이 있다.

- 역 1이 특급역이라면 역 2도 특급역이어야 한다
- 역 2가 특급역이라면 역 3도 특급역이어야 한다

모든 조건을 만족할 때의 최소 비용은 얼마인가?

사실, 이 문제의 답은 다음 그래프의 최대 플로, 즉 최소 컷 가중치 총합과 일치하는 것으로 알려져 있습니다.

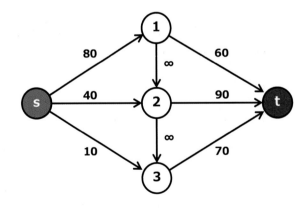

그럼 왜 그렇게 되는 것일까요? 최소 컷 문제에서,

- 역 i를 특급역으로 지정하지 않는 경우, s와 노드 i를 연결하는 에지를 끊는다

- 역 i를 특급역으로 지정하는 경우, 노드 i와 t를 연결하는 에지를 끊는다

와 같이 에지를 끊는 방법을 생각합니다(끊은 에지의 가중치의 총합이 비용의 합계가 됩니다).

이때, **M = 2의 모든 조건을 만족하는 경우는 이미 s에서 t로 도달 불가능**한 상태가 되며, 추가로 에지를 삭제할 필요는 없습니다. 하지만 하나라도 만족하지 않는 조건이 있는 경우에는 가중치 ∞인 에지를 삭제해야 하며, 최소 컷이 ∞가 되어 버립니다.

그렇기 때문에 최소 컷은 '모든 조건을 만족하는 경우의 최소 비용'에 대응합니다. 예를 그림으로 나타내면 다음과 같습니다.

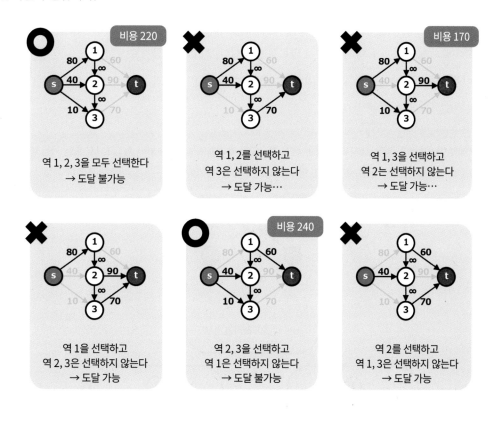

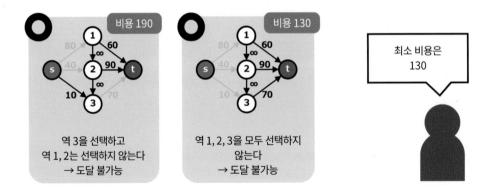

어쩌면 연결된 그대로인 경우에 가중치 ∞인 에지를 삭제하는 방법이 좋지 않는가(즉, 어떤 노드 i에 대해 에지 $s{\rightarrow}i$와 에지 $i{\rightarrow}t$ 양쪽을 삭제한다) 하고 생각할지도 모릅니다.

하지만 이런 삭제 방법은 절대로 최적이 되지는 않습니다. 이것은 다음과 같이 증명할 수 있습니다(매우 어려우므로 건너 뛰어도 좋습니다).

이런 삭제 방법이 최적인 경우, 에지 $s{\rightarrow}i$ 또는 에지 $i{\rightarrow}t$만을 추가해도 시작점 s부터 종점 t까지 도달 가능하게 된다(예를 들어, 에지 $s{\rightarrow}i$를 추가해도 도달 가능한 경우, 에지 $s{\rightarrow}i$를 삭제하지 않는 것이 명확하게 최적에 가깝다).

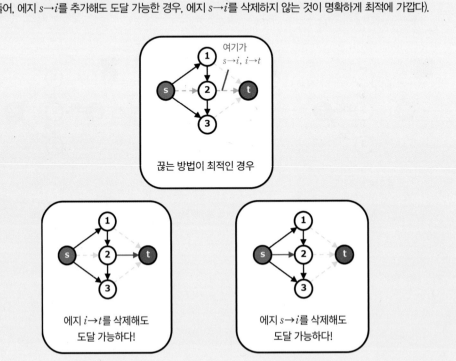

그런데 에지 $s{\rightarrow}i$만을 추가해도, 에지 $s{\rightarrow}t$만을 추가해도 도달 불가능한 것이 도달 가능하게 되는 경우는 절대 존재하지 않는다.

왜냐하면 에지 $s{\rightarrow}i$만을 추가했을 때의 s에서 t까지의 경로는 '$s{\rightarrow}i{\rightarrow}$(적당한 패스 A)${\rightarrow}t$'라는 형태로 반드시 표현할 수 있기 때문이다.

또한, 에지 $i{\rightarrow}t$만을 추가했을 때의 s에서 t까지의 경로는 '$s{\rightarrow}$(적당한 패스 B)${\rightarrow}i{\rightarrow}t$'라는 형태로 반드시 표현할 수 있기 때문이다.

그리고 에지 $s{\rightarrow}i$도, 에지 $i{\rightarrow}t$도 추가하지 않는 원래의 끊는 방법의 경우에도 '$s{\rightarrow}$(적당한 패스 A)${\rightarrow}i{\rightarrow}$(적당한 패스 B)${\rightarrow}t$'라는 경로를 지남으로써, s에서 t까지 도달 가능하게 된다.

이것은 '원래의 끊는 방법으로 시점 s에서 종점 t에 도달 불가능하다'는 가정에 모순된다(배리법).

실제 문제를 풀자

그럼 드디어 진짜 문제를 풀어봅니다. 역 i를 특급역으로 지정할 때의 이익 P_i가 양/음 어느 쪽이라도 될 수 있는 경우는 어떻게 풀면 좋을까요? 예를 들어, 다음 경우를 생각해 봅시다.

ALGO 철도에는 $N=3$개의 역이 있고, 각 역을 특급역으로 지정한 경우 다음과 같은 이익을 얻을 수 있다.

선택	역 1의 비용	역 2의 비용	역3의 비용
특급역으로 지정한 경우의 이익	80원	-30원	-40원

또한, 다음 $M=2$개의 조건이 있다.

- 역 1이 특급역이라면 역 2도 특급역이어야 한다
- 역 2가 특급역이라면 역 3도 특급역이어야 한다

모든 조건을 만족할 때의 이익의 최댓값은 얼마인가?

얼핏 보면 이 경우의 답을 다음과 같은 그래프의 최소 컷을 계산해서 구할 수 있을 것이라 생각할지도 모릅니다.

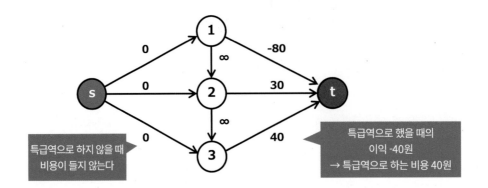

하지만 Ford-Fulkerson 알고리즘은 가중치가 음인 에지가 있을 때 올바르게 동작하지 않습니다. 그래서 음인 에지를 삭제하기 위해 **'특급역으로 했을 때의 비용이 $-x$원이다'**를 **'특급역으로 하지 않았을 때의 비용이 x원이다'**로 말을 **바꾸는 것**을 생각해 봅시다.

예를 들어, 앞의 예의 경우에는 다음 그래프와 같이 수정됩니다. '특급역으로 했을 때의 비용이 -80원'이 '특급역으로 지정하지 않았을 때의 비용이 80원'으로 그 표현이 바뀝니다.

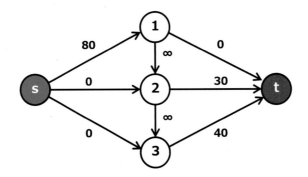

이때, 구하는 최대 이익은 **$80-$(최소 컷)**입니다. 여기에서 최소 컷을 더하지 않고 빼는 이유는 최소 컷으로 구한 것은 비용의 최솟값이지, 이익의 최댓값이 아니기 때문입니다.

또한, 80이라는 값은 '원래 특급역으로 했을 때 비용 -80원/하지 않았을 때 0원이었지만, 특급역으로 했을 때의 비용 0원/하지 않았을 때 80원'이 되어 일률적으로 80원이 상향된 것에 대해 보장하기 위해 사용합니다.

일반적인 경우를 풀자

여기까지의 내용은 이해했습니까? 마지막으로 일반적인 경우의 푸는 방법을 설명합니다. 먼저 다음과 같은 그래프를 만듭니다.

에지 시작점/종점	비용
시작 s → 노드 i	$P_i < 0$일 때 0, $P_i > 0$일 때 P_i
노드 i → 목표 t	$P_i > 0$일 때 0, $P_i < 0$일 때 $-P_i$
노드 A_j → 노드 B_j	∞

여기에서 $P_i > 0$인 P_i의 합계를 Offset으로 했을 때 구하는 최대 이익은 Offset − (그래프의 최소 컷) 이 됩니다.

따라서 다음 해답 예와 같이 구현하면 올바른 답을 얻을 수 있습니다. 그리고 이 프로그램에서는 노드 번호를 하나의 정수로 나타내므로 시작 시점의 번호를 $N+1$로 설정하고, 목표 지점의 번호를 $N+2$로 설정한 것에 주의합니다.

해답 예(C++)

```
01   #include <iostream>
02   #include <vector>
03   #include <algorithm>
04   using namespace std;
05
06   // MaximumFlow 클래스는 책 9.8절 참조
07
08   int N, P[159];
09   int M, A[159], B[159];
10   MaximumFlow Z;
11
12   int main() {
13       // 입력
14       cin >> N >> M;
15       for (int i = 1; i <= N; i++) cin >> P[i];
16       for (int i = 1; i <= M; i++) cin >> A[i] >> B[i];
17
18       // 그래프를 만든다(전반 부분)
```

```
19      int Offset = 0;
20      Z.init(N);
21      for (int i = 1; i <= N; i++) {
22          // 효과가 양인 경우는 특급역으로 하지 않는 경우(시작점 → i)의 비용을 P[i]로 설정
23          if (P[i] >= 0) {
24              Z.add_edge(N + 1, i, P[i]);
25              Offset += P[i];
26          }
27          // 효과가 음인 경우는 특급역으로 하는 경우(i → 종료점)의 비용을 -P[i]로 설정
28          if (P[i] < 0) {
29              Z.add_edge(i, N + 2, -P[i]);
30          }
31      }
32
33      // 그래프를 만든다(후반 부분)
34      for (int i = 1; i <= M; i++) {
35          Z.add_edge(A[i], B[i], 1000000000);
36      }
37
38      // 답을 구한다
39      int Answer = Offset - Z.max_flow(N + 1, N + 2);
40      cout << Answer << endl;
41      return 0;
42  }
```

※ Python 코드는 지원 페이지를 참조하십시오.

9.9 문제 B69 Black Company 2

먼저 다음과 같은 $N+26$ 노드의 그래프를 생각합니다.

[노드의 정보]

- 파란색 노드는 N개 있으며, 종업원에 대응한다.

- 빨간색 노드는 24개 있으며, 시간대에 대응한다.

- 그 밖에 시작 지점 s와 목표 지점 t가 존재한다.

[에지의 정보]

다음과 같이 세 종류의 에지를 추가한다.

에지의 시작점/종료점	용량	비고
시작 s → 파란색 노드 i	10	10은 근로 시간의 상한에 대응
파란색 노드 i → 빨간색 노드 j	1	$C_{i,j}=1$일 때(일할 수 있을 때)만 추가
빨간색 노드 j → 목표 t	M	M은 필요 근로자 수에 대응

$N=5$, $M=2$일 때의 그래프의 예는 다음에 나타냈습니다(여기에서는 그림의 크기 관계상 1일이 24시간이 아니라 4시간인 경우를 예로 들었습니다).

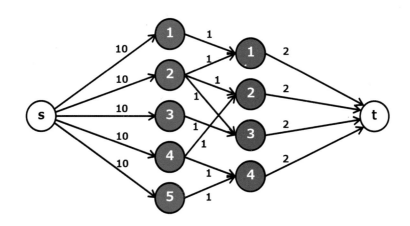

이때, 최대 플로의 총유량이 $24 \times M$일 때에 한해 답은 Yes, 그렇지 않으면 답은 No가 됩니다. 그 이유는 다음 두 가지 포인트로 설명할 수 있습니다.

[포인트 1]

플로에서 각 에지의 유량은 다음과 같은 값에 대응합니다.

에지의 시작점/종료점	값의 의미
시작 s → 파란색 노드 i	종업원 i의 근로 시간
파란색 노드 i → 빨간색 노드 j	유량이 1일 때 종업원 i가 시각 j에 일한다.
	유량이 0일 때 종업원 i가 시각 j에 일하지 않는다.
빨간색 노드 j → 목표 t	시각 j에 근무 중인 사원 수

[포인트 2]

모든 시각에 대해 M명이 근무하고 있는 경우에 한해 플로의 총유량은 $24 \times M$이 된다[4].

포인트 1의 예를 다음 그림에 나타냈습니다(빨간 숫자는 유량). 이 그림과 같이 플로를 흘려보내는 경우, 예를 들어 종업원 2는(시각 1, 3에) 2시간 근로하는 것에 대응합니다.

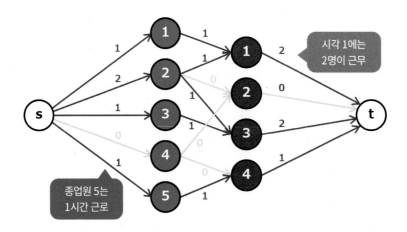

---

4   여기서 $M+1$명 이상을 근무시키려면 명확히 낭비인 점에 주의합니다.

구현에 관해

여기까지의 아이디어를 구현하면 해답 예와 같이 됩니다. MaximumFlow 클래스에서는 노드 번호를 정수로 해야 하므로 파란색 노드의 번호를 $1 \sim N$, 빨간색 노드의 번호를 $N+1 \sim N+24$, 시작 지점의 번호를 $N+25$, 목표 지점의 번호를 $N+26$으로 재설정한 점에 주의합니다.

해답 예(C++)

```
01  #include <iostream>
02  #include <vector>
03  #include <algorithm>
04  using namespace std;
05
06  // MaximumFlow 클래스는 책 9.8절 참조
07  int N, M;
08  char C[59][24];
09  MaximumFlow Z;
10
11  int main() {
12      // 입력
13      cin >> N >> M;
14      for (int i = 1; i <= N; i++) {
15          for (int j = 0; j <= 23; j++) cin >> C[i][j];
16      }
17
18      // 그래프를 만든다(전반 부분)
19      Z.init(N + 26);
20      for (int i = 1; i <= N; i++) {
21          Z.add_edge(N + 25, i, 10);     // 종업원은 10시간까지만 일할 수 있다
22      }
23      for (int i = 0; i <= 23; i++) {
24          Z.add_edge(N + i, N + 26, M); // 교대 근무는 M명 이상으로 하고 싶다
25      }
26
27      // 그래프를 만든다(후반 부분)
28      for (int i = 1; i <= N; i++) {
29          for (int j = 0; j <= 23; j++) {
30              if (C[i][j] == '1') Z.add_edge(i, N + j, 1);
```

```
31              }
32          }
33
34          // 답을 구한다
35          int Answer = Z.max_flow(N + 25, N + 26);
36          if (Answer == 24 * M) cout << "Yes" << endl;
37          else cout << "No" << endl;
38          return 0;
39      }
```

※ Python 코드는 지원 페이지를 참조하십시오.

능력 시험 문제 풀이

1   문제 C01   Tax Rate   (Lv. 1)

소비세율은 10%이므로 소비세 불포함 가격 N원일 때, 소비세 포함 가격은 $1.1N$원입니다.[1] 따라서 1.1 * N을 출력하는 다음 프로그램을 제출하면 정답을 얻습니다.

구현상 주의할 점

C++의 경우 (int)(1.1 * N)과 같이 정수형으로 변환한 뒤 출력하지 않으면 오답이 될 가능성이 있습니다. 예를 들어, $N = 1000000$과 같은 큰 값의 경우 **1.1e+06**과 같이 지수 표기로 출력되기 때문입니다.

해답 예(C++)

```
01   #include <iostream>
02   using namespace std;
03
04   int main() {
05       // 입력
06       int N;
07       cin >> N;
08
09       // 출력
10       cout << N * 11 / 10 << endl;
11       return 0;
12   }
```

※ Python 코드는 지원 페이지를 참조하십시오.

---

1   제약에 따라 N은 100의 배수이므로, 소비세를 포함한 가격 1.1N은 반드시 정수가 됩니다.

2 문제 C02 Two Balls (Lv. 10)

이 문제는 **선택한 2개의 공을 완전 탐색**함으로써 계산량 $O(N^2)$로 풀 수 있습니다.

구현 예는 다음과 같습니다. 이 프로그램에서는 선택하는 공 중 첫 번째의 번호를 i, 두 번째의 번호를 j로 합니다.

해답 예(C++)

```
01  #include <iostream>
02  #include <algorithm>
03  using namespace std;
04
05  int N, A[109];
06  int Answer = 0;
07
08  int main() {
09      // 입력
10      cin >> N;
11      for (int i = 1; i <= N; i++) cin >> A[i];
12
13      // 답을 구한다(완전 탐색)
14      for (int i = 1; i <= N; i++) {
15          for (int j = i + 1; j <= N; j++) Answer = max(Answer, A[i] + A[j]);
16      }
17
18      // 출력
19      cout << Answer << endl;
20      return 0;
21  }
```

※ Python 코드는 지원 페이지를 참조하십시오.

생각할 수 있는 다른 풀이

사실 '가장 무거운 공'과 '2번째로 무거운 공'을 선택하는 것이 최적입니다.

그렇기 때문에 $A = [A_1, \cdots, A_N]$을 크기의 내림차순으로 정렬한 뒤 $A_1 + A_2$를 출력하는 방법도 있습니다. 계산량은 $O(N\log N)$이며, 완전 탐색보다 빠릅니다.

3 문제 C03 Stock Queries (Lv. 20)

이 문제는 다음과 같은 알고리즘으로 풀 수 있습니다.

[순서 1]

먼저 각 i에 대해 i일차의 주가 Price[i]를 계산한다.

[순서 2]

- 그 뒤, 각각의 질문에 답한다.

- S_j, T_j일차의 주가 중 어느 쪽이 높은지는 Price[S[j]] < Price[T[j]] 여부로 판정할 수 있다.

여기에서 Price[i]의 값은 다음 식에 따라 1일차부터 순서대로 계산하면 구할 수 있습니다. 계산 방법은 누적 합을 고속으로 계산할 때(책 46페이지 참조)와 매우 비슷합니다.

- Price[1] = A[1]

- Price[i] = Price[i-1] + A[i] (i>=2)

※ 여기에서 A[i]는 i일차의 전일비

이상의 내용을 구현하면 해답 예와 같이 됩니다. 계산량은 $O(N + Q)$입니다.

해답 예(C++)

```
01   #include <iostream>
02   using namespace std;
03
04   // 입력으로 주어진 변수
05   int D, X, A[200009];
06   int Q, S[200009], T[200009];
07
08   // 각 날짜의 주가
09   int Price[200009];
10
11   int main() {
```

```
12      // 입력
13      cin >> D >> X;
14      for (int i = 2; i <= D; i++) cin >> A[i];
15      cin >> Q;
16      for (int i = 1; i <= Q; i++) cin >> S[i] >> T[i];
17
18      // 각 날짜의 주가를 구한다(누적 합)
19      Price[1] = X;
20      for (int i = 2; i <= D; i++) Price[i] = Price[i - 1] + A[i];
21
22      // 답을 출력한다
23      for (int i = 1; i <= Q; i++) {
24          if (Price[S[i]] > Price[T[i]]) cout << S[i] << endl;
25          else if (Price[S[i]] < Price[T[i]]) cout << T[i] << endl;
26          else cout << "Same" << endl;
27      }
28      return 0;
29  }
```

※ Python 코드는 지원 페이지를 참조하십시오.

4 문제 C04 Divisor Enumeration (Lv. 20)

우선 생각할 수 있는 방법은 '1은 N의 약수인가?', '2는 N의 약수인가?'와 같이 하나씩 조사해 가는 방법입니다. 하지만 계산량은 $O(N)$으로 느리며, 문제의 제약에서는 실행 시간 제한을 만족할 수 없습니다.

	약수		약수		약수		약수
1	○	10	×	19	×	28	×
2	○	11	×	20	×	29	×
3	○	12	○	21	×	30	×
4	○	13	×	22	×	31	×
5	×	14	×	23	×	32	×
6	○	15	×	24	×	33	×
7	×	16	×	25	×	34	×
8	×	17	×	26	×	35	×
9	○	18	○	27	×	36	○

($N=36$인 경우)
완전 탐색을 하면 시간이 걸린다…

효율적인 해법

사실 1부터 N까지 전부 확인하지 않아도 **1부터 $\sqrt{N}$까지 확인하면 모든 약수를 나열할 수 있습니다.**
왜냐하면 정수 i가 약수임을 알았다면 정수 N/i도 약수임을 알 수 있기 때문입니다($i \times (N/i) = N$이므로)[2]. 예를 들어, $N=36$일 때 3이 약수라면 12도 약수임을 알 수 있습니다.

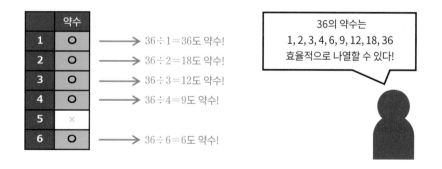

36의 약수는
1, 2, 3, 4, 6, 9, 12, 18, 36
효율적으로 나열할 수 있다!

---

2 혹시 $\sqrt{N}$까지 조사해도 i에도, N/i에도 포함되지 않는 약수가 있는 것은 아닐까라고 생각하는 분이 있을지도 모릅니다. 하지만 N의 모든 '$\sqrt{N}$을 넘는 약수 A'에 대해 $A \times B = N$을 만족하는 정수 B($\sqrt{N}$ 이하)가 존재하기 때문에 그런 일은 절대로 없습니다. 예를 들어 $N=36$인 경우, $9 \times 4 = 36$에서, 약수 9는 4를 조사하는 시점에서 찾아내게 됩니다.

따라서 다음과 같은 프로그램으로 모든 약수를 나열할 수 있습니다. 계산량은 $O(\sqrt{N})$입니다.

또한, 이 문제에서는 약수를 오름차순으로 출력해야만 정답이 되는 점에 주의합니다(그래서 21번째 행에서는 정렬을 사용합니다).

해답 예(C++)

```
01  #include <iostream>
02  #include <vector>
03  #include <algorithm>
04  using namespace std;
05
06  int main() {
07      // 입력
08      long long N;
09      cin >> N;
10
11      // 약수를 나열
12      vector<long long> Yakusuu;
13      for (long long i = 1; i * i <= N; i++) {
14          if (N % i == 0) {
15              Yakusuu.push_back(i);
16              if (i != N / i) Yakusuu.push_back(N / i);
17          }
18      }
19
20      // 오름차순으로 정렬
21      sort(Yakusuu.begin(), Yakusuu.end());
22
23      // 출력
24      for (int i = 0; i < Yakusuu.size(); i++) {
25          cout << Yakusuu[i] << endl;
26      }
27      return 0;
28  }
```

※ Python 코드는 지원 페이지를 참조하십시오.

5 문제 C05 Lucky Numbers (Lv. 30)

먼저, N번째 행운의 숫자는 '$N-1$의 2진법 표기의 0, 1을 4, 7로 바꾼 값'입니다. 40번째까지의 행운의 숫자를 다음에 나타냈습니다[3].

N	N번째 행운의 숫자	$N-2$의 2진법	N	N번째 행운의 숫자	$N-2$의 2진법
1	4444444444	0000000000	21	4444474744	0000010100
2	4444444447	0000000001	22	4444474747	0000010101
3	4444444474	0000000010	23	4444474774	0000010110
4	4444444477	0000000011	24	4444474777	0000010111
5	4444444744	0000000100	25	4444477444	0000011000
6	4444444747	0000000101	26	4444477447	0000011001
7	4444444774	0000000110	27	4444477474	0000011010
8	4444444777	0000000111	28	4444477477	0000011011
9	4444447444	0000001000	29	4444477744	0000011100
10	4444447447	0000001001	30	4444477747	0000011101
11	4444447474	0000001010	31	4444477774	0000011110
12	4444447477	0000001011	32	4444477777	0000011111
13	4444447744	0000001100	33	4444744444	0000100000
14	4444447747	0000001101	34	4444744447	0000100001
15	4444447774	0000001110	35	4444744474	0000100010
16	4444447777	0000001111	36	4444744477	0000100011
17	4444474444	0000010000	37	4444744744	0000100100
18	4444474447	0000010001	38	4444744747	0000100101
19	4444474474	0000010010	39	4444744774	0000100110
20	4444474477	0000010011	40	4444744777	0000100111

따라서 다음 해답 예와 같이 구현하면 정답을 얻을 수 있습니다. 10진법을 2진법으로 변환하는 방법을 모른다면 책 29페이지로 돌아가서 복습합시다.

---

3 '왜 2진법이라는 아이디어가 떠올랐는가?'라고 생각하는 분은 행운의 숫자에서 사용되는 수가 4, 7이 아니라 0, 1인 경우로 단순화해서 생각해 보면 좋을 것입니다.

해답 예(C++)

```
01  #include <iostream>
02  using namespace std;
03
04  int main() {
05      // 입력
06      int N;
07      cin >> N; N -= 1;
08
09      // 출력
10      for (int x = 9; x >= 0; x--) {
11          int wari = (1 << x);
12          if ((N / wari) % 2 == 0) cout << "4"; // 2진법의 0이 4에 대응
13          if ((N / wari) % 2 == 1) cout << "7"; // 2진법의 1이 7에 대응
14      }
15      cout << endl;
16      return 0;
17  }
```

※ Python 코드는 지원 페이지를 참조하십시오.

6 | 문제 C06 Regular Graph (Lv. 40)

우선 $N=3$인 경우를 풀어봅시다. 조금 생각해 보면 모든 노드가 차수 2인 그래프로 다음과 같은 것을 찾을 수 있을 것입니다.

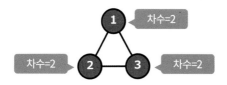

다음으로 $N=4$인 경우를 생각해 봅시다. 이것도 조금 생각해 보면 모든 노드가 차수 2인 그래프로 다음과 같은 것을 찾을 수 있을 것입니다.

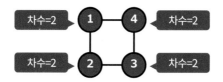

계속해서 $N=5$인 경우를 생각해 봅시다. 이것은 조금 어렵지만, 모든 노드가 차수 2인 그래프로 다음과 같은 것을 찾을 수 있을 것입니다.

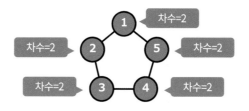

눈치가 빠른 분은 이 시점에서 '**모든 노드를 한 번씩 지난 루프와 같은 형태라면 모든 노드의 차수가 2가 되는 것이 아닐까?**'라는 예측을 했을 것입니다.

사실 그 예측은 올바릅니다. 따라서 루프와 같은 그래프를 출력하는 다음 해답 예와 같은 프로그램을 작성하면 정답이 됩니다.

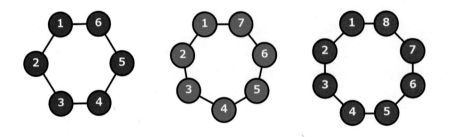

해답 예(C++)

```
01   #include <iostream>
02   using namespace std;
03
04   int main() {
05       // 입력
06       int N;
07       cin >> N;
08
09       // 출력
10       cout << N << endl;
11       for (int i = 1; i <= N; i++) {
12           cout << i << " " << i % N + 1 << endl;
13       }
14       return 0;
15   }
```

※ Python 코드는 지원 페이지를 참조하십시오.

7 **문제 C07** ALGO-MARKET (Lv. 45)

먼저 한정된 가격 안에서 가장 많은 물품을 구입하는 방법은 '**싼 물품부터 순서대로 사는 것**'입니다.

따라서 미리 물품을 가격의 오름차순으로 정렬해 두고, 그 후 각 질문에 대해 '어디까지 살 수 있는가'를 직접 계산하면 올바른 답을 알 수 있습니다.

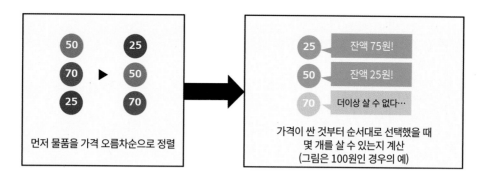

하지만 계산량은 질문에 답하는 부분이 병목이 되어 $O(NQ)$가 됩니다. 안타깝지만 실행 시간 제한을 만족하지 못합니다.

효율적인 해법

여기에서 **i개의 물품을 사는 데 필요한 최소한의 금액 Price[i]**를 미리 계산하는 것을 생각합시다.

$A_1, \cdots, A_N$이 오름차순으로 정렬되어 있을 때 Price[i] = A[1] + + A[i]가 되므로 Price[i]의 값은 누적 합을 구할 때(책 46페이지)와 같이 계산할 수 있습니다.

그러면 X[j]원 이상으로 살 수 있는 물품의 개수의 최댓값은 Price[i] <= X[j]를 만족하는 가장 큰 i가 됩니다. 그리고 그 값은 배열의 바이너리 서치로 계산량 $O(\log N)$으로 계산할 수 있습니다.

이상에서 알고리즘 전체의 계산량이 $O((N+Q)\log N)$까지 줄어듭니다. 이 문제의 제약의 상한값인 N, $Q = 100000$에서도 물론 실행 시간 제한을 만족합니다.

해답 예(C++)

```cpp
01  #include <iostream>
02  #include <algorithm>
03  using namespace std;
04
05  long long N, C[100009], S[100009];
06  long long Q, X[100009];
07
08  int main() {
09      // 입력
10      cin >> N;
11      for (int i = 1; i <= N; i++) cin >> C[i];
12      cin >> Q;
13      for (int i = 1; i <= Q; i++) cin >> X[i];
14
15      // C[i]를 오름차순으로 정렬
16      sort(C + 1, C + N + 1);
17
18      // 누적 합 S[i]를 구한다
19      // S[i]는 'i개의 물품을 살 때의 최소 금액'
20      S[0] = 0;
21      for (int i = 1; i <= N; i++) S[i] = S[i - 1] + C[i];
22
23      // 질문에 답한다
24      for (int i = 1; i <= Q; i++) {
25          int pos = upper_bound(S, S + N + 1, X[i]) - S;
26          cout << pos - 1 << endl;
27      }
28      return 0;
29  }
```

※ Python 코드는 지원 페이지를 참조하십시오.

8 문제 C08 ALGO4 (Lv. 50)

이 문제는 **완전 탐색**을 통해 풀 수 있습니다. 구체적으로는 0000~9999의 모든 패턴에 대해 '만약 당첨 번호가 △△△△라면 추첨권 N 장의 등급은 모두 올바른가?'라는 것을 확인하면 됩니다.

구현은 조금 어렵지만, C++에서는 수치를 문자열로 변환하는 함수 to_string 등을 사용하면 조금 간단해집니다.

해답 예(C++)

```
01  #include <iostream>
02  #include <string>
03  #include <vector>
04  using namespace std;
05
06  int N;
07  string S[1009]; int T[1009];
08
09  // 당첨 번호가 A2일 때 A1은 몇 등인지를 반환한다
10  int Hantei(string A1, string A2) {
11      int Diff = 0;
12      for (int i = 0; i < 4; i++) {
13          if (A1[i] != A2[i]) Diff += 1;
14      }
15      if (Diff == 0) return 1; // 전부 같을 때 1등
16      if (Diff == 1) return 2; // 자리가 1자리만 다르면 2등
17      return 3;
18  }
19
20  int main() {
21      // 입력
22      cin >> N;
23      for (int i = 1; i <= N; i++) cin >> S[i] >> T[i];
24
25      // 완전 탐색
26      vector<string> Answer;
27      for (int num = 0; num <= 9999; num++) {
```

```
28        // 정수 num을 4자리의 문자열로 치환한다
29        string ID = to_string(num);
30        while (ID.size() < 4) ID = "0" + ID;
31
32        // 모든 정보가 올바른가를 확인
33        bool flag = true;
34        for (int i = 1; i <= N; i++) {
35            if (Hantei(S[i], ID) != T[i]) flag = false;
36        }
37
38        // 모든 정보가 올바르다면
39        if (flag == true) {
40            Answer.push_back(ID);
41        }
42    }
43
44    // 출력
45    if (Answer.size() != 1) {
46        cout << "Can't Solve" << endl;
47    }
48    else {
49        cout << Answer[0] << endl;
50    }
51    return 0;
52 }
```

※ Python 코드는 지원 페이지를 참조하십시오.

9 문제 C09 Summer Vacation (Lv. 55)

우선 생각할 수 있는 방법은 어떤 날에 공부할지를 완전 탐색하는 것입니다. 물론 이 해법으로도 최종적으로는 올바른 답을 구할 수 있습니다. 하지만 전부 2^N가지를 탐색해야 하므로 계산량 면에서 절망적입니다.

그래서 다음과 같은 동적 계획 알고리즘을 생각합니다. 전달에 공부했는가에 따라 경우를 나누기 위해 배열을 2개 사용하는 것이 기본 아이디어입니다.

관리하는 배열

- dp1[i]: i일차에 공부한 경우, i일차까지의 실력 향상의 최댓값
- dp2[i]: i일차에 공부하지 않은 경우, i일차까지의 실력 향상의 최댓값

초기 상태

1일차가 시작하기 전의 시점에서는 아무런 실력 향상도 없으므로 dp1[0]=0 및 dp2[0]=0이 된다.

상태 전이

상태 전이의 이미지는 다음 그림과 같다.

- dp1[i]=dp2[i-1]+A[i]
- dp2[i]=max(dp1[i-1], dp2[i-1])

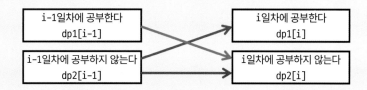

구하는 답

max(dp1[N], dp2[N])

예를 들어 $N=5$, $(A_1, A_2, A_3, A_4, A_5)=(2, 5, 3, 3, 1)$인 경우, dp1[i] 및 dp2[i]의 값은 다음과 같습니다.

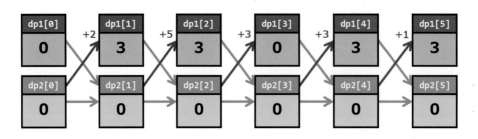

여기까지의 해법을 구현하면 해답 예와 같이 됩니다. 계산량은 $O(N)$으로 빠릅니다. 또한, 이 문제의 제약은 $A_i \le 10^9$로 크고 답이 최대 10^{14}를 를 넘을 가능성도 있으므로 C++에서는 long long 타입 등 64비트 정수를 사용해야 하는 점에 주의합니다(주: Python에서는 관계없습니다).

해답 예(C++)

```
01   #include <iostream>
02   #include <algorithm>
03   using namespace std;
04
05   long long N, A[500009];
06   long long dp1[500009], dp2[500009];
07
08   int main() {
09       // 입력
10       cin >> N;
11       for (int i = 1; i <= N; i++) cin >> A[i];
12
13       // 배열 초기화
14       dp1[0] = 0;
15       dp2[0] = 0;
16
17       // 동적 계획 알고리즘
18       for (int i = 1; i <= N; i++) {
19           dp1[i] = dp2[i - 1] + A[i];
20           dp2[i] = max(dp1[i - 1], dp2[i - 1]);
```

```
21      }
22
23      // 답을 출력
24      cout << max(dp1[N], dp2[N]) << endl;
25      return 0;
26  }
```

※ Python 코드는 지원 페이지를 참조하십시오.

10 | 문제 C10 A Long Grid   (Lv. 65)

먼저 $W=1$인 경우를 생각합시다. 매트릭스에 색을 칠하는 방법은 총 $4 \times 4 = 16$가지지만, 그중에서 4가지는 '인접한 2칸이 같은 색'이 되므로 조건을 만족하는 색칠 방법은 **12가지**입니다.

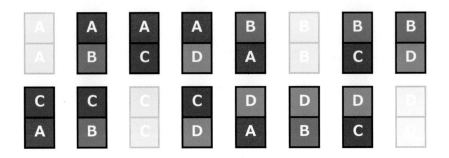

W=2인 경우를 생각한다

다음으로 $W=2$인 경우입니다. '인접한 모든 2개의 칸이 같은 색이 되지 않도록 2번째 열을 칠하는 방법의 수'는 1번째 열을 칠하는 방법에 의존합니다. 그래서 가장 먼저 1번째 열의 칠하는 방법이 'A/B'인 경우부터 생각합시다.

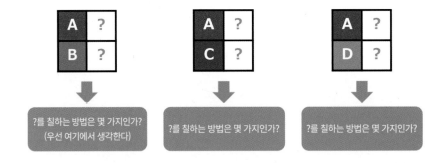

다음 그림과 같이 1번째 열이 'A/B'일 때 2번째 열을 칠하는 방법은 총 **7가지**입니다.

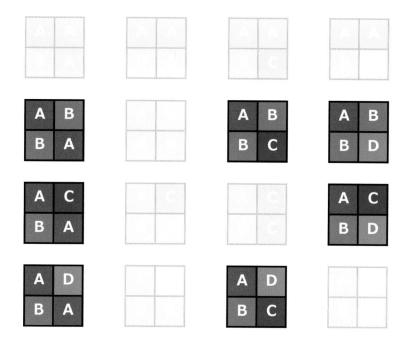

최초의 열이 'A/B' 이외인 경우

그럼, 최초의 열이 'A/B' 이외의 11가지인 경우에는 어떨까요? 1번째 열의 2칸의 색이 다르다는 점에서 'A/B'인 경우와 일치하므로 **실질적으로는 'A/B'의 경우와 동일하게 생각**할 수 있습니다.

따라서 모든 패턴에 대해 2번째 열을 칠하는 방법은 7가지입니다. 여기에서 $W=2$일 때의 답이 $12 \times 7 = 84$임을 알 수 있습니다.

W가 3 이상인 경우는?

그럼 $W=3$인 경우는 어떨까요? 3번째 열을 칠하는 방법은 2번째 열을 칠하는 방법에 의존합니다. 하지만 앞에서 설명한 것처럼 **앞의 2칸이 다른 색인 경우, 해당 열을 칠하는 방법은 반드시 7가지만 존재합니다.** 따라서 $W=3$일 때의 답은 $84 \times 7 = 588$가지입니다.

$W \geq 4$인 경우도 마찬가지로 생각하면, 답은 $12 \times 7^{W-1}$가지임을 알 수 있습니다. 이 질문의 제약은 $W \leq 10^{18}$로 매우 크기 때문에 답을 직접 계산하면 실행 시간 제한에 맞출 수 없으나, 반복 제곱 알고리즘(책 168페이지)을 사용하면 계산량이 $O(\log W)$로 효율적으로 계산할 수 있습니다.

해답 예(C++)

```
01   #include <iostream>
02   using namespace std;
03
04   // a의 b 제곱을 m으로 나눈 나머지를 반환하는 함수
05   long long Power(long long a, long long b, long long m) {
06       long long p = a, Answer = 1;
07       for (int i = 0; i < 60; i++) {
08           long long wari = (1LL << i);
09           if ((b / wari) % 2 == 1) {
10               Answer = (Answer * p) % m;
11           }
12           p = (p * p) % m;
13       }
14       return Answer;
15   }
16
17   int main() {
18       // 입력
19       const long long mod = 1000000007;
20       long long W;
21       cin >> W;
22
23       // 출력
24       cout << 12LL * Power(7, W - 1, mod) % mod << endl;
25       return 0;
26   }
```

※ Python 코드는 지원 페이지를 참조하십시오.

문제 11~20

능력 시험 문제 풀이

11 문제 C11 Election (Lv. 70)

이 문제는 **경계가 되는 '표 수 ÷ 의석 수'의 값으로 바이너리 서치를 함**으로써 효율적으로 답을 구할 수 있습니다.

예로, 입력이 $N=4$, $K=10$, $A=[1000000, 700000, 300000, 180000]$이고 경계[1]가 140000 이상 300000 이하인 것을 알고 있는 경우를 생각합시다.

1번째 탐색

현재의 범위 140000~300000의 중앙은 220000이므로 '경계는 220000 이하인가?'라는 질문을 생각합니다.

경계가 정확히 220000인 경우, 획득하는 의석 수의 합계는 8이 됩니다. 이 숫자는 $K=10$보다 낮으므로 경계가 220000 이하임을 알 수 있습니다.

※ 주: 어떤 당의 획득 표 수가 a 의석, 경계가 b 의석인 경우, 해당 당의 획득 의석 수는 $\lfloor a \div b \rfloor$ 의석이 됩니다.

정당1 100만÷22만=4의석	정당2 70만÷22만=3의석	정당3 30만÷22만=1의석	정당4 18만÷22만=0의석
1,000,000	700,000	300,000	180,000
500,000	350,000	150,000	90,000
333,333	233,333	100,000	60,000
250,000	175,000	75,000	45,000
200,000	140,000	60,000	36,000

2번째 탐색

현재의 범위 140000~220000의 중앙은 180000이므로 '경계는 180000 이하인가?'라는 질문을 생각합니다.

경계가 정확히 180000인 경우, 획득하는 의석 수의 합계는 10이 됩니다. 이 숫자는 $K=10$ 이상이므로 경계가 180000 이상임을 알 수 있습니다.

---

1 여기에서 경계는 '표 수 ÷ 의석 수'가 K위가 되는 값을 나타냅니다. $K+1$위가 아닌 점에 주의합니다.

정당1 100만÷18만=5의석	정당2 70만÷18만=3의석	정당3 30만÷18만=1의석	정당4 18만÷18만=1의석
1,000,000	700,000	300,000	180,000
500,000	350,000	150,000	90,000
333,333	233,333	100,000	60,000
250,000	175,000	75,000	45,000
200,000	140,000	60,000	36,000

3번째 탐색

현재의 범위 180000~220000의 중앙은 200000이므로 '경계는 200000 이하인가?'라는 질문을 생각합니다.

경계가 정확히 200000인 경우, 획득하는 의석 수의 합계는 9가 됩니다. 이 숫자는 $K=10$보다 작으므로 경계가 200000 이하임을 알 수 있습니다.

정당1 100만÷20만=5의석	정당2 70만÷20만=3의석	정당3 30만÷20만=1의석	정당4 18만÷20만=0의석
1,000,000	700,000	300,000	180,000
500,000	350,000	150,000	90,000
333,333	233,333	100,000	60,000
250,000	175,000	75,000	45,000
200,000	140,000	60,000	36,000

이렇게 단 3번의 탐색으로 경계의 범위를 180000~200000까지 좁혔습니다.

몇 번의 탐색이 필요한가?

그럼, 바이너리 서치를 사용해 각 정당의 의석 수를 올바르게 구하기 위해서는 몇 번의 탐색이 필요할까요?

---

2 최악의 경우는 경계가 $1+10^{-6}$, 다음 점이 1인 경우입니다.

먼저, 이 문제의 제약에 따라 최초 시점에서 얻을 수 있는 '**경계의 값**'은 1 이상 10^9 이하가 됩니다.

또한, 경계와 다음 점의 상대 오차는 10^{-6}을 넘으므로 **가능한 경계의 범위가 보다 낮아지면 확실히 올바른 의석 수를 구할 수 있다**고 할 수 있습니다[6].

여기에서 범위의 크기가 10^9였던 것을 10^{-6}으로 하기 위해서는 범위를 10^{15}분의 1로 좁혀야 하므로 적어도 $\log_2 10^{15} \fallingdotseq$ 50번의 탐색이 필요하다고 할 수 있습니다.

50번이라고 하면 많다고 느낄지도 모르겠지만, 1번의 탐색에 필요한 계산량은 $O(N)$입니다. 제약에 따라 $N \le 100000$이므로 충분히 여유롭게 실행 시간 제한을 만족할 수 있습니다.

구현에 관해

마지막으로 C++의 구현 예는 다음과 같습니다. 프로그램 안의 함수 check(x)는 보더가 되는 '표 수 ÷ 의석 수'가 x일 때의 합계 획득 의석 수를 반환합니다.

해답 예(C++)

```
01  #include <iostream>
02  #include <algorithm>
03  using namespace std;
04
05  long long N, K;
06  double A[100009];
07
08  // 나눗셈의 값이 x일 때의 의석 수는?
09  long long check(double x) {
10      long long sum = 0;
11      for (int i = 1; i <= N; i++) sum += (long long)(A[i] / x);
12      return sum;
13  }
14
15  int main() {
16      // 입력
17      cin >> N >> K;
18      for (int i = 1; i <= N; i++) cin >> A[i];
19
```

```
20      // 바이너리 서치
21      double Left = 1, Right = 1000000000, Mid;
22      double Border = 0; // 현재의 보더(합계 의석 수가 K 이상인 가장 큰 값)
23      for (int i = 1; i <= 60; i++) {
24          Mid = (Left + Right) / 2.0;
25
26          // 나눗셈의 값은 Mid보다 큰가?
27          long long val = check(Mid);
28          if (val >= K) {
29              Left = Mid;
30              Border = max(Border, Mid);
31          }
32          else {
33              Right = Mid;
34          }
35      }
36
37      // 출력
38      for (int i = 1; i <= N; i++) {
39          if (i >= 2) cout << " ";
40          cout << (long long)(A[i] / Border);
41      }
42      cout << endl;
43      return 0;
44  }
```

※ Python 코드는 지원 페이지를 참조하십시오.

12 | 문제 C12 The Novel Writer (Lv. 70)

우선 생각할 수 있는 방법은 소설을 분할하는 방법을 완전 탐색하는 것입니다. 하지만 $N=288$, $K=10$ 인 경우에는 총 10^{16}가지 이상을 확인해야 하므로 실행 시간 제한 면에서는 절망적입니다.

여기에서 다음과 같은 동적 계획 알고리즘을 생각합니다. 1장, 2장, 3장, ...의 순으로 어디에서 자를지 결정해 나가는 아이디어가 풀이의 기초가 됩니다.

관리하는 배열

dp[i][j]: 현 시점에서 i장까지의 할당이 결정되어 있고, i장의 가장 마지막 페이지가 j번째 페이지인 것을 생각한다. 이 시점에서 소설의 완성도의 최댓값은 얼마인가(다음 그림을 참조하자)?

초기 상태

최초 시점에는 아무것도 결정되지 않았으므로 dp[0][0]=0으로 한다

상태 전이(받는 전이 형식)

dp[i][j]의 상태가 되는 방법은 다음 표와 같이 생각할 수 있다. 단, score(1, r)을 '1번째 페이지부터 r번째 페이지까지를 같은 장으로 했을 때의 소설의 완성도의 증분'으로 한다.

i-1장까지	i장	소설의 완성도의 최댓값
0페이지	1번째 페이지부터 j번째 페이지	dp[i-1][0]+score(1,j)
1페이지	2번째 페이지부터 j번째 페이지	dp[i-1][1]+score(2,j)
2페이지	3번째 페이지부터 j번째 페이지	dp[i-1][2]+score(3,j)
⋮	⋮	⋮
j-2페이지	j-1번째 페이지부터 j번째 페이지	p[i-1][j-2]+score(j-1,j)
j-1페이지	j페이지만	dp[i-1][j-1]+score(j,j)

dp[i][j]의 값은 표의 가장 오른쪽 열에 쓰인 식의 최댓값이 됩니다(for문을 사용해서 계산량 $O(N)$으로 계산할 수 있습니다).

구하는 답

dp[K][N]

여기까지의 내용을 구현하면 해답 예와 같이 됩니다. 계산량은 $O(N^2MK)$입니다. 이 문제의 제약 상황은 $N=288$, $M=50$, $K=10$이며, $288^2 \times 50 \times 10 ≒ 40000000$이므로 실행 시간 제한인 3초에는 충분히 여유롭게 만족할 수 있습니다.

또한, score(l, r)의 값을 사전에 더 계산해 두면 계산량을 $O(N^2(K+M))$까지 줄일 수도 있습니다. 흥미가 있는 분은 꼭 구현해 보기 바랍니다.

해답 예(C++)

```
01   #include <iostream>
02   #include <algorithm>
03   using namespace std;
04
05   int N, K;
06   int M, A[59], B[59];
07   int dp[19][309];
08
09   // l번째 페이지부터 r번째 페이지 사이에 몇 개의 연결이 있는가?
10   int tsunagari(int l, int r) {
11       int cnt = 0;
```

```
12          for (int i = 1; i <= M; i++) {
13              if (l <= A[i] && B[i] <= r) cnt++;
14          }
15          return cnt;
16      }
17
18      int main() {
19          // 입력
20          cin >> N >> M >> K;
21          for (int i = 1; i <= M; i++) cin >> A[i] >> B[i];
22
23          // 배열 dp 초기화
24          for (int i = 0; i <= K; i++) {
25              for (int j = 0; j <= N; j++) dp[i][j] = -1000000;
26          }
27
28          // 동적 계획 알고리즘(받는 전이 형식)
29          dp[0][0] = 0;
30          for (int i = 1; i <= K; i++) {
31              for (int j = 1; j <= N; j++) {
32                  // k는 '앞 장이 어떤 페이지로 끝났는가?'
33                  for (int k = 0; k <= j - 1; k++) {
34                      dp[i][j] = max(dp[i][j], dp[i - 1][k] + tsunagari(k + 1, j));
35                  }
36              }
37          }
38
39          // 출력
40          cout << dp[K][N] << endl;
41          return 0;
42      }
```

※ Python 코드는 지원 페이지를 참조하십시오.

13 | 문제 C13 Select 2 (Lv. 75)

이 문제를 푸는 가장 단순한 방법은 모든 카드를 선택하는 방법을 완전 탐색하는 것입니다. 선택한 2장의 카드를 A_j, $A_i (1 \le j < i \le N)$이라 할 때 다음과 같이 이중 for문을 사용해 완전 탐색할 수 있습니다. 하지만 계산량이 $O(N^2)$으로 느리며, $N = 100000$인 경우에는 실행 시간 제한을 만족할 수 없습니다.

```
01   #include <iostream>
02   using namespace std;
03
04   long long N, P;
05   long long A[100009];
06
07   int main() {
08     // 입력
09     cin >> N >> P;
10     for (int i = 1; i <= N; i++) cin >> A[i];
11     for (int i = 1; i <= N; i++) A[i] %= 1000000007LL; // 오버플로 방지
12
13     long long Answer = 0;
14     for (int i = 1; i <= N; i++) {
15       for (int j = 1; j <= i - 1; j++) {
16         if (A[j] * A[i] % 1000000007LL == P) Answer += 1;
17       }
18     }
19     cout << Answer << endl;
20     return 0;
21   }
```

효율적인 해법(P≠0인 경우)

먼저, 1장의 카드가 결정되면 다른 1장도 자동으로 결정된다는 중요한 특성이 있습니다. 구체적으로는 한쪽 카드의 값이 A_i일 때 다른 한쪽 카드의 값은 다음과 같이 결정됩니다.

mod 1000000007 위에서의 '$P \div A_i$'[6]

여기서 **큰쪽의 번호 i만 완전 탐색**하는 것을 생각합니다. 이때, 각 i에 대해 '조건을 만족하는 j의 개수는 몇 개인가?'를 얼마나 빠르게 구하는지가 문제가 됩니다. $P=12$, $A=[1, 2, 3, 3, 4, 6]$일 때를 그림으로 나타내면 다음과 같습니다.

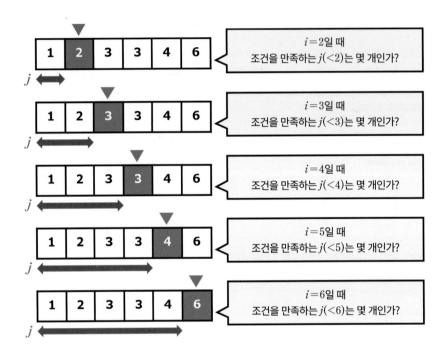

그럼, 조건을 만족하는 j의 개수, 즉 $A_j=$(mod 1000000007상에서의 $P \div A_i$의 값)을 만족하는 j의 개수[4]를 효율적으로 계산하려면 어떻게 해야 할까요?

한 가지 방법으로 문제 A54(책 8.4절)에서와 같이 $A_j=X$가 되는 j의 개수를 **연상 배열 Count[x]**에 기록하는 방법이 있습니다. 자세한 알고리즘은 다음과 같습니다.

$i=1, 2, \cdots, N$에 대해 다음을 수행한다.

- 답 Answer에 Count[Goal]의 값을 더한다. 단, Goal은 mod 1000000007상에서 $P \div A_i$의 값이다.

- 그 뒤, Count[A[i]]에 1을 더한다.

---

3 왜냐하면 다른 한쪽 카드를 x라고 했을 때, $(A_i \times x)$ mod 1000000007 $=P$를 만족해야 하기 때문입니다.

4 예를 들어, 위 예에서 $A_i=6$을 선택한 경우, $12 \div 6=2$로, 반드시 세어야 하는 것은 $A_j=2$가 되는 j의 개수입니다.

이 알고리즘을 실행하면 다음 코드와 같이 됩니다. 그럼 이것을 제출하면 정답이 될까요?

```
01  #include <iostream>
02  #include <map>
03  using namespace std;
04
05  const long long mod = 1000000007;
06  long long N, P;
07  long long A[100009];
08  map<long long, long long> Count;
09
10  int main() {
11      // 입력
12      cin >> N >> P;
13      for (int i = 1; i <= N; i++) cin >> A[i];
14      for (int i = 1; i <= N; i++) A[i] %= mod;
15
16      // 카드 j와 i를 선택한다(j < i)
17      // 각 i에 대해 몇 개의 j로 조건을 만족하는지 센다
18      long long Answer = 0;
19      for (int i = 1; i <= N; i++) {
20          // A[i]*Goal mod 1000000007 = P를 만족하는 정수가 Goal
21          // Division 함수는 책 175페이지(5.5절)를 참조
22          long long Goal = Division(P, A[i], mod);
23          Answer += Count[Goal];
24          Count[A[i]] += 1;
25      }
26      cout << Answer << endl;
27      return 0;
28  }
```

안타깝지만 $A_i = 0$인 경우[5] 오답(WA)이 됩니다. 왜냐하면 mod상에서도 '0으로 나누는 나눗셈'은 수행할 수 없기 때문입니다[6].

그렇기 때문에 $A_i = 0$일 때에 한해서는 경우를 나눠야 합니다. 구체적으로는 다음과 같습니다.

---

5 일반적으로 C++에서 4÷0과 같이 '0으로 나누는 나눗셈'을 수행하면 런타임 에러가 발생합니다. 한편, 위 구현에서 Division(4, 0, mod) 등을 호출했을 때는 런타임 에러가 발생하지 않지만, Goal의 값이 0이 되므로 올바른 답을 구할 수 없습니다.

6 엄밀하게는 $A_i = 3000000021$과 같이 1000000007로 나눈 나머지가 0인 경우도 포함합니다.

경우	$A_i \times A_j \bmod 1000000007 = P$가 되는 조건	j의 개수
$P=0$인 경우	A_j는 무엇이든 좋다	$i-1$
$P \neq 0$인 경우	A_j에 관계없이 절대로 조건을 만족하지 않는다	0

이렇게 경우를 나누면 프로그램은 다음 해답 예와 같이 됩니다. 이것으로 정답을 얻을 수 있습니다.

해답 예(C++)

```cpp
01  #include <iostream>
02  #include <map>
03  using namespace std;
04
05  // a의 b 제곱을 m으로 나눈 나머지를 반환하는 함수
06  long long Power(long long a, long long b, long long m) {
07      long long p = a, Answer = 1;
08      for (int i = 0; i < 30; i++) {
09          int wari = (1 << i);
10          if ((b / wari) % 2 == 1) {
11              Answer = (Answer * p) % m;
12          }
13          p = (p * p) % m;
14      }
15      return Answer;
16  }
17
18  // a ÷ b를 m으로 나눈 나머지를 반환하는 함수
19  long long Division(long long a, long long b, long long m) {
20      return (a * Power(b, m - 2, m)) % m;
21  }
22
23  const long long mod = 1000000007;
24  long long N, P;
25  long long A[100009];
26  map<long long, long long> Count;
27
28  int main() {
29      // 입력
```

```
30      cin >> N >> P;
31      for (int i = 1; i <= N; i++) cin >> A[i];
32      for (int i = 1; i <= N; i++) A[i] %= mod;
33
34      // 카드 j와 i를 선택한다(j < i)
35      // 각 i에 대해, 몇 개의 j가 조건을 만족할 수 있는지 센다
36      long long Answer = 0;
37      for (int i = 1; i <= N; i++) {
38          if (A[i] == 0) {
39              if (P == 0) Answer += (i - 1);
40              else Answer += 0;
41          }
42          else {
43              // A[i]*Goal mod 1000000007 = P를 만족하는 정수가 Goal
44              long long Goal = Division(P, A[i], mod);
45              Answer += Count[Goal];
46          }
47          Count[A[i]] += 1;
48      }
49      cout << Answer << endl;
50      return 0;
51  }
```

※ Python 코드는 지원 페이지를 참조하십시오.

14   문제 C14 Commute Route   (Lv. 75)

먼저, 교차점 p와 교차점 q의 최단 경로 길이를 $\text{dist}(p, q)$라 했을 때 교차점 i를 지날 가능성이 있다는 것은 다음 조건을 만족하는 것과 같습니다.

$$\text{dist}(1, N) = \text{dist}(1, i) + \text{dist}(i, N)$$

자동 채점 시스템의 입력 예에 대응한 구체적인 예는 다음과 같습니다(주: 교차점 1부터 6까지의 최단 경로 길이는 27입니다).

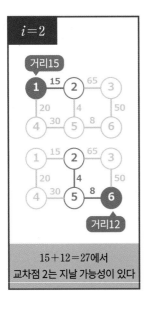
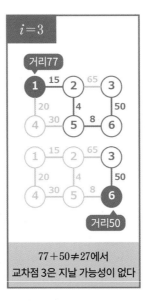
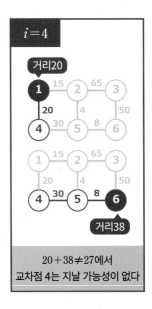

따라서 다음 2가지를 미리 갖고 데이크스트라 알고리즘을 계산해 두면, 교차점 i를 지날 가능성이 있는지 계산량 $O(1)$로 판정할 수 있습니다[7].

- 교차점 1에서 각 교차점까지의 최단 경로 길이 dist1[i]
- 교차점 N부터 각 교차점까지의 최단 경로 길이 distN[i]

---

7   여기에서 '교차점 i에서 교차점 N까지의 최단 경로 길이'는 '교차점 N부터 교차점 i까지의 최단 경로 길이'와 일치하므로 distN[i]에서 계산할 수 있는 점에 주의합니다(그래프가 무향 그래프인 것과 관계있습니다).

구현 예는 다음과 같습니다. 프로그램 전체의 계산량은 $O(M \log N)$입니다.

해답 예(C++)

```
01  #include <iostream>
02  #include <queue>
03  #include <vector>
04  #include <algorithm>
05  using namespace std;
06
07  // 입력/그래프
08  int N, M, A[100009], B[100009], C[100009];
09  vector<pair<int, int>> G[100009];
10
11  // 데이크스트라 알고리즘
12  int cur[100009]; bool kakutei[100009];
13  priority_queue<pair<int, int>, vector<pair<int, int>>, greater<pair<int, int>>> Q;
14
15  // 노드 1부터의 거리, 노드 N부터의 거리
16  int dist1[100009];
17  int distN[100009];
18
19  // 시작점 start에서 데이크스트라 알고리즘을 수행하는 함수
20  void dijkstra(int start) {
21      // 배열 초기화
22      for (int i = 1; i <= N; i++) kakutei[i] = false;
23      for (int i = 1; i <= N; i++) cur[i] = 2000000000;
24
25      // 시작 지점을 큐에 추가
26      cur[start] = 0;
27      Q.push(make_pair(cur[start], start));
28
29      // 데이크스트라 알고리즘
30      while (!Q.empty()) {
31          // 다음에 확정시킬 노드를 구한다
32          int pos = Q.top().second; Q.pop();
33          if (kakutei[pos] == true) continue;
34
35          // cur[x] 값을 업데이트한다
```

```
36          kakutei[pos] = true;
37          for (int i = 0; i < G[pos].size(); i++) {
38              int nex = G[pos][i].first;
39              int cost = G[pos][i].second;
40              if (cur[nex] > cur[pos] + cost) {
41                  cur[nex] = cur[pos] + cost;
42                  Q.push(make_pair(cur[nex], nex));
43              }
44          }
45      }
46  }
47
48  int main() {
49      // 입력
50      cin >> N >> M;
51      for (int i = 1; i <= M; i++) {
52          cin >> A[i] >> B[i] >> C[i];
53          G[A[i]].push_back(make_pair(B[i], C[i]));
54          G[B[i]].push_back(make_pair(A[i], C[i]));
55      }
56
57      // 데이크스트라 알고리즘을 수행한다
58      dijkstra(1); for (int i = 1; i <= N; i++) dist1[i] = cur[i];
59      dijkstra(N); for (int i = 1; i <= N; i++) distN[i] = cur[i];
60
61      // 답을 구한다
62      int Answer = 0;
63      for (int i = 1; i <= N; i++) {
64          if (dist1[i] + distN[i] == dist1[N]) Answer += 1;
65      }
66
67      // 출력
68      cout << Answer << endl;
69      return 0;
70  }
```

※ Python 코드는 지원 페이지를 참조하십시오.

15 문제 C15 Many Meetings   (Lv. 85)

이 문제에서는 최소 간격 K[초]가 설정되어 있습니다. 하지만 모든 회의의 종료 시각 R_i을 K초 늦추면 $K=0$인 경우로 귀착시킬 수 있으므로 설명에서는 $K=0$이라고 가정합니다.

구체적인 예를 생각하자(1)

먼저, 입력이 $N=5$, $K=0$, $(L_i, R_i)=(0, 4), (1, 2), (3, 7), (5, 9), (7, 8)$이고 3번째 회의에 반드시 출석해야 하는 경우를 생각해 봅시다.

출석할 수 있는 회의의 개수의 최댓값은 **(시각 3까지 최대 몇 개의 회의에 참석할 수 있는가) + 1 + (시각 7 이후에 최대 몇 개의 회의에 참석할 수 있는가)**라는 식으로 나타낼 수 있습니다. 그림으로 나타내면 다음과 같습니다.

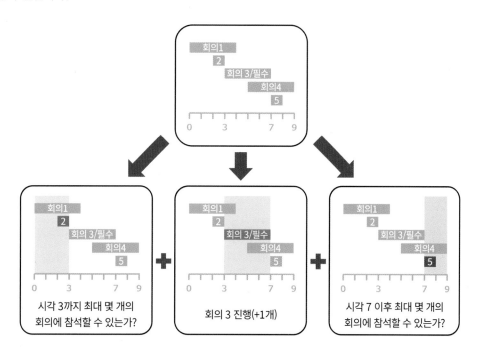

여기에서 파란색 부분의 값은 1, 빨간색 부분의 값은 1이므로 답은 1+1+1=3이 됩니다.

구체적인 예를 생각하자(2)

다음으로 5번째 회의에 반드시 참석해야 하는 경우를 생각해 봅시다. 먼저 답은 다음의 식으로 나타낼 수 있습니다.

(시각 7까지 최대 몇 개의 회의에 참석할 수 있는가) + 1
+ (시각 8 이후에 최대 몇 개의 회의에 참석할 수 있는가)

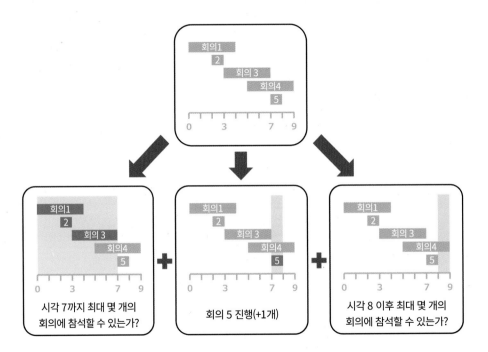

일반적인 경우와 계산량

일반적인 경우에서도 마찬가지로 풀 수 있습니다. 구체적으로는 '시각 L_i에서 시작해 시각 R_i에 끝나는 회의에 반드시 참석해야 한다'는 시나리오의 경우, 다음 두 가지 값을 계산함으로써 답을 알 수 있습니다.

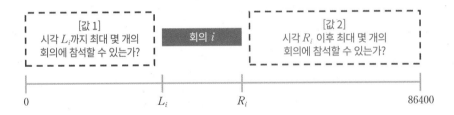

그리고 2개의 값은 구간 스케줄링 문제를 풀어서 계산할 수 있습니다. 하지만 계산량은 $O(N^2 \log N)$이 되어[8], 실행 시간 제한을 만족할 수 없습니다.

해법을 개선하자

$i = 0, 1, \cdots, 86400$에 대해 시각 i까지 최대 몇 개의 회의에 출석할 수 있는가를 나타내는 cntL[i]를 계산합니다(계산 방법은 다음과 같습니다[9]).

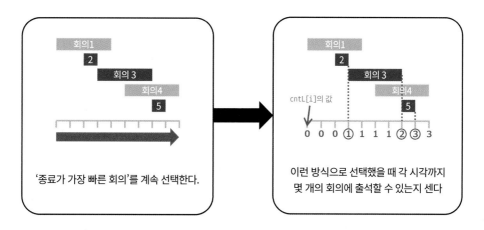

'종료가 가장 빠른 회의'를 계속 선택한다.

이런 방식으로 선택했을 때 각 시각까지 몇 개의 회의에 출석할 수 있는지 센다

마찬가지로 $i = 0, 1, \cdots, 86400$에 대해 시각 i 이후에 최대 몇 개의 회의에 출석할 수 있는가를 나타내는 cntR[i]를 계산합니다(이 값은 앞의 방법을 오른쪽부터 계산하는 방법으로 수행할 수 있습니다).

그러면 시각 L_i에서 시작해 시각 R_i에 마치는 회의에 반드시 출석해야 하는 시나리오에 대한 대답은

```
cntL[L[i]] + 1 + cntR[R[i]]
```

가 되며, 계산량 $O(1)$로 구할 수 있습니다.

---

8 구간 스케줄링 문제를 1번 푸는 데 필요한 계산량은 $O(N \log N)$이지만, 이번 문제에서는 $i = 1, 2, \cdots, N$에 관해 'i번째 회의에 반드시 출석해야 할 때 출석할 수 있는 회의의 최대 수'를 구해야 합니다.

9 종료가 가장 빠른 회의를 계속 선택했을 때, 모든 시각 i에 대해 '시각 i까지 출석할 수 있는 회의의 수가 최대가 됩니다.

구현에 관해

마지막으로 구현 예는 다음과 같습니다. 프로그램의 계산량은 정렬이 병목이 되며 $O(N \log N)$입니다.

해답 예(C++)

```
01   #include <iostream>
02   #include <vector>
03   #include <algorithm>
04   using namespace std;
05
06   // 입력으로 주어진 변수
07   int N, K;
08   int L[100009], R[100009];
09
10   // 시각 i까지 몇 개 출석 가능한가 cntL[i]/시각 i 이후 몇 개 출석 가능한가 cntR[i]
11   int cntL[200009];
12   int cntR[200009];
13
14   int main() {
15       // 입력
16       cin >> N >> K;
17       for (int i = 1; i <= N; i++) cin >> L[i] >> R[i];
18
19       // 시각을 보정한다
20       for (int i = 1; i <= N; i++) R[i] += K;
21
22       // 왼쪽부터 구간 스케줄링(Part1: 정렬)
23       vector<pair<int, int>> tmp1;
24       for (int i = 1; i <= N; i++) tmp1.push_back(make_pair(R[i], L[i]));
25       sort(tmp1.begin(), tmp1.end());
26
27       // 왼쪽부터 구간 스케줄링(Part 2: 탐욕 알고리즘)
28       int CurrentTime1 = 0; // 현재 시각
29       int Num1 = 0; // 현재 출석한 회의의 개수
30       for (int i = 0; i < tmp1.size(); i++) {
31           if (CurrentTime1 <= tmp1[i].second) {
32               CurrentTime1 = tmp1[i].first;
```

```
33              Num1 += 1;
34              cntL[CurrentTime1] = Num1;
35          }
36      }
37
38      // 오른쪽부터 구간 스케줄링(Part1: 정렬)
39      vector<pair<int, int>> tmp2;
40      for (int i = 1; i <= N; i++) tmp2.push_back(make_pair(L[i], R[i]));
41      sort(tmp2.begin(), tmp2.end());
42      reverse(tmp2.begin(), tmp2.end());
43
44      // 오른쪽부터 구간 스케줄링(Part2: 탐욕 알고리즘)
45      int CurrentTime2 = 200000; // 현재 시각
46      int Num2 = 0; // 현재 출석한 회의의 개수
47      for (int i = 0; i < tmp2.size(); i++) {
48          if (CurrentTime2 >= tmp2[i].second) {
49              CurrentTime2 = tmp2[i].first;
50              Num2 += 1;
51              cntR[CurrentTime2] = Num2;
52          }
53      }
54
55      // cntL, cntR을 구한다
56      // 여기서 보정 후의 R[i]의 값은 절대로 200000을 넘지 않는 것에 주의
57      for (int i = 1; i <= 200000; i++) cntL[i] = max(cntL[i], cntL[i - 1]);
58      for (int i = 199999; i >= 0; i--) cntR[i] = max(cntR[i], cntR[i + 1]);
59
60      // 답을 구한다
61      for (int i = 1; i <= N; i++) {
62          cout << cntL[L[i]] + cntR[R[i]] + 1 << endl;
63      }
64      return 0;
65  }
```

※ Python 코드는 지원 페이지를 참조하십시오.

16 | 문제 C16 Flights   (Lv. 85)

이 문제에서는 필요한 환승 시간 K가 설정되어 있습니다. 하지만 모든 비행기의 도착 시간 T_i를 K초 늦추면 $K=0$인 경우로 귀착시킬 수 있으므로 설명에서는 $K=0$이라고 가정합니다.

단계 1: 비행기를 그래프로 나타낸다

먼저 그날 운행하는 비행기의 정보는 다음과 같은 다이어그램으로 나타낼 수 있습니다(동그라미 안에 쓰인 숫자는 시각).

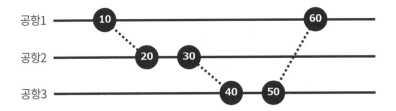

이 다이어그램에서 출발 시각, 도착 시각을 노드로 하면 다음과 같은 그래프로 변환할 수 있습니다. 실선은 공항에서 대기하는 것, 점선은 비행기로 이동하는 것에 대응합니다.

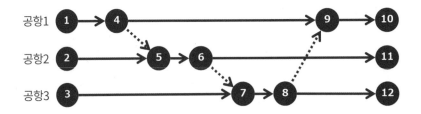

그리고 이 문제의 답인 '탈 수 있는 비행기 수의 최댓값'은 노드 {1, 2, 3} 중 하나에서 출발해 노드 {10, 11, 12} 중 하나에 도착하는 경로에서 지나는 점선의 수의 최댓값이 됩니다.

다음으로 시작점 s에서 노드 {1, 2, 3}으로 향하는 실선 및 노드 {10, 11, 12}에서 종점 t로 향하는 실선을 추가하는 것을 생각합니다.

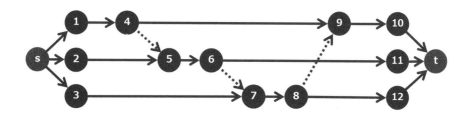

이때, 탈 수 있는 비행기의 수의 최댓값은 시작점 s부터 종점 t까지 가는 경로에서 지나는 점선의 수의 최 댓값이 됩니다. 앞에서보다 문제가 간단해졌습니다.

단계 2: 답을 구한다

지난 점선의 수의 최댓값은 어떻게 구하면 좋을까요? **모든 에지는 '시각이 빠른 쪽에서 늦은 쪽'으로 향 하고 있으므로** 시각이 빠른 노드에서 순서대로 다음의 값을 계산하면 됩니다.

> dp[i]: 시작점 s에서 노드 i에 도착할 때까지 최대 몇 개의 점선을 지날 수 있는가?

위 그림의 예에 대응한 계산 과정을 다음 그림으로 나타냈습니다(노드의 오른쪽 위에 쓰인 숫자가 dp[i] 입니다).

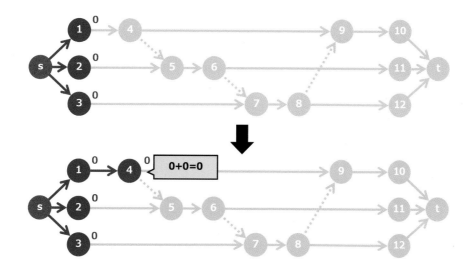

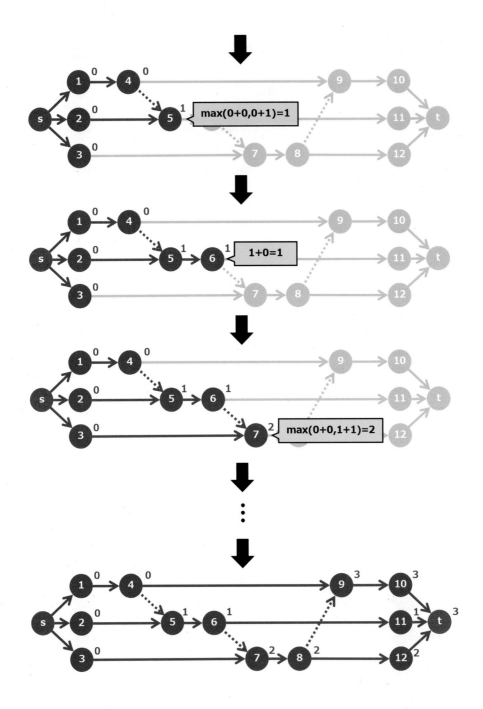

구현에 관해

이상의 알고리즘을 구현하면 해답 예와 같이 됩니다. 구현에 있어 주의할 점은 다음과 같습니다.

- 동적 계획 알고리즘에 따른 dp[i]의 값을 쉽게 계산하도록 하기 위해 노드 번호는 시각이 빠른 순서대로 오름차순으로 되게 설정했습니다. 특히, 시작 노드 번호는 0, 목표 노드 번호는 최댓값 List.size()+1입니다.

- 보내는 전이 형식으로 dp[i]의 값을 쉽게 계산하도록 하기 위해 에지를 역방향으로 관리합니다. 또한, 무향 그래프 대신 실선의 가중치를 0, 점선의 가중치를 1로 한 유향 그래프를 관리합니다.

- 공항과 시각이 모두 같은 경우는 도착측 노드 번호가 작아지도록 합니다(도착과 동시에 출발해도 괜찮게 하기 위해).

해답 예(C++)

```cpp
01  #include <iostream>
02  #include <tuple>
03  #include <vector>
04  #include <algorithm>
05  using namespace std;
06
07  // 입력 부분
08  int N, M, K;
09  int A[100009], B[100009], S[100009], T[100009];
10
11  // (시각, 출발/도착 여부, 노선 번호 또는 공항 번호)
12  // 출발 = 2/ 도착 =1/ 최초와 최후 = 0
13  // 여기서 출발 측의 번호가 큰 이유는 같은 시각일 때 도착을 더 빠르게 하기 위해서임
14  vector<tuple<int, int, int>> List;
15
16  // 노드 번호의 정보
17  int VertS[100009]; // 노선 i 도착
18  int VertT[100009]; // 노선 i 출발
19  vector<int> Airport[100009];
20
21  // 그래프 및 dp[i]
22  vector<pair<int, int>> G[400009];
```

```
23    int dp[400009];
24
25    int main() {
26        // 입력
27        cin >> N >> M >> K;
28        for (int i = 1; i <= M; i++) {
29            cin >> A[i] >> S[i] >> B[i] >> T[i];
30            T[i] += K; // 도착 시각 보정
31        }
32
33        // 노드가 되는 (공항, 시각) 쌍을 '시각의 오름차순으로' 정렬
34        for (int i = 1; i <= M; i++) List.push_back(make_tuple(S[i], 2, i));
35        for (int i = 1; i <= M; i++) List.push_back(make_tuple(T[i], 1, i));
36        for (int i = 1; i <= N; i++) List.push_back(make_tuple(-1, 0, i));
37        for (int i = 1; i <= N; i++) List.push_back(make_tuple(2100000000, 0, i));
38        sort(List.begin(), List.end());
39
40        // 각 노선의 노드 번호를 구한다
41        // 여기서 노드 번호는 시각의 오름차순으로 1, 2, ..., List.size()가 된다
42        for (int i = 0; i < List.size(); i++) {
43            if (get<1>(List[i]) == 2) VertS[get<2>(List[i])] = i + 1;
44            if (get<1>(List[i]) == 1) VertT[get<2>(List[i])] = i + 1;
45        }
46
47        // 각 공항의 노드 번호를 구한다(공항에서의 대기에 대응하는 실선을 구할 때 사용한다)
48        for (int i = 0; i < List.size(); i++) {
49            if (get<1>(List[i]) == 0) Airport[get<2>(List[i])].push_back(i + 1);
50            if (get<1>(List[i]) == 1) Airport[B[get<2>(List[i])]].push_back(i + 1);
51            if (get<1>(List[i]) == 2) Airport[A[get<2>(List[i])]].push_back(i + 1);
52        }
53
54        // 그래프를 만든다(에지가 역방향으로 되어 있는 것에 주의!)
55        for (int i = 1; i <= M; i++) {
56            G[VertT[i]].push_back(make_pair(VertS[i], 1)); // 노선에 대응하는 에지(점선)
57        }
58        for (int i = 1; i <= N; i++) {
59            for (int j = 0; j < (int)Airport[i].size() - 1; j++) {
60                int idx1 = Airport[i][j];
```

```
61              int idx2 = Airport[i][j + 1];
62              G[idx2].push_back(make_pair(idx1, 0)); // 공항에서의 대기에 대응하는 에지(실선)
63          }
64      }
65
66      // 그래프에 시작점(노드 0)과 종점(노드 List.size()+1)을 추가
67      for (int i = 1; i <= N; i++) {
68          G[Airport[i][0]].push_back(make_pair(0, 0));
69          G[List.size() + 1].push_back(make_pair(Airport[i][Airport[i].size() - 1], 0));
70      }
71
72      // 동적 계획 알고리즘에 따라 dp[i]의 값을 구한다
73      // 노드 번호는 시각의 오름차순으로 되어 있으므로 dp[1]에서 순서대로 계산하면 된다
74      dp[0] = 0;
75      for (int i = 1; i <= List.size() + 1; i++) {
76          for (int j = 0; j < G[i].size(); j++) {
77              dp[i] = max(dp[i], dp[G[i][j].first] + G[i][j].second);
78          }
79      }
80
81      // 출력
82      cout << dp[List.size() + 1] << endl;
83      return 0;
84  }
```

※ Python 코드는 지원 페이지를 참조하십시오.

17 문제 C17　Strange Data Structure　(Lv. 90)

이 문제를 푸는 중요한 포인트는 '열의 전반을 관리한 덱'[10]과 '열의 후반을 관리한 덱'의 2개를 준비하는 것입니다.

이 덱들을 준비하면 4종류의 모든 쿼리를 계산량 $O(1)$로 처리할 수 있습니다. 예가 $[20, 28, 15, 37]$일 때의 덱의 변화를 다음에 나타냈습니다.

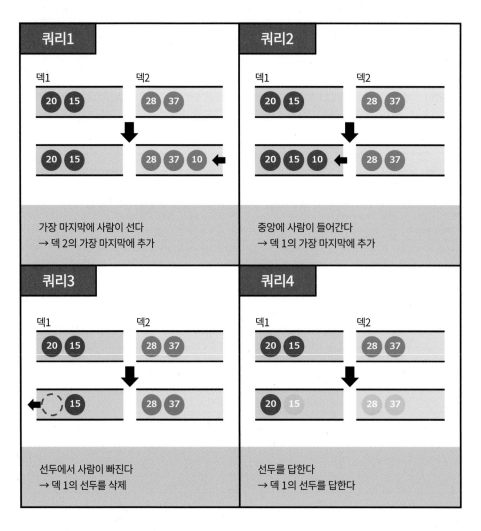

엄밀하게는 덱 1과 덱 2에 정확히 절반씩(요소 수가 홀수일 때는 덱 1이 1 많음) 들어가야 하므로[11] 쿼리가 끝난 후에 다음 그림과 같은 미세 조정을 수행해야만 하는 경우가 있습니다.

하지만 이 미세 조정도 계산량 $O(1)$이므로 각 쿼리당 계산량이 $O(1)$인 것은 달라지지 않습니다.

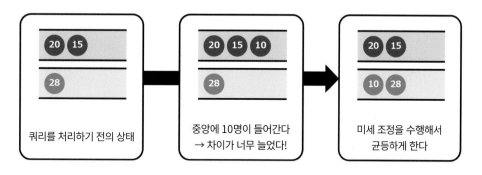

쿼리를 처리하기 전의 상태 → 중앙에 10명이 들어간다 → 차이가 너무 늘었다! → 미세 조정을 수행해서 균등하게 한다

해답 예(C++)

```
01   #include <iostream>
02   #include <deque>
03   #include <string>
04   using namespace std;
05
06   // 입력으로 주어진 변수
07   int Q;
08   char QueryType[300009]; string X[300009];
09
10   // 덱
11   deque<string> Z1, Z2;
12
13   int main() {
14       // 입력
15       cin >> Q;
16       for (int i = 1; i <= Q; i++) {
17           cin >> QueryType[i];
18           if (QueryType[i] == 'A' || QueryType[i] == 'B') cin >> X[i];
19       }
```

---

11   딱 절반으로 해야하는 이유는 쿼리 2를 올바르게 처리하기 위해서입니다.

```
20
21      // 쿼리 처리
22      for (int i = 1; i <= Q; i++) {
23          // [A] 가장 마지막에 들어간다
24          if (QueryType[i] == 'A') {
25              Z2.push_back(X[i]);
26          }
27          // [B] 중앙에 들어간다
28          if (QueryType[i] == 'B') {
29              Z1.push_back(X[i]);
30          }
31          // [C] 선두가 빠진다
32          if (QueryType[i] == 'C') {
33              Z1.pop_front();
34          }
35          // [D] 선두를 답한다
36          if (QueryType[i] == 'D') {
37              cout << Z1.front() << endl;
38          }
39
40          // 미세 조정(전반의 덱 Z1이 너무 큰 경우)
41          while ((int)Z1.size() - (int)Z2.size() >= 2) {
42              string r = Z1.back();
43              Z1.pop_back();
44              Z2.push_front(r);
45          }
46          // 미세 조정(후반의 덱 Z2가 너무 큰 경우)
47          while ((int)Z1.size() - (int)Z2.size() <= -1) {
48              string r = Z2.front();
49              Z2.pop_front();
50              Z1.push_back(r);
51          }
52      }
53      return 0;
54  }
```

※ Python 코드는 지원 페이지를 참조하십시오.

18 문제 C18 Pick Two (Lv. 95)

이 문제를 푸는 가장 단순한 방법은 조작 방법을 완전 탐색하는 것입니다. 하지만 안타깝게도 $N = 10$ 시점에서 6억 가지 이상의 조작 방법이 있습니다. 제약의 최댓값인 $N = 200$에서는 절망적입니다.

그래서 다음과 같은 동적 계획 알고리즘을 생각합니다.

관리하는 배열

dp[l][r]: 범위 만을 삭제하는데 필요한 최소 비용

여기만 삭제하는 데 필요한 최소 비용 = dp[l][r]

※ 다른 요소는 전혀 삭제하지 않는다

초기 상태

최초에는 '인접한 2 요소' 중 무언가를 삭제하는 것부터 시작하므로 dp[1][2]=dp[2][3]=...=dp[2*N-1][2*N]=0이다.

상태 전이

정수 열 $[A_l, A_{l+1}, \cdots, A_r]$을 전부 삭제하기 위한 방법의 하나를 다음과 같이 나타낸다.

- 먼저, A_{l+1}부터 A_{r-1}까지의 범위를 삭제한다.
- 다음으로, A_l과 A_r을 동시에 삭제한다.

이때 합계 비용은 dp[l+1][r-1]+abs(A[l]-A[r])이다. 다음에 예를 나타냈다.

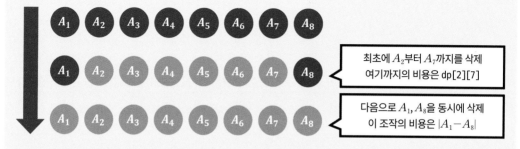

최초에 A_2부터 A_7까지를 삭제
여기까지의 비용은 dp[2][7]

다음으로 A_1, A_8을 동시에 삭제
이 조작의 비용은 $|A_1 - A_8|$

또한, 그 이외의 방법으로 삭제를 수행하는 경우 2개의 구간으로 나누어서 생각할 수 있습니다. 예를 들어 다음 예의 경우 'A_1부터 A_4까지'와 'A_5부터 A_8까지'로 나뉩니다.

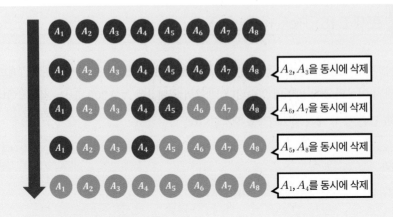

따라서 dp[l][r]의 값은 다음 표 오른쪽의 최댓값이다.

조작 방법	비용의 최솟값
마지막으로 A_l, A_r을 동시에 삭제	dp[l+1][r-1]+abs(A[l]-A[r])
구간 $[A_l, \cdots, A_m]$과 구간 $[A_{m+1}, \cdots, A_r]$로 분할 ※ m은 $l \leq m < r$을 만족하는 임의의 수	dp[l][m]+dp[m+1][r]

구하는 답

여기까지의 내용을 구현하면 해답 예와 같이 됩니다. 계산량은 $O(N^3)$입니다. 또한 dp[l][r]의 값은 r-1 의 오름차순으로 해야 하는 점에 주의합니다.

해답 예(C++)

```cpp
01  #include <iostream>
02  #include <cmath>
03  #include <algorithm>
04  using namespace std;
05
06  int N, A[409];
07  int dp[409][409];
08
09  int main() {
10      // 입력
11      cin >> N;
12      for (int i = 1; i <= 2 * N; i++) cin >> A[i];
13
14      // 배열 dp 초기화
15      for (int i = 1; i <= 2 * N; i++) {
16          for (int j = 1; j <= 2 * N; j++) dp[i][j] = 1000000000;
17      }
18
19      // 동적 계획 알고리즘(초기 상태)
20      for (int i = 1; i <= 2 * N - 1; i++) {
21          dp[i][i + 1] = abs(A[i] - A[i + 1]);
22      }
23
24      // 동적 계획 알고리즘(전이)
25      for (int LEN = 2; LEN <= 2 * N - 1; LEN++) {
26          for (int l = 1; l <= 2 * N - LEN; l++) {
27              int r = l + LEN;
28
29              // l번째와 r번째를 삭제하는 경우
30              dp[l][r] = min(dp[l][r], dp[l + 1][r - 1] + abs(A[l] - A[r]));
31
32              // 2개의 구간을 합성하는 경우
33              for (int m = l; m < r; m++) {
34                  dp[l][r] = min(dp[l][r], dp[l][m] + dp[m + 1][r]);
35              }
36          }
```

```
37        }
38
39        // 출력
40        cout << dp[1][2 * N] << endl;
41        return 0;
42    }
```

※ Python 코드는 지원 페이지를 참조하십시오.

19 | 문제 C19 Gasoline Optimization   (Lv. 95)

먼저 i번째 리터의 휘발유를 넣는 장소 E_i에 관해 생각합니다. 예를 들어, 다음 그림의 경우는 $E = [2, 2, 3, 6]$이며, 휘발유의 잔량이 음의 값이 되거나 가득 채운 값을 넘지 않게 하기 위해서는 E_i가 어떤 조건을 만족해야 합니까?

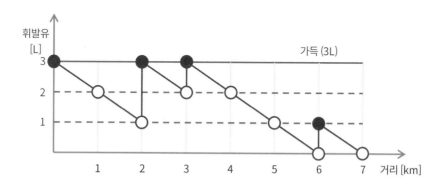

E₁를 만족할 조건(일반적인 경우)

먼저 $E_i > i + K - 1$을 만족하는 경우, 휘발유의 잔량이 음의 값이 되어 버립니다. 왜냐하면 i번째 리터의 휘발유를 넣기 직전의 용량 $K - E_i + (i - 1)$이 0 미만이기 때문입니다.

또한, $E_i < i$를 만족하는 경우 휘발유 용량이 가득 채운 값을 넘습니다. 왜냐하면 i번째 리터의 휘발유를 넣은 직후의 용량 $K - E_i + i$가 K를 초과하기 때문입니다.

따라서 E_i의 값은 다음 조건을 만족해야 합니다. 역으로 이 조건을 모든 i에서 만족시키면 휘발유의 잔량은 항상 0 이상 K 이하가 됩니다.

$$i \le E_i \le i + K - 1$$

답을 구한다

이상에서 x킬로미터 지점에서 급유할 수 있는 휘발유의 가격의 최솟값을 min_value[x]라 했을 때, 번째 리터의 휘발유를 얻기 위한 최소 가격은 다음 식으로 나타낼 수 있습니다.

$$\min(\text{min\_value}[i], \text{min\_value}[i+1], ..., \text{min\_value}[i+K-1])$$

그리고 휘발유 잔량 0에서 골인하는 것이 최적이므로 급유해야 할 휘발유의 용량은 $L-K$리터입니다. 따라서 $i=1, 2, \cdots, L-K$에 대해 위 식의 값을 모두 더한 값이 답이 됩니다.

예를 들어, 입력 예 1($N=3$, $L=11$, $K=4$, $(A_i, C_i)=(4, 70)$, $(6, 50)$, $(9, 100)$인 경우)에서는 다음 그림과 같이 답이 440이 됩니다.

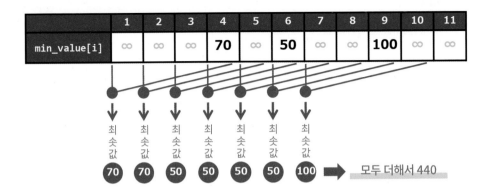

구현과 계산량

마지막으로 이 알고리즘을 구현하면 해답 예와 같이 됩니다. 단순히 구현하면 계산량이 $O(N^2)$이 되어 실행 시간 제한을 만족할 수 없지만, 세그먼트 트리를 사용해서 min(min_value[i], min_value[i+1], ..., min_value[i+K- 1]의 값을 구하면 계산량이 $O(N \log N)$까지 줄어듭니다.

해답 예(C++)

```
01  #include <iostream>
02  #include <algorithm>
03  using namespace std;
04
05  class SegmentTree {
06  public:
07      long long dat[2100000], siz = 1;
08
09      // 요소 dat의 초기화를 수행한다(최초에는 전부 0)
```

```
10    void init(int N) {
11        siz = 1;
12        while (siz < N) siz *= 2;
13        for (int i = 1; i < siz * 2; i++) dat[i] = 0;
14    }
15
16    // 쿼리 1에 대한 처리
17    void update(int pos, long long x) {
18        pos = pos + siz - 1;
19        dat[pos] = x;
20        while (pos >= 2) {
21            pos /= 2;
22            dat[pos] = min(dat[pos * 2], dat[pos * 2 + 1]);
23        }
24    }
25
26    // 쿼리 2에 대한 처리
27    // u는 현재의 셀 번호, [a, b)는 셀에 대응하는 반개구간, [l, r)은 구할 반개구간
28    long long query(int l, int r, int a, int b, int u) {
29        if (r <= a || b <= l) return (1LL << 60); // 전혀 포함하지 않는 경우
30        if (l <= a && b <= r) return dat[u]; // 완전히 포함되는 경우
31        int m = (a + b) / 2;
32        long long AnswerL = query(l, r, a, m, u * 2);
33        long long AnswerR = query(l, r, m, b, u * 2 + 1);
34        return min(AnswerL, AnswerR);
35    }
36 };
37
38 long long N, L, K;
39 long long A[700009], C[700009];
40 long long Min_Value[700009];
41 SegmentTree Z;
42
43 int main() {
44     // 입력
45     cin >> N >> L >> K;
46     for (int i = 1; i <= N; i++) cin >> A[i] >> C[i];
47
```

```
48      // 각 지점에서의 '가격의 최솟값'을 구한다
49      for (int i = 1; i <= L - 1; i++) Min_Value[i] = (1LL << 60);
50      for (int i = 1; i <= N; i++) Min_Value[A[i]] = min(Min_Value[A[i]], C[i]);
51
52      // 세그먼트 트리에 얹는다
53      Z.init(L);
54      for (int i = 1; i <= L - 1; i++) Z.update(i, Min_Value[i]);
55
56      // 답을 구한다
57      long long Answer = 0;
58      for (int i = 1; i <= L - K; i++) {
59          long long val = Z.query(i, i + K, 1, Z.siz + 1, 1);
60          if (val == (1LL << 60)) {
61              cout << "-1" << endl;
62              return 0;
63          }
64          Answer += val;
65      }
66      cout << Answer << endl;
67      return 0;
68  }
```

※ Python 코드는 지원 페이지를 참조하십시오.

20 | 문제 C20 Mayer's Challenge (Lv. 9)

이 문제는 책 7장에서 다룬 장르인 **휴리스틱** 문제입니다. 지구를 분할할 때 인구, 공무원 수가 균등할수록 고득점을 얻을 수 있는 형식이므로 다양한 해법을 생각할 수 있습니다.

첫걸음

먼저 최초의 한 수로 특별구의 연결성은 생각하지 말고[12], 우선 플러스 득점을 얻는 프로그램을 작성해 봅시다. 예를 들어, 각 지구를 무작위로 특별구에 할당하는 다음 코드를 제출하면 36,348점을 얻을 수 있습니다.

```
01  #include <iostream>
02  using namespace std;
03
04  int N, K, L, A[401], B[401], C[51][51];
05
06  int main() {
07    // 입력
08    cin >> N >> K >> L;
09    for (int i = 1; i <= K; i++) {
10      cin >> A[i] >> B[i];
11    }
12    for (int i = 1; i <= N; i++) {
13      for (int j = 1; j <= N; j++) {
14        cin >> C[i][j];
15      }
16    }
17
18    // 출력
19    for (int i = 1; i <= K; i++) {
20      cout << rand() % L + 1 << endl; // 1 이상 L 이하인 무작위 정수
21    }
22
23    return 0;
24  }
```

---

12 특별구가 연결되지 않더라도 연결된 경우의 1/1000의 득점을 얻을 수 있으므로 최대 100,000점을 노릴 수 있습니다.

이 해법의 단점은 특별구에 할당된 지구의 개수가 평균적인 경우 10~30개로 고르지 않기 때문에 결과적으로 인구/공무원 수의 격차가 커지게 된다는 점입니다.

이를 개선하기 위해 각 특별구에 20개씩 지구를 할당해 봅시다. 예로, 앞의 프로그램의 18~21번째 행을 다음과 같이 바꾸면 85,544점을 얻을 수 있습니다.

```
01    // 출력
02    for(inti= 1; i<= K; i++) {
03      cout<< i% L + 1<< endl;
04    }
```

조금 더 개선해서 9만 점을 노리자

앞에서는 '각 특별구에 20개씩 지구을 할당한다'와 같은 방법을 하나 결정해서 출력했습니다. 이것을 무직위로 여러 차례 수행하고, 그중에서 가장 좋은 새를 출력하는 알고리즘을 사용하면 더 좋은 해를 찾아낼 수 있을 것입니다. 예를 들어, 10,000번 시행하는 다음과 같은 프로그램을 제출하면 90,977점을 얻을 수 있습니다(입/출력 부분 등은 생략).

```
01    // 무작위 해 생성 수: 10,000번
02    doublebest_score= 0.0;
03    intanswer[401];
04    for(intrepeat = 1; repeat <= 10000; repeat++) {
05      // 특별구를 20개 지구마다 무작위로 할당
06      intregion[401];
07      for(inti= 1; i<= K; i++) {
08        region[i] = i% L + 1;
09      }
10      random_shuffle(region + 1, region + K + 1);
11      // p[i], q[i] 계산
12      intp[21], q[21];
13      for(inti= 1; i<= L; i++) {
14        p[i] = 0;
15        q[i] = 0;
16      }
17      for(inti= 1; i<= K; i++) {
18        p[region[i]] += A[i];
19        q[region[i]] += B[i];
```

```
20      }
21      // 점수(= min(pmin/pmax, qmin/qmax)) 계산
22      intpmin= *min_element(p + 1, p + L + 1);
23      intpmax= *max_element(p + 1, p + L + 1);
24      intqmin= *min_element(q + 1, q + L + 1);
25      intqmax= *max_element(q + 1, q + L + 1);
26      doublescore = min(double(pmin) / pmax, double(qmin) / qmax);
27      // 현재 얻은 가장 좋은 해보다 좋다면, 해를 업데이트한다
28      if(best_score< score) {
29        best_score= score;
30        for(inti= 1; i<= K; i++) {
31          answer[i] = region[i];
32        }
33      }
34    }
```

여기에서 득점을 더 올리리면…

앞에서와 같이 각 특별구가 연결되었는지 생각하지 않고 프로그램을 작성하면 점수가 0.001배가 되기 때문에 최대 100,000까지만 얻을 수 있습니다. 더욱 높은 점수를 얻기 위해서는 **모든 특별구를 연결**해야 합니다.

그래프 문제로 생각한다

이 문제에서는 책 9장에서 다룬 '그래프'를 사용하면 쉽게 생각할 수 있습니다. 각 지구를 노드, 인접한 지구를 에지로 나타낸 그래프를 생각해 봅시다.

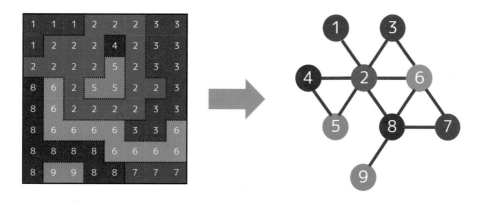

다음과 같은 프로그램으로 그래프를 만들 수 있습니다.

```
01   // 그래프 작성
02   vector<int> G[401];
03   for (int i = 1; i <= N; i++) {
04     for (int j = 1; j <= N; j++) {
05       if (i != N && C[i][j] != 0 && C[i + 1][j] != 0 && C[i][j] != C[i + 1][j]) {
06         G[C[i][j]].push_back(C[i + 1][j]);
07         G[C[i + 1][j]].push_back(C[i][j]);
08       }
09       if (j != N && C[i][j] != 0 && C[i][j + 1] != 0 && C[i][j] != C[i][j + 1]) {
10         G[C[i][j]].push_back(C[i][j + 1]);
11         G[C[i][j + 1]].push_back(C[i][j]);
12       }
13     }
14   }
15   // G[i]의 중복을 제거한다(erase/unique에 관해서는 97페이지 코드를 참조)
16   for (int i = 1; i <= K; i++) {
17     sort(G[i].begin(), G[i].end());
18     G[i].erase(unique(G[i].begin(), G[i].end()), G[i].end());
19   }
```

그러면 원래 문제에서는 지리적인 연결성을 생각할 필요가 있던 것을 그래프의 문제로 생각함으로써 다음과 같이 간단한 문제로 다룰 수 있습니다.

> $K = 400$ 노드의 그래프가 주어져 있다. 이것을 $L = 20$개의 **연결된** 부분 그래프로 분할하는 방법 중에서 각 부분 그래프의 'A_i의 합계' 및 'B_i의 합계'를 가능한 한 평등하게 하는 것을 찾아라.

특별구를 연결해 보자

지금은 특별구의 격차 등은 생각하지 말고, 우선 연결된 특별구로 나누는 것을 생각해 봅시다. 여기에서 가장 간단한 방법은 다음과 같습니다.

- 어떤 특정한 특별구는 $K - L + 1 = 381$개의 지구를 포함하고, 그 이외의 $L - 1 = 19$개의 특별구는 1개 지구로만 구성되게 한다.

다음 그림은 $K=9$개의 지구를 $L=4$개의 특별구로 나눈 예입니다. 크기 6의 연결된 부분 그래프만 찾으면 남은 것은 독립한 특별구로 하면 된다는 발상입니다.

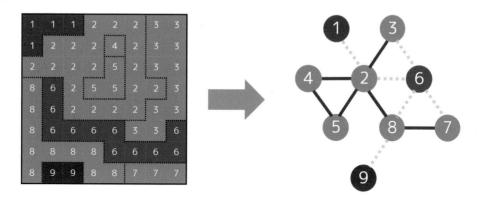

즉, 크기 381인 연결된 부분 그래프만 찾아낼 수 있다면 OK입니다. 이를 위한 다양한 방법이 있습니다. 예를 들어 '깊이 우선 탐색(9.2절)으로 도달한 순으로 381번째까지 들어간 노드를 선택한다' 등의 방법[13]으로 확실하게 찾아낼 수 있습니다. 다음 프로그램에서는 여기에서 선택한 노드를 특별구 1로, 그 이외의 노드를 특별구 2~20으로 할당합니다. 이 프로그램을 제출하면 179,697점을 얻을 수 있습니다.

```
01  #include <vector>
02  #include <iostream>
03  #include <algorithm>
04  using namespace std;
05
06  intN, K, L, A[401], B[401], C[51][51]; vector<int> G[401];
07
08  // 깊이 우선 탐색을 수행하는 함수 dfs(9.2절 참조)
09  int counter = 0;
10  bool visited[401]; intranking[401];
11  void dfs(intpos) {
12      visited[pos] = true;
13      counter += 1;
14      ranking[pos] = counter;
15      for(int i = 0; i < G[pos].size(); i++) {
16          int nex = G[pos][i];
```

---

13 그 외에도 '너비 우선 탐색(9.3절)으로 특정 노드에서의 최단 거리를 구하고, 그 거리가 작은 순으로 381개를 선택한다'나 'Union-Find 트리를 사용해서 "연결성을 유지한 채 노드를 1개 삭제한다"를 19번 반복한다' 등의 방법을 사용할 수 있습니다.

```
17        if(visited[nex] == false) {
18          dfs(nex);
19        }
20      }
21    }
22
23    int main() {
24      // 입력(생략, C20의 해설 1번째 페이지 참조)
      ⋮
35      // 그래프 작성(생략, C20의 해설 3번째 페이지 참조)
      ⋮
54      // 깊이 우선 탐색(DFC)를 수행한다(노드1부터 시작한다)
55      for(int i= 1; i<= K; i++) {
56        visited[i] = false;
57      }
58      dfs(1);
59
60      // 出力
61      for(int i= 1; i<= K; i++) {
62        if(ranking[i] <= K -L + 1) {
63          // ranking[i]이 381 이하이면 특별구 1에 할당한다
64          cout << 1 << endl;
65        }
66        else{
67          // ranking[i]이 382 이상이면 특별구 2~20에 할당한다
68          cout << ranking[i] -( K -L) << endl;
69        }
70      }
71      return 0;
72    }
```

나머지 득점은 어떻게 도시별 격차를 줄이는가에 달려 있습니다. 현재 상태에서는 각 특별구는 연결되어 있지만, 지구 수로는 381배, 평균적인 경우 약 560배의 격차가 발생하며 이를 줄여야 합니다. 여기에서는 책 7.1절에서 다루었던 **탐욕 알고리즘**, 7.2절에서 다루었던 **등산 알고리즘**, 7.3절에서 다루었던 **담금질 알고리즘**이 힘을 발휘합니다.

탐욕 알고리즘을 사용해 보자

책 6.4절, 7.1절에서 소개한 탐욕 알고리즘은 한 수 앞의 일만 생각해서 답을 결정해 나가는 방법입니다. 이 문제에서는 먼저 다음과 같은 탐욕 알고리즘의 아이디어가 떠오를 것입니다.

> 특별구 1, 2, …, 19 순으로 크기 20인 연결된 부분 그래프를 발견하기 위해 다음 처리를 반복한다.
>
> - 아직 남아있는 노드를 기점으로, 노드 수가 20이 될 때까지 퍼져 나간다. 단, 남은 부분도 연결돼야 한다.
>
> 가장 마지막에 남은 노드는 특별구 20에 할당한다.

다음 그림은 이 탐욕 알고리즘을 나타낸 것입니다(9개의 지구를 3분할하는 예).

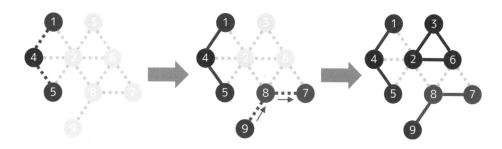

하지만 이 탐욕 알고리즘은 그다지 잘 작동하지 않습니다. 왜냐하면 남은 부분의 연결성을 유지한 채 노드 수가 20이 될 때까지 퍼져 나갈 수 없는 경우가 많고, 결과적으로 절반 정도의 노드가 사용하지 못하고 남게 되기 때문입니다. 그렇기 때문에 이것을 구현한 프로그램을 제출해더라도 득점은 464,392점 정도가 됩니다.

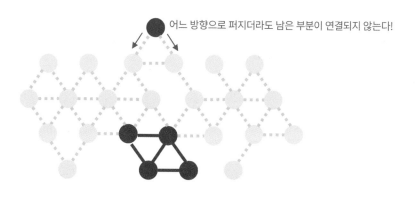

어느 방향으로 퍼지더라도 남은 부분이 연결되지 않는다!

'균형이 좋은' 탐욕 알고리즘

앞에서와 같이 '특별구를 1개씩 결정해 나가는' 방법은 잘 작동하지 않았으므로 발상을 조금 바꾸어서 '지구의 합병을 반복해서 L개가 될 때까지 줄여나간다'는 방법으로 답을 결정하는 것을 생각해 봅시다.

다음 그림은 9개의 지구를 4개씩 '합병'하는 예입니다. 그러기 위해서는 3번의 합병을 수행해야 합니다 ($K=400$개의 지구를 $L=20$개의 특별구로 하기 위해서는 380번의 합병을 수행해야 합니다).

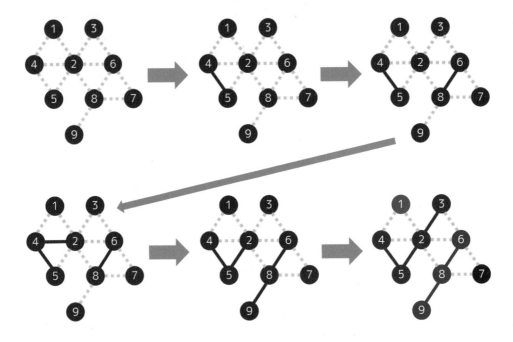

하지만 뒤를 생각하지 않고 합병해 나가다 보면 위 그림의 예와 같이 특별 구의 크기에 큰 차이가 발생하게 됩니다. 어떻게 하면 편차를 줄일 수 있을지 조금 생각해 봅시다. 예를 들어, 다음과 같은 탐욕 알고리즘을 생각할 수 있습니다.

> 지구의 개수가 20개가 될 때까지 다음 영역에서 합병을 반복한다.
> - 2개의 지구를 합병하면 새로운 1개의 큰 지구가 만들어진다. 이 새로운 지구의 크기가 가능한 한 작아지도록 하는 방법으로 합병한다.

즉, 예를 들어 위 그림의 3번째 합병 조작에서는 노드 2의 지구와 노드 4, 5의 지구를 합병하는 것이 아니라, 노드 2의 지구와 노드 3의 지구를 합병하는 것입니다.

구현에는 Union-Find 트리(9.6절)를 사용하면 편리합니다. 특히 어떤 노드 x가 속한 연결 성분의 크기는 size[root(x)]로 구할 수 있습니다. 예를 들어 C++에서는 다음과 같이 구현할 수 있습니다.

```cpp
01  #include <vector>
02  #include <iostream>
03  #include <algorithm>
04  using namespace std;
05
06  // Union-Find 트리(생략, 구현은 책 9.6절 참조)
    ⋮
49  int N, K, L, A[401], B[401], C[51][51]; vector<int> G[401];
50  int answer[401];
51
52  int main() {
53      // 입력 (생략, C20 해설 1번째 페이지 참조)
    ⋮
64     // 그래프 작성(생략, C20 해설 3번째 페이지 참조)
    ⋮
83     // 탐욕 알고리즘(합병을 K - L = 380번 반복한다)
84     UnionFind uf;
85     uf.init(K);
86     for (int i = 1; i <= K - L; i++) {
87         int min_size = 1000000000;
88         int vertex1 = -1;
89         int vertex2 = -1;
90         for (int j = 1; j <= K; j++) {
91             for (int k = 0; k < G[j].size(); k++) {
92                 int v = G[j][k];
93                 if (uf.same(j, v) == false) {
94                     // 노드 j의 지구와 노드 v의 지구를 합병하면...?
95                     int size1 = uf.siz[uf.root(j)];
96                     int size2 = uf.siz[uf.root(v)];
97                     if (min_size > size1 + size2) {
98                         min_size = size1 + size2;
99                         vertex1 = j;
100                        vertex2 = v;
101                    }
102                }
```

```
103              }
104          }
105          uf.unite(vertex1, vertex2);
106      }
107
108      // Union-Find 트리의 상태에서 답을 낸다(erase/unique에 관해서는 97페이지의 코드 참조)
109      vector<int> roots;
110      for (int i = 1; i <= K; i++) {
111          roots.push_back(uf.root(i));
112      }
113      sort(roots.begin(), roots.end());
114      roots.erase(unique(roots.begin(), roots.end()), roots.end());
115      for (int i = 1; i <= K; i++) {
116          for (int j = 0; j < roots.size(); j++) {
117              if (roots[j] == uf.root(i)) {
118                  answer[i] = j + 1;
119              }
120          }
121      }
122
123      // 출력
124      for (int i = 1; i <= K; i++) {
125          cout << answer[i] << endl;
126      }
127
128      return 0;
129  }
```

이 프로그램을 제출하면 43,128,693점을 얻을 수 있습니다. 이것은 앞의 점수보다 상당히 높아진 값입니다. 이 탐욕 알고리즘에서는 특별구의 크기가 최소인 것과 최대인 것에 차이가 2배 정도만 발생하므로 균형이 좋은 분할로 볼 수 있습니다.

등산 알고리즘을 사용해 보자

책 7.2절에서 소개한 등산 알고리즘(국소 탐색 알고리즘)은 '작은 변경을 무작위로 수행하고, 점수가 좋아지면 그 변경을 채용하는' 것을 반복해 답을 점점 좋게 만들어가는 방법입니다.

이 문제에서는 앞에서 설명한 탐욕 알고리즘과 같은 초기해로부터 어떤 '작은 변경'을 수행하는 것이 좋은 해를 찾는 길로 좋을까요? 예를 들어, 다음과 같은 것을 생각해 봅시다.

> 적당한 지구 $v(1≤v≤K)$와 특별구의 번호 $X(1≤X≤L)$를 선택하고 지구 v의 할당을 특별구 X로 변경한다.

다음 그림은 등산 알고리즘을 나타낸 것입니다. 작은 변경을 반복함으로써 원래 편차가 있던 특별 구의 할당의 균형이 점점 좋아집니다.

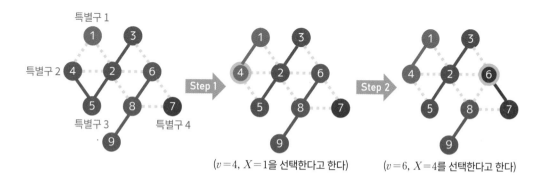

등산 알고리즘 구현(1): 점수 계산

등산 알고리즘은 '작은 변경을 수행해서 점수가 좋아졌는가'에 따라 변경 채용 여부를 판단합니다. 따라서 얼마나 격차가 작은가를 나타내는 점수인 $\min(p_{min}/p_{max}, q_{min}/q_{max})$을 계산하는 함수를 만들어 둡시다[14].

특히, 여기에서는 'L개의 특별구가 모두 존재하고 동시에 연결되어 있어야'하므로 그것을 만족하지 않는 것은 '점수 0'으로 간주하고 구현 메인 부분에도 그것을 알 수 있도록 표시해두면 좋습니다.

```
01  // 깊이 우선 탐색(9.2절 참조)
02  bool visited[401];
03  void dfs(int pos) {
04      visited[pos] = true;
05      for (int i = 0; i < G[pos].size(); i++) {
06          int nex = G[pos][i];
```

---

14 책 246페이지에서 설명한 것처럼 휴리스틱 계열 콘테스트에서는 구현이 수백 행까지 길어지는 경우가 많으므로 부분으로 나누어 프로그램을 작성하는 것이 구현하기 쉽습니다.

```
07          if (answer[nex] == answer[pos] && visited[nex] == false) dfs(nex);
08      }
09  }
10
11  double get_score() {
12      // 답이 올바른지 깊이 우선 탐색(DFS)를 사용해서 확인
13      for (int i = 1; i <= K; i++) visited[i] = false;
14      for (int i = 1; i <= L; i++) {
15          // 특별구 i에 속하는 노드 pos를 찾는다
16          int pos = -1;
17          for (int j = 1; j <= K; j++) {
18              if (answer[j] == i) {
19                  pos = j;
20              }
21          }
22          if (pos == -1) return 0.0; // 존재하지 않는 특별구가 있다!
23          dfs(pos);
24      }
25      for (int i = 1; i <= K; i++) {
26          if (visited[i] == false) return 0.0; // 연결되지 않은 특별구가 있다!
27      }
28      // 점수 계산
29      int p[21], q[21];
30      for (int i = 1; i <= L; i++) {
31          p[i] = 0;
32          q[i] = 0;
33      }
34      for (int i = 1; i <= K; i++) {
35          p[answer[i]] += A[i];
36          q[answer[i]] += B[i];
37      }
38      int pmin = *min_element(p + 1, p + L + 1);
39      int pmax = *max_element(p + 1, p + L + 1);
40      int qmin = *min_element(q + 1, q + L + 1);
41      int qmax = *max_element(q + 1, q + L + 1);
42      return min(double(pmin) / pmax, double(qmin) / qmax);
43  }
```

등산 알고리즘 구현(2): 메인 부분

다음으로 등산 알고리즘의 본체 부분을 구현합니다. 여기에서는 초기 해에 '탐욕 알고리즘으로 생성한 해'(문제 C20의 해설 7~9번째 페이지 참조)를 사용합니다[15].

```
01  #include <vector>
02  #include <iostream>
03  #include <algorithm>
04  using namespace std;
05
06  // Union-Find 트리(생략, 구현은 책 9.6절 참조)
    ⋮
49  int N, K, L, A[401], B[401], C[51][51]; vector<int> G[401];
50  int answer[401];
51
52  // 점수 계산(깊이 우선 탐색도 포함/ 생략, 구현은 c20의 해설 10번째 페이지 참조)
    ⋮
95  int main() {
96      // 입력(생략, C20의 해설 1번째 페이지 참조)
    ⋮
107     // 그래프 작성(생략, C20의 해설 3번째 페이지 참조)
    ⋮
126     // 탐욕 알고리즘으로 초기 해를 생성한다(생략, C20의 해설 8~9번째 페이지 참조)
    ⋮
166     // 등산 알고리즘(0.95초 루프를 돌린다)
167     double TIME_LIMIT = 0.95;
168     int ti = clock();
169     double current_score = get_score();
170     while (double(clock() - ti) / CLOCKS_PER_SEC < TIME_LIMIT) {
171         int v = rand() % K + 1; // 1 이상 K 이하인 무작위 정수
172         int x = rand() % L + 1; // 1 이상 L 이하인 무작위 정수
173         int old_x = answer[v];
174         // 우선 변경하고, 점수를 평가한다
175         answer[v] = x;
176         double new_score = get_score();
177         // 점수 변화에 따라, 변경을 채용할 확률을 결정한다
```

---

15 일반적으로 초기 해에는 극단적인 해를 설정하지 않는 것이 좋은 것으로 간주됩니다. 예를 들어, 초기 해에 문제 C20의 해설 4~5번째 페이지의 것을 사용하면 964,573점을 얻을 수 없습니다.

```
178          if (new_score != 0.0 && current_score <= new_score) current_score = new_score;
179          else answer[v] = old_x;
180      }
181
182      // 출력
183      for (int i = 1; i <= K; i++) {
184          cout << answer[i] << endl;
185      }
186
187      return 0;
188 }
```

이 프로그램을 제출하면 86,943,388이라는 상당히 높은 점수를 얻을 수 있습니다[16]. 실제로, 특별구의 크기는 거의 균등하며, 인구나 공무원 수도 어느 정도 고려해 분할할 수 있습니다.

한층 더 높이

앞의 해답 예에서는 무작위로 노드를 선택해서 무작위로 할당하는 방법을 바꾸었습니다. 하지만 그 방법으로는 주변의 노드와 다른 특별구로 설정되어 명확하게 연결이 되지 않는 경우가 있습니다. 이에 대한 대처로서 앞의 코드 171~172번째 행 부분을 다음과 같이 바꾸면, 88,205,697점을 얻을 수 있습니다.

```
01  int v, x;
02  do{
03      v = rand() % K + 1; // 1 이상 K 이하의 무작위 정수
04      x = answer[G[v][rand() % G[v].size()]]; // 노드 v에 인접한 특별구를 무작위로 선택한다
05  } while (answer[v] == answer[x]);
```

또한, 등산 알고리즘 대신 담금질 알고리즘(7.3절)을 사용할 수도 있습니다. 앞의 코드 177~179번째 행 부분을 다음과 같이 바꾸어 봅시다. 그러면 89,056,925점을 얻을 수 있습니다. AtCoder Heuristic Contest의 4시간 콘테스트에서 제출했다면 상위 30위를 노릴 수 있는 득점입니다[17].

```
01  // 점수 변화에 맞춰 변경을 채용할 확률을 결정한다
02  double rand_value = double(rand() + 0.5) / (RAND_MAX + 1.0); // 0~1의 무작위 실수
03  double temp = 0.0040 - 0.0039 * (double(clock() -ti) / CLOCKS_PER_SEC / TIME_LIMIT);
```

---

16   루프 횟수는 10만 번 정도입니다. 여기에는 아직 개선의 여지가 있으며, 10배 정도 고속화할 수 있습니다.

17   2022년 9월 기준 필자의 주관이기는 하지만, 퍼포먼스 2400 정도가 될 것입니다.

```
04   if (new_score != 0.0 && rand_value < exp((new_score - current_score) / temp)) {
05     current_score = new_score;
06   }
07   else{
08     answer[v] = old_x;
09   }
```

문제 C20 해설 정리

책 7장에서 다룬 것 같은 '휴리스틱 타입 과제'에는 매우 다양한 문제가 출제되며, 각각의 문제의 구성에 특화한 알고리즘을 만드는 것이 요구됩니다.

이번 해설에서는 탐욕 알고리즘, 등산 알고리즘, 담금질 알고리즘을 사용해서 득점을 높여가는 측면도 있지만, 실제로 전형적인 수법을 적용하는 것을 넘어 '어떻게 문제를 해결해 나가는가'하는 것도 중요한 측면입니다.

사실 여기에서 한층 개선해 9500만 점을 얻는 방법도 있습니다. 이번 해설에서는 다루지 않지만, 담금질 알고리즘을 고속화하거나 균형이 좋은 해에 도달하기 쉽게 개선하는 등 아직 많은 개선의 여지가 있습니다. 실력에 자신이 있는 분들은 꼭 도전해 보기 바랍니다.

마무리 - 마치며

해설은 이 페이지로 마칩니다. 알기 어려운 부분도 있으리라 생각하지만, 마지막까지 읽어주셔서 고맙습니다.

또한, 연습 문제의 분량이 상당히 많고 전부 풀어보는 데 상당한 노력이 필요했을 것입니다. 실제 응용 문제와 실력 문제를 합치면 89문제이고, 1문제당 1시간만 쓴다 해도 90시간에 가깝습니다. 하지만 이 문제들을 통해 조금이라도 실력이 향상되었다면 필자로서는 더없이 기쁜 일입니다.

마지막으로, 해설을 작성하면서 요네다 히로토시(米田寬峻) 씨(square1001)의 많은 도움을 받았습니다. 능력 시험 실력 문제의 해설은 요네다 씨가 집필했습니다. 정말 고맙습니다.

요네다 유우슈(米田優峻)